# CONNAISSANCE ET LANGAGE DES ANGES

*ÉTUDES DE PHILOSOPHIE MÉDIÉVALE*

Collection fondée par Étienne Gilson

*Dirigée par*

Marta Cristiani
Ruedi Imbach
Jean Jolivet
Alain de Libera

ÉTUDES DE PHILOSOPHIE MÉDIÉVALE

LXXXV

# CONNAISSANCE ET LANGAGE DES ANGES

## selon Thomas d'Aquin et Gilles de Rome

par

Tiziana SUAREZ-NANI

*Ouvrage publié avec le concours du Centre national du livre*

PARIS

LIBRAIRIE PHILOSOPHIQUE J. VRIN

6, Place de la Sorbonne, Ve

—

2002

Ce volume présente la seconde partie d'une étude sur l'angélologie médiévale dont la première partie a paru dans cette même collection sous le titre: «*Les anges et la philosophie. Subjectivité et fonction cosmologique des substances séparées au* XIIIe *siècle*» (Études de philosophie médiévale LXXXII), Paris, 2002.


Imprimé en France
ISSN 0249-7921
ISBN 2-7116-1572-3

*À mes parents*

## REMERCIEMENTS

Cette étude a été réalisée grâce au soutien du Fonds National Suisse de la Recherche scientifique : j'exprime à la Division des Sciences Humaines ma vive reconnaissance.

# ABRÉVIATIONS

On trouvera ci-dessous les abréviations des ouvrages de référence le plus souvent cités dans les notes. Les livres, les études, les articles et les revues cités en abrégé dans les notes ont leur signalement complet dans la bibliographie.

Cael. Hier. = *Caelestis Hierarchia*
De an. = *De anima*
De causis et processu = *De causis et processu universitatis a prima causa*
De cogn. ang. = *De cognitione angelorum*
De div. nom. = *De divinis nominibus*
De mens. ang. = *De mensura angelorum*
De pot. = *De potentia*
De spirit. creat. = *De spiritualibus creaturis*
De subst. sep. = *De substantiis separatis*
De trin. = *De trinitate*
De ver. = *De veritate*
In Sent. = *Commentum in libros Sententiarum*
Metaph. = *Metaphysica*
Phys. = *Physica*
Qu. disp. = *Quaestio disputata*
Quodl. = *Quodlibet*
S.c. G. = *Summa contra Gentiles*
S. theol. = *Summa theologica*
S. l. de causis = *Super librum De causis expositio*

# INTRODUCTION

L'étude présentée dans ce volume entend poursuivre et compléter le « portrait philosophique » de l'ange inauguré dans un travail précédent[1], afin d'apporter quelques preuves supplémentaires à la thèse de la valeur philosophique des spéculations angélologiques médiévales en général, et de celles des auteurs analysés ici en particulier. Ici encore la vérification de cette thèse doit permettre de décloisonner les doctrines angélologiques et de reconnaître l'intérêt d'un questionnement dont la subtilité et la rigueur n'ont rien à envier aux appareillages logiques mis en place successivement au cours de l'histoire de la philosophie occidentale.

Ce volet de notre enquête portera sur l'agir des substances séparées, c'est-à-dire sur les opérations que l'ange exerce en vertu de sa nature. *Agere sequitur esse* : en tant que substance de nature purement intellectuelle, l'ange n'agit que par ses actes de connaissance et de volonté.

La première partie de cette étude traite de la *connaissance angélique*. Cette partie est de loin la plus longue et complexe, en raison de l'importance accordée à ce thème dans les textes que nous aurons à examiner. Nous constaterons en effet que la problématique cognitive est explorée jusque dans ses ultimes recoins, analysée dans toutes ses implications et évaluée quant à sa signification par rapport aux substances séparées d'abord, et par rapport à la connaissance humaine ensuite. Par ailleurs, les créatures spirituelles étant conçues comme des natures intellectuelles, le thème de la connaissance a une incidence toute particulière sur la détermination de leur statut. Aussi, l'ange va-t-il se présenter désormais comme une substance intellectuelle qui intellige toujours, qui est capable d'une réflexivité totale et immédiate, et qui jouit de la connaissance *a priori* de toutes choses. Grâce à cet examen, l'étude de l'activité cognitive des substances séparées devient un lieu de choix de la réflexion philosophique médiévale sur l'intellectualité. L'analyse de ce thème fait appel aux textes de Thomas d'Aquin et de Gilles de Rome, qui confèrent à la problématique cognitive dans le domaine angélologique une ampleur et un intérêt tout à fait remarquables.

1. Cf. *Les anges et la philosophie. Subjectivité et fonction cosmologique des substances séparées au XIII^e siècle*, « Études de philosophie médiévale », vol. LXXXII, Paris, Vrin, 2002.

Cette partie est suivie d'une *Appendice* qui prend en considération l'article 76 du syllabus de 1277[1]. Par cet article, les censeurs d'Etienne Tempier visaient une thèse majeure de la noétique angélologique, et par ce biais ils frappaient le statut particulier de l'ange en tant que nature purement intellectuelle. Le but de cette Appendice sera d'expliciter la signification de l'article en question et d'en examiner les implications afin de comprendre les raisons de sa censure.

La deuxième partie de ce travail est consacrée au thème du *langage des anges*. Cette problématique prolonge celle de la connaissance, car la pratique du langage vise à manifester, à faire connaître un contenu de l'esprit à un interlocuteur déterminé. D'autre part cette pratique s'inscrit dans l'agir volontaire des substances séparées, car la communication relève ici d'un pur choix de la volonté : aussi, le caractère saillant du langage angélique sera-t-il celui de la gratuité. Il convient de relever que ce thème est propre du Moyen Âge latin, surtout à partir du XIIIe siècle, et qu'il représente une contribution originale à la philosophie médiévale du langage. En effet, alors que les théories du langage humain portent principalement, sinon exclusivement, sur le problème de la désignation, la discussion dans le domaine des substances séparées conduit à l'émergence du thème de la communication et porte principalement sur le rapport locuteur-destinataire. De ce fait, la réflexion angélologique s'avère être ici encore un des lieux favoris pour traiter de manière différente ou pour approfondir des questions dont l'examen au niveau humain est par trop tributaire des conditions de l'expérience. L'enquête menée dans cette partie fera de nouveau appel aux textes de Thomas d'Aquin et de Gilles de Rome en raison de l'intérêt et de l'ampleur de leurs traités. Ces deux auteurs ont en effet élaboré une angélologie philosophique dont la signification déborde ce cadre et retentit notamment sur la conception de l'être humain : que ce soit sur le plan de la conscience de soi, sur le plan de la connaissance ou sur celui de la communication, la condition humaine ne paraît plus concevable indépendamment du rapport – de différenciation et de proximité à la fois – avec l'ange, qui porte en lui le sceau de leur origine commune.

Conformément à l'usage médiéval, ces problématiques sont abordées dans une confrontation constante avec des sources et des autorités qui alimentent la discussion et par rapport auxquelles nos auteurs déterminent leur propre position. Nous allons signaler ici les sources majeures que nous retrouverons au cours de notre enquête et sur lesquelles nous nous arrêterons davantage en analysant tel ou tel point particulier. D'une manière générale, le Pseudo-Denys représente la référence constante de nos auteurs, qui font appel à son autorité principalement pour réitérer l'idée de la nécessité de médiations et celle de l'attribution de la fonction médiatrice aux anges conçus comme « intellects célestes ».

Dans l'analyse de la connaissance, différentes sources interviennent sur des points particuliers. Saint Augustin représente un terme de confrontation obligé en

1. Cf. *Chartularium universitatis parisiensis*, t. I, Paris 1889, p. 547 : « Quod angelus nihil intelligit de novo » ; R. Hissette, *Enquête sur les 219 articles condamnés à Paris le 7 mars 1277*, Publications universitaires-Vander-Oyez, Louvain-Paris, 1977, n. 48, p. 97-98.

ce qui concerne la distinction entre différentes modalités cognitives, thématisées à travers la doctrine du *De Genesi ad litteram* sur la « connaissance du jour, du soir et du matin ». Augustin joue un rôle important également dans la considération de l'esprit angélique comme « réservoir » ou « trésor d'espèces intelligibles » et par là-même dans le fait d'envisager l'ange comme le « lieu » de la subsistance des choses à titre de formes ou représentations intelligibles. Averroès intervient à travers le motif de l'homogénéité nécessaire de la forme intelligible et de l'intellect qui la reçoit : appliqué à l'autoconnaissance angélique, ce motif va révéler un parallélisme significatif entre l'ange et l'intellect séparé du philosophe arabe. La troisième et plus importante source que nous allons rencontrer dans les pages qui suivent est le *Liber de causis*, dont nos auteurs adoptent quelques thèses qui vont jouer un rôle capital dans leurs angélologies. Le théorème XV – *Omnis sciens qui scit essentiam suam est rediens ad essentiam suam reditione completa* – va servir de point d'appui au thème de l'autoconnaissance et corroborer l'idée de la capacité angélique d'une réflexivité totale et parfaite, ainsi que celle de l'actualité de la connaissance des substances séparées. Le théorème X – *Omnis intelligentia plena est formis* – fait l'objet d'une adhésion inconditionnée de la part de nos auteurs et sert d'appui à la thèse majeure de ces noétiques angélologiques : celle de la connaissance par espèces connaturelles, grâce auxquelles les créatures spirituelles connaissent *a priori* l'intégralité de leurs objets.

Dans la discussion sur le langage des anges, sans doute en raison de sa nouveauté, la présence de sources et d'autorités est beaucoup moins importante. Du côté de la tradition philosophique, la conception aristotélicienne, reprise par Boèce, de la *vox* et de son rapport aux *res* et à la *locutio* est présupposée, mais ne figure pas comme point de référence explicite. Du côté de la tradition théologique, c'est Saint Augustin qui apporte la contribution la plus importante : d'une part sa doctrine du signe et du verbe intérieur, et d'autre part sa conception du rapport entre le langage et la pensée vont représenter des termes de référence et de confrontation grâce auxquels nos auteurs pourront préciser le statut *sui generis* de la communication angélique. Celle-ci est par ailleurs clarifiée par rapport à l'acte hiérarchique de l'illumination, si bien que le Pseudo-Denys réapparaît de nouveau, mais indirectement, comme point de référence permettant la différenciation entre la pratique du langage et l'exercice de l'illumination.

Il convient de souligner toutefois qu'au travers et au-delà de ces différentes sources, nos auteurs vont élaborer des doctrines propres et originales, qui témoignent d'une recherche incessante de sens et d'un intérêt toujours vif pour la multiplicité, la variété et la richesse de la réalité donnée.

PREMIÈRE PARTIE

# LA CONNAISSANCE ANGÉLIQUE

« Cet ange est notre noblesse, qui vient
de Dieu, … qui parle dans notre raison »
Dante Alighieri, *Banquet*, IV, 22.

L'ange est une substance séparée, une forme pure douée d'intelligence et de volonté : nous savons que selon ce statut, ses opérations propres seront la connaissance d'une part, les actes de volonté de l'autre. Cette première partie sera consacrée à la connaissance dont les substances séparées sont capables de par leurs facultés cognitives naturelles. On notera d'emblée que ce type d'opération se trouve dans un rapport particulier avec la nature angélique : il est en effet de la nature de l'ange d'être une substance intellectuelle. La connaissance relève par conséquent de sa nature propre, elle résume en quelque sorte sa vie. C'est la raison pour laquelle – nous le verrons – l'ange intellige toujours. Le terme « ange » se situe ainsi dans l'orbite sémantique des termes « intelligence » et « intellect », notamment chez les auteurs – et ce sont les plus nombreux – qui identifient les anges des traditions religieuses avec les substances séparées, ou intelligences, de la tradition philosophique gréco-arabe[1]. Par ce biais, l'ensemble de la problématique angélologique se trouve aussi reliée au thème cosmologique du mouvement des corps célestes[2] et à celui de l'intellect agent séparé. Ces associations font des angélologies médiévales latines les héritières d'un lourd passé spéculatif, comprenant le travail exégétique sur la doctrine aristotélicienne de l'intellect agent, les théories astronomiques sur le mouvement des sphères célestes et les élaborations théologiques des données religieuses juives, musulmanes et chrétiennes relatives aux anges. Pour ce qui est de notre propos, il importe de souligner que ce patrimoine « constitue un complexe spéculatif où le mot "intellect" (et "intelligence") désigne aussi bien une partie de l'âme qu'un être intermédiaire entre le monde de la nature et le monde divin »[3]. C'est de ce complexe spéculatif que l'angélologie tient tant son intérêt philosophique que les difficultés inhérentes aux questions qu'elle soulève. Intellect ou Intelligence,

1. Les penseurs latins attribuent cette identification aux philosophes arabes : voir, par exemple, Albert le Grand, *In II Sent.*, d. 3, a. 3 ; *Summa de creaturis* II, 1, qu. 43, a. 1 ; Bonaventure, *Itinerarium mentis in Deum*, c. 2, n. 2 ; Roger Bacon, *Opus maius* II, c. 5 ; Thomas d'Aquin, *S. theol.* I, 79, 10 ; 65, 4. Sur ce point cf. J. Jolivet, *Intellect et intelligence*, dans *Philosophie médiévale arabe et latine*, « Études de philosophie médiévale », vol. LXXIII, Paris, Vrin, 1995, p. 169-180.

2. À ce propos nous renvoyons à notre étude : *Les anges et la philosophie*, cit., II^e partie.

3. J. Jolivet, *L'intellect selon Al-Farabi : Quelques remarques*, dans *Philosophie médiévale arabe et latine*, cit., p. 211.

c'est donc l'ange comme entité éminemment intellectuelle qui va retenir à présent notre attention. Pour saisir la signification et la portée de la problématique cognitive, nous avons choisi les textes de Thomas d'Aquin et de Gilles de Rome, qui nous offrent des études particulièrement vastes et approfondies de ce thème, articulées à une conception philosophique globale.

CHAPITRE PREMIER

# LA CONNAISSANCE DES ANGES SELON THOMAS D'AQUIN

Ce thème revêt une importance de premier ordre dans l'angélologie thomasienne: il y figure comme la problématique la plus souvent et la plus amplement traitée. Il accompagne l'ensemble de la production thomasienne, puisqu'on le retrouve dans les œuvres suivantes: le commentaire du IIe livre des *Sentences* (d. III, qu. 3; d. XII, qu. 1, a. 3), le *De veritate* (qu. VIII: *De cognitione angelorum*), le *Quodlibet* IX (qu. IV, a. 2), le *De potentia* (qu. 4, a. 2), la *Somme contre les Gentils* (II, 96-101) et la *Somme théologique* (I, qu. 54-58). Parmi ces textes, les plus importants, du point de vue quantitatif aussi bien que qualitatif, sont la question VIII du *De veritate*, qui comprend 17 articles, la *Somme contre les Gentils*, où notre thème occupe 6 chapitres, et surtout la *Somme théologique*, qui consacre à la connaissance angélique 5 questions comprenant au total 23 articles. Ces quelques données quantitatives témoignent à elles seules de l'intérêt de la connaissance angélique aux yeux de l'Aquinate: pourquoi un tel intérêt et une telle importance? Nous espérons que l'analyse qui suivra apportera quelques éléments de réponse. Le texte de référence sera ici la *Somme théologique* (I, qu. 54-58), où notre thème est discuté de la manière la plus complète. Dans cet œuvre majeure l'angélologie est étudiée à deux reprises: une première fois (I, qu. 50-64) à l'intérieur du traité de la création et une deuxième fois (I, qu. 106-114) dans le contexte de la doctrine du gouvernement divin[1]. C'est le premier volet de l'angélologie thomasienne qui nous intéresse ici: celui où, à propos de la distinction des créatures spirituelles, l'Aquinate expose sa conception de la nature et des opérations angéliques (I, qu. 50-60). De ces dix questions, la moitié s'occupe de la connaissance (I, qu. 54-58): elles font suite aux questions sur la nature angélique (qu. 50), la corporéité (qu. 51), la localisation (qu. 52) et le mouvement (qu. 53) des anges; elles sont suivies des questions relatives à la volonté (qu. 59) et à l'amour (qu. 60). L'objet de notre enquête, qui apparaît

1. Sur la raison de cette bipartition de l'angélologie nous renvoyons à: F. Sbaffoni, *Tommaso d'Aquino e l'influsso degli angeli*, Studio domenicano, Bologna 1993, p. 70-79.

maintenant comme le plus important dans le contexte que nous venons de décrire, est discuté par le biais de quatre thèmes principaux, articulés en une longue série d'articles : le premier thème est celui du rapport de l'être et du connaître dans les substances séparées (qu. 54) ; le deuxième clarifie le moyen terme de la connaissance angélique (qu. 55) ; le troisième s'occupe des objets de connaissance, que notre auteur subdivise en deux groupes : les objets immatériels (qu. 56) et les objets matériels ou relatifs au monde matériel (qu. 57) ; le quatrième et dernier thème est celui de la modalité de la connaissance des substances séparées (qu. 58).

## NATURE INTELLECTUELLE ET FACULTÉ COGNITIVE DES SUBSTANCES SÉPARÉES

Avant d'aborder la connaissance proprement dite, il convient de préciser le rapport de cette activité à l'être qui l'exerce et de clarifier ainsi le statut de l'ange en tant que substance intellectuelle et que sujet cognitif. Cette mise au point n'intervient que dans la *Somme théologique*, alors que les autres textes thomasiens enquêtent essentiellement sur les objets et le fonctionnement de la démarche cognitive des substances séparées. Ce souci de clarification trouve une première raison d'être dans le contexte que l'on vient de rappeler, où l'Aquinate entend rendre compte de la distinction des créatures spirituelles. Des précisions sur le rapport entre l'être et le connaître s'avèrent ici nécessaires, aussi bien pour définir le statut de l'ange en tant que substance intellectuelle, que pour le distinguer de l'intellectualité humaine. Une deuxième raison nous paraît également plausible : en précisant le rapport de l'intelliger à l'être, Thomas semble contrebalancer le portrait exaltant de l'ange comme substance *secundum quid infinitam* et *secundum naturam suam incorruptibilis*[1]. Cette image pouvait en effet suggérer l'idée de l'ange comme réalité quasi-divine ; d'où l'importance de la mise au point qui va nous occuper à présent.

Thomas aborde le thème en question par une triple démonstration, à savoir que le connaître n'est pas la substance de l'ange (a. 1), qu'il n'est pas son être (a. 2) et que sa faculté intellectuelle n'est pas son essence (a. 3). Substance, être, essence : à travers ces notions on assiste à une triple confrontation entre le plan ontologique et le plan noétique, qui aboutira à la négation de leur coïncidence dans les créatures spirituelles.

Le connaître n'est pas la substance de l'ange : en effet, comme tout autre agir, l'opération cognitive est l'actualisation d'une puissance, de même que l'être est l'actualisation de la forme ou substance. Toute substance qui n'est pas acte pur est, pour son actualisation, aussi bien au niveau de l'être qu'au niveau de l'agir, dans un état de dépendance. Il en est ainsi de l'ange, qui est une substance composée non pas de matière et de forme, mais de forme et d'être, et qui se trouve

1. Cf. *S. theol.* I, 50, a. 2 et a. 5.

dès lors en puissance par rapport à son actualisation[1]. Les actes cognitifs des anges ne sauraient par conséquent coïncider avec leur substance[2].

Le connaître n'est pas l'être des anges : dans aucune créature, en effet, l'agir et l'être ne peuvent coïncider. Et ceci pour la raison suivante : toute forme d'action est soit transitive (c'est-à-dire dirigée vers l'extérieur), soit immanente à l'agent. De toute évidence le premier genre d'action n'est pas identique à l'être du sujet. Le deuxième genre – où figurent l'intelliger et le vouloir – a une étendue universelle quant à l'objet, car le vrai et le bien sont convertibles avec l'être : de ce fait le connaître et le vouloir *quantum est de se* s'étendent à la totalité du réel (*habent se ad omnia*) et peuvent dès lors être considérés infinis quant à leur objet. Mais aucune créature ne possède un être infini : chacune est déterminée et contractée dans un sujet. Il en est de même de l'ange, qui est un être déterminé selon le genre et l'espèce ; son intelliger infini ne peut donc coïncider avec son être fini. Une telle identité est la prérogative exclusive de l'être divin infini[3].

Enfin, la faculté cognitive n'est pas l'essence de l'ange, car dans aucune créature une capacité ou une faculté ne peut être identique à l'essence. La démonstration de cet énoncé est bâtie sur l'analogie des rapports entre l'essence et l'être d'une part, la faculté d'agir et l'opération de l'autre, car dans les deux cas le premier élément est en puissance par rapport au second. Or, suite à la démonstration précédente de la non coïncidence des opérations cognitives avec l'être, il faut conclure par analogie que la faculté cognitive ne peut être identifiée à l'essence angélique[4].

1. Cf. *S. theol.* I, 50, 2, ad 3 : « Licet in angelo non sit compositio formae et materiae, est tamen in eo actus et potentia. Quod quidem manifestum potest esse ex consideratione rerum materialium, in quibus invenitur duplex compositio. Prima quidem formae et materiae, ex quibus constituitur natura aliqua. Natura autem sic composita non est suum esse, sed esse est actus eius. Unde ipsa natura comparatur ad suum esse sicut potentia ad actum. Subtracta ergo materia, et posito quod ipsa forma subsistat non in materia, adhuc remanet comparatio formae ad ipsum esse ut potentiae ad actum. Et talis compositio intelligenda est in angelis ».

2. À cette argumentation Thomas en ajoute deux autres ; les voici : 1) si le connaître coïncidait avec la substance, ce connaître serait subsistant (« intelligere subsistens ») ; en tant que subsistant il n'y aurait alors qu'un seul intelliger, car toute forme abstraite (de la matière) subsistante ne peut être qu'unique (la distinction et la multiplication étant le résultat de sa réception dans un substrat matériel) ; dans ce cas la substance angélique ne se distinguerait ni de la substance divine ni de celle des autres anges, ce qui est inadmissible. 2) Si l'hypothèse de l'argument précédent se vérifiait, il n'y aurait plus différents degrés de connaissance parmi les anges, car une telle différenciation repose sur la différence de participation à l'intelliger divin ; or, cela est impossible, car les espèces angéliques se distinguent précisément en fonction des différents degrés d'intellectualité : cf. *ibid.*, qu. 54, a. 1.

3. Cf. *ibid.*, I, 54, 2 : « Actio angeli non est eius esse, neque actio alicuius creaturae. (...) Esse autem cuiuslibet creaturae est determinatum ad unum secundum genus et speciem : esse autem solius Dei est simpliciter infinitum, in se omnia comprehendens, ut dicit Dionysius, 5 cap. *De divinis nominibus*. Unde solum esse divinum est suum intelligere et suum velle ».

4. Cf. *ibid.*, a. 3 : « Respondeo dicendum quod nec in angelo nec in aliqua creatura, virtus vel potentia operativa est idem quod sua essentia. Quod sic patet. Cum enim potentia dicatur ad actum, oportet quod secundum diversitatem actuum sit diversitas potentiarum : propter quod dicitur quod proprius actus respondet propriae potentiae. In omni autem creato essentia differt a suo esse, et comparatur ad ipsum sicut potentia ad actum. Actus autem ad quem comparatur potentia operativa est operatio. In angelo autem non est idem intelligere et esse ; nec aliqua alia operatio est idem quod eius esse. Unde essentia angeli non est eius potentia intellectiva : nec alicuius creati essentia est eius operativa potentia ».

La conclusion commune de cette triple démarche peut être résumée ainsi : l'ange est une substance purement spirituelle qui subsiste comme forme pure – ou essence – dépendante dans l'être, et par là même marquée de potentialité. De cette potentialité résulte la distinction entre ce qui est de l'ordre du sujet (substance, essence) et ce qui est de l'ordre de son agir. Celui-ci est un accident de la substance angélique, mais un accident qui relève de la forme : le connaître – ainsi que le vouloir de l'ange – est donc « un accident essentiel ». Cela résulte précisément de ce que l'ange est une nature intellectuelle qui reste dépendante dans son actualisation. Cette dépendance signifie une potentialité inscrite dans son être comme différence ontologique et comme non-identité avec son agir. Le statut de l'ange comme entité cognitive est donc celui d'une substance, ou nature intellectuelle, dont le connaître est un accident essentiel, mais qui ne s'identifie pas à l'essence.

L'effort déployé dans ces trois articles semble avoir visé un seul but : écarter toute forme d'identification de l'activité cognitive de l'ange et de l'essence angélique, afin d'éviter le piège d'une identité qui n'est le propre que de Dieu. En d'autres termes, la triple négation, appuyée sur la non-identité caractéristique de toute réalité créée, sert à renforcer et à accentuer l'idée de la condition créaturelle de l'ange. La démarche thomasienne est une mise au point sur le statut de l'ange, dont l'excellence ne saurait en aucun cas masquer l'infériorité par rapport à Dieu. Le langage thomasien est tout à fait significatif à cet égard : les trois articles présentent en effet la même opposition entre la réalité créée et Dieu, afin de situer sans ambiguïté les anges du côté du créé[1]. Thomas d'Aquin prend ainsi ses précautions face à toute conception divinisatrice des substances séparées.

Cette mise en évidence de la condition créaturelle ne doit cependant pas occulter les thèses majeures de l'angélologie thomasienne que sont la supériorité des substances séparées et leur nécessaire fonction de cohésion et de médiation dans l'univers créé. En effet, si d'un côté la condition angélique n'équivaut pas à la condition divine, de l'autre elle ne saurait être assimilée à la condition humaine : le statut des substances séparées est précisément un statut intermédiaire, dont l'ambiguïté représente d'ailleurs un défi permanent pour le philosophe qui s'éfforce de le définir. Aussi, après avoir souligné leur commune condition de créatures, dans le quatrième et cinquième article de la même question Thomas s'emploie à mettre en évidence la supériorité de l'intellectualité angélique par rapport à l'intellectualité humaine.

L'enquête concerne d'abord les facultés cognitives. Notre auteur se demande si les anges possèdent un intellect agent et un intellect possible : *utrum in angelo sit intellectus agens et possibilis*. La réponse est claire : l'ange ne possède pas de telles puissances si ce n'est dans un sens équivoque par rapport à leur présence et à

1. Cf. *S. theol.*, 54, 1 : « impossibile est quod actio angeli, vel cuiuscumque alterius creaturae (…) Unde in solo Deo » ; a. 2 : « actio angeli, neque actio alicuius creaturae (…) Unde solum esse divinum » ; a. 3 : « nec in angelo nec in aliqua creatura (…) Et huiusmodi est solus Deus ».

leur fonction dans l'être humain[1]. La raison en est que la perfection angélique exclut la nécessité de telles facultés, dont la présence en l'homme répond à une double imperfection. Du côté du sujet, elle tient à la potentialité par rapport à la connaissance, car l'être humain ne connaît pas toujours en acte : d'où la nécessité de l'intellect possible, qui représente la faculté cognitive en puissance par rapport à la connaissance actuelle; du côté de l'objet, l'imperfection réside en ce que l'intelligibilité des objets matériels – qui sont les objets propres de la connaissance humaine – n'est que potentielle: d'où la nécessité de l'intellect agent, faculté capable de rendre intelligibles en acte les formes des réalités sensibles[2]. Ces deux manques ne frappent pas les substances séparées, car d'une part, en tant que natures intellectuelles elles connaissent toujours en acte leurs objets propres et, d'autre part, leurs objets naturels sont intelligibles en acte[3]. Cette double actualité exclut la nécessité des facultés intellectuelles dont l'homme a besoin : alors que celui-ci acquiert successivement ses connaissances, les substances séparées ne nécessitent aucun processus d'acquisition, car elles possèdent naturellement et toujours la science qui leur est propre[4].

On remarquera le changement dans l'approche de la réalité angélique par rapport aux trois articles précédents : alors que Thomas y insistait sur la potentialité à l'égard de l'être, ici c'est l'actualité du connaître qui prime et qui détermine la supériorité de l'ange par rapport à l'homme. Pour notre auteur ces deux approches ne sont pas concurrentes, car la dépendance ontologique n'empêche pas l'actualité permanente au niveau noétique : de même que, de par son statut de forme pure, l'ange est incorruptible[5], ainsi de par sa nature intellectuelle il intellige toujours en acte ses objets naturels, sans que l'incorruptibilité d'une part et l'actualité de l'autre suppriment la dépendance dans l'être par rapport à la cause première. On retrouve dans cet ajustement le double regard porté par notre auteur sur la réalité des substances séparées : le regard du théologien qui insiste sur l'idée

1. Cf. *ibid.*, a. 4 : « Non potest in eis esse intellectus agens et possibilis nisi aequivoce ». Sur cet aspect de la connaissance angélique, cf. W. Schlössinger, *Die Erkenntnis der Engel*, Phil. Jahrbuch, 22 (1908), p. 339-347.

2. Cf. *S. theol.* I, 54, 4 : « Necessitas autem ponendi intellectum agentem fuit, quia naturae rerum materialium, quas nos intelligimus, non subsistunt extra animam immateriales et intelligibiles actu, sed sunt solum intelligibiles in potentia, extra animam existentes : et ideo oportuit esse aliquam virtutem, quae faceret illas naturas intelligibiles actu. Et haec virtus dicitur intellectus agens in nobis ».

3. Cf. *ibid.* : « Neque sunt quandoque intelligentes in potentia tantum, respectu eorum quae naturaliter intelligunt, neque intelligibilia eorum sunt intelligibilia in potentia, sed in actu »; *S. c. G.* II, 97 : « Intellectus substantiae separatae est semper intelligens actu ».

4. Cf. *S. theol.* I, 54, 4 : « In angelo autem non generatur scientia, sed naturaliter adest ». Il convient de relever que la position thomasienne se démarque, par exemple, de celle de Bonaventure, qui, en admettant la possibilité que les anges reçoivent les espèces des réalités inférieures, est amené à admettre par là même un intellect possible chez les anges (cf. *In II Sent.*, d. 3, a. 2, qu. 1 ; éd. Quaracchi, t. 2, p. 120); ou encore de celle d'Albert le Grand, qui exclut la réceptivité à l'égard des réalités inférieures, mais attribue néanmoins aux anges les intellects agent et possible (cf. *Summa de creaturis*, tr. IV, qu. 24, a. 1 ; éd. Borgnet, t. 34, p. 475a).

5. Cf. *S. theol.* I, 50, 5 : « Necesse est dicere angelos secundum suas naturas esse incorruptibiles »; ainsi que *S. c. G.* II, 55.

de créaturalité et de finitude, et le regard du philosophe qui, sans renier la dépendance causale, est amené à mettre en exergue la perfection d'une nature dont les attributs (incorruptible, toujours en acte) en font une réalité « quasi » divine. Le résultat certes ambigu de ce double regard explique d'une part le refus de certains contemporains – par exemple Albert le Grand ou, à peine plus tard, Thierry de Freiberg – d'identifier les anges avec les intelligences; et d'autre part, il rend plausible l'hypothèse qui fait des anges « la survivance dogmatisée et orthodoxe des intermédiaires gnostiques »[1]. Notons pour l'instant que si une position comme celle de Thomas d'Aquin se prête à de telles considérations, cela tient vraisemblablement à l'intention de mettre à contribution tout le savoir à sa disposition – philosophique et théologique – afin de parvenir à la saisie de l'architecture ordonnée de l'univers, celle-ci étant l'œuvre de la sagesse divine et représentant, pour l'Aquinate comme pour Aristote, l'objet de la *(philo-)sophia*[2] : de là les emprunts et l'adhésion à l'une ou l'autre thèse, au prix de tensions, de difficultés et d'ambiguïtés qui font de l'angélologie un des lieux théoriques les plus denses de la pensée médiévale.

Mais revenons à l'intellectualité des substances séparées. Après avoir exclu leur besoin d'un intellect agent et d'un intellect possible, notre auteur se demande si la connaissance angélique est exclusivement intellectuelle : *utrum in angelis sit sola intellectiva cognitio*. Compte tenu de ce qui précède, la réponse ne peut être qu'affirmative : l'ange étant une réalité immatérielle, seules les facultés purement spirituelles peuvent lui être attibuées, c'est-à-dire l'intellect et la volonté; sa connaissance sera par conséquent exclusivement intellectuelle. Cette conclusion est suivie d'une considération qui mérite notre attention, à savoir qu'il est conforme à l'ordre de l'univers que la créature intellectuelle la plus élevée soit totalement intellective, et non pas partiellement comme il se vérifie chez l'être humain. C'est pour cette raison – continue l'Aquinate – que les anges sont appelés « Intellects » ou « Esprits »[3]. Ce propos nous semble important à plusieurs égards. Tout d'abord notre auteur non seulement précise le caractère purement intellectuel de la connaissance angélique – ce qui suffirait à attester sa supériorité par

1. J. Durantel, *La notion de création chez saint Thomas*, Annales de philosophie chrétienne, XIV (1912/1), p. 23. Thomas d'Aquin lui-même relève une correspondance entre les « dieux platoniciens » et les anges chrétiens : cf. *De subst. sep.*, c. 1 : « Sic igitur patet quod inter nos et summum Deum quatuos ordines ponebat (Plato), scilicet deorum secundorum, intellectuum separatorum, animarum caelestium et daemonum bonorum seu malorum. Quae si vera essent, omnes huiusmodi medii ordines apud nos Angelorum animae censerentur ».

2. Cf. *S. c. G.* I, 1 : « Unde inter alia quae homines de sapiente concipiunt, a Philosopho ponitur quod *sapientis est ordinare*. Omnium autem ordinatorum ad finem gubernationis et ordinis regulam ex fine sumi necesse est : tunc enim unaquaeque res optime disponitur cum ad suum finem convenienter ordinatur (...). Unde (...) qui architectores vocantur, nomen sibi vindicant sapientum (...). Nomen autem simpliciter sapientis soli illi reservatur cuius consideratio circa finem universi versatur, qui item est universitatis principium; unde secundum Philosophum, sapientis est *causas altissimas* considerare ».

3. Cf. *S. theol.* I, 54, 5 : « Et hoc convenit ordini universi, ut suprema creatura intellectualis sit totaliter intellectiva; et non secundum partem, ut anima nostra. – Et propter hoc etiam angeli vocantur Intellectus et Mentes, ut supra dictum est ».

rapport à l'activité cognitive humaine –, mais il souligne l'intellectualité totale de la nature de l'ange (*suprema creatura intellectualis sit totaliter intellectiva*) : aussi, celui-ci non seulement possède une connaissance purement et totalement intellectuelle, mais *est* un sujet purement et totalement intellectuel. En vertu de cette nature, l'ange est donc un « intellect séparé »[1]. Il intellige toujours en acte en ce sens qu'il possède toujours actuellement le savoir qui lui est naturel. Il ne considère cependant pas toujours en acte le savoir qu'il possède[2] : cette forme de potentialité contribue à la non-identité du connaître et de l'être chez l'ange. En raison de cette non-identité, malgré le caractère totalement et purement intellectuel de sa nature et de sa connaissance, la faculté et les opérations cognitives restent de l'ordre des accidents (en tant que non-identiques à la substance), mais des accidents rattachés à la forme (*quod consequitur speciem*) et par conséquent essentiels. Comme nous l'avons déjà observé précédemment, ici encore notre auteur souligne de manière résolue l'intellectualité des substances séparées, sa valeur et sa supériorité par rapport à l'intellectualité partielle de la connaissance humaine : l'intellectualité de l'ange est en effet qualitativement différente et supérieure, puisqu'elle se situe au-delà de la bipolarité de l'intellect agent et de l'intellect possible, qui, bien que séparés de la matière, en dépendent encore quant à leur objet propre. En précisant ainsi le statut du sujet angélique en tant que sujet cognitif, l'Aquinate ramène en quelque sorte l'ange à sa vraie place, après avoir insisté sur la condition créaturelle qu'il partage avec l'homme.

Deuxiemment, la valeur et la supériorité de l'intellectualité angélique est accréditée par l'idée de l'ordre de l'univers : l'aspect régulateur inhérent à cet ordre exige en effet que la créature la plus élevée (*suprema*) soit purement et totalement intellectuelle. L'intellectualité des anges est de ce fait investie d'une valeur qui non seulement la rend supérieure à celle de l'homme, mais qui la pose – et dans une certaine mesure la lui impose – dans sa fonction paradigmatique. L'exigence de conformité à l'ordre des choses propulse ainsi les substances séparées à un niveau d'être où leur finitude, sans être éffacée, reste en quelque sorte dans l'ombre. Comme dans la détermination du statut de l'ange[3], ici aussi le schéma de l'ordre des choses s'avère être un moyen puissant de promotion de la condition des substances séparées.

En troisième lieu, l'intellectualité pure et totale des substances spirituelles justifie – on l'a vu – l'appellation d'« Intellects » ou « Esprits ». Nous tenons là une des médiations conceptuelles qui ont permis à Thomas d'Aquin d'identifier les anges et les substances séparées de la tradition philosophique gréco-arabe. En effet, si du point de vue de leur rôle, c'est la commune fonction de médiation qui a favorisé cette association, du point de vue du statut ontologique, c'est

1. Cf. *S. c. G.* II, 96 : « Substantia autem separata est intellectus per se existens, non in corpore aliquo » ; *S. theol.* I, 55, 2 : « Substantiae vero superiores, idest angeli, sunt… in esse intelligibili subsistentes ». Ces considérations, associées à la discussion menée dans le *De substantiis separatis*, posent une parenté significative entre les anges et les idées platoniciennes.

2. Cf. *infra*, I. 4.

3. Cf. notre étude : *Les anges et la philosophie*, cit., I^re partie.

l'intellectualité pure – conséquence de l'immatérialité – qui suscite l'identification des anges avec les substances *sui generis* que les philosophes appellent précisément, et de manière significative, « Intelligences » ou « Intellects »[1]. « Ange » et « Intellect » (séparé, céleste) figurent ici comme deux dénominations d'une même entité intermédiaire et médiatrice. L'appellation d'« Intellects » ou « Intelligences » revient aux anges en tant qu'objets d'un regard philosophique : en les plaçant dans un horizon noétique, ce regard en fait à la fois les objets d'un acte de pensée – car le principe premier créé les choses en les pensant – et des sources d'intelligibilité de l'univers créé[2] – car sans les anges-intellects l'univers serait inintelligible. Les créatures spirituelles peuvent dès lors être envisagées à double titre comme des intellects ou des intelligences séparées, dont l'intellectualité est synonyme de transparence et d'immédiateté.

En résumé, dans cette première question consacrée à la connaissance angélique l'Aquinate développe deux notions fondamentales, celle de la créaturalité et celle de l'intellectualité des anges, qui vont servir de fondement à l'analyse du moyen, des objets et de la modalité de fonctionnement de l'activité cognitive des substances séparées.

## Le moyen de la connaissance angélique

L'interrogation relative au moyen ou instrument de la connaissance angélique porte d'abord sur la nécessité d'un tel moyen, en clarifie ensuite l'origine et précise enfin son caractère universel[3].

La question relative à la nécessité d'un moyen de connaissance est abordée indirectement à travers celle qui consiste à savoir si l'ange connaît les objets par sa propre substance, autrement dit par lui-même, sans recours à une médiation. L'hypothèse de l'absence d'instrument est accréditée par la thèse aristotélicienne de l'identité de l'intellect et de l'intelligé dans les substances séparées[4] et par celle, dérivée du schéma de l'ordre des choses, qui veut que les substances intellectuelles (pré-)contiennent la totalité du réel de manière intelligible : les inférieurs *essentialiter* et les supérieurs *participative*. C'est le motif de dérivation aristotélicienne qui sert ici de terme de référence à l'argumentation thomasienne, axée sur les notions d'identité et de totalité. La voici : la forme étant ce par quoi

1. Thomas d'Aquin utilise plutôt le terme d'« Intellects », qu'il tient du Pseudo-Denys : cf. *De subst. sep.*, c. 19, lin. 71-80 : « Dionysius frequenter eos (sc. angelos) nominat caelestes intellectus seu divinas mentes ». Dans le passage cité on notera la qualification de « divins » attribuée aux créatures angéliques.

2. De même, chez Avicenne les Intelligences résultent d'un processus noétique et rendent intelligible ce qui les suit dans l'ordre hiérarchique : cet aspect est tout particulièrement évident pour la Xe Intelligence, qui est l'Intellect agent ou Donateur de formes.

3. Cf. *S. theol.*, I, 55, a. 1-3 : « Utrum angeli cognoscant omnia per suam substantiam »; « Utrum angeli intelligant per species a rebus acceptas »; « Utrum superiores angeli intelligant per species magis universales quam inferiores ».

4. Cf. Aristote, *De anima* III, 4, 430 a3.

l'agent agit, c'est par une forme que l'intellect exerce l'opération cognitive; or, pour qu'une faculté soit parfaitement accomplie par une forme, il faut que celle-ci contienne tout ce que la faculté recouvre virtuellement. La capacité cognitive des substances séparées s'étend à tout ce qui est[1]; leur essence par contre ne contient (*comprehendit*) pas la totalité du réel, car elle est déterminée selon le genre et l'espèce et par conséquent elle est finie. Dieu seul, qui est infini, contient et comprend tout en lui-même, de manière à connaître toutes choses par sa propre essence. Il faut en conclure que l'ange, en raison de sa détermination et de sa finitude, ne peut connaître ses objets par son essence, mais nécessite un moyen ultérieur, capable de parfaire sa faculté cognitive : ce moyen sont les espèces intelligibles[2].

On aura remarqué que l'argumentation thomasienne s'appuie sur l'idée de non-coïncidence de l'être et du connaître ou, si l'on préfère, sur l'inadéquation entre l'essence angélique et sa puissance cognitive. Le fondement de la démarche réside en effet, en dernière analyse, dans les idées de créaturalité et de finitude développées et fixées dans les trois premiers articles de la question 54. Ces notions servent ici à mettre en lumière l'écart, la différence, la distance entre une essence finie et une faculté cognitive ouverte sur une infinité d'objets. L'approche de la connaissance angélique apparaît dès lors entièrement tributaire du statut de l'ange, qui est celui d'une réalité à la fois finie quant à l'être – qui est reçu –, et infinie quant à la forme – qui n'est pas limitée ou contractée dans un sujet[3] – et quant à l'étendue de sa faculté. Le statut de la connaissance des substances séparées est marqué par cette disproportion entre la finitude du sujet, qui sans être individué est cependant déterminé selon le genre et l'espèce, et l'infinité virtuelle d'une faculté dont l'objet s'étend à la totalité des étants. C'est cette différence, cette disproportion et cet écart qui empêche l'ange de tout connaître par sa substance et qui lui impose le recours à un moyen terme, à un instrument. Les espèces intelligibles sont requises pour combler l'écart entre la substance finie et la puissance cognitive infinie : elles permettent de remplir et d'actualiser une faculté dont l'extension dépasse l'être de son sujet. Elles posent en quelque sorte un pont entre l'essence angélique et son pouvoir cognitif et rétablissent ainsi une unité dont l'ange, de même que les autres créatures, est privé. En d'autres termes, la non-identité de l'être et de la forme, de l'essence et du connaître, exige un moyen terme capable de combler l'écart et de rétablir l'unité sans laquelle il n'y aurait pas de connaissance, celle-ci étant conçue comme assimilation et union du connaissant et du connu. Ce moyen terme sont les espèces intelligibles, qui s'avèrent être les intermédiaires nécessaires à la connaissance angélique. Grâce à elles, l'unité du connaissant et du connu peut se réaliser, non pas en ce que la

1. Cf. *S. theol.* I, 55, 1 : « Potentia intellectiva angeli se extendit ad intelligendum omnia : quia obiectum intellectus est ens vel verum commune ».

2. Cf. *ibid.* : « Angelus autem per suam essentiam non potest omnia cognoscere; sed oportet intellectum eius aliquibus speciebus perfici ad res cognoscendas ».

3. Cf. *S. theol.* I, 50, 2, ad 4 : « Et propter hoc dicitur in libro *De causis*, quod intelligentia est finita superius, inquantum scilicet recipit esse a suo superiori : sed est infinita inferius, in quantum non recipitur in aliqua materia » ; l'ange est donc une forme pure (c'està-à-dire une espèce non individuée), mais dépendante dans l'être.

faculté cognitive serait la forme intelligible elle-même, mais en ce que l'espèce devient la forme qui actualise la faculté intellectuelle[1]. De même qu'au niveau de son être, ainsi au niveau du connaître l'ange a besoin de quelque chose d'autre que son essence, quelque chose qui actualise ses capacités : ce sont les représentations des objets de connaissance fournies par les espèces intelligibles.

La nécessité d'un moyen de connaissance (*medium cognitionis*) semble ainsi mettre en exergue l'imperfection de l'ange, sa non-identité et sa finitude : en un mot, sa créaturalité. Mais cette approche, qui est privative en ce qu'elle insiste sur le manque et le besoin qui frappe l'activité cognitive des substances séparées, est évidemment relative au terme de référence adopté ici par l'Aquinate : ce terme est la perfection divine, par rapport à laquelle toute autre condition ne peut être qualifiée que de manière privative, voire négative. L'énoncé de l'impossibilité pour l'ange de connaître ses objets par sa propre substance fait suite en effet à celle de la capacité divine de tout connaître par sa propre essence[2] : cette prérogative résulte précisément de l'infinité de Dieu, qui réalise l'identité entre son être et l'extension de son pouvoir. En tant qu'infini, l'être divin comprend tout et connaît par conséquent la totalité de l'être par son propre être. L'identité divine n'est pas seulement celle de son être et de son agir, mais c'est l'identité de son être et de la totalité de l'être. Autrement dit, cette identité n'est pas seulement intrinsèque au « sujet-Dieu », mais inclut la totalité du réel, dont Dieu est la cause unique et suffisante. Aussi, Dieu seul remplit toutes les conditions d'une connaissance parfaite, à savoir non seulement l'identité ponctuelle du connaissant et du connu, mais l'identité de l'être du sujet avec la totalité de l'être-objet. Notons que la référence à l'infinité divine renforce l'exigence de la totalité : *Oportet autem, ad hoc quod potentia perfecte compleatur per formam, quod omnia contineantur sub forma, ad quae potentia se extendit*[3]. Les notions d'identité et de totalité remplissent ainsi une fonction normative dans la détermination thomasienne du statut de la connaissance angélique – et de la connaissance tout court – en tant qu'elles traduisent un idéal de connaissance que Dieu seul réalise : celui d'une unité sans failles, sans différence et sans division, puisqu'elle englobe la totalité de l'être. La connaissance est recherche d'unité; de même que la finalité de tout être est de retourner au principe premier et de s'unir à lui, ainsi la perfection de la connaissance réside dans une unité – celle du connaissant et de son objet – qui est le reflet de l'unité primordiale de Dieu avec « ses objets ». Dans leurs processus cognitifs les créatures rationnelles réalisent une unité analogue, mais de manière ponctuelle et limitée dans le temps, alors qu'en Dieu l'unité est totale et éternelle. Dans les substances séparées les espèces intelligibles, en comblant l'écart entre l'être fini et l'infinité du connaître, répondent précisément à l'exigence d'une plus grande unité

1. C'est ainsi que Thomas interprète l'idée aristotélicienne de l'identité du connaissant et du connu : cf. *S. theol.* I, 54, 1, ad 2 : « Ita et intellectus in actu dicitur esse intellectum in actu, non quod substantia intellectus sit ipsa similitudo per quam intelligit, sed quia similitudo est forma eius ».

2. Cf. *ibid.* : « Hoc autem proprium est essentiae divinae, quae infinita est, ut in se simpliciter omnia comprehendat perfecte. Et ideo solus Deus cognoscit omnia per suam essentiam ».

3. *Ibid.*

de l'ange avec ses objets de connaissance. Elles rendent possible une unité qui paraît bien faible à l'égard de l'identité-totalité divine, mais qui n'impose pas moins sa valeur et sa fonction paradigmatique à l'égard de la connaissance humaine.

*L'origine des espèces intelligibles angéliques*

Cette valeur et cette fonction paradigmatiques se dégagent avec force des considérations développées dans la suite de la discussion. Thomas s'interroge d'abord sur l'origine des espèces intelligibles qui interviennent dans la connaissance angélique. Ici le terme de référence ne saurait être la connaissance divine, puisque Dieu ne connaît pas au moyen d'espèces : c'est donc la connaissance humaine qui va servir de base à la démarche, qui par voie d'analogie déterminera le statut *sui generis* des espèces intelligibles des substances séparées [1].

Que se passe-t-il au niveau de la connaissance humaine ? L'exigence d'unité évoquée auparavant reste l'horizon ultime de toute connaissance, que chaque type de subjectivité remplit de manière conforme à son statut. Aussi, cette unité se réalise-t-elle chez l'être humain par mode d'assimilation de l'objet connu par le sujet connaissant. L'objet propre de la connaissance humaine étant l'essence des réalités matérielles, cette assimilation s'effectue au moyen de l'espèce – qui est l'image ou la représentation intelligible de l'objet –, que l'intellect agent abstrait de l'image sensible (appelée « phantasme ») imprimée par l'objet dans la faculté sensitive [2]. Les espèces intelligibles par lesquelles nous connaissons ont donc leur source première dans la réalité matérielle, qui exerce ainsi une fonction causale dans le déroulement de notre connaissance. Cette causalité n'est cependant pas suffisante et n'explique pas à elle seule la connaissance intellectuelle : l'image imprimée par l'objet ne devient connaissance intellectuelle que par l'action illuminatrice de l'intellect agent [3]. De la sorte, notre connaissance résulte d'une double causalité : celle de la réalité matérielle et celle de l'intellect agent [4].

À partir de ces considérations sur la connaissance humaine, l'interrogation soulevée dans le deuxième article de la question 55 prend tout son sens : *Utrum angeli intelligunt per species a rebus acceptas*. La réponse va être décisive quant au statut de la connaissance angélique et par là même quant à la relation de l'ange à

1. Sur les espèces intelligibles et leur fonction dans les doctrines médiévales de la connaissance cf. L. Spruit, « *Species intelligibilis* ». *From perception to knowledge*, 2 vol., Leiden-New York-Köln, Brill, 1994-1995 : pour Thomas d'Aquin, cf. vol. 1, p. 156-174.

2. Pour le déroulement de la connaissance humaine cf. *S. theol.* I, 85 et les études d'Alain de Libera, *La querelle des universaux*, Paris, Seuil, 1996, p. 273-276, et de L. Spruit, « *Species intelligibilis* », cit.

3. Cf. *De ver.*, qu. 10, a. 6 ; *De subst. sep.* c. 16 et la mise au point, fort intéressante, d'E.-H. Wéber, *Dialogue et dissensions entre saint Bonaventure et saint Thomas d'Aquin à Paris (1252-1273)*, Paris, Vrin, 1974, p. 410 *sq.* et, du même A., *Les discussions de 1270 à l'Université de Paris et leur influence sur la pensée philosophique de saint Thomas d'Aquin*, Miscell. med. 10 (1976), p. 285-316.

4. Il convient de préciser que cette causalité présuppose toutefois, en dernière analyse, l'influence causale de Dieu comme premier intelligible et comme principe ultime d'intelligibilité : de ce point de vue, les causes immédiates de la connaissance humaine servent de médiation à cette ultime causalité ; cf. *S. theol.* I, 84, 4, 105, 3 ; *Ia-IIae*, 3, 6.

ses objets. La voici : *dicendum quod species per quas angeli intelligunt, non sunt a rebus acceptae, sed eis connaturales*[1]. La justification de cette thèse résulte entièrement du schéma de l'*ordo rerum* : elle s'appuie en effet sur les différentes qualifications qui affectent chaque réalité en fonction de la place qu'elle occupe dans l'ordre des choses. Dans cet ordre les substances séparées sont situées à un niveau supérieur par rapport à l'être humain et jouissent par conséquent de prérogatives dont celui-ci est privé. Ainsi, alors que notre capacité intellective n'est pas accomplie de par sa nature, mais demande à être perfectionnée dans le temps, celle de l'ange – en tant que supérieure à la faculté humaine – est accomplie dans sa nature-même par des espèces intelligibles qui lui sont connaturelles et qui lui permettent de connaître tous ses objets naturels. Cette différence et cette supériorité reposent sur l'immatérialité des substances séparées : en tant que formes pures, leur perfection ne peut être que d'ordre intelligible et son accomplissement ne requiert d'aucune manière le concours de la réalité matérielle exigé dans la connaissance humaine. Comme nous, les anges connaissent tout ce qu'ils peuvent connaître au moyen d'espèces, mais ces espèces ne proviennent pas des objets eux-mêmes. D'où viennent-elles ?

La réponse de l'Aquinate est claire : elles leur sont connaturelles, elles appartiennent donc en propre à leur nature de substances intellectuelles. Cependant, de même que l'être par lequel les anges subsistent, les espèces par lesquelles ils connaissent ne leur appartiennent qu'après avoir été reçues. N'étant pas reçues des objets de connaissance, elles ne peuvent dériver que de Dieu : *angeli (...) suam perfectionem intelligibilem consequuntur per intelligibilem effluxum quo a Deo species rerum cognitarum acceperunt simul cum intellectuali natura*[2]. Dès leur création, les substances séparées ont reçu un patrimoine de connaissances comprenant les représentations de tout ce qui leur est naturellement connaissable. Ce don est inscrit dans ces natures intellectuelles de manière à leur être connaturel.

Deux points de cette conception méritent notre attention. Le premier concerne le fondement de la connaissance angélique. Celle-ci est rendue possible par la relation à Dieu, une relation de dépendance exprimée en termes d'émanation intellectuelle (*per intelligibilem effluxum*)[3]. Grâce à cette dynamique d'émanation – qui ne saurait cacher sa parenté d'esprit avec la conception avicennienne et plus généralement avec la doctrine néoplatonicienne de la procession[4] –, l'ange

1. *S. theol.* I, 55, 2.

2. *Ibid.* ; cf. W. Schlössinger, *Die Erkenntnis der Engel*, cit., p. 493-504.

3. Dans le *De veritate*, qu. 8, a. 5, il est question d'« influxum Verbi ». De même dans le commentaire des *Sentences* on lit que : « in intellectu angelico similitudo rei intellectae... est influxa a Deo » (*In II Sent.*, d. III, qu. 3, a. 1). Ce dernier texte témoigne, plus fortement que les autres, de l'inspiration néoplatonicienne de la démarche thomasienne relative à la connaissance des anges : ses sources principales sont en effet le Pseudo-Denys, le *Liber de causis* et Averroès. La référence au Commentateur surprend à peine si on admet, avec J. Jolivet, que « aristotélicienne en son principe, la noétique d'Ibn Rusd s'infléchit vers le néoplatonisme quand elle se prolonge en une réflexion sur la pensée des substances séparées » (cf : *Divergences entre les métaphysiques d'Ibn Rusd et d'Aristote*, dans *Philosophie médiévale arabe et latine*, cit., p. 228).

4. Lire sur ce point E.-H. Wéber, *Dialogue et dissensions*, cit., p. 411 *sq.*

reçoit les images des choses présentes à titre d'exemplaires dans l'esprit divin. Tout comme les substances qui les possèdent, ces espèces sont d'une perfection bien plus grande que celles dont se sert la connaissance humaine, car elles ne sont pas « contaminées » par la matière, mais doivent leur pureté aux exemplaires divins eux-mêmes. La connaissance angélique apparaît ainsi plus apparentée à la connaissance divine qu'à la connaissance humaine. En effet, si les espèces ne sauraient être causes de leurs objets à la manière des exemplaires divins, il reste néanmoins que la connaissance des substances séparées est enracinée directement en Dieu, dont elle tient d'un seul coup et pour toujours les représentations de la totalité de ses objets naturels. De cet enracinement ne dérive pas seulement une prérogative sur le plan cognitif, mais également une antériorité d'ordre ontologique, relative à la modalité d'être des choses : leurs raisons sont en effet présentes dans les anges à titre d'intelligibles avant d'être produites et actualisées dans les choses elles-mêmes [1]. Cet aspect atteste on ne peut plus nettement la supériorité de la connaissance angélique, et marque la distance qui la sépare de la connaissance humaine, que nous avons vue dépendante de l'extériorité des choses et de la perception sensible [2]. L'ange est non seulement indépendant de ses objets et jouit d'un lien immédiat avec leur cause, mais il possède de surcroît les raisons des choses avant leur existence dans leur propre substrat [3]. Cette antériorité corrobore l'idée thomasienne de la médiation des substances séparées dans l'ordre du créé : il s'avère ici que les anges représentent un état intermédiaire, non pas dans l'acte de création, mais en ce qui concerne la modalité d'être des choses, en tant que celles-ci sont présentes de manière intelligible [4] dans l'intellect angélique avant même de subsister dans leur sujet, bien qu'après avoir été conçues par Dieu [5].

La constatation de cet état des choses dans l'esprit angélique nous invite à nous tourner du côté de la théorie néoplatonicienne des trois états de l'universel [6].

1. Cf. *S. theol.* I, 55, 2, ad 1 : « Unde Augustinus dicit..., quod sicut ratio qua creatura conditur, prius est in verbo Dei quam ipsa creatura quae conditur, sic et eiusdem rationis cognitio prius fit in creatura intellectuali, ac deinde est ipsa conditio creaturae ». Pour Augustin, cf. *De Genesi ad litteram* II, 8.

2. Cf. *S. c. G.* II, 96. Aussi naturelle soit-elle, la nécessité de recourir au phantasme apparaît en effet comme une marque d'imperfection par rapport à l'idéal de la connaissance comme saisie intuitive immédiate de la raison des choses.

3. Nous retrouverons cet aspect dans l'analyse de la question 57, a. 1.

4. Cf. *In II Sent.*, d. III, qu. 3, a. 1 : « Formae quae a Deo impressae sunt rebus ad subsistendum, sunt etiam angelo impressae ad cognoscendum ».

5. Cette antériorité dans l'esprit angélique n'est pas temporelle au sens de la durée humaine, ni causale au sens de la causalité divine : c'est une antériorité intermédiaire, de l'ordre de la nature des choses : « universale ab eo (sc. angelo) cognitum (...) erit (...) quodammodo ante res praeexistens (non ordine causae, sed) ordine naturae » (*S. theol.* I, 55, 3, ad 1). Dans le *De veritate* (qu. 8, a. 10) Thomas va jusqu'à accorder à cette présence dans l'intellect angélique une valeur supérieure à celle de la réalité subsistante en elle-même : « formae intellectus angelici sunt excellentiores rebus ipsis, utpote divinae essentiae propinquiores ». Cette considération renforce la parenté des espèces angéliques avec les idées platoniciennes, dont elles partagent la perfection et l'exemplarité.

6. Cette théorie était inconnue au XII^e siècle : elle fut redécouverte par Albert le Grand et devint « un lieu commun dans la seconde moitié du XIII^e siècle », comme l'explique A. De Libera, *La querelle des universaux*, cit., p. 245-262.

Cette théorie distingue trois sortes d'universaux : l'universel *ante rem*, qui est cause des choses ; l'universel *in re*, qui est la nature commune existant dans les choses singulières et servant de fondement à la prédication ; l'universel *post rem*, qui est abstrait des choses et qui par conséquent est un produit de l'esprit. À la lumière de cette distinction, on peut assimiler l'état des choses *in mente angelica* à un état intermédiaire entre celui de l'universel *ante rem* et celui de l'universel *in re* : les espèces ou similitudes des choses dans l'intellect angélique représentent ainsi un stade ultérieur de l'universel, intermédiaire entre l'universel-cause et l'universel-causé subsistant dans une multiplicité d'individus créés. Cet universel intermédiaire est cité très précisément dans le commentaire des *Sentences*, où Thomas l'appelle *universale ad rem* et le définit comme étant un universel antérieur aux choses à la manière de l'idée dans l'esprit de l'artiste[1]. Les universaux *ad rem* sont donc, comme les espèces humaines, *in intellectu*, mais, n'étant pas abstraites des réalités singulières, elles forment un univers noétique où les raisons des choses se montrent dans leur pureté originaire. Ainsi, dans l'intellect angélique les choses existent et se donnent à être saisies dans une clarté et une transparence inatteignables par la démarche cognitive humaine[2]. Dans cet ordre d'idées il apparaît que les espèces angéliques représentent un idéal d'universalité : celle qui consiste dans la saisie intellectuelle immédiate de la raison des choses. L'ange est le lieu d'une idéalité noétique[3].

1. Cf. *In II Sent.*, d. III, qu. 3, a. 2, ad 1 : « Est etiam quoddam universale ad rem, quod est prius res ipsa, sicut forma domus in mente aedificatoris ».

2. L'espèce universelle de la connaissance humaine est le résultat d'une soustraction, celle de la connaissance angélique est une saisie totale de l'objet. Ces différentes formes et degrés d'universalité fournissent par ailleurs un critère ultérieur de l'ordonnancement hiérarchique des êtres : cf. *S. c. G.* II, 98.

3. La reconnaissance de cette idéalité et de sa valeur paradigmatique ne signifie pas que l'être humain doit connaître de la même manière que l'ange, car cela irait à l'encontre de la nature de son âme, qui est d'être unie à un corps et par conséquent de connaître par le recours au phantasme : cette union étant pour le bien de l'âme (cf. *S. theol.* I, 84, 4), la « conversio ad phantasmata » est conforme à la perfection naturelle de l'âme humaine dans son existence terrestre. Il y va donc de la nature et de l'ordre des choses que notre âme connaisse au moyen de représentations enracinées dans la réalité matérielle. Cette situation change après la mort : comme les anges, l'âme séparée du corps connaît au moyen d'espèces reçues de Dieu, mais participées de manière inférieure (« per species ex influentia divini luminis participatas, quarum anima fit particeps sicut et aliae substantiae separatae, quamvis inferiori modo », *S. theol.* I, 89, 1). Mais il y a encore un troisième et dernier stade : celui de l'homme après la résurrection, dont la connaissance est plus conforme à la nature de l'âme que celle de l'âme séparée, puisqu'elle résulte de la réunion de l'âme et du corps (cf. *S. c. G.* IV, 79 ; *Qu. disp. de potentia*, qu. 5, a. 10 et les considérations de E.-H. Wéber, *La personne humaine au XIII*e *siècle*, « Bibliothèque thomiste », vol. XLVI, Paris, Vrin, 1991, p. 150-154 et 264). À chacun de ces états correspond une modalité de connaissance qui lui est propre et qui ne saurait être changée qu'au prix d'une dénaturation et d'un bouleversement de l'ordre des choses établi par Dieu. Par conséquent, la valeur paradigmatique de la connaissance angélique n'est pas celle d'une norme qui devrait être appliquée aux autres niveaux de la hiérarchie et aboutir à l'uniformisation des modalités de connaissance. L'exemplarité des anges sur le plan noétique représente plutôt un horizon idéal, en tant que la connaissance des substances séparées est, absolument parlant (« simpliciter »), plus parfaite et plus noble que la connaissance humaine (« cum intelligere per conversionem ad superiora sit simpliciter nobilius quam intelligere per conversionem ad phantasmata »), de même que la connaissance divine est incomparablement plus parfaite que la connaissance angélique. Dans la perspective de cette hiérarchie de valeur

En résumé, les clarifications thomasiennes sur l'origine des espèces angéliques nous permettent de constater que les substances séparées ont certes encore besoin d'un intermédiaire, d'un instrument de connaissance – les espèces précisément –, mais que celles-ci proviennent directement de Dieu. Par conséquent, ce type de connaissance se situe dans le prolongement du processus d'émanation (*effluxus*) à partir du principe premier – un processus qui est constitutif des choses sur le plan ontologique et qui exerce en même temps une fonction d'illumination sur le plan noétique à l'égard des substances séparées. Les espèces angéliques résultent ainsi à la fois d'un *effluxus* et d'une *illuminatio*, et c'est la raison pour laquelle Thomas emploie la formule de *intelligibilis effluxus*. Par cette conception, l'Aquinate opère une synthèse remarquable entre la conception avicennienne du *dator formarum*, la noétique dionysienne et l'apport augustinien en matière d'illumination[1].

Le deuxième aspect qui mérite d'être relevé concerne la relation aux objets de connaissance. En effet, bien que médiatisée par les espèces intelligibles, la connaissance des substances séparées est *a priori* par rapport aux choses : elle ne dépend pas d'elles et ne subit aucune causalité de leur part. Contrairement à la connaissance humaine soumise à deux conditions – le recours au phantasme et l'action de l'intellect agent –, la connaissance angélique requiert uniquement le deuxième terme, c'est-à-dire la lumière intellective sous forme d'espèce reçue de

– formulée avec une clarté remarquable dans la *Quaestio de spiritualibus creaturis*, a. 1 – la nécessité humaine de recourir au phantasme apparaît « simpliciter » comme une marque d'imperfection, alors même qu'elle relève de la perfection naturelle de l'âme unie au corps. Nous assistons ici à la rencontre des deux orientations qui marquent la réflexion thomasienne : l'orientation aristotélicienne privilégiant la relation naturelle de l'âme avec le corps et l'enracinement matériel de la connaissance humaine, et l'orientation platonicienne privilégiant la sphère de l'intelligible et de la connaissance comme émanation-participation à l'universel « ante rem » : le premier article de la question 89 témoigne très clairement de la co-présence de ces deux orientations dans la pensée de l'Aquinate. Le cas échéant, elle se manifeste dans l'interférence entre l'idée de perfection comme conformité à une nature et celle de perfection comme norme idéale et paramètre de toutes les perfections : selon la première acception l'être humain pourrait se satisfaire de la connaissance qui lui est propre et qui est parfaite en tant que conforme à sa nature ; selon la deuxième acception, en revanche, l'homme peut et doit aspirer à un idéal de connaissance qu'il ne peut certes pas réaliser pleinement, mais qui d'une part éveille en lui la conscience de ses limites et d'autre part devient le moteur d'une dynamique d'autodépassement analogue à la dynamique néoplatonicienne du « reditus » (cf. E.-H. Wéber, *La personne humaine*, cit., p. 447 et 249-251). En d'autres termes, si la « perfection-conformité » est incontournable, la « perfection-idéal » paraît tout autant nécessaire afin que chaque chose et l'univers tout entier puissent entamer le retour vers le principe premier et atteindre la perfection et le bonheur. Aux yeux de l'Aquinate ces deux types de perfection ne s'affrontent d'ailleurs pas – la perfection finale n'étant pas opposée à la perfection naturelle –, mais se rencontrent et se complètent, car elles résultent d'un seul et même principe.

1. Thomas assume ici ce qu'il refuse au niveau de la causalité de la connaissance humaine : celle-ci en effet est conçue à la manière d'Aristote comme résultat du rapport entre des facultés cognitives naturelles et la réalité, et ce à l'encontre d'une théorie de l'illumination d'ascendance augustinienne, partagée notamment par les deux courants augustinisants que Thomas d'Aquin précisément critique : cf. E. Gilson, *Pourquoi saint Thomas a critiqué saint Augustin*, Archives d'hist. doctr. et litt. du Moyen Âge, 1 (1926/27), p. 5-127. La connaissance humaine ainsi comprise présuppose toutefois à son tour l'influence causale divine à titre de principe ultime et transcendant d'intelligibilité : c'est un aspect sur lequel E. H. Wéber a insisté à juste titre (cf. *Les discussions de 1270*, cit.).

Dieu. Il s'ensuit que le rapport cognitif de l'ange à ses objets naturels – qu'ils soient égaux ou inférieurs à lui – est un rapport *a priori* et que la connaissance qui en résulte est indépendante à leur égard, tout en dépendant, quant à son origine, de l'illumination divine. Ce type de rapport aux objets confirme la proximité de la connaissance des substances séparées à la connaissance divine, dont elle partage le caractère *a priori*, et prouve sa supériorité par rapport à la connaissance qui requiert l'intervention de la réalité matérielle et des facultés sensitives. Cette indépendance et cette perfection engendrent une prérogative ultérieure : celle d'un rapport plus direct avec les objets de connaissance. Ce rapport ne saurait être celui de l'identité divine avec ses objets, mais il représente néanmoins un rapport d'immédiateté (relative) en ce qu'il exclut la double médiation exigée par la connaissance humaine : la présence de l'objet d'une part et les étapes successives du processus cognitif de l'autre. Cette immédiateté relative est possible du fait que la faculté cognitive des substances spirituelles est parfaite et accomplie dès leur création : les espèces intelligibles de la totalité des objets connaissables sont connaturelles à l'ange, elles sont inscrites à jamais dans sa nature intellectuelle et représentent un patrimoine noétique qui lui permet de saisir intuitivement l'essence de tout objet naturel. La nature intellectuelle des substances séparées est ainsi riche et pleine de la totalité des espèces intelligibles, à savoir des images ou représentations de la totalité des objets connaissables [1]. L'ange est toujours déjà prêt à saisir intuitivement ses objets, c'est-à-dire à les « voir » dans les représentations intelligibles qu'il en possède dès sa création. Grâce à ce patrimoine intellectuel reçu de Dieu, l'ange se présente comme un microcosme intellectuel et intelligible [2], comme un miroir de la totalité du réel [3].

1. Cette conception est celle que le *Liber de causis* exprime par la célèbre formule : « Omnis intelligentia plena est formis » (prop. X, p. 92; Thomas d'Aquin, *S. L. De causis exp.*, prop. X), une formule que notre auteur reprend explicitement dans *S. c. G.* II, 98 pour signifier la complétude intellectuelle des substances séparées.

2. « Microcosme intellectuel » (« saeculum intelligibile ») : c'est ce que l'être humain lui-même est appelé à devenir selon Avicenne (cf. *Metaphysica*, IX, 7).

3. On ne saurait passer sous silence l'analogie entre ce « patrimoine d'espèces intelligibles » et le « patrimoine d'idées innées » que Descartes attribue au sujet humain, ni la ressemblance entre le caractère *a priori* de la connaissance angélique et la non-réceptivité du sujet humain ainsi que sa représentativité à l'égard de la totalité du réel chez Leibniz (cf. *Système nouveau de la nature*, § 14 et 16) : ces quelques éléments corroborent l'hypothèse de la parenté de la conception moderne de la subjectivité humaine avec celle de la subjectivité angélique telle qu'elle est conçue par l'Aquinate (nous avons formulé cette hypothèse dans notre étude : *Les anges et la philosophie*, cit., p. 50-53. Il ne s'agit pas là d'un emprunt illégitime – ainsi que le suggère J. Maritain dans ses considérations sur Descartes (cf. *Trois réformateurs. Descartes ou l'incarnation de l'ange*, dans *Œuvres complètes* III, Fribourg-Paris, Éditions universitaires-Éditions St. Paul, 1984, p. 487-521) –, mais d'une évolution historique qui répond à un besoin nouveau, sans rupture ni trahison du passé : la philosophie moderne ne dépasse la pensée médiévale et ne s'y oppose que parce qu'elle en a été nourrie. Paradoxalement, l'angélologie a alimenté la conception d'une subjectivité qui allait la jeter dans le rebut des illusions métaphysiques. Signalons par ailleurs que le récent volume sur *Descartes et le Moyen Âge* (Paris, Vrin, 1997) explore différents domaines qui illustrent la parenté de Descartes avec la pensée médiévale, mais l'angélologie n'y figure malheureusement pas. En revanche, R. Specht a proposé un parallèle très intéressant entre la physiologie mécaniste cartésienne et la conception scolastique (suarezienne) du rapport de l'ange au corps assumé dans son article : *Schulphilosophische Meinungen*

*L'universalité des espèces intelligibles angéliques*

Reste un dernier point à préciser quant au statut des espèces intelligibles des substances séparées : il s'agit de leur universalité. L'interrogation porte sur la différenciation des degrés d'universalité entre anges de niveau différent : *utrum superiores angeli intelligant per species magis universales quam inferiores*. Les termes de cette question – supérieur/inférieur, plus universel/moins universel – nous introduisent d'emblée dans une problématique d'ordre et de hiérarchie, car ce n'est que dans l'horizon de l'ordre des choses que des termes comparatifs trouvent leur sens ; le plus et le moins possèdent en effet valeur et consistance seulement par rapport à la norme dictée par la structure ordonnée de l'univers. La règle qui sert ici de point d'appui à la démarche thomasienne est la suivante : dans l'ensemble ordonné de l'univers, les réalités plus proches et plus semblables au principe premier sont supérieures aux autres[1]. Le cas échéant, la connaissance divine va servir de norme absolue dans la détermination des modalités cognitives des réalités inférieures, et ce en fonction de la distance qui les sépare du principe. Nous assisterons par conséquent à une argumentation de type déductif, conforme à la dynamique d'émanation qui préside à la connaissance angélique. La connaissance divine est normative en ce qu'elle réalise de la manière la plus parfaite qui soit l'unité du connaissant et du connu. Cette unité – nous l'avons vu – n'est ponctuelle ni en ce qui concerne l'objet, ni en ce qui concerne la durée : en raison de son infinité, l'unité-identité divine englobe la totalité du réel. Ainsi Dieu connaît tout éternellement par sa propre essence, qui est une et identique à elle-même[2]. L'unité-identité-totalité divine représente dès lors l'idéal de la connaissance parfaite et la norme de perfection de toute autre connaissance. Eu égard à l'universalité, cette forme de connaissance est évidemment aussi la plus universelle, dans le double sens de l'universel-cause (*ante rem*) et de l'universel comme totalité. D'un point de vue strictement noétique, la normativité de l'universalité divine réside dans la saisie de la totalité dans et par l'unité[3]. Une telle universalité ne saurait être égalée au niveau du créé, car la distance plus ou moins grande, mais certaine, qui le sépare du principe, entraîne nécessairement privation et imperfection. Il s'ensuit que ce que Dieu saisit dans l'unité ne peut être connu du créé que dans et par une multiplicité d'espèces[4]. À partir de cet acquis, Thomas

*über angenommene Engelleiber*, dans H.J. Horn (éd.), *Jakobstraum. Zur Bedeutung der « Zwischenwelt » in der Tradition des Platonismus*, St. Katharinen, Scripta mercaturae Verlag, 2002, p. 139-152.

1. Cf. *S. theol.* I, 55, 3 : « Ex hoc sunt in rebus aliqua superiora quod sunt uni primo, quod est Deus, propinquiora et similiora ».

2. Cf. *ibid.* : « In Deo autem tota plenitudo intellectualis cognitionis continetur in uno, sc. in essentia divina, per quam Deus omnia cognoscit ».

3. Cette universalité n'a peu ou rien à voir avec le concept universel de l'objet que la connaissance humaine abstrait du sensible. L'universalité de la connaissance divine – de même que celle de la connaissance angélique – est celle du « medium cognitionis » : c'est la prérogative de l'intellect divin qui peut tout saisir par un seul universel, c'est-à-dire par sa propre essence ; cf. *S. theol.*, I, 55, 3, ad 2 ; *De ver.*, qu. 8, a. 10, ad 2 ainsi que le commentaire de la X$^e$ proposition du *Liber de causis*.

4. Cf. *S. theol.* I, 55, 3 : « Unde oportet quod ea, quae Deus cognoscit per unum, inferiores intellectus cognoscant per multa ».

applique la règle énoncée auparavant pour affirmer que la nécessité d'une multiplicité d'espèces sera plus ou moins accentuée en fonction de la distance par rapport à Dieu, c'est-à-dire en fonction de la supériorité ou de l'infériorité résultant de la place occupée dans l'ordre des choses. Un ange aura donc besoin d'autant moins d'espèces qu'il sera supérieur dans la hiérarchie des substances intellectuelles[1]. Il faut en conclure que les espèces intelligibles dont se servent les anges supérieurs sont plus universelles que celles des anges inférieurs. Les substances intellectuelles supérieures pourront donc connaître un plus grand nombre d'objets par un nombre inférieur de représentations intelligibles.

L'analyse thomasienne de ce thème soulève deux remarques. La première concerne son résultat : nous venons de constater que l'universalité majeure des espèces dont se servent les anges supérieurs découle d'une plus grande proximité de Dieu. De la sorte, Thomas confirme et accentue la parenté de la connaissance des substances séparées avec la connaissance divine, déjà avancée dans l'article précédent par l'idée du caractère *a priori* des espèces angéliques. L'universalité dont il est question ici ajoute en effet à la connaissance des anges – et des anges supérieurs en particulier – les connotations d'unité et de totalité, qui, aussi partielles soient-elles, renforcent néanmoins l'idée de sa dérivation divine. Situé dans le prolongement de l'illumination de Dieu, l'intellect des substances séparées reçoit et capte de manière plus unie les raisons des choses : c'est pourquoi il connaît mieux et de manière plus efficace[2]. Aussi, la parenté avec la connaissance humaine, fondée dans le même besoin d'espèces intelligibles, passe ici au deuxième plan, au profit d'une proximité et d'une similitude avec la connaissance divine qui ne peut manquer de faire valoir sa valeur et sa fonction paradigmatiques : *illa quae altior (est) ordinativa aliarum*[3]. Tel est le résultat de cette démarche, appuyée entièrement sur l'idée d'ordre et sur le système qu'elle engendre. C'est la structure ordonnée de l'univers qui pose à la fois la nécessité de l'existence des anges et l'universalité majeure de leur connaissance. C'est l'ordre des choses qui consacre la supériorité des uns et l'infériorité des autres. La question des différents degrés d'universalité ne fait ainsi que consolider des rapports hiérarchiques et une structure de l'univers auxquels Thomas d'Aquin confie la double tâche d'expliquer la réalité et de lui donner un sens, une orientation. L'universalité de la connaissance des substances séparées indique à l'homme le chemin de la connaissance parfaite : celui de la connaissance unitive. Inutile de souligner l'inspiration néoplatonicienne de cette conception[4]; le rappel des autorités invoquées par l'Aquinate suffira : le Pseudo-Denys et le *Liber de causis* dans la *Somme théologique*, dans le *De veritate* (qu. 8, a. 10) et dans la *Somme contre les Gentils* (II, 98); encore le Pseudo-Denys et Averroès dans le

1. Ces mêmes considérations sont formulées dans le commentaire thomasien de la proposition X du *Liber de causis*.

2. Cf. *De ver.*, qu. 8, a. 10 : « Omnis virtus quanto est magis unita, tanto est efficacior ad operandum ».

3. *In II Sent.*, d. III, qu. 3, a. 2.

4. Cf. H.-D. Simonin, *La connaissance angélique de l'être créé*, Angelicum, 9 (1932), p. 402.

commentaire des *Sentences* (II *Sent.*, d. III, qu. 3, a. 2). Ces autorités interviennent toutes en appui à l'idée d'ordre et de hiérarchie pour justifier le système des valeurs qui consacre la supériorité des substances séparées et l'universalité majeure de leur connaissance.

La deuxième remarque concerne l'aspect nouveau de cet article, qui consiste dans l'introduction d'une hiérarchie des perfections à l'intérieur des substances séparées. Il est en effet question d'une universalité des espèces qui n'impose pas sa supériorité seulement à l'égard de la connaissance humaine, mais qui s'affirme aussi par rapport aux anges inférieurs. Le cadre de référence de cette différenciation à l'intérieur du monde angélique est fourni par la *Hiérarchie céleste* du pseudo-Denys, qui a structuré l'univers des réalités intermédiaires en trois ordres comprenant chacun trois types de créatures spirituelles. Cela dit, il nous intéresse à présent de relever la raison proprement philosophique qui fonde cette différenciation. Nous la trouvons dans la discussion thomasienne du thème de l'individuation et notamment dans la thèse de la différenciation spécifique des anges : chacun constituant à lui seul une espèce, les anges ne se distinguent pas numériquement, mais en fonction de l'espèce [1]. Or, le propre de l'espèce est la forme : la différenciation spécifique est par conséquent une différenciation formelle. La forme, quant à elle, est l'indice du degré de perfection d'une réalité donnée [2]. La distinction spécifique ou formelle entraîne alors une différenciation du degré de perfection et instaure du même coup une hiérarchie de valeurs qui décide de la supériorité des uns et de l'infériorité des autres [3]. Nous pouvons ainsi constater que l'inégalité de valeur et de capacité cognitive des substances spirituelles trouve sa raison d'être dans leur statut ontologique : celui d'entités formelles qui recueillent et condensent la réalité de leur espèce.

## LES OBJETS DE LA CONNAISSANCE ANGÉLIQUE

Le troisième volet de l'analyse thomasienne concerne les objets de connaissance, subdivisés en deux groupes : les objets immatériels et les objets matériels. Ce thème est le plus important du point de vue quantitatif, puisqu'il occupe deux questions pour un total de huit articles.

Commençons par les objets immatériels. Ils sont de trois sortes : l'ange lui-même, les autres anges et Dieu. Dans les trois articles de la question 56, notre auteur se charge de vérifier la possibilité que les substances séparées connaissent ces objets par leurs capacités naturelles. Notons d'emblée que chacun d'eux se situe à un niveau hiérarchique précis et déterminant quant à sa relation cognitive

1. Cf. notre étude : *Les anges et la philosophie*, cit., I^re^ partie.

2. C'est ce que Thomas affirme dans son commentaire du verset du *Livre de la Sagesse* (XI, 21 : « Omnia in mensura, numero et pondere disposuisti »), qui pendant tout le Moyen Âge a corroboré l'idée de la disposition ordonnée des choses par œuvre da la sagesse divine.

3. Cf. *S. theol.* I, 50, 4 : « Omnes angeli differunt specie secundum diversos gradus naturae intellectivae ».

avec l'ange : aussi, la réponse aux problèmes soulevés trouve-t-elle ses raisons ultimes dans la structure ordonnée de l'univers qui encadre l'activité cognitive des substances séparées.

*La connaissance de soi des anges*

Des trois objets en question, le premier nous introduit dans une problématique philosophique des plus intéressantes : celle de la connaissance de soi[1], dont l'analyse nous permettra de préciser davantage le statut *sui generis* de la subjectivité angélique. Thomas inaugure sa démarche par des considérations d'ordre général sur l'activité cognitive : lors d'une action immanente à l'agent, l'objet doit lui être uni comme forme, car la forme, en tant qu'acte, est le principe de l'agir ; ainsi, dans le cas de la connaissance la faculté cognitive doit être informée et actualisée par la représentation (*species*) de l'objet. Si l'espèce est présente à la faculté de manière toujours actuelle, la connaissance pourra avoir lieu sans aucun changement ou réception ultérieure, car la passivité et la réceptivité à l'égard de l'espèce ne se vérifient que lorsque la faculté cognitive est en puissance par rapport à son objet. Par conséquent, si parmi les intelligibles il y a des formes subsistantes, ces formes se connaîtront elles-mêmes de manière actuelle. À partir de là, la réponse à l'interrogation initiale est à portée de main : l'ange, en tant que substance séparée, est une forme subsistante et par conséquent intelligible en acte ; dès lors il se connaît par sa propre forme – dans laquelle il subsiste –, une forme qui, n'étant pas reçue dans un substrat, coïncide avec sa substance[2].

Considérons de plus près cette conclusion, amplement confirmée par les autres textes qui abordent le même problème[3]. Son intérêt philosophique ne tient pas à l'affirmation de la capacité angélique d'exercer la connaissance de soi : celle-ci est une prérogative de chaque substance intellectuelle, et à ce titre elle revient aussi à l'être humain[4]. La simple idée que l'ange se connaît ne saurait donc

1. Ce thème a une très longue histoire, que l'on peut faire remonter au précepte socratique « Connais-toi toi-même ». L'analyse augustinienne de la « mens » représente une des étapes majeures de cette histoire et une des sources qui a le plus marqué les réflexions médiévales sur ce thème : pour un panorama de la question pendant la période qui nous occupe, cf. F.-X. Putallaz, *Conscience et connaissance de soi de Thomas d'Aquin à Thierry de Freiberg*, « Études de philosophie médiévale », Paris, Vrin, 1991.

2. Cf. *S. theol.* I, 56, 1 : « Angelus autem, cum sit immaterialis, est quaedam forma subsistens, et per hoc intelligibilis actu. Unde sequitur quod per suam formam, quae est sua substantia, seipsum intelligat ».

3. Cf. *S. c. G.* II, 98 ; *De ver.*, qu. 8, a. 6 ; *In De anima*, l. III, lect. 9. Pour la compréhension de cette conclusion, le commentaire de Thomas d'Aquin aux propositions 13 et 15 du *Liber de causis* nous paraît indispensable. Nous ne partageons pas l'interprétation de H.-D. Simonin (*La connaissance de l'ange par lui-même,* cit., p. 43-62), qui a prétendu trouver « la formule exacte de la conclusion thomasienne » non pas dans le corps de l'article que nous avons cité, mais dans la réponse à la deuxième objection : à partir de ce choix il lui est aisé d'insister sur « l'infinie réserve, le tact, la prudence du Maître » et surtout sur « la nature hypothétique » de la thèse défendue par l'Aquinate ; l'interprétation proposée dans cet article paraît largement filtrée par la tradition des commentateurs thomistes : Cajétan, Sylvestre de Ferrare, Banez, Jean de Saint Thomas.

4. Cf. *S. theol.* I, 87, 1.

poser problème ni ajouter quelque chose d'essentiel à la compréhension de son statut : en réalité, elle est exigée par la logique de l'ordre des choses, qui veut que le supérieur ne soit pas privé d'une prérogative réalisée au niveau inférieur. L'importance de la conclusion thomasienne tient plutôt à la précision apportée sur la modalité de l'autoconnaissance angélique. L'ange se connaît en effet *per suam formam*, c'est-à-dire par sa propre essence ou substance, bref : par ce qu'il est. En d'autres termes, en tant que substance intellectuelle séparée de la matière, l'ange est à lui-même sa propre forme intelligible, car son être naturel et son être intelligible ne font qu'un[1]. Il se connaît par ce qu'il est : il connaît *ce* qu'il est *par* ce qu'il est. Objet et moyen de connaissance coïncident. Chaque substance intellectuelle séparée est à elle-même la forme qui actualise son autoconnaissance. En tant que subsistante, la forme que chaque ange représente est toujours en acte et toujours intelligible ; de la sorte, étant ce qu'il est, l'ange est toujours informé par sa propre forme et il se connaît toujours actuellement. Pour se connaître il n'a donc besoin d'aucune espèce, d'aucune forme venue « d'ailleurs », car il *est* sa propre forme intelligible.

Les substances séparées n'ont rien à recevoir pour réaliser la connaissance de soi : ni du côté de l'objet, ni du côté de la lumière intelligible émanant du premier principe. Dans l'autoconnaissance angélique on assiste à une autosuffisance unique et inégalable au niveau du créé : ici, non seulement la réceptivité et la potentialité de la connaissance humaine sont exclues, mais le concours divin lui-même n'est pas requis, car l'ange ne nécessite aucune représentation de soi pour accèder à lui-même. En créant les substances séparées, Dieu leur a légué les espèces permettant de connaître la totalité des étants, mais ne leur a pas donné la représentation de soi, car il les a faites transparentes à elles-mêmes. C'est là – peut-être –, avec la création, le plus grand don de Dieu aux anges : celui d'une transparence à soi qui les libère de toute dépendance dans l'exercice de l'autoconnaissance. Cette prérogative n'apparaît dans toute sa valeur que lorsqu'on rappelle que l'être humain, certes capable de se connaître, n'a de relation à soi que médiatisée par les espèces intelligibles de ses objets de connaissance. Le sujet humain ne se connaît qu'en tant que sa faculté est actualisée par les représentations d'objets autres que lui-même[2]. Les substances séparées au contraire, de par leur statut de formes subsistantes, sont toujours et déjà informées par elles-mêmes et ne nécessitent aucune médiation. La transparence de l'ange à soi, de par la coïncidence de ce qu'il est et de ce par quoi il se connaît, ou de son être naturel et de son être intelligible, rend

1. Cf. *S. theol.* I, 56, 2 : « Unicuique angelo impressa est ratio suae speciei secundum esse naturale ET intelligibile simul ».

2. Cf. *S. theol.* I, 87, 1 : « Consequens est ut sic seipsum intelligat intellectus noster, secundum quod fit actu per species a sensibilibus abstractas per lumen intellectus agentis, quod est actus ipsorum intelligibilium, et eis mediantibus intellectus possibilis. Non ergo per essentiam suam, sed per actum suum se cognoscit intellectus noster ». Sur la connaissance et la conscience que l'homme a de lui-même selon Thomas, cf. G. Ducoin, *L'homme comme conscience de soi selon saint Thomas d'Aquin*, dans *Sapientia Aquinatis* (Actes du IVe Congrès thomiste international), I, Rome, Ufficium libri catholici, 1955, p. 243-254; sur la réflexivité de l'intellect, cf. W. Beierwaltes, *Der Kommentar zum « Liber de causis » als neuplatonisches Element in der Philosophie des Thomas von Aquin*, Phil. Rundschau, 11 (1963), p. 192-215.

possible l'immédiateté : les substances séparées sont capables d'une relation immédiate à soi.

Fondée dans la coïncidence du connaissant et du connu, cette immédiateté nous ramène à l'unité originaire que nous avons vu être le modèle de la vraie connaissance. Dieu réalise cette unité parfaite avec la totalité du réel par mode de causalité, alors que la connaissance humaine ne l'atteint que de manière infiniment imparfaite, puisque toujours médiatisée et toujours limitée à tel ou tel objet. Il s'avère à présent que l'ange réalise cette unité parfaite dans la connaissance de soi : l'unité du sujet et de l'objet, du connaissant et du connu, de la forme naturelle et de la forme intelligible. L'autoconnaissance des substances séparées représente ainsi le degré de perfection le plus élevé atteignable par voie naturelle au niveau du créé. Du point de vue cognitif, ce que Dieu réalise par rapport à la totalité du réel, l'ange le réalise par rapport à lui-même. Dans l'un comme dans l'autre cas, il y a coïncidence parfaite, identité totale du connaissant et du connu. Cette perfection n'enlève rien à la créaturalité et à la finitude de l'ange – chez qui l'être n'est pas identique au connaître [1] –, mais ajoute à son statut une prérogative qui promeut sa valeur exemplaire dans le domaine de la connaissance et de la conscience de soi.

L'intellectualité accède par là même au statut d'idéalité dans l'ordre ontologique, car ce qui subsiste comme intellect jouit d'une unité, d'une identité et d'une proximité par rapport au principe premier qui en fait l'image de Dieu. C'est bien la raison pour laquelle *imago Dei est in ipsa natura angeli impressa per suam essentiam*[2]. De même, l'autoconnaissance angélique, par la présence toujours actuelle de l'essence de l'objet dans le sujet connaissant [3], est semblable à la connaissance divine, qui est une saisie des choses par sa propre essence : *Primae igitur cognitioni assimilatur divina cognitio, qua per essentiam suam videtur*[4]. On ne saurait trop insister sur ce que cette ressemblance ne caractérise pas la connaissance des substances séparées *simpliciter*, mais qu'elle se vérifie uniquement dans l'autoconnaissance. Toutefois, même circonscrite à un objet unique, la modalité de cette relation cognitive s'impose comme modèle et comme horizon de toute connaissance naturelle et philosophique, en tant qu'elle réalise une unité sans obstacle et sans distance, une identité transparente où le connaissant voit son objet et où l'objet est vu dans son essence.

L'autoconnaissance de l'ange est une vision instantanée et immédiate de soi : elle réalise au niveau du créé l'idéal de la connaissance comme vision de l'essence

1. Cf. *S. c. G.* IV, 11 : « Perfectior igitur est intellectualis vita in angelis, in quibus intellectus ad sui cognitionem non procedit ex aliquo exteriori, sed per se cognoscit seipsum. Nondum tamen ad ultimam perfectionem vita ipsorum pertingit : quia, licet intentio intellecta sit eis omnino intrinseca, non tamen ipsa intentio intellecta est eorum substantia; quia non est idem in eis intelligere et esse, ut ex superioribus patet ».

2. *S. theol.* I, 56, 3. De même, dans *S. c. G.* II, 98 on lit que « quanto autem aliqua substantia separata est superior, tanto eius natura est divinae naturae similior ».

3. Cf. *S. theol.* I, 56, 3 : « Aliquid tripliciter cognoscitur. Uno modo, per praesentiam suae essentiae in cognoscente ».

4. *Ibid.*

– un idéal inaccessible à l'être humain, toujours tributaire et en quelque sorte prisonnier des représentations des choses, que les espèces lui montrent dans un miroir opaque : *in speculo et in aenigmate*. Aussi, l'énigmaticité de la connaissance humaine apparaît-elle comme assumée et métamorphosée dans la connaissance angélique : d'abord dans la connaissance intuitive des choses, encore liée à la médiation des espèces reçues de Dieu, puis dans la vision intuitive et transparente de soi, la seule qui, au niveau du créé, soit libre de toute médiation et accède directement à l'essence de l'objet.

L'autoconnaissance de l'ange telle qu'elle émerge de la conception thomasienne nous fournit ainsi un modèle philosophique pour comprendre la connaissance humaine, son statut et son fonctionnement. Son statut est celui d'une relation aux choses tributaire de la distance spatiale et de la succession temporelle, qui empêchent la coïncidence parfaite du sujet et de l'objet; son fonctionnement consiste en un processus qui, à travers des représentations médiatrices et des étapes successives, comble l'espace et contracte le temps pour aboutir à l'assimilation du sujet et de l'objet. Sous cet angle, bien qu'imparfaite et énigmatique, notre connaissance n'est pas totalement hétérogène à la connaissance angélique, mais lui ressemble (*assimilatur ei*) dans la recherche d'unité, tout comme la connaissance de soi des créatures spirituelles est semblable à la connaissance divine de par la présence de l'essence de l'objet dans l'essence du sujet. La connaissance des substances séparées – et notamment la connaissance de soi – est ainsi véritablement intermédiaire entre la connaissance réalisée au niveau humain et la connaissance divine : entre l'assimilation qui ne peut effacer la différence et l'unité totale, parfaite et indistincte, l'unité de la connaissance angélique est parfaite dans la relation à soi, mais laisse subsister la différence – d'où la nécessité d'un *medium cognitionis* – à l'égard des autres objets. De la sorte, la *medietas* qui se fait jour dans l'autoconnaissance des substances séparées remplit la fonction de *connexio universi* et répond à l'exigence de continuité et d'homogénéité propre à l'univers intelligible. À la structure ordonnée de l'être correspond la structure ordonnée du connaître : elles fusionnent en Dieu, source et racine des êtres et lumière de l'intelligence.

Au terme de cette analyse il importe de relever un aspect ultérieur, à savoir que dans la conception thomasienne de l'autoconnaissance des anges, convergent des éléments d'une longue tradition philosophique qui a profondément marqué les discussions médiévales sur le statut de l'intellect, sur son fonctionnement et sur sa présence dans l'individu humain.

Il s'agit d'abord de motifs issus de la tradition aristotélicienne, tels l'immatérialité et la séparation de l'intellect[1], l'identité du pensant en acte et du pensé[2] ou encore celui de l'intellect qui se pense lui-même éternellement[3]. Ces motifs sont repris par les commentateurs, qui leur font subir d'importantes modifications et adaptations pour parvenir à une solution des problèmes liés à la conception du

1. Cf. Aristote, *De anima* III, 4.
2. Cf. *ibid.*, ainsi que les chapitres 5 et 7.
3. Cf. Aristote, *Métaphysique* XII, 9.

Stagirite, mais non résolus par Aristote. On connaît l'aboutissement de l'interprétation averroïste, inacceptable pour la majorité des penseurs latins[1]. Mais le refus de la thèse de la séparation des intellects, agent et possible, n'entraînait pas nécessairement un rejet total et inconditionnel de la pensée du philosophe de Cordoue ou du moins de certains de ses axiomes. Averroès, en développant « de façon excellente les maigres notations d'Aristote concernant l'intellect en sa nature "séparée", non mélangée (aux principes corporels) »[2], avait élaboré le thème de la nécessaire proportion ou homogénéité entre ce qui est reçu lors de l'intellection et l'intellect qui reçoit (ou intellect « matériel ») ou, si l'on préfère, entre la forme intelligible universelle et l'intellect informé par elle : de là l'exigence, pour le Commentateur, de « séparer » l'intellect et d'en faire une entité extérieure à la nature de l'homme.

Bien que fermement opposé à cette dernière thèse[3], Thomas d'Aquin adopte le motif de la conformité du connaissant et du connu ainsi que celui de la « séparation » de l'intellect, non pas dans le sens de son extériorité par rapport à l'individu humain, mais dans celui de sa transcendance par rapport au niveau corporel[4]. Thomas fonde cette transcendance et cette séparation de l'âme intellective humaine dans sa capacité de conversion et de réflexion sur soi : bref, dans son autoconnaissance[5]. Celle-ci n'est possible que pour des entités immatérielles, car la médiation d'un organe corporel compromettrait la possibilité d'opérer le retour total sur soi et par là même de s'intelliger. L'âme humaine, qui est immatérielle, est donc capable de se connaître, mais – comme il a déjà été relevé – son autoconnaissance reste médiatisée par les représentations intelligibles des objets sensibles. Les substances spirituelles jouissent en revanche d'une immédiateté totale dans la relation à soi, et ce en vertu de leur statut d'intellects séparés : cette condition permet précisément de satisfaire pleinement l'exigence averroïste et thomasienne de connaturalité et d'homogénéité du connaissant et du connu.

Ainsi, par l'identité qui se réalise dans leur autoconnaissance, les anges thomasiens sont apparentés à l'Intellect séparé d'Averroès. Comme celui-ci, mais uniquement dans l'acte de réflexion sur soi, ils réalisent l'unité et l'identité du connaissant et du connu exigée dans toute démarche cognitive intellectuelle. Averroès fait de cette unité l'apanage exclusif des intellects séparés, et Thomas d'Aquin la reconnaît dans la connaissance que l'ange a de lui-même[6]. Ce point de

1. Hormis les « averroïstes latins » : pour leur conception cf. Z. Kuksewicz, *De Siger de Brabant à Jacques de Plaisance. La théorie de l'intellect chez les averroïstes latins des XIII^e et XIV^e siècles*, Varsovie-Cracovie, Ossolineum, 1968.

2. E.-H. Wéber, *La personne humaine au XIII^e siècle*, cit., p. 445.

3. Cf. *De unitate intellectus contra Averroistas*, ainsi que l'Introduction à la traduction française de ce texte par A. de Libera, *Thomas d'Aquin, Contre Averroès*, Paris, Flammarion, 1994.

4. Cf. E.H. Wéber, *La personne humaine*, cit., p. 445-446.

5. Cf. *S. L. de causis exp.*, prop. 15, p. 90 : « Omnis anima est incorporea substantia et separabilis a corpore. Quae (propositio) sic probatur secundum praemissa : anima cognoscit seipsam, ergo convertitur ad seipsam omniquaque, ergo est incorporea et a corpore separabilis ».

6. Bien entendu dans l'optique thomasienne l'identité totale et parfaite du connaissant et du connu n'est réalisée que par Dieu, dont la connaissance est cause de la totalité des étants ; mais cette identité n'est cependant pas totalement étrangère à la connaissance intellectuelle humaine, qui la

rencontre ne saurait effacer les différences profondes qui séparent l'ange thomasien de l'Intellect séparé du philosophe de Cordoue[1], mais il témoigne néanmoins de l'accueil que l'Aquinate a réservé à des motifs averroïstes qui, de par leur pertinence dans la problématique de la connaissance, ont nourri d'autant plus sa réflexion sur les réalités intermédiaires que celles-ci sont conçues précisément comme « intellects séparés »[2]. Cet aspect confirme la valeur philosophique de l'angélologie thomasienne, qui nous apparaît comme un lieu théorique de recherche, d'approfondissement et d'affinement de sa conception de l'intellectualité, mais aussi, d'une manière générale, de sa vision des choses et du monde. La valeur paradigmatique de l'autoconnaissance des anges est ainsi renforcée : elle s'avère être la forme la plus élevée et l'aboutissement idéal de toute démarche cognitive au niveau du créé, car elle représente le seul rapport cognitif où se vérifie une coïncidence totale et immédiate du sujet avec son objet.

À cette intégration de motifs de source aristotélicienne, il convient d'ajouter la présence d'un autre élément de la tradition philosophique, qui a marqué la réflexion thomasienne et qui nous aide à en saisir l'enjeu philosophique. Il s'agit du motif néoplatonicien de la *reditio completa*, qui illustre le thème de la réflexivité de l'intellect telle qu'elle est exposée dans le théorème XIV (XV) du *Liber de causis*. Selon ce théorème, tout être intelligeant connaît sa propre essence et par cette connaissance il opère un retour complet sur soi : *Omnis sciens scit essentiam suam, ergo est rediens ad essentiam suam reditione completa*[3]. Comme Thomas d'Aquin l'indique, il faut comprendre ce retour dans un sens métaphorique, car la connaissance de soi n'implique aucun mouvement, mais représente plutôt la capacité du sujet de se donner lui-même comme objet et de se saisir immédiatement. L'autoconnaissance est ce rapport cognitif particulier qui se réalise par le biais d'une conversion qui provoque la coïncidence du sujet et de

réalise sous une forme amoindrie par la médiation des représentations intelligibles des objets sensibles. Aussi, le refus thomasien de l'extériorité de l'intellect par rapport aux individus nous apparaît-il à présent comme une intériorisation de l'ange et comme une affirmation implicite de l'« angélicité virtuelle » de la nature humaine en tant qu'intellectuelle.

1. Parmi ces différences signalons que, du point de vue strictement cognitif, les anges connaissent tout (soi-même, les autres anges, Dieu, les réalités matérielles), alors que les intelligences d'Averroès n'ont d'autre objet qu'elles-mêmes – car ainsi seulement il y a garantie d'unité parfaite avec leur objet. On lira à ce propos les considérations de J. Jolivet, « Les divergences entre les métaphysiques d'Ibn Rusd et d'Aristote », dans *Philosophie médiévale arabe et latine*, cit., p. 227-230.

2. Cf. *S. theol.* I, 79, 10 : « In quibusdam tamen libris de arabico translati, substantiae separatae quas nos angelos dicimus intelligentiae vocantur, forte propter hoc quod huiusmodi substantiae semper actu intelligunt. In libris tamen de graeco translatis dicuntur intellectus seu mentes ». Dans *De ver.*, qu. 8, a. 7 nous trouvons un témoignage ultérieur de ce qu'Averroès a été un interlocuteur de premier ordre pour Thomas dans la question qui nous occupe : « Quod vero suprainductum est ex verbis commentatoris in XI Metaphysice (comm. 44), intelligendum est, quando aliqua substantia separata a materia intelligit seipsam ». Pour les emprunts de Thomas à Averroès dans le domaine noétique cf. E.H. Wéber, *Les apports positifs de la noétique d'Ibn Rushd à celle de Thomas d'Aquin*, dans *Multiple Averroès*. Actes du Colloque international organisé à l'occasion du 850e anniversaire de la naissance d'Averroès, Paris, Les Belles Lettres, 1978, p. 211-250.

3. *Liber de causis*, prop. XIV. Thomas d'Aquin qualifie cette formule de « locutio metaphorica » (*De ver.*, qu. 2, a. 2).

l'objet, du connaissant et du connu. En réalité cette coïncidence n'est pas seulement le résultat de l'autoconnaissance, mais elle en est aussi la condition : sans l'unité originaire du sujet et de son objet le retour et la conversion ne seraient pas totales. La réfléxivité parfaite est en effet le propre d'une nature intellectuelle qui subsiste comme unité indivisible[1] : toute forme de division introduirait une différence, une distance qui, en empêchant la coïncidence totale avec soi-même, compromettrait la possibilité d'une connaissance immédiate et intégrale de soi[2].

L'enjeu de l'autoconnaissance est donc l'unité, au double sens de l'unité fondatrice de l'acte cognitif, et de l'unité résultant de cet acte comme contenu objectif de la connaissance. L'opération d'autoconnaissance s'enracine dans l'unité du connaissant et du connu, en même temps qu'elle aboutit à cette même unité, où elle trouve son terme, c'est-à-dire son contenu objectif[3]. Dès lors, la métaphore du retour est la mieux apte à illustrer ce rapport cognitif très particulier où l'origine représente le point d'aboutissement : le retour sur soi dessine en effet la figure du cercle, symbole de l'unité parfaite[4]. L'iconographie médiévale a fait un large usage de ce symbole pour illustrer la totalité, l'infinité, la perfection. C'est dire que ce symbole est le plus approprié à la réalité divine, selon la formule hérmétique reprise par Alain de Lille : *Deus est sphaera intelligibilis cuius centrum est ubique et circumferentia nusquam*[5]. Dieu est l'identité pleine et parfaite qui comprend en elle la totalité du réel. Dieu est l'uni-totalité, origine de tout ce qui est et qui par là-même est un[6]. Tout comme l'être, ainsi la connaissance est com-prise dans le cercle de l'uni-totalité : elle est recherche d'une unité – par voie d'assimilation du divers – qui n'est possible que dans l'horizon de l'unité préalable et fondatrice du principe premier avec ses objets.

L'unité circulaire du principe et de ses dérivés, du connaissant et du connu – illustrée par la figure du cercle, du retour, de la conversion – est signe de perfection[7]. Au niveau du créé, et sur le plan cognitif, cette perfection se manifeste le plus clairement dans l'exercice de la réflexion sur soi et de la connaissance de soi. Ce n'est que dans cet acte cognitif qu'une réalité créée est capable d'une *reditio*

1. Voir à ce propos le commentaire thomasien de la prop. 7 du *Liber de causis* : « intelligentia est substantia quae non dividitur », p. 48-54.

2. Cf. *ibid.*, p. 52 : « (...) reditio super essentiam suam (...) convenit sibi quia non est corpus vel magnitudo habens unam partem ab alia distantem ».

3. Cf. *ibid.*, prop. XV, p. 90 : « Sciens et scitum sunt res una, et ita, scientia qua scit essentiam suam, id est ipsa operatio intelligibilis, est ex ea in quantum est scita ».

4. Cf. *ibid.* : « Et quod hoc debeat vocari reditus vel conversio, manifestat per hoc quod (...) sciens et scitum sunt res una (...) : et sic est ibi quaedam circulatio quae importatur in verbo redeundi vel convertendi ».

5. Cf. *Theologicae Regulae* n. 7. Cette formule remonte au *Liber XXIV philosophorum*, écrit hérmétique du XII<sup>e</sup> siècle, édité par C. Baumker, *Das Pseudo-hermetische Buch der vierundzwanzig Meister*, Freiburg, 1913, p. 17-40 (traduction fr. de F. Hudry, *Le livre des XXIV Philosophes*, Grenoble, J. Millon, 1989).

6. Cf. Thomas d'Aquin, *S. theol.* I, 103, 3, ad 2 : « Unumquodque intantum est, inquantum unum est ».

7. Cf. Thomas d'Aquin, *S. c. G.* II, 46 : « Circulus inter omnes figuras est maxime perfectus, quia in eis ad principium reditur » ; *S. L. de causis exp.*, prop. XV, p. 89 : « cum converti ad seispum sit perfectionis ».

*completa*, c'est-à-dire de l'union avec le principe de son propre acte. À l'intérieur du créé, les substances séparées sont les seules capables d'une réfléxivité parfaite, d'une *reditio completa* au sens pleinier. C'est donc aux anges – mais uniquement dans leur autoconnaissance – que revient la prérogative d'illustrer l'unité et l'identité que Dieu réalise pleinement avec la totalité du réel. De la sorte, le motif néoplatonicien de la *reditio completa* consacre la perfection de l'ange : *illa quae sunt perfectissima in entibus, ut substantiae intellectuales, redeunt ad essentiam suam reditione completa*[1]. Par ce biais, son autoconnaissance s'avère être le miroir de ce que toute démarche cognitive devrait être : partant de la différence, de l'altérité et de la dualité du sujet et de l'objet, la connaissance recherche leur réunion, leur convergence, leur unité, une unité qui ne s'avère possible que dans l'horizon de l'unité primordiale, indistincte, infinie et totale de l'identité divine.

Dans cette optique, toute démarche cognitive s'inscrit dans la dynamique générale du retour des choses à leur principe[2]. L'autoconnaissance des anges révèle ainsi la solidarité du connaître et de l'être, leur source commune et leur point commun d'aboutissement. La réalité angélique s'avère être à nouveau cet objet privilégié qui livre à l'analyse philosophique le fonctionnement et la logique d'un système qui ne peut se passer d'elle. Ainsi, telle que l'Aquinate la conçoit et conformément à la logique de son système, l'autoconnaissance fait des anges l'emblème d'une métaphysique de l'Un et du retour au principe. L'ange possède dès lors pour nous le privilège d'une transparence unique, d'une clarté sans égal. Enjeu essentiel du système dont il fait partie, il nous dévoile la portée philosophique de son existence et de son agir.

La conception thomasienne de la réflexivité des substances séparées nous suggère une dernière remarque, que nous formulons à titre d'hypothèse. Elle nous semble concerner la manière dont l'autoconnaissance retentit sur la subjectivité angélique, et l'importance que lui attribuons est aussi la raison pour laquelle nous pensons pouvoir apporter des justifications supplémentaires aux considérations développées ailleurs à propos de la subjectivité *sui generis* des créatures spirituelles[3]. La *reditio completa* de l'ange illustre la relation cognitive du sujet à lui-même selon une dynamique qui va du même au même. Rien d'extérieur au sujet n'intervient dans ce rapport, et rien ne s'interpose entre le sujet et son objet. L'ange qui se connaît en se tournant sur soi forme une unité circulaire fermée et accomplie. C'est dans et par cette unité qu'il se connaît parfaitement par lui-même et sans médiation. Opérée sans concours extérieur, indépendamment de toute autre réalité, l'autoconnaissance permet à l'ange de se fermer sur soi et de s'isoler de l'univers qui l'entoure, et ce d'autant plus que chaque ange forme une espèce.

Cet acte d'auto-isolation nous met en face d'une mise entre parenthèses du monde bien antérieure, mais en quelque sorte analogue, à la réduction phéno-

1. Cf. *De ver.*, qu. 1, a. 9. Ou encore : *S. c. G.* IV, 11 : « Est igitur supremus et perfectus gradus vitae, qui est secundum intellectum : nam intellectus in seipsum reflectitur, et seipsum intelligere potest ».

2. Cf. E.-H. Wéber, *La personne humaine*, cit., p. 393-448.

3. Cf. *Les anges et la philosophie*, cit., p. 48-53.

ménologique opérée par l'« époché transcendentale », que Husserl présente comme « la méthode universelle et radicale par laquelle je me saisis comme moi pur »[1], comme la « présence vivante du moi à lui-même »[2], autrement dit comme la démarche qui met le sujet en face de son moi originel et irréductible. « Par l'"époché" phénoménologique – confirme Husserl –, je réduis mon moi humain naturel et ma vie psychique à mon moi transcendental »[3]. L'époché transcendentale ainsi décrite nous semble susceptible de jeter une lumière inédite sur la subjectivité angélique : dans l'autoconnaissance l'ange coïncide en effet avec son moi originel ; il a ainsi accès à l'unité radicale et indistincte de son moi, qui reste certes dépendant dans l'être, mais qui reproduit dans son noyau irréductible l'unité originaire et unifiante du principe premier. Par sa réflexivité, l'ange n'est d'ailleurs pas seulement présent à son moi originel, mais il coïncide avec lui. De la sorte, par la *reditio completa*, qui est une « réduction » (« re-conduction ») au principe, l'ange se pose comme une subjectivité qu'on peut qualifier de transcendentale, en tant que par elle il est présent à son noyau ultime et irréductible, à son moi pur et transparent[4].

En raison de cet enracinement, la substance immatérielle qu'est l'ange n'a d'ailleurs aucun besoin d'opérer une réduction à l'égard d'un monde dont elle ne dépend pas, pas plus qu'elle ne cherche à fonder la vérité de sa connaissance et de son rapport aux choses. De ce point de vue, on peut admettre que rien ne justifierait le parallélisme que nous venons de relever[5]. Il n'en reste pas moins que la *reditio completa* nous met en présence d'une subjectivité qui se donne comme unité originaire, pure, irréductible, unifiante et chargée d'une valeur paradigmatique à l'égard de la subjectivité humaine. Au vu de ces considérations, il paraît nécessaire d'admettre que certaines élaborations modernes de notre subjectivité présentent des correspondances étonnantes avec certaines indications transmises par les angélologies médiévales.

1. E. Husserl, *Méditations cartésiennes*, trad. de G. Peiffer et É. Levinas, Paris, Vrin, 1969, p. 18.
2. *Ibid.*
3. *Ibid.*, p. 22.
4. Cette transcendentalité est d'ailleurs confirmée par le caractère *a priori* de la connaissance angélique. Une telle transcendentalité ne concurrence en rien la transcendance divine : au contraire, elle semble être le lieu de son image la plus pure, car ce type de présence à soi est une prérogative de l'ange en tant qu'il est le plus proche du principe premier, en tant qu'il expérimente de la manière la plus pure l'enracinement de son être et de son connaître en Dieu.
5. Dans le rapport d'expertise rédigé sur ce travail d'habilitation, J.-F. Courtine – que nous remercions vivement de ses remarques – juge ce rapprochement discutable, arguant que « La réduction husserlienne, si elle dégage en effet la région conscience et le Moi pur, demeure indissociable de la mise entre parenthèses de toutes les transcendances, et en particulier de la transcendance du monde, pour ne rien dire de celle de Dieu, qui « tombe sous la parenthèse », ce dont on aurait du mal à trouver un équivalent dans la réflexion angélologique médiévale ». Nous partageons ces considérations, mais nous pensons pouvoir sauvegarder le rapprochement simplement quant au résultat de la « reditio completa » d'un côté et de la réduction transcendantale de l'autre, en ce que les deux démarches – qui restent différentes, il est vrai – dégagent toutes deux le fondement ultime – le « Moi pur » et originel ou la « région conscience » – des subjectivités respectives.

*La connaissance des autres anges*

Avec le Docteur angélique il faut vérifier à présent la possibilité, donnée pour chaque ange, de connaître les réalités qui lui sont les plus proches dans l'ordre des étants, à savoir ses semblables. Si les anges ne partagent pas la même espèce, il y a néanmoins entre eux une affinité naturelle (*affinitatem cum natura eius*), car ils ne se distinguent les uns des autres qu'en fonction de leur degré de perfection. Ici encore, l'intérêt de la solution qui va émerger ne tient pas à la possibilité ou à l'impossibilité d'une telle connaissance, mais à son moyen et à sa modalité. Qu'un ange puisse connaître un autre ange ne pose en effet aucun problème majeur, du moment où il a déjà été démontré que d'une part il est capable de connaître les réalités matérielles et de se connaître lui-même, et que d'autre part les substances séparées, en tant précisément qu'immatérielles, sont intelligibles par soi[1] ; rien ne s'oppose donc, ni du côté du sujet, ni du côté de l'objet, à ce qu'un ange en connaisse un autre. Ce qui, en revanche, ne va pas de soi est le moyen d'une telle connaissance.

Cette problématique est largement explorée dans le *De veritate* (qu. 8, a. 7), alors que dans la *Somme théologique* l'Aquinate nous en donne un exposé très condensé, qui résume les axes majeurs de sa conception de la connaissance angélique. Ici aussi la vraie interrogation concerne la modalité de cette connaissance. Notre auteur débute par le rappel de la distinction entre deux manières d'être des choses, auxquelles correspondent différentes modalités cognitives. Comme l'a enseigné Augustin[2], tout ce qui existe a procédé du Verbe divin de deux manières : d'une part dans l'intellect angélique sous forme intelligible et d'autre part de manière à subsister dans sa propre nature[3]. De cette double modalité d'une même procession il résulte que chaque substance séparée – selon la formule du *Liber de causis* – est *plena formis* et qu'elle représente ainsi un univers intelligible. Dieu en effet a doté chaque créature spirituelle des représentations intelligibles de toutes choses, corporelles et spirituelles, présentes en lui sous forme d'archétypes[4]. Grâce à ces représentations, les anges peuvent tout connaître, aussi bien les choses matérielles que les autres anges : *ut per huiusmodi species impressas, tam creaturas corporales quam spirituales cognosceret* »[5].

1. Cf. Thomas d'Aquin, *In XII libros Metaphysicorum expositio*, Prooemium, 6 : « Oportet illa esse maxime intelligibilia, quae sunt maxime a materia separata (...) non solum secundum rationem (...), sed etiam secundum esse, sicut Deus et intelligentiae ».

2. Cf. *De Genesi ad litteram* II, 8.

3. Cf. *S. theol.* I, 56, 2 : « Ea quae in Verbo Dei ab aeterno praeextiterunt, dupliciter ab eo effluxerunt : uno modo in intellectum angelicum ; alio modo, ut subsisterent in propriis naturis ».

4. Cf. *ibid.* : « Sic igitur unicuique spiritualium creaturarum a Verbo Dei impressae sunt omnes rationes rerum omnium, tam corporalium quam spiritualium. Ita tamen quod unicuique angelo impressa est ratio suae speciei secundum esse naturale et intelligibile simul, ita scilicet quod in natura suae speciei subsisteret, et per eam se intelligeret : aliarum vero naturarum, tam spiritualium quam corporalium, rationes sunt ei impressae secundum esse intelligibile tantum, ut videlicet per huiusmodi species impressas, tam creaturas corporales quam spirituales cognosceret ».

5. *Ibid.*

Telle est donc la conclusion thomasienne : les anges peuvent connaître leurs semblables, mais uniquement au moyen des espèces reçues de Dieu. Cette restriction nous semble philosophiquement importante : elle signifie que les substances séparées ne se connaissent pas immédiatement les unes les autres. L'ange ne connaît pas son semblable en intelligeant directement son essence ou en regardant la transparence et la pureté de son être. Cette pureté et cette transparence, propre à chaque ange en tant que forme séparée, n'est accessible qu'à l'ange lui-même et à Dieu. Chaque substance séparée est immédiatement intelligible pour soi et pour Dieu, mais reste voilée pour les autres anges. En d'autres termes, à l'intelligibilité pour soi et pour Dieu ne correspond pas une égale intelligibilité de l'ange pour ses semblables.

Ce voile et cette obscurité résultent d'une raison d'ordre : les anges en effet diffèrent spécifiquement, c'est-à-dire en fonction des différents degrés de perfection de leurs formes ; d'où leur placement dans la hiérarchie de valeur fixée par la *Hiérarchie céleste* du pseudo-Denys. Dès lors, si chaque ange pouvait saisir immédiatement les autres, les inférieurs dépasseraient leur niveau propre et les supérieurs seraient abaissés au niveau des inférieurs, puisque leur intellect serait informé par des essences moins parfaites : il s'ensuivrait un dérèglement et un désordre inadmissibles dans un système entièrement bâti sur la structure ordonnée des êtres. Dans cette structure, chaque étant a sa place et, bien que les différents niveaux se touchent pour permettre la transmission hiérarchique, rien ne saurait transgresser l'ordre dont il tient son existence[1].

Privé de la vision directe de son semblable, l'ange ne peut pas non plus le connaître dans sa propre essence, c'est-à-dire dans la connaissance qu'il a de lui-même. En se connaissant, l'ange connaît en effet par analogie l'autre ange dans sa nature commune, mais ne peut le connaître dans sa singularité ; dès lors une telle connaissance serait imparfaite[2]. Ces modalités cognitives étant exclues, la solution signalée auparavant s'impose aux yeux de l'Aquinate : chaque substance séparée ne peut en connaître une autre que de manière médiatisée, c'est-à-dire au moyen de l'espèce reçue de Dieu. Il faut donc constater que, comme à l'égard des réalités matérielles, la relation de connaissance réciproque des anges n'est rendue possible que par Dieu lui-même, car ce n'est que grâce à l'espèce reçue par illumination divine que les anges se connaissent les uns les autres. La nécessité de cette médiation entraîne une conséquence philosophiquement importante, à savoir que

1. Thomas se sert habilement de cette raison d'ordre pour critiquer la position d'Averroès, selon qui chaque substance séparée connaîtrait l'autre par une forme qui coïncide avec l'essence même du connu : selon l'Aquinate ceci est impossible, car il s'ensuivrait qu'un intellect serait informé, et par là-même perfectionné (la forme intelligible étant la perfection de l'acte cognitif), par une forme inférieure. Selon Thomas c'est précisément en raison de cette conséquence inadmissible qu'Aristote a prouvé que Dieu ne connaît rien d'autre que soi. À noter cependant que notre auteur sauve la position d'Averroès en ce qui concerne l'autoconnaissance de l'ange. Pour l'ensemble de cette problématique cf. *De veritate*, qu. 8, a. 7.

2. Cf. *De ver.*, qu 8, a. 7 : « Angelus per essentiam (suam) non potest plus de alio angelo cognoscere quam hoc in quo essentiae est similis (...), (hoc est) in natura communi : et sic sequeretur quod unus alium non cognosceret cognitione completa ».

l'intersubjectivité angélique n'est pas une donnée naturelle et immédiate, mais une possibilité résultant de l'origine commune de ces sujets, qui nous apparaissent à présent en quelque sorte prisonniers de leur statut [1]. Cet aspect trouve une confirmation en ce que, contrairement à l'autoconnaissance, nécessaire du fait que l'ange est intelligible en acte et qu'il intellige toujours, la connaissance réciproque des anges est une possibilité réelle, mais ne représente aucune nécessité. Intelligible en soi, l'ange est donc obscur pour les autres. Cette obscurité est un des visages de sa créaturalité et de sa finitude. Elle suscite l'exigence d'une médiation dans le rapport cognitif : celle de l'espèce intelligible, qui, au-delà de son contenu objectif, représente le lien nécessaire qui rattache l'ange à Dieu (*per intelligibilem effluxum*). L'obscurité « pour les autres » est alors un rappel permanent de la dépendance à l'égard de Dieu. En dehors de la lumière divine, et comme toute autre créature, l'ange est donc *nihil, et tenebra et falsitas* [2].

La valorisation de l'unité angélique comme image de l'identité divine est ici contrebalancée par une obscurité qui est signe de finitude : ce n'est que dans le rapport à soi que l'ange est transparence et lumière. Ses rapports à autrui – aux autres anges notamment – doivent faire face à un obstacle, à une non-évidence qui, si elle est en quelque sorte déjà résolue par la représentation qu'il en possède, apparente néanmoins quelque peu les relations des créatures spirituelles à celles des êtres humains, toujours confrontées à l'opacité de leurs semblables.

### *La connaissance naturelle de Dieu par les substances séparées*

L'ange connaît-il Dieu par ses moyens naturels ? Plutôt que sur sa possibilité proprement dite, la question présente va porter sur la modalité de la connaissance de Dieu, car pour l'Aquinate il est évident que *angeli aliquam cognitionem de Deo habere possunt per sua naturalia* [3]. Dans la *Somme théologique*, notre auteur

1. Comme pour les monades leibniziennes, l'intersubjectivité fait appel à un ordre (« harmonie ») préétabli, à une unité originaire et fondatrice. La non-immédiateté de l'intersubjectivité angélique va par ailleurs fournir un point d'appui important à l'affirmation d'un langage des anges (cf. *infra*, IIe partie), dont la pratique permet de dépasser l'isolement de chaque sujet.

2. Cf. *De ver.*, qu. 8, a. 7.

3. *S. theol.* I, 56, 3. Il convient de souligner que cette interrogation porte sur la connaissance naturelle de Dieu et non pas sur la « visio Dei per essentiam » ou vision béatifique. Celle-ci achève une démarche intellectuelle que les créatures rationnelles peuvent entreprendre par leurs propres moyens : c'est là une conviction majeure de l'Aquinate, pour qui l'intellectualité représente véritablement un sceau divin dans le créé, lui permettant de remonter au créateur. Il ne sera donc pas question ici des problématiques proprement théologiques liées à la vision béatifique, telles celles de l'immédiateté de la connaissance de Dieu « facie ad faciem », celle de la connaissance de Dieu en fonction de la différenciation des états (de nature, de grâce, de péché) ou encore celle de la saisie de Dieu en lui-même « per essentiam » : il s'agit là de questions très discutées en relation aux condamnations de 1241 et de 1244, qui frappaient l'idée, d'origine dionysienne, de l'impossibilité de connaître l'essence divine. Pour ces différents aspects je renvoie à l'étude de B. Faes de Mottoni : *La conoscenza di Adamo innocente nell' In II Sententiarum, d. 23, a. 2, qu. 3 di Bonaventura*, Archivum franc. hist., 91 (1998), p. 3-32. Sur la vision béatifique cf. H.-F. Dondaine, *L'objet et le « medium » de la vision béatifique chez les théologiens du XIIIe siècle*, Rech. de théol. anc. et méd., 19 (1952), p. 60-130; Ch. Trottmann, *La vision béatifique. Des disputes scolastiques à sa définition par Benoît XII*, Rome,

aborde cette interrogation en rappelant d'abord les trois manières dont quelque chose peut être connu : soit par la présence de son essence dans le connaissant – c'est le cas de l'autoconnaissance des anges ; soit par la présence de sa représentation dans la faculté cognitive – c'est le cas de la connaissance des réalités naturelles ; soit enfin par une similitude ou espèce qui ne dérive pas directement de l'objet lui-même, mais d'une autre réalité qui le représente : cette connaissance est dite spéculaire (*per speculum*), car elle se réalise à la manière de la vision de l'objet dans un miroir [1]. C'est par ce moyen que l'être humain connaît Dieu *in via*, c'est-à-dire par son reflet dans les créatures.

Il est aisé de constater que ces modalités de connaissance sont hiérarchisées selon un ordre de valeurs qui fait appel à l'unité plus ou moins grande du sujet et de son objet. Dans cette hiérarchie, l'autoconnaissance angélique représente la modalité la plus parfaite et la connaissance spéculaire humaine la moins parfaite, du fait qu'elle implique une double médiation, celle de la similitude de l'objet et celle de la réalité qui reflète cette similitude (son *speculum*). Or, nous savons que la perfection de la première modalité cognitive revient exclusivement à la connaissance angélique de soi ; ce n'est donc pas de cette manière que les anges pourront connaître Dieu, car l'essence divine ne saurait devenir par voie naturelle la forme intelligible d'un intellect créé [2]. Par ailleurs, la connaissance *per speculum* est le propre de l'intellect humain, car il est privé d'un accès immédiat à l'essence des choses et, le cas échéant, ne peut connaître la cause suprême qu'à travers son reflet dans les effets créés. Aussi, conformément à sa situation de moyen terme dans l'ordre des choses, la connaissance angélique de Dieu se réalisera selon une modalité intermédiaire : *cognitio autem qua angelus per sua naturalia cognoscit Deum, media est inter has duas, et similatur illi cognitioni qua videtur res per speciem ab ea acceptam* [3].

Les anges ne connaissent donc Dieu ni par un regard direct sur l'essence divine, ni par l'intermédiaire des effets crées, mais par la présence de sa similitude dans leur faculté cognitive [4]. D'où vient cette représentation ? Elle vient de Dieu lui-même, car les substances séparées ont été créées à son image. Dès leur création, cette image a été imprimée dans leur nature comme un sceau indélébile.

École française de Rome, 1995 ; J.-P. Torrel, *La vision de Dieu « per essentiam » selon saint Thomas d'Aquin*, dans *Micrologus*, V (1997), p. 43-68.

1. Cf. *S. theol.* I, 56, 3 : « Ad cuius evidentiam, considerandum est quod aliquid tripliciter cognoscitur. Uno modo, per praesentiam suae essentiae in cognoscente, sicut si lux videatur in oculo : et sic dictum est quod angelus intelligit seipsum. Alio modo, per praesentiam suae similitudinis in potentia cognoscitiva : sicut lapis videtur ab oculo per hoc quod similitudo eius resultat in oculo. Tertio modo, per hoc quod similitudo rei cognitae non accipitur immediate ab ipsa re cognita, sed a re alia in qua resultat : sicut cum videmus hominem in speculo ».

2. Cf. *De ver.*, qu. 8, a. 3 : « Essentia autem divina non est naturalis forma intelligibilis intellectus creati ».

3. *S. theol.* I, 56, 3. Sur le caractère intermédiaire de cette connaissance cf. *Super L. de causis exp.*, prop. 8, p. 55 : « Vult ergo dicere quod, secundum gradum suum quo est causa et causatum, medio modo se habet in intelligendo, nam intelligit id quod est supra se inferiori modo quam illud sit in seipso, quae autem sunt infra se intelligit altiori modo quam sint in seipsis ».

4. Cf. *S. theol.* I, 56, 3 : « Per praesentiam suae similitudinis in potentia cognoscitiva ».

Aussi, l'ange connaît-il Dieu non pas par une espèce intelligible qu'il possède à la manière dont il possède les espèces de toutes choses, mais par la similitude qu'il *est* lui-même de Dieu. C'est sa nature même que d'être une image de Dieu : ainsi, en connaissant sa propre nature, l'ange connaît Dieu dans sa similitude[1]. L'ange manifeste Dieu en ce qu'il est *imago Dei* par son être même[2]. La connaissance angélique de Dieu n'est donc pas immédiate, sans être pour autant médiatisée par celle des effets créés. Au contraire, elle est fondée sur une similitude imprimée immédiatement par Dieu, une similitude en qui réside la nature même de l'ange. Ainsi, c'est son être même qui permet à l'ange de connaître Dieu par le regard porté sur soi.

Il importe de relever que l'être n'est pas ici seulement le fondement du connaître, mais qu'il est lui-même représentation intelligible. Aussi, le statut intermédiaire des substances séparées nous dévoile-t-il à présent une implication ultérieure: au carrefour de l'humain et du divin, l'ange n'atteint certes pas l'identité divine de l'être et du connaître, mais il est tout aussi éloigné du dualisme qui frappe la connaissance humaine. Si ce dualisme subsiste dans une moindre mesure en ce qui concerne la connaissance des réalités matérielles au moyen des espèces, il se réduit fortement dans la connaissance de Dieu, où similitude de Dieu et être de l'ange coïncident, et s'annule complètement dans l'autoconnaissance angélique, où le sujet et l'objet sont identiques.

Cette graduation à l'intérieur de la connaissance angélique renforce la fonction d'intermédiaires des substances séparées, dont la connaissance se décline en trois modalités et se dilate en quelque sorte jusqu'à toucher les extrêmes et permettre leur relation. Dans la hiérarchie des modalités cognitives angéliques, la connaissance de Dieu en particulier représente « l'intermédiaire de l'intermédiaire » : elle est encore tributaire d'une *similitudo* – et reste par là-même une connaissance médiatisée –, mais cette similitude est une représentation d'ordre ontologique (la nature de l'ange) qui assimile l'être du connaissant à l'objet connu. Nous assistons ainsi à un renversement de la dynamique cognitive: alors qu'elle consiste habituellement dans l'assimilation et la com-préhension de l'objet par le sujet, dans la connaissance angélique de Dieu c'est le sujet connaissant qui s'assimile à son «objet». Dieu en effet ne saurait d'aucune manière être l'objet d'un sujet créé : aussi, lorsqu'un tel sujet s'approche de Dieu et le reconnaît comme principe, il découvre par là-même qu'il ne subsiste comme sujet que parce qu'il est l'objet de Dieu. Le créé subsiste en tant que pensé-produit de Dieu, mais seules les créatures intellectuelles – hommes et anges – sont à même de découvrir qu'elles n'existent qu'en tant qu'objets de la pensée et de l'amour divins. Les substances séparées sont les sujets privilégiés de cette conscience : en connaissant Dieu, elles

1. Cf. *ibid.* : « Quia enim imago Dei est in ipsa natura angeli impressa per suam essentiam, angelus Deum cognoscit, in quantum est similitudo Dei » ; voir aussi *De ver.*, qu. 8, a. 3.

2. Cette prérogative tient à la proximité de l'ange à Dieu : cette proximité en fait la créature la plus semblable au principe, la seule qui lui soit semblable par tout son être. Les hommes en effet ne sont pas à proprement parler images de Dieu par tout leur être, mais seulement par leur intellect : cf. *S. theol.* I, 93, 1 3 et 6 ; *S. c. G.* IV, 26 ; *In I Sent.*, d. III, a. 3.

se comprennent comme étant sa similitude, son reflet et sa représentation. En un mot : comme étant l'objet – à la fois intelligible et réel – de la pensée et du vouloir divins. En tant qu'objet, l'ange ne voit donc pas l'essence de son sujet (Dieu), il ne com-prend pas Dieu, mais est vu et compris par lui dans son propre être qui est miroir[1].

L'ange connaît Dieu parce qu'il a été connu par lui et que cette connaissance (divine) s'est objectivée dans son être. L'ange est ainsi une extériorisation(-production) de la connaissance divine et subsiste comme représentation de la pensée qui l'a produit. C'est en ce sens que l'ange est véritablement miroir de Dieu : *ipsa natura angelica est quoddam speculum divinam similitudinem repraesentans*[2]. La connaissance angélique de Dieu est donc spéculaire, non pas au sens de la double médiation qui intervient dans la connaissance humaine, mais en ce sens que la nature angélique elle-même est représentation-miroir de Dieu[3].

La métaphore du miroir – largement utilisée par les médiévaux pour signifier les réalités angéliques –, en accentuant les attributs de pureté et de transparence qui caractérisent les créatures spirituelles[4], met en exergue leur rôle de médiation, leur capacité de relier les extrêmes, leur fonction d'unité. Il apparaît alors que le chemin naturel qui mène à Dieu ne peut se passer des anges et de ce que leurs modalités d'être et de connaissance représentent dans l'ordre des choses : des miroirs qui renvoient à un au-delà d'eux-mêmes, une transparence qui manifeste sa source, un rayon de lumière qui oriente vers son centre.

### *La connaissance angélique des réalités matérielles*

Nous allons considérer à présent le deuxième groupe d'objets connus par les substances séparées : les réalités matérielles. Thomas d'Aquin analyse ce type de connaissance dans la question 57, qui comprend cinq articles, dont chacun étudie un objet particulier : les choses matérielles, les réalités singulières, les futurs, les secrets des cœurs et les mystères de la grâce. Comme pour la problématique précédente, le schéma de l'ordre des choses s'avèrera déterminant dans l'argumentation thomasienne.

Notre auteur se demande d'abord si les anges peuvent connaître les réalités matérielles. Nous pourrions douter de l'intérêt de cette question, étant donné qu'il a déjà été prouvé que les anges possèdent les espèces intelligibles de toutes

1. Dans le *De veritate* (qu. 8, a. 2) Thomas thématise la distinction entre compréhension et vision naturelles de Dieu : en tant qu'il excède toute capacité cognitive, Dieu ne saurait être compris par un intellect créé, car « être compris » signifie « être inclu » dans le connaissant. Il peut par contre être vu dans ses représentations créées et dans les « miroirs » qui le reflètent.

2. *S. theol.* I, 56, 3.

3. Cf. *ibid.* : « Unde ista cognitio tenet se cum speculari : quia et ipsa natura angelica est quoddam speculum ». La seule médiation qui intervient dans cette connaissance est donc celle de la nature de l'ange.

4. Dans *De ver.*, qu. 8, a. 3, cette métaphore est corroborée par des qualifications qui exaltent la nature angélique : « intellectus angelicus dicitur esse speculum purum et incontaminatum et sine defectu, qui non patitur defectum intelligibilis luminis ». Dans ces métaphores résonnent les formules dionysiennes de *De coelesti hierarchia*, III, 2, 165 A.

choses. En réalité, cette interrogation revient à savoir si les réalités matérielles comme telles font partie des objets naturels de la connaissance angélique. Aussi la solution thomasienne va-t-elle apporter des précisions utiles quant à la modalité de ce rapport cognitif. Qu'est-ce qui justifie l'inclusion des réalités matérielles dans les objets naturels de connaissance des substances séparées? La réponse de notre auteur est simple et claire: cette inclusion est une exigence de l'ordre des choses. Celui-ci veut en effet que les entités supérieures, en raison de leur perfection majeure, pré-contiennent les inférieures selon un mode d'être plus éminent que celui qu'elles ne possèdent en elles-mêmes. C'est la raison pour laquelle la réalité suprême dans l'ordre – Dieu – précontient la multiplicité du réel de manière simple et une, alors que les choses subsistent en elles-mêmes de manière multiple et divisée. Par conséquent, plus grande est la proximité à Dieu, plus grande aussi sera la participation à sa perfection. Dès lors les substances séparées, qui parmi les créatures sont les plus proches et les plus semblables à Dieu, précontiennent nécessairement les réalités matérielles, qui leur sont inférieures, de manière plus simple et plus parfaite qu'elles ne subsistent en elles-mêmes, bien que de façon moins simple et moins parfaite par rapport à leur existence en Dieu [1]. Les réalités matérielles sont en effet présentes dans les anges sous forme d'espèces intelligibles immatérielles reçues de Dieu.

La connaissance angélique des réalités matérielles est ainsi une nécessité résultant de la perfection qui caractérise les substances séparées en raison de leur situation dans l'ordre des choses. Cette connaissance apparaît à présent comme un corollaire de la prérogative qui veut que les espèces intelligibles des substances séparées représentent une modalité d'existence plus parfaite que celle des choses subsistant en elles-mêmes. Cette perfection majeure dérive de ce que les choses sont présentes dans les anges selon le mode d'être de ces derniers : un mode d'être qui excède la modalité d'existence des réalités matérielles de telle sorte que celles-ci ne sont pas seulement connues(-vues) par eux, mais en sont com-prises [2]. Aussi, les anges non seulement connaissent les réalités matérielles, mais leur connaissance est suréminente et parfaite, au sens d'une inclusion *a priori* dans le sujet connaissant [3].

Cette appréciation de la connaissance angélique nous fournit un modèle d'interprétation de la connaissance humaine: il apparaît que l'*adaequatio rei et intellectus* ne représente qu'un degré partiel de perfection de la démarche cognitive, celui qui est atteignable au niveau humain compte tenu de la médiation nécessaire de la matière et de la sensibilité. Autrement dit, ce n'est pas l'*adeaequatio intellectus ad rem* qui garantit la plus grande valeur objective au

1. Cf. *S. theol.* I, 57, 1 : « Dicendum quod talis est ordo in rebus, quod superiora in entibus sunt perfectiora inferioribus : et quod in inferioribus continetur deficienter et partialiter et multipliciter, in superioribus continetur eminenter et per quandam totalitatem et simplicitatem. (...) Sic igitur omnia materialia in ipsis angelis praeexistunt, simpliciter quidem et immaterialius quam in ipsis rebus; multiplicius autem et imperfectius quam in Deo ».

2. Cf. *De ver.*, qu. 8, a. 10 : « Formae intellectus nostri accipiuntur ex rebus; unde non sunt superexcedentes (sicut formae angelorum) rebus, sed quasi adaequatae quantum ad repraesentationem ».

3. Cf. *De ver.*, qu. 8, a. 2.

contenu cognitif, mais bien plutôt un rapport d'inclusion *a priori* de l'objet dans le sujet[1]. Si Dieu réalise parfaitement cette condition puisque sa connaissance est cause de la totalité du réel, l'ange est, quant à lui, déjà capable d'une compréhension de ses objets qui garantit à sa démarche une objectivité infiniment supérieure (*superexcedens*) à celle qui résulte de l'adéquation entre le sujet humain et ses objets. Cet aspect ne peut que corroborer ultérieurement l'idée de la valeur paradigmatique des substances séparées – le cas échéant, de leur connaissance – à l'égard de l'être et de l'agir humains.

*La connaissance de l'individuel*

La perfection liée au caractère suréminent de la connaissance angélique trouve une confirmation dans l'analyse de la connaissance de l'individuel (*singulare*). Face à ceux qui nient ou qui relativisent cette capacité[2], l'Aquinate va développer une argumentation philosophique censée répondre également à une

1. Cette inclusion *a priori* permet à l'ange de connaître parfaitement l'individuel comme tel, alors que l'être humain doit faire appel aux sens et à l'imagination, qui sont susceptibles d'erreur: «intellectus humanus recipit lumen intelligibile a Deo debilius, et minus simile lumini divini intellectus (...) et ideo ex eis (sc. species a rebus receptas) singularia non cognoscuntur (...) nisi per reflexionem quandam intellectus ad imaginationem et sensum» *(In II Sent.*, d. III, qu. 3, a. 3). La connaissance *a priori* propre de l'ange représente donc une modalité idéale de connaissance, car «secundum gradum naturae intellectualis, est etiam diversus intelligendi modus» (*ibid.*).

2. Selon Thomas il s'agirait d'Algazel, d'Avicenne et d'Averroès, dont il discute les positions dans *De ver.*, qu. 2, a. 5 et *De subst. sep.*, c. 13 et 14. En ce qui concerne Algazel, nous savons qu'il avait au contraire critiqué les philosophes qui niaient la connaissance divine du singulier – notamment Al-Farabi et Avicenne – (cf. *Metaphysica*, tr. III, sent. VI; éd. J.T. Muckle, *Algazel's Metaphysics, A mediaeval translation*, Toronto, St. Michel's College, 1933, p. 73 et *Tahafut Al-Falasifah*, trad. anglaise de S.A. Kamali: *Al-Gazali, Incoherence of the Philosophers*, probl. XIII, Lahore, 1958, p. 153-162), mais Thomas, comme ses contemporains, ignorait la partie de l'œuvre d'Algazel où figurait cette critique (cf. E. Gilson, *La philosophie médiévale*, I, Paris, Payot (2e édition), p. 356 et D. Salman, *Algazel et les Latins*, Archives d'hist. doctr. et litt. du Moyen Âge, 10/11 (1935/36), p. 103-127); pour un panorama des citations thomasiennes d'Algazel, cf. C. Vansteenkiste, *Autori arabi e giudei nell'opera di S. Tommaso*, Angelicum, 37 (1960), p. 338-350. Quant à Avicenne, il niait la connaissance divine du singulier comme tel et attribuait au Premier une connaissance du multiple dans son universalité: cf. *Metaphysica*, tr. VIII, c. 6 et tr. IX, c. 6, éd. S. Van Riet, p. 412-422 et 495-496. Par ailleurs, selon Avicenne les substances séparées ne connaissent pas les réalités sensibles puisque cette connaissance dépend des organes de la sensibilité, dont elles sont privées: leur connaissance du singulier est donc universelle, car elles le connaissent à partir de ses causes universelles; cela dit, les substances séparées qui exercent la fonction d'âmes des cieux, en tant précisément qu'elles sont liées aux corps célestes, peuvent connaître le singulier comme tel: cf. *Metaphysica*, tr. X, c. 1, p. 525 et *Liber de anima*, tr. IV, c. 2, p. 28-29. La position d'Averroès, qui résulte d'une lecture néoplatonicienne d'Aristote (cf. J. Jolivet, *Divergences entre les métaphysiques d'Ibn Rusd et d'Aristote*, cit., p. 229), est en réalité fort complexe: selon le Commentateur, les Intelligences connaissent les choses, mais ne connaissent pas les individus comme tels (cf. *Épitomé* IV, p. 47-50 et 77-79); de même, Dieu connaît les choses car il en est la cause, mais sa science n'est ni universelle ni particulière (cf. *In XII Metaphysicorum*, t. comm. 51, Venetiis 1562, p. 337A-C): il exerce néanmoins sa providence par l'intermédiaire des substances séparées, une providence qui ne touche aux individus qu'en ce qui en eux relève de l'espèce (cf. *ibid.*, t. comm. 37, p. 321I-K). Signalons que la solution d'Averroès sera retenue par les philosophes juifs Isaac Albalag et Moïse de Narbonne: cf. G. Vajda, *Isaac Albalag*, Paris, Vrin, 1960 et M. R. Hayoun, *La philosophie et la théologie de Moïse de Narbonne*, Tübingen, J.C.B. Mohr, 1989.

exigence de foi. La négation de la connaissance angélique des réalités individuelles irait en effet à l'encontre aussi bien de la foi, qui fait des anges les instruments de la providence divine, qu'à l'encontre de la philosophie, qui fait des substances séparées les moteurs des sphères célestes de par leur intelligence et leur volonté[1]. La justification thomasienne entend répondre à cette double exigence. La présente démarche est bâtie sur le schéma de l'ordre des choses, qui veut que les réalités supérieures possèdent une faculté plus unifiée et d'extension plus universelle que celle des réalités inférieures. Ainsi, ce que l'homme connaît par plusieurs facultés, l'ange le peut par une seule. Dès lors, et conformément à la loi de l'ordre hiérarchique, puisque l'être humain connaît l'universel par l'intellect et le singulier par les facultés sensitives, il faut attribuer à l'ange la capacité de connaître les réalités individuelles par son unique faculté intellectuelle[2].

Thomas précise par la suite la modalité de cette connaissance : c'est là un problème proprement philosophique, dont la solution permettra de répondre de manière plus satisfaisante à l'objection philosophique majeure, qui repose sur l'inadéquation entre les substances séparées purement intellectuelles et les réalités individuelles matérielles[3]. Selon notre auteur, l'homogénéité du sujet et de l'objet ne se réalise pas au niveau des anges à la manière de l'*adaequatio rei et intellectus* qui caractérise la démarche cognitive humaine. Comme nous venons de le constater, l'ange excède ses objets et les connaît en les comprenant en lui *a priori*, sans être affecté par eux[4]. De la sorte, les objets matériels sont présents en lui immatériellement et sont saisis intellectuellement par une connaissance qui est la plus parfaite dans l'ordre du créé. L'ange connaît ainsi *a priori*, par les espèces reçues de Dieu, les choses dans leur singularité même, dans leur *hic et nunc*[5]. En effet, de même que les archétypes divins ne sont pas relatifs uniquement aux natures universelles, mais comprennent les choses dans leur singularité, ainsi les espèces reçues de Dieu par voie d'émanation intellectuelle comprennent également le *hic et nunc* et fournissent aux anges la connaissance des réalités singulières : *a Deo effluit in rebus non solum illud quod ad naturam universalem pertinet, sed etiam ea quae sunt individuationis principia (...), ita angeli per species a Deo inditas, res cognoscunt non solum quantum ad naturam universalem, sed etiam secundum earum singularitatem*[6].

1. Cf. *De ver.*, qu. 8, a. 11.

2. Cf. *S. theol.* I, 57, 2 : « Unde cum angelus naturae ordine sit supra hominem, inconveniens est dicere quod homo quacumque sua potentia cognoscat aliquid, quod angelus per unam vim suam cognoscitivam, scilicet intellectum, non cognoscat ». Pour la connaissance divine du singulier voir aussi *De ver.*, qu. 2, a. 5 et *S. c. G.* I, 63-67.

3. Rappelons que c'est en raison d'une disproportion analogue qu'Averroès avait fait de l'intellect agent et possible des réalités séparées de l'individu.

4. Cf. *S. theol.* I, 57, 2 : « Secundum suam naturam angeli non assimilantur rebus materialibus sicut assimilatur aliquid alicui secundum convenientiam in genere vel in specie, aut in accidente ; sed sicut superius habet similitudinem cum inferiori, ut sol cum igne ».

5. Cf. *ibid.* : « Cognoscere singulare ut est singulare, hoc est ut est hic et nunc » et aussi *Quodlibet* VII, qu. 1, a. 3.

6. Cf. *S. theol.* I, 57, 2.

Les espèces angéliques possèdent donc une universalité à la fois d'ex-tension et d'in-tension, car elles embrassent la totalité du réel ainsi que la totalité du contenu de chaque réalité connue. Ces espèces sont ainsi des représentations complètes de toutes choses en vertu de leur origine divine, et leur objectivité est totale et parfaite en vertu du caractère *a priori* qui les dispense de toute dépendance à l'égard des objets de connaissance. Ce caractère *a priori* préserve de surcroît l'ange de toute contamination par la réalité matérielle. Le résultat de l'argumentation thomasienne est donc triple : d'abord, la connaissance angélique des réalités singulières n'est pas une simple possibilité, mais une nécessité ; ensuite, cette connaissance est totale, parfaite et *a priori* ; enfin, elle ne compromet en rien la séparation des substances intellectuelles.

Si l'ensemble de la démarche thomasienne répond à l'exigence de foi évoquée auparavant, elle possède surtout une importante valeur philosophique, car elle renforce sensiblement le rôle de médiation des substances séparées en leur attribuant une connaissance des choses analogue à celle de Dieu [1] – la causalité en moins [2] –, et leur permettant ainsi d'exercer leur *praesidentia* à l'égard des réalités inférieures [3]. De la sorte, la dépendance du monde sensible à l'égard du monde intelligible angélique contribue à faire du recours aux substances séparées une nécessité dans la démarche naturelle qui mène au principe premier et qui seule assure le bonheur. L'enjeu philosophique de cet article est donc celui du rôle médiateur et unificateur des substances séparées dans la structure ordonnée de l'univers : les priver de la connaissance du singulier signifierait les empêcher de se rapporter aux réalités inférieures selon la modalité dictée par l'ordre des choses et compromettre par là-même l'unité de l'univers [4].

### *La connaissance du futur*

L'ange est ainsi véritablement un microcosme intellectuel, rempli des représentations de la totalité du réel, qu'il connaît *a priori* et de manière parfaite

1. Cf. *Quodl.* VII, qu. 1, a. 3 : « Sic per species influxas sibi ab arte divina, angeli non solum universalia sed etiam particularia cognoscunt sicut et Deus » ; *In II Sent.*, d. III, qu. 3, a. 3 : « Eadem ratio est cognitionis singularium in Deo et in angelis (...) Formae autem quae sunt in mente angeli, sunt simillimae rationibus idealibus in mente divina existentibus ». Cette parenté étroite avec la connaissance divine ne fait qu'ajouter à la valeur et à l'importance des créatures purement intellectuelles dans l'univers thomasien.

2. Cf. *Quodl.* VII, qu. 1, a. 3 : « Sicut autem illae rationes ideales effluunt in res producendas in esse suo naturali, in quo particulariter unumquodque subsistit in forma et materia ; ita procedunt in mentes angelicas, ut sint in eis principium cognoscendi res secundum suum totum esse in quo subsistunt. (...) Est tamen differentia in duobus. Primo quia ideae quae sunt in mente divina, sunt formae factivae rerum, et non solum principia cognoscendi ; sed species quae recipiuntur in mente angelica, sunt solum principia cognoscendi, et non sunt factivae, sed exemplatae a factivis ».

3. Cf. *S. theol.* I, 61, 4 : « Ex creaturis corporalibus et spiritualibus unum universum constituitur. Unde sic creatae sunt spirituales creaturae, quod ad creaturam corporalem aliquem ordinem habent, et toti creaturae corporali praesident ». Cette « praesidentia » justifie aussi le choix de l'Empyrée comme lieu des anges : il s'agit en effet de sauvegarder « ordinem eorum ad naturam corpoream » (*ibid.*, ainsi que la question 110).

4. Cf. *S. theol.* I, 61, 4 : « Ex creaturis corporalibus et spiritualibus unum universum constituitur. Unde sic creatae sunt spirituales creaturae, quod ad creaturam corporalem aliquem ordinem habent, et toti creaturae corporali praesident ».

jusque dans son individualité. Il n'est donc pas affecté par l'espace et la distance qui sépare les objets les uns des autres : en tant que privé de dimensions et par conséquent non soumis aux coordonnées spatiales, il peut connaître toutes choses, qu'il embrasse du regard que lui fournissent ses représentations innées. Qu'en est-il de sa relation au temps ? Est-il aussi libre à son égard que par rapport à l'espace ? C'est l'interrogation sous-jacente au troisième article de la question 57, qui s'enquérit de la capacité angélique de connaître les réalités futures : *utrum angeli cognoscant futura*.

Clarifions d'abord ce type d'objet. Les futurs peuvent être subdivisés en deux groupes : les futurs nécessaires – c'est-à-dire les évènements résultant nécessairement de leurs causes naturelles (comme par exemple le fait que le soleil se lèvera demain) – et les futurs contingents – à savoir ceux qui ne résultent pas avec nécessité de leurs causes naturelles, mais qui s'ensuivent seulement à certaines conditions. Parmi ceux-ci on peut distinguer les futurs qui jouissent d'une certaine probabilité de ceux qui sont parfaitement fortuits et occasionnels. Il y a enfin une troisième catégorie de futurs, marqués d'une contingence radicale : il s'agit des futurs dépendants du libre arbitre [1]. Quant à la connaissance de ces objets, notons, avec notre auteur, que les futurs nécessaires sont non seulement connaissables, mais sont les objets d'une connaissance certaine [2]. En revanche, en ce qui concerne les futurs contingents les choses se compliquent : ceux qui jouissent d'une certaine probabilité peuvent être connus par conjecture [3], alors que les évènements fortuits ne sauraient être véritablement connus ; ceux enfin qui dépendent exclusivement du libre arbitre ne sont connaissables d'aucune manière.

Cette situation à l'égard des futurs vaut pour les hommes comme pour les anges, à ceci près que les anges connaissent les futurs nécessaires et les futurs probables d'une connaissance bien plus parfaite que la nôtre, car ils possèdent une connaissance plus ample et plus universelle des causes naturelles [4]. Les substances séparées intelligent donc les futurs qui sont déterminés – de manière nécessaire ou probable – dans leurs causes naturelles [5] : de plus, grâce à la connaissance de la totalité de ces causes, elles peuvent aussi connaître comme nécessaires

1. Pour cette typologie des futurs, cf. *De ver.*, qu. 8, a. 12 : « Quaedam igitur futura in causis suis proximis determinata sunt hoc modo, ut ex eis necessario contingant, ut solem oriri cras. (...) Quidam vero futuri effectus in causis suis non sunt determinati, ut aliter evenire non possint ; sed tamen eorum causae magis se habent ad unum quam ad alterum ; et ista contingentia sunt, quae ut in pluribus vel paucioribus accidunt ; et huiusmodi effectus in causis suis non possunt cognosci infallibiliter, sed cum quadam certitudine coniecturae. Quidam autem effectus futuri sunt quorum causae indifferenter se habent ad utrumque ; haec autem vocantur contingentia ad utrumlibet, ut sunt illa praecipue quae dependent ex libero arbitrio. (...) Huiusmodi effectus in causis quidem ad utrumlibet nullo modo cognosci possunt per se acceptis ». Pour la distinction entre contingent et nécessaire, cf. *S. c. G.* I, 67.

2. Cf. *S. theol.* I, 57, 3 : « Futura quae ex necessitate ex causis suis proveniunt, per certam scientiam cognoscuntur ».

3. Cf. *ibid.* : « Quae vero ex suis causis proveniunt ut in pluribus, cognoscuntur (...) per coniecturam ; sicut medicus praecognoscit sanitatem infirmi ».

4. Cf. *ibid.* : « Et iste modus cognoscendi futura adest angelis ; et tanto magis quam nobis, quanto magis rerum causas et universalius et perfectius cognoscunt ».

5. Les démons possèdent d'ailleurs cette même capacité : cf. *S. c. G.* III, 154 ; ce fait confirme qu'il s'agit bien là d'une connaissance naturelle, indépendante de leur état surnaturel ou théologique.

des futurs qui pour nous sont contingents, en ce qu'elles peuvent considérer le concours de plusieurs causes qui ensemble rendent un évènement nécessaire, alors que pour l'être humain, incapable d'envisager les différentes causalités dans leur ensemble, le même évènement semble contingent[1].

On peut ainsi tirer une première conclusion : les anges ont une connaissance parfaite des futurs déterminés dans leurs causes et c'est cette perfection qui la distingue de la connaissance humaine des mêmes objets. On aura remarqué par ailleurs que la contingence peut n'être qu'une qualification relative au sujet connaissant : de la sorte, et par rapport à certains objets – les futurs probables notamment –, la contingence sera d'autant moins reconnue comme telle que la faculté cognitive qui la saisit sera plus parfaite. Cet aspect important nous permet de retrouver et de confirmer la hiérarchie de valeur des différentes modalités cognitives : le cas échéant, elle se manifeste en ce que plus la connaissance gagne en universalité et en perfection moins la réalité est affectée du caractère de contingence et de fortuité qui s'impose à la saisie humaine.

La connaissance d'une réalité dans sa cause n'est cependant pas la seule ni la meilleure qu'on puisse en avoir. Il y a un mode de connaissance plus parfait, qui consiste à saisir l'objet en lui-même, dans l'actualité de son être. Pour vérifier si l'ange connaît parfaitement les futurs, il faut alors se demander s'il est en mesure de les connaître en eux-mêmes, en tant que futurs : *cognoscere futura in seipsis*. La réponse de Thomas est d'emblée négative : la connaissance des futurs non-nécessaires de par leurs causes naturelles (les futurs purement contingents et fortuits) est une prérogative divine, car Dieu seul voit et com-prend tout dans son éternité. Celle-ci embrasse dans et par son unité la totalité du temps, de manière à ce que tout lui soit présent. Par conséquent le regard divin saisit chaque réalité – qui pour nous est déterminée temporellement comme passée, présente ou future – en elle-même, dans sa présence : *unus Dei intuitus fertur in omnia quae aguntur per totum tempus sicut in praesentia, et videt omnia ut in seipsis sunt*[2]. Cette prérogative revient donc à Dieu en vertu de son éternité, qui ramène la totalité du temps à soi et pour qui le temps tout entier est du présent : dans l'éternité divine il n'y a ni distinction ni décalage temporel, mais l'unité indistincte d'une présence. La connaissance divine des futurs contingents repose précisément sur la réduction de la succession temporelle à l'unité et à la permanence de l'éternité : le futur est ainsi saisi en lui-même, dans sa présence. Une telle réduction ne saurait être accomplie par une réalité non éternelle.

Ce qui n'est pas éternel est nécessairement marqué par la temporalité qui en fait un être fini, incapable de ramener à soi la totalité du temps. Il en est ainsi des substances séparées : celles-ci ne sont pas affectées par les déterminations du

1. Cf. *De ver.*, qu. 8, a. 12 : « Cognitione igitur naturali illa (...) futura praescire possunt quae in causis naturalibus sunt determinata, vel in una tantum causa, vel in collectione plurium; quia aliquid est contingens respectu causae unius quod respectu concursu plurium causarum est necessarium. Angeli autem omnes causas naturales cognoscunt; unde quaedam quae contingentia videntur, aliquibus causis eorum pensatis, angeli ut necessaria cognoscunt, dum omnes causas ipsorum cognoscunt ».

2. *S. theol.* I, 57, 3; *S. c. G.* I, 67.

temps humain, mais restent néanmoins temporelles. Leurs opérations cognitives et volitives sont en effet soumises à une succession mesurée par un temps qui leur est propre : le *tempus discretum* ou « temps des anges »[1]. Ainsi pris dans les mailles du temps qui est le leur, les anges n'ont pas accès à la totalité du temps. C'est dire qu'ils n'ont pas la capacité de ramener la succession temporelle à l'unité et à la présence[2]. Pour l'ange le décalage entre un passé, un présent et un futur est donc déterminant aussi bien en ce qui concerne son propre agir qu'en ce qui touche à ses relations cognitives. Le cas échéant, l'ange est incapable d'avoir accès au futur comme présent et ne peut par conséquent connaître les futurs contingents en eux-mêmes : *Angelicus autem intellectus, et quilibet intellectus creatus, deficit ab aeternitate divina. Unde non potest ab aliquo intellectu creato cognosci futurum ut est in suo esse*[3]. Ce qui est soumis à un temps – que celui-ci soit continu ou discontinu – ne peut donc opérer la *reductio* de tout le temps à l'unité du présent : c'est pourquoi il peut connaître le futur dans sa cause, en tant qu'elle est actuellement présente, mais ne peut d'aucune manière connaître le futur en lui-même, car il ne lui est pas présent et ne peut se le représenter comme tel (*futurum ut EST*). Il y a là un écart temporel que l'ange ne peut combler, car il n'a pas accès à la totalité dans l'unité et la présence[4]. La connaissance naturelle des substances séparées s'étend donc à la totalité des objets actuellement existants. Les futurs contingents représentent une limite objective pour la faculté cognitive angélique.

Il convient néanmoins d'ajouter une précision, qui résulte de l'application rigoureuse du schéma hiérarchique dionysien, car les différents degrés de perfection parmi les anges se répercutent dans la relation cognitive aux futurs contingents. Ceux-ci étant présents dans l'éternité divine, celui qui connaîtrait Dieu, connaîtrait par là-même les évènements et les réalités futures[5]. Or, s'il est vrai qu'aucune substance séparée ne connaît parfaitement par voie naturelle la réalité divine, il n'en reste pas moins que les anges supérieurs l'intelligent mieux que les inférieurs, et que de ce fait ils peuvent saisir un certain nombre de futurs contingents présents en Dieu : *quidam perfectius aliis divinam providentiam intuentur, quamvis nullus eorum perfecte comprehendat, ideo quidam in Verbo plura futura etiam de contingentibus ad utrumlibet sciunt*[6].

1. Pour le statut de ce temps particulier nous renvoyons à : P. Porro, *Forme e modelli di durata nel pensiero medievale. L'« aevum », il tempo discreto, la categoria « quando »*, Leuven 1996 (Ancient and mediaeval Philosophy, n. XVI) et à notre étude : *Tempo ed essere nell'autunno del Medioevo*, Amsterdam, B.R. Grüner, 1989.

2. Cf. *S. theol.* I, 57, 3, ad 2 : « Et ita, cum sit successio in intellectu angeli, non omnia quae aguntur per totum tempus, sunt ei praesentia ».

3. *Ibid.*

4. Cf. *ibid.* : « Tamen praesentia, praeterita et futura non aequaliter se habent ad rationes. Quia ea quae praesentia sunt, habent naturam per quam assimilantur speciebus quae sunt in mente angeli (...), sed quae futura sunt, nondum habent naturam per quam illis assimilentur : unde per eas cognosci non possunt ».

5. Cf. *De ver.*, qu. 8, a. 12 : « Si autem divinam providentiam comprehenderent, omnes futuros eventus certitudinaliter scirent ».

6. *Ibid.*

Cette nuance est de taille, car si elle n'annule pas la limite en question, elle la relativise sensiblement en rapprochant les anges supérieurs du Verbe divin à tel point qu'il leur est possible de voir en lui un certain nombre de futurs radicalement contingents[1]. Cette conséquence de l'application du schéma de l'ordre des choses prouve que la continuité et l'unité de l'univers, dont les substances séparées sont les garants, représente une exigence majeure dans la conception thomasienne : menée jusqu'au bout, elle pourrait compromettre l'instance théologique de finitude radicale de toute réalité créée, que l'Aquinate s'efforce pourtant de faire valoir[2].

Comme certaines questions abordées précédemment, celle de la connaissance des futurs contingents s'avère être un thème philosophiquement très prégnant, car d'une part il apporte des précisions décisives en ce qui concerne le statut des substances séparées et leur capacité cognitive, et de l'autre il nous indique le point d'affrontement entre des exigences philosophiques et des instances théologiques à l'égard des créatures spirituelles. Le Docteur angélique exploite habilement la voie philosophique, dont il épouse plusieurs vues, et la mène jusqu'aux limites que la théologie lui impose et qu'il adopte comme norme : le cas échéant, il affirme sans hésitation la temporalité des substances séparées et leur incapacité à connaître les futurs contingents en eux-mêmes, sans renoncer par ailleurs à l'instance philosophique de continuité, qui invite à attribuer aux anges supérieurs la vision de certains futurs contingents dans le Verbe divin lui-même[3].

### *La connaissance des secrets des cœurs et des mystères de la grâce*

L'analyse d'un nouvel objet de connaissance va nous fournir d'autres précisions importantes quant aux limites objectives de la connaissance des substances séparées. L'interrogation touche ici à la possibilité de connaître les pensées secrètes : *utrum angeli cognoscant cogitationes cordium*[4].

1. Les « contingentia ad utrumlibet » sont les futurs qui ne sont aucunement déterminés dans leurs causes naturelles : il s'agit notamment des actes volontaires (cf. *ibid.* et *supra* p. 55, n. 1).

2. Il convient de noter que la capacité cognitive des anges supérieurs à l'égard des futurs contingents, par le biais de leur connaissance de Dieu, est affirmée dans le *De veritate*, que nous avons cité et qui traite la question de la manière la plus ample, alors que dans la *Somme théologique* Thomas n'évoque pas cette possibilité et marque plus nettement les limites de la connaissance angélique.

3. Nous voulons dire par là que la finitude et la créaturalité des anges ne fait certes aucun doute pour l'Aquinate, mais qu'en même temps l'adoption et l'application rigoureuse du schéma néoplatonicien et de son exigence de continuité pour rendre compte de la rationalité et de l'ordre de l'univers – rationalité et ordre qui pour Thomas ont leur source dans la sagesse divine – accentue la proximité et la ressemblance et nuance la rupture entre le créé et l'incréé : paradoxalement l'angélologie s'avère être un lieu d'affontement entre l'explication philosophique et le regard théologique sur le rapport de Dieu au monde qui en dérive. C'est un problème déjà présent dans la démarche du Pseudo-Denys et qui n'est pas étranger à Averroès. À ce propos J. Jolivet écrit : « Là où l'exposé théologique laisse face à face Dieu et les créatures, l'exposé philosophique introduit des intermédiaires : les Intelligences séparées et notamment l'Intellect agent » (*Divergences entre les métaphysiques*, cit., p. 239-249). Cet affrontement est un risque encouru par tous ceux qui ont associé, dans leur explication du monde, une démarche philosophique et un donné révélé : un risque qui s'avère ici fécond pour les deux types de réflexion.

4. Ce thème est d'origine augustinienne : l'évêque d'Hippone étudie le « verbum mentis » ou « cogitatio cordis » afin de mieux comprendre la réalité du Verbe divin (cf. *De Trinitate*, XV, X, 17-18). De son analyse ressort le caractère secret des pensées humaines, qui peuvent être considérées comme le « langage du cœur », mais qui nécessitent le langage sensible pour être manifestées aux

Les « pensées du cœur » peuvent être connues d'une double façon : soit à travers leurs effets, soit dans l'esprit qui les conçoit. La première modalité de connaissance est accessible aux anges comme aux êtres humains : certaines pensées ou affections de la volonté engendrent en effet des modifications corporelles (expression du visage, altération du rythme cardiaque, etc.), qui les manifestent et rendent possible leur connaissance[1]. La deuxième modalité en revanche – celle qui consiste à lire les pensées dans l'intellect qui les conçoit et à voir les affections dans la volonté – n'est accessible à aucune créature. Dieu seul est maître de l'intellect et de la volonté et lui seul peut opérer en elles ; par conséquent il est seul à pouvoir connaître directemment les secrets des esprits : *solus Deus cogitationes cordium et affectiones voluntatum cognoscere potest*[2].

Comme nous l'avons vu précédemment, au niveau des créatures un ou plusieurs obstacles empêchent une connaissance réciproque directe. Sur le plan humain, les empêchements sont de deux sortes : la corporéité et la volonté ; la connaissance réciproque des êtres humains présuppose donc la volonté de se connaître et nécessite le langage comme son instrument indispensable. Au niveau des anges un seul obstacle, mais suffisant, se dresse contre leur connaissance réciproque : c'est la volonté de se manifester ou de se cacher[3] ; ainsi, si les anges n'ont pas besoin d'un langage sensible pour éviter l'obstacle corporel, leur communication présuppose néanmoins l'intervention du libre arbitre. Chaque réalité créée est donc fermée aux autres et peut décider de le rester. Chacune subsiste dans son identité distincte et séparée des autres : le dépassement de cette division par la communication – qui seule rend possible l'intersubjectivité – nécessite des choix volontaires et une commune volonté des partenaires. Les créatures ne sont pas des êtres lumineux, mais obscurs et ténébreux : à partir de là, la volonté de (se) communiquer contribue à ouvrir une brèche de lumière en rendant les uns quelque peu transparents aux autres. La conclusion de cet article est donc analogue à celle du précédent : comme les futurs contingents, de même les pensées et les affections représentent une limite objective de la connaissance angélique. Seul un lien naturel de cause à effet, en manifestant extérieurement telles pensées ou

autres. De même, les pensées des anges sont secrètes et nécessitent un acte de volonté pour être communiquées. Le thème des « cogitationes cordium » est repris par Anselme (cf. *Monologion*, c. 5 ; c. 26 ; c. 63), auquel Thomas fait référence dans *De Veritate*, qu. 9, a. 4. L'Aquinate précise sa conception aussi dans le commentaire des Sentences : *In I Sent.*, d. 27, qu. 2, a. 1. Pour la notion de « verbum cordis », cf. H. Arens, *Verbum cordis. Zur Sprachphilosophie des Mittelalters*, Historiographia Linguistica, 7, 1/2 (1980), p. 13-22. Sur cette problématique cf. B. Faes de Mottoni, *Bonaventura e la scala di Giacobbe*, Napoli, Bibliopolis, 1995, p. 252 *sq.*

1. Cf. *S. theol.* I, 57, 4 : « Cogitatio cordis dupliciter potest cognosci : uno modo in suo effectu. Et sic non solum ab angelo, sed etiam ab homine cognosci potest ; (...) cognoscitur enim cogitatio interdum non solum per actum exteriorem, sed etiam per immutationem vultus ; et etiam medici aliquas affectiones animi per pulsum cognoscere possunt ». Ces manifestations représentent un langage particulier : celui des passions et des émotions.

2. *Ibid.* et *S. c. G.* I, 68.

3. Cf. *S. theol.* I, 57, 4 : « Sed secundum impedimentum (sc. voluntas) manebit post resurrectionem, et est modo in angelis ».

affections, permet à l'ange de connaître des contenus qui lui sont impénétrables dans leur source intime[1].

L'interrogation qui porte sur la connaissance angélique des « mystères de la grâce » (*Utrum angeli cognoscant mysteria gratiae*) va enfin permettre de mettre en evidence la troisième limite objective de la connaissance naturelle des substances séparées. Au premier abord, on peut être surpris de rencontrer une telle question dans un contexte qui traite des objets matériels ou de ce qui les concerne : elle ne figure d'ailleurs pas dans le long traité du *De veritate*, ni dans le Commentaire du IIe livre des *Sentences*[2], ni dans la *Somme contre les Gentils*. En réalité, dans la *Somme théologique* cette interrogation se justifie, à la suite des articles 3 et 4, comme mise au point finale sur la question des limites de la connaissance naturelle des anges. Dans le cinquième article, l'Aquinate étend son questionnement afin de vérifier quelles sont les bornes des capacités cognitives angéliques : il est dès lors important de préciser si, du point de vue philosophique, on peut admettre que les substances séparées connaissent des objets surnaturels tels les mystères de la grâce divine.

L'argumentation est analogue à celle des articles précédents et repose sur la distinction entre deux types de connaissance, naturelle et surnaturelle. Par la première, les anges connaissent toutes choses, soit au moyen des espèces qui leur sont connaturelles, soit par leur propre essence. Les mystères de la grâce divine ne sont pas accessibles à la connaissance angélique de cette manière : de tels mystères – parmi lesquels le plus important est celui de l'incarnation – dépendent en effet entièrement et exclusivement de la volonté divine; or, puisqu'il a été démontré qu'un ange ne peut connaître directement les pensées et les affections d'un autre sujet créé, à plus forte raison il sera privé de la connaissance de ce qui dépend de la volonté de Dieu[3]. Ce genre d'objets ne peut être saisi que par la connaissance surnaturelle ou béatifique, qui consiste dans la vision du Verbe divin et de toutes choses en lui : même là d'ailleurs, les créatures spirituelles ne connaissent pas nécessairement tous ces mystères, ni de la même manière, mais seulement dans la mesure où la volonté divine le leur permet[4]. La conclusion de cette démarche permet ainsi de fixer définitivement les limites objectives de la connaissance angélique : les anges n'ont pas accès par leurs propres capacités naturelles à ce qui dépasse l'ordre de la nature, et à l'intérieur de cet ordre leur faculté se borne à ce qui est actuellement existant.

1. En effet, quand bien même un ange connaîtrait les espèces intelligibles d'un autre, il ne connaîtrait pas par là-même la manière dont l'autre utilise ses espèces lorsqu'il les considère actuellement : « non tamen sequitur quod unus cognoscat quomodo alius illis intelligibilibus speciebus utitur actualiter considerando » (*ibid.*).

2. Notre auteur s'exprime brièvement sur ce sujet dans le commentaire du IVe livre : *In IV Sent.*, d. X, a. 4, ad 4.

3. Cf. *ibid.* : « Hac cognitione mysteria gratiae angeli cognoscere non possunt ».

4. Cf. *ibid.* : « Est autem alia angelorum cognitio, quae eos beatos facit, qua vident Verbum et res in Verbo. Et hac quidem visione cognoscunt mysteria gratiae, non quidem omnia, nec aequaliter omnes, sed secundum quod Deus voluerit eis revelare ».

Thomas d'Aquin se montre ainsi très rigoureux dans son analyse philosophique : celle-ci maintient jusqu'au bout l'exigence de conformité et de connaturalité entre le sujet et son objet et empêche tout débordement contraire à l'ordre des choses. Dès lors, compte tenu du statut des substances séparées dans la hiérarchie des étants, seuls seront connaissables les objets qui se situent dans leur champ naturel. Le respect de cette conformité et de ce qu'elle implique comme capacité et comme limites est essentiel à la sauvegarde de la place intermédiaire et de la fonction médiatrice des anges dans l'univers dont ils assurent la continuité et l'ordre. Les anges sont certes des créatures supérieures, qui dépassent largement nos capacités, mais, comme nous, ils font partie d'un ordre nécessaire – parce qu'instauré par la sagesse divine – qui fixe leur statut et leurs limites. Néanmoins, et au-delà de nous, dans cet ordre les substances séparées sont créées parfaites et accomplies dans leur être naturel. Pour cette raison, par rapport à leur nature et à leur bien naturel, les substances intellectuelles ne sauraient se tromper[1].

## La modalité de la connaissance angélique

L'enquête thomasienne sur la connaissance des substances séparées s'achève par l'analyse de sa modalité : *de modo cognitionis angelicae*. Ce thème est traité à la question 58, qui comprend 7 articles et qui représente ainsi le deuxième thème quantitativement le plus important. Au-delà du sujet explicite qui unifie ces articles, un fil conducteur sous-jacent traverse l'ensemble de la question : il s'agit de la relation de la connaissance angélique au temps qui est le nôtre et qui s'avère équivoque par rapport à la durée et à la mesure de l'agir des anges. Les termes choisis par l'Aquinate pour clarifier la démarche de chaque article sont révélateurs à cet égard : *quandoque... quandoque* (a. 1) ; *simul* (a. 2) ; *discurrendo* (a. 3), *componendo et dividendo* (a. 4) – termes qui renvoient tous à une succession temporelle; la *falsitas* de l'article 5 n'est elle-même possible que lors d'une connaissance discursive au sens des articles 3 et 4; enfin, après que l'article 6 ait clarifié en quoi consistent la « connaissance du matin » et la « connaissance du soir », le septième article s'interroge sur leur simultanéité : *utrum una sit cognitio matutina et vespertina*. L'analyse des modalités de la connaissance angélique nous fournira ainsi des éléments utiles pour saisir plus précisément la détermination temporelle de ces actes cognitifs.

1. Non pas en raison d'une perfection morale, mais à cause de l'ordre naturel et nécessaire de leur agir : « propter ordinem actus » (*De malo*, qu. 16, a. 4, ad 3). Dans *S. c. G.* II, 109 on lit que « naturalis inclinatio voluntatis insit unicuique volenti ad volendum et amandum sui ipsius perfectionem, ita quod contrarium huius velle non possit; non tamen sic est ei inditum naturaliter ut ita ordinet suam perfectionem in alium finem quod ab eo deficere non possit : cum finis superius non sit suae naturae proprius, sed superioris naturae ». Ce n'est que par rapport à cette finalité supérieure et surnaturelle que l'ange peut pécher : « Potuit igitur in voluntate substantiae separatae esse peccatum ex hoc quod proprium bonum et perfectionem in ultimum finem non ordinavit » (*ibid.*). À ce propos cf. H.-F. Dondaine, *Le premier instant de l'ange d'après saint Thomas*, Rev. des sc. phil. et théol., 39 (1955), p. 223-227.

*L'actualité des substances séparées*

Le Docteur angélique se demande tout d'abord si l'intellect des substances séparées est parfois en puissance et parfois en acte : *utrum intellectus angeli quandoque sit in potentia, quandoque in actu.* La réponse à cette question est partiellement fournie par les considérations précédentes sur le statut des anges et sur les objets de leur connaissance. En ce qui concerne le statut, nous savons désormais que les anges sont des formes purement intellectuelles : dès lors il ne serait pas conforme à leur nature que de ne pas intelliger toujours en acte. Non seulement, pour de telles substances, cesser d'intelliger signifierait cesser d'être des formes intellectuelles, c'est-à-dire cesser d'être ce qu'elles sont et doivent être[1]. En ce qui concerne les objets de connaissance, nous avons appris que l'ange exerce en permanence l'autoconnaissance : il intellige donc toujours, ne serait-ce qu'un seul objet de connaissance.

Malgré ces réponses anticipées, dans la *Somme théologique* notre auteur propose une argumentation plus serrée, axée sur la notion de potentialité. Celle-ci, au niveau de l'intellect, peut se vérifier en un double sens : il y a d'abord potentialité à l'égard du connaissable avant d'en acquérir les notions qui vont former l'habitus de la science[2]; il y a ensuite une potentialité qui consiste en ce que l'habitus de la science, tout en étant déjà acquis, n'est pas considéré en acte[3]. Or, il se trouve que la faculté intellectuelle des substances séparées est d'ores et déjà parfaitement accomplie par les espèces intelligibles qui lui sont connaturelles; l'intellect angélique n'est par conséquent jamais en puissance au sens premier du terme à l'égard de ses objets naturels[4]. Il peut par contre être en puissance selon la deuxième acception du terme, dans la mesure où il ne considère pas en acte les connaissances naturelles qu'il possède depuis sa création[5]. Au niveau du savoir que la nature intellectuelle possède tout naturellement il n'y a donc pas de potentialité *stricto sensu.* Il n'y en a pas non plus au niveau surnaturel qui est celui de la connaissance du Verbe divin et de ce qui est vu dans ce Verbe : l'ange en effet voit toujours actuellement le Verbe de Dieu, car dans cette vision réside sa béatitude,

1. Dans la *Somme contre les Gentils* (II, 97) on trouve un argument analogue : « Omnis substantia vivens habet aliquam operationem vitae in actu ex sua natura quae inest ei semper (...) Substantiae autem separatae sunt substantiae viventes (...) nec habent aliam operationem vitae nisi intelligere. Oportet igitur quod ex sua natura sint sicut intelligentes actu semper ».

2. Cf. *S. theol.* I, 58, 1 : « Uno modo, sicut ante addiscere vel invenire, idest antequam habeat habitum scientiae ».

3. Cf. *ibid.* : « Alio modo dicitur esse in potentia, sicut cum iam habet habitum scientiae, sed non considerat ». On notera que cette deuxième forme de potentialité est toute relative et n'affecte pas l'intellect de manière intrinsèque : celui-ci possède en effet déjà les connaissances qu'un simple acte de volonté suffit à amener au niveau de la conscience; cette forme de potentialité n'est par conséquent pas synonyme d'imperfection et de manque au même titre que la première.

4. Cf. *ibid.* : « Primo igitur modo intellectus angeli numquam est in potentia respectu eorum ad quae eius cognitio naturalis se extendere potest ».

5. Cf. *ibid.* : « Secundo vero modo, intellectus angeli potest esse in potentia (...) : non enim omnia quae naturali cognitione cognoscit, semper actu considerat ».

qui est toujours actuelle[1]. En conclusion, l'ange intellige toujours en acte : qu'il s'agisse des connaissances qu'il possède naturellement ou qu'il s'agisse de la connaissance surnaturelle du Verbe divin et des choses en lui[2].

La démarche de cet article renforce ainsi la conception philosophique de l'ange comme entité éminemment intellectuelle, comme substance dont la vie réside dans l'intelliger. De par la place attribuée à cette forme de vie dans la hiérarchie des êtres, le Docteur angélique fait honneur à la doctrine gréco-arabe de l'intellect, dont les anges semblent recueillir le meilleur fruit et qui trouve ainsi une place de choix dans la pensée chrétienne. On remarquera par ailleurs que la prise en compte de la connaissance surnaturelle non seulement n'affecte en rien les capacités naturelles des substances spirituelles, mais apporte un argument supplémentaire en faveur de leur intellectualité : dans l'hypothèse où l'ange n'intelligerait pas toujours en acte au niveau de ses connaissances naturelles, l'exercice permanent de la vision intellectuelle de Dieu fournirait en effet une garantie de l'actualité de son intellectualité.

### *La simultanéité de la connaissance angélique*

Dans cet ordre d'idées émerge ensuite la question relative à la capacité angélique de connaître plusieurs objets à la fois : *utrum angelus simul possit multa intelligere*. La réponse à cette interrogation est en quelque sorte déjà présente *in nuce* dans l'analyse de l'universalité des espèces angéliques. En effet, l'idée que les anges supérieurs connaissent par des représentations plus universelles signifie que par une seule espèce ils peuvent intelliger plusieurs objets : *multa simul intelligere*[3]. La justification de cette idée était fournie par le principe d'ordre, d'après lequel *oportet quod ea, quae Deus cognoscit per unum, inferiores intellectus cognoscant per multa; et tanto amplius per plura, quanto amplius intellectus inferior fuerit*[4]. Dans notre article toutefois Thomas ne choisit pas la voie de l'ordre des choses, mais répond à la question par l'analyse des conditions requises dans le processus cognitif. Or, selon la conception de notre auteur, l'unité, et par conséquent la simultanéité d'un tel processus, requiert l'unité de l'objet.

Conformément à la doctrine gréco-arabe, que l'Aquinate adopte ici comme point de référence[5], une faculté ne peut être actuée simultanément et de manière

1. La vision toujours actuelle du Verbe divin ne concerne évidemment que les anges bienheureux qui ne se sont pas rebellés contre Dieu. Les démons jouissent de la même perfection sur le plan naturel, mais sont privés de la vision béatifique.

2. Thomas n'admet qu'un seul cas de potentialité au sens strict, par rapport aux révélations dont Dieu peut gratifier les substances séparées au même titre d'ailleurs qu'il peut en gratifier les êtres humains. Cette forme de potentialité est totalement extrinsèque et n'affecte en rien l'intellectualité des substances séparées.

3. Cf. *S. theol.* I, 55, 3 : « Sic igitur quanto angelus fuit superior, tanto per pauciores species universitatem intelligibilium apprehendere poterit. Et ideo oportet quod eius formae sint universaliores quasi ad plura se extendentes unaquaeque earum ».

4. *Ibid.*

5. Dans le commentaire des *Sentences*, dans le *De veritate* ainsi que dans le *Quodlibet* IX (qu. IV, a. 2) Thomas cite à témoin Algazel, *Metaphysica*, p. I, tr. 3, sent. 4 (éd. Muckle, p. 68).

parfaite par différentes formes : l'intellect ne peut donc être actualisé simultanément par différentes formes intelligibles[1]. Il s'ensuit que l'intellect ne peut connaître simultanément plusieurs objets différents par des espèces intelligibles différentes[2]. Cette condition de l'exercice de l'activité cognitive vaut pour tout intellect créé, y compris pour l'ange. Dès lors, si la possibilité d'une connaissance simultanée subsiste, elle est à chercher du côté des objets de connaissance. Parmi ceux-ci, certains peuvent être saisis comme multiples et comme un. Les parties d'un tout continu illustrent cette possibilité : si chacune est considérée en elle-même, ces parties sont multiples et ne peuvent être connues que séparément, alors que si on les envisage en tant qu'elles forment un tout, elles peuvent être saisies simultanément comme une unité. De cette façon, même l'intellect humain est capable d'une saisie simultanée, comme lorsqu'il connaît à la fois un sujet et un prédicat en tant que parties d'une proposition[3]. À partir de là, on peut conclure qu'une connaissance simultanée de plusieurs objets reste possible, mais seulement dans la mesure où une multiplicité d'objets est réunie et comprise sous une seule représentation intelligible[4].

Pour résoudre le problème initial il ne reste plus alors qu'à vérifier comment l'ange peut connaître *plura per unum*. La réponse thomasienne est double, car différenciée en fonction du type de connaissance pris en considération : par la connaissance naturelle au moyen des espèces reçues de Dieu, l'ange peut connaître simultanément plusieurs objets qui sont compris sous une même représentation intelligible[5]. Par la connaissance surnaturelle, qui consiste dans la vision des choses dans le Verbe divin, il peut tout connaître simultanément, car il voit tout par le biais d'une seule espèce, à savoir l'essence divine elle-même[6]. En conclusion, les substances séparées sont capables de connaître simultanément une multiplicité d'objets par leurs propres moyens et la totalité du connaissable par le biais de la vision béatifique. Comme dans l'article précédent, l'appel à la connaissance surnaturelle – que l'ange exerce toujours en acte – renforce une prérogative naturelle : ce que l'ange réalise déjà partiellement par nature, il le réalise

1. Cf. *In II Sent.*, d. III, qu. 3, a. 4 : « Sicut autem impossibile est corpus secundum eandem partem diversimode figurari diversis figuris, ita impossibile est unum intellectum diversis simul speciebus ad diversa intelligenda actu informari; et ideo considerandum est, quod quicumque intellectus plura intelligit per plures species, oportet quod ea non simul intelligat ».

2. Cf. *De ver.*, qu. 8, a. 14 : « Omnia igitur diversa quae diversis formis intelligit, non potest simul intelligere ».

3. Cf. *S. theol.* I, 58, 2 : « Contingit autem aliqua accipi ut plura (...) secundum quod sunt unum in toto : et sic simul et una operatione cognoscuntur tam per sensum quam per intellectum, dum totum continuum consideratur, ut dicitur in III *De anima*. Et sic etiam intellectus noster simul intelligit subiectum et praedicatum, prout sunt partes unius propositionis ».

4. Cf. *ibid.* : « Quaecumque igitur per unam speciem intelligibilem cognosci possunt, cognoscuntur per unum intelligiblile ; et ideo simul cognoscuntur. Quae vero per diversas species intelligibiles cognoscuntur, ut diversa intelligibilia capiuntur ».

5. Cf. *ibid.* : « Ea vero cognitione qua cognoscunt res per species innatas, omnia illa simul possunt intelligere, quae una specie cognoscuntur ».

6. Cf. *ibid.* : « Angeli igitur ea cognitione qua cognoscunt res per Verbum, omnia cognoscunt una intelligibili specie, quae est essentia divina. Et ideo quantum ad talem cognitionem, omnia simul cognoscunt ».

pleinement dans la vision de Dieu. Celle-ci permet au créé d'accèder à l'unité originaire, qui contracte l'espace et le temps et dans laquelle tout est un et saisi comme unité.

L'horizon de l'unité divine, tout en fournissant le modèle de la perfection ultime, permet d'apprécier et de valoriser l'unité que l'ange réalise déjà par sa propre nature : une unité qui est intrinsèque à son être et à sa modalité d'agir et qui définit sa fonction de *connexio universi*. L'unité de l'ange unifie l'univers. La référence à la connaissance surnaturelle contribue de la sorte à accentuer l'écart entre l'homme et l'ange, car ce dernier a non seulement reçu une nature plus parfaite, mais est gratifié en même temps d'une connaissance unitive que l'être humain ne peut qu'espérer dans l'au-delà : ce qui pour l'homme est étalé dans le temps et relève d'une possibilité future, pour l'ange est d'ores et déjà du présent, un présent qui se donne simultanément (*simul*). Par ailleurs, il convient de relever que la connaissance des choses dans le Verbe divin est une vision « spéculaire » : les choses sont vues dans leur totalité comme unité car elles sont vues dans le Verbe, qui est comme un miroir (*speculum*) pour l'ange[1]. De par sa fonction de modèle, cette saisie des choses reflètées dans le Verbe fait de la connaissance spéculative comme vision simultanée la connaissance par excellence. L'ange est miroir de son principe et celui-ci se donne à l'ange comme miroir de l'univers entier. La possibilité de *plura simul intelligere* met ainsi au jour la relation spéculaire entre le principe premier et ses dérivés : une relation qui se reproduit entre les différents niveaux de la hiérarchie des êtres et qui fait de chacun d'eux un microcosme, un miroir de la totalité[2].

### *Connaissance angélique et discursivité*

La simultanéité de la connaissance se réalise selon la modalité de la vision, qui seule garantit la saisie d'une pluralité dans l'unité. La vision permet d'embrasser d'un seul regard une multiplicité d'objets captés dans une représentation, emprisonnés dans une idée. Cette modalité de connaissance propre aux substances séparées et à Dieu sert de point d'appui à la démarche des articles 3 (*utrum angelus intelligat discurrendo*) et 4 (*utrum angeli intelligant componendo et dividendo*) de la question 58, que nous analyserons ensemble, car ils font appel à un même fondement[3].

Pour prouver que les substances séparées ne connaissent pas de manière discursive ni par mode de composition ou de division, il convient de préciser en quoi consistent ces démarches cognitives. La discursivité est un processus par lequel la faculté cognitive saisit d'abord quelque chose de son objet, elle intellige ensuite d'autres aspects du même objet et enfin elle compose ou distingue les

1. Cf. *S. theol.* I, 58, 3 : « Sicut in speculo inspicitur simul imago rei et res (...). Et hoc modo cognoscunt angeli res in Verbo ».

2. Sur la métaphore du miroir et son usage dans la mythologie et la philosophie occidentales nous renvoyons à : A. Tagliapietra, *La metafora dello specchio*, Milano, Feltrinelli, 1991.

3. Cf. *S. theol.* I, 58, 4 : « Ex eodem provenit quod intellectus noster intelligit discurrendo, et componendo et dividendo ».

éléments ainsi recuillis pour former la connaissance de l'objet. La discursivité est donc cette modalité cognitive qui implique plusieurs étapes et plusieurs moments qui se succèdent dans le temps : ces étapes sont l'appréhension, la composition, la division et le jugement, dont l'execution requiert du temps. La discursivité est le propre du raisonnement et de l'argumentation humaine, qui *procedit de uno in aliud*[1]. Le raisonnement et le discours ne sont pas vision immédiate : ce sont des procédés d'acquisition et de perfectionnement successifs. L'être humain ne peut échapper à cette modalité cognitive, car ses facultés sont en puissance et ne sont actualisées que par des représentations intelligibles venant de l'extérieur, car dérivées de la réalité sensible : l'actualisation de la connaissance humaine requiert ainsi une démarche complexe, étalée dans le temps.

L'argumentation qui nous intéresse à présent est bâtie précisément sur l'opposition entre la discursivité humaine et la simultanéité angélique. Les formules choisies par l'Aquinate sont révélatrices à cet égard : la démarche cognitive humaine est expliquée par des expressions telles que *adipisci*, *ex uno in aliud procedere*, *discurrendo vel ratiocinando*, *componendo et dividendo*, alors que la connaissance angélique est rendue par des énonciations comme *inspicere, inspectio*, *statim*, *simul*, *videre*, *speculum*. Les clarifications relatives à la modalité cognitive des substances séparées font donc appel au champ sémantique de la vision, accompagnée d'un adverbe de temps qui en met en évidence l'instantanéité et la simultanéité.

La connaissance angélique n'est pas le résultat d'un processus, car l'intellect des substances séparées n'est pas en puissance et n'a donc pas à être actualisé par un procédé qui s'étale dans le temps. Dans ses représentations intelligibles l'ange connaît (*inspicit*) tous les objets naturels et n'a pas besoin d'acquérir (*adipisci*) un savoir qui s'accroîtrait progressivement[2]. Lorsqu'il considère une de ses espèces, l'ange y voit immédiatement (*statim*) son objet comme dans un miroir et le connaît par cette vision instantanée : *(Angeli) statim in illis quae primo naturaliter cognoscunt, inspiciunt omnia quaecumque in eis cognosci possunt*»[3]. L'ange tient cette prérogative de sa proximité à Dieu et du flux intelligible qui le relie à lui. Par la lumière divine dont il est le miroir, l'ange connaît de manière analogue à Dieu, c'est-à-dire par une saisie unitive, instantanée, simple et *a priori*[4]. Les êtres

1. Cf. *ibid.*, a. 3, où on lit aussi que « discursus quendam motum nominat » ; I, 78, 8 ; I, 85, 5 : « Intellectus humanus (...) secundum hoc, necesse habet unum apprehensum alii componere vel dividere ; et ex una compositione vel divisione ad aliam procedere, quod est ratiocinari ».

2. Dans *De veritate*, qu. 8, a. 15, notre auteur rappelle la proposition X du *Liber de causis* : « omnis intelligentia est plena formis (...) ; unde nihil eorum quae naturaliter cognoscere potest est ei ignotum ».

3. *S. theol.* I, 58, 3 ; suite à ce passage, dans l'« ad primum » on lit encore que « sicut in speculo inspicitur simul imago rei et res ».

4. Lorsqu'on lit l'article 5 de la qu. 85 de la première partie de la *Somme théologique* on est frappé par l'aisance avec laquelle Thomas d'Aquin rapproche l'intellect angélique de l'intellect divin : le couple « intellectus angelicus et divinus » revient 3 fois dans le corps de l'article pour signifier la même capacité de connaître un objet parfaitement et instantanément. Dans le commentaire des *Sentences* (II, d. III, qu. 3, a. 4) ce rapprochement est exprimé par la « deiformitas » de l'intellect angélique : « intellectus angelorum dicitur deiformis in eo quod divino intellectui conformis est : non

humains par contre reçoivent cette lumière de manière affaiblie, car dans leur âme elle a perdu de l'intensité initiale et s'est comme diluée et éparpillée. La connaissance humaine doit alors en quelque sorte la recueillir progressivement à travers les différentes étapes de sa démarche [1]. Thomas peut donc conclure que grâce à la lumière divine, qui resplendit en eux comme dans un miroir pur et clair, la connaissance des anges est libre de toute discursivité, de toute composition ou division : *Unde cum in angelo sit lumen intellectuale perfectum, cum sit speculum purum et clarissimum, relinquitur quod angelus, sicut non intelligit ratiocinando, ita non intelligit componendo et dividendo* [2].

La problématique de la discursivité peut être envisagée et clarifiée davantage à travers la confrontation des notions d'intellectualité et de rationalité. La nature intellectuelle des substances séparées détermine leur activité cognitive comme saisie simple et instantanée de leurs objets [3]. L'intelligence est précisément la capacité de saisir les choses d'un seul regard : c'est un *intus-legere* et un *intus-ire* qui jouit de l'immédiateté [4]. Le procédé discursif en revanche est le propre du raisonnement auquel a recours la nature rationnelle. Les humains sont précisément des êtres rationnels et non pas purement intellectuels, car leurs relations cognitives requièrent une démarche successive [5]. Dans cette perspective, intellectualité et rationalité s'opposent comme deux principes engendrant deux modalités cognitives radicalement différentes. L'intellectualité qui qualifie la nature angélique fournit alors d'emblée une réponse suffisante aux deux questions considérées ici : comprise au sens strict, elle exclut en effet toute discursivité, c'est-à-dire toute démarche rationnelle.

Raison et intellect n'ont-ils pour autant aucun rapport? La question paraît doublement légitime : d'abord par rapport à l'être humain qui, sans être une nature intellectuelle, possède néanmoins un intellect; deuxièmement par rapport à l'ordre des choses, dont la loi de continuité exclut une rupture radicale entre les niveaux hiérarchiques. La coprésence en l'homme de la raison et de l'intellect nous intéresse tout particulièrement ici, car leur rapport rend précisément compte de la continuité entre nature rationnelle et nature intellectuelle dans l'ordre des choses [6]. Ainsi, s'il est vrai que l'être humain ne peut se passer du raisonnement dans ses démarches cognitives, il est nécessaire de préciser la fonction exercée par

autem in hoc quod uno omnia intelligat et ita simul intelligat, sed in hoc quod a rebus cognitionem non accipit, sine investigatione rationis et sine admininculo sensus cognoscit ».

1. Cf. *S. theol.* I, 58, 3 : « Animae humanae (...) veritatis notitiam per quendam discursum acquirunt (...). Quod quidem contingit ex debilitate intellectualis luminis in eis ».

2. *Ibid.*, a. 4.

3. Cf. *S. theol.* I, 79, 8 : « Ea quae statim naturaliter apprehenduntur, intelligi dicuntur »; *ibid.* : « Intelligere enim est simpliciter veritatem intelligibilem apprehendere ».

4. Cf. *ibid.* : « Et ideo angeli, qui perfecte possident, secundum modum suae naturae, cognitionem intelligibilis veritatis, non habent necesse procedere de uno ad aliud, sed simpliciter et absque discursu veritatem rerum apprehendunt ».

5. Cf. *S. theol.* I, 58, 3 : « Animae vero humanae, quae veritatis notitiam per quendam discursum acquirunt, rationales vocantur ».

6. À ce propos, cf. J. Péghaire, *Intellectus et ratio selon Thomas d'Aquin*, Paris, Vrin, 1936.

son intellect. Notre auteur est très clair à cet égard : l'intellect est l'habitus [1] des premiers principes (principe d'identité, de non contradiction, du tiers exclu), qui représentent les fondements de toute connaissance vraie [2]. La faculté intellectuelle fournit donc à l'homme les bases premières et nécessaires à la construction de son savoir. Cette saisie des premiers principes est une connaissance intuitive analogue à la connaissance angélique de n'importe quel objet. L'intuition de ces principes étant fondamentale pour l'homme, l'intellect et la raison se rapportent l'un à l'autre comme le fondement du connaître à l'exercice de la connaissance, comme une source et son déploiement.

Thomas explique ce rapport par analogie avec le mouvement : *ratiocinari comparatur ad intelligere sicut moveri ad quiescere* [3]. À partir de là, de même que tout mouvement dérive en dernière analyse d'un principe immobile, ainsi la rationalité s'enracine dans l'intellectualité. Considérées dans leur source, intellectualité et rationalité se ramènent à une seule capacité, à une seule puissance, déclinée comme fondement et comme exercice. L'Aquinate illustre ce même rapport par la métaphore de la lumière : l'intellectualité est lumière, la rationalité est son ombre [4]. Il n'y a donc pas de rupture entre la raison et l'intellect, mais distinction dans la continuité de ce qui est moins parfait par rapport à ce qui est parfait. Or, il apparaît que ce rapport est le même qui s'instaure entre l'imperfection de l'homme et la perfection de l'ange dans l'ordre des choses. Dès lors, l'analogie de ces rapports (raison/intellect – homme/ange) nous autorise à poser entre l'homme et l'ange une relation d'enracinement et de source, à la manière de l'ombre qui n'est telle que par la lumière. Elle nous autorise ainsi à voir dans l'intellectualité qui l'habite l'angélicité de l'être humain.

### *Erreur et fausseté dans la connaissance angélique*

La réponse à l'interrogation qui porte sur l'erreur et la fausseté – *utrum in intellectu angeli possit esse falsitas* – fait suite, en guise de corollaire, aux considérations avancées ci-dessus. La fausseté dans la connaissance résulte en effet d'une démarche de division ou de composition non conforme à l'objet connu.

1. Sur la notion d'« habitus » et sa nécessité pour l'homme, cf. *De ver.*, qu. 20, a. 2.

2. Cf. *De ver.*, qu. 1, a. 4, ad 5um : « a veritate intellectus divini procedit exemplariter in intellectum nostrum veritas primorum principiorum, secundum quam de omnibus iudicamus » ; *ibid.*, qu. 1, a. 11 : « preexistunt in nobis quaedam scientiarum semina, scilicet primae conceptiones intellectus quae statim lumine intellectus agentis cognoscuntur per species a sensibilibus abstractas (...); in istis autem principiis universalibus omnia sequentia includuntur sicut in quibusdam rationibus seminalibus » ; *In De anima*, II, lectio XI, 372 : « Homo enim per lumen intellectus agentis, statim cognoscit actu prima principia naturaliter cognita ». À ce propos cf. H. Seidl, *Ueber die Erkenntnis erster, allgemeiner Prinzipien nach Thomas von Aquin*, in *Thomas von Aquin. Werk und Wirkung im Licht neueren Forschungen*, éd. A. Zimmermann, Berlin-New York, De Gruyter, 1988, p. 103-116.

3. *S. theol.* I, 79, 8.

4. Cf. *In II Sent.*, d. III, qu. 1, a. 6 : « Angelus (...) participat quasi in plena luce naturam intellectualem, unde intellectualis dicitur; anima vero, quia extremum gradum in intellectualibus tenet, participat naturam intellectualem magis defective quasi obumbrata : et ideo dicitur rationalis, quia ratio, ut dicit Isaac in libro De definitionibus, oritur in umbra intelligentiae ». Cf. Isaac Israeli, *Liber de definitionibus*, éd. J. T. Muckle, Archives d'hist. doctr. et litt. du Moyen Âge, 12/13 (1937/38), p. 313.

L'erreur s'insinue dans le raisonnement du fait que celui-ci procède par étapes successives et dépend des représentations de l'imagination : c'est dans l'élaboration des espèces sensibles, dans la composition ou la division de leur contenu en vue d'un jugement que la fausseté est engendrée[1]. L'erreur est donc le fait de la raison, susceptible de s'égarer dans son procédé discursif. L'intellect au sens strict n'est pas, quant à lui, susceptible d'erreur, car il provoque une saisie instantanée de la quiddité de son objet : *Intellectus autem circa quod quid est semper verus est*[2]. En d'autres termes, il ne peut y avoir d'erreur là où le rapport cognitif est direct et instantané, là où l'objet est saisi intuitivement par un acte de vision intellectuelle. Or, nous avons appris que cette modalité cognitive est précisément celle des substances séparées en tant que natures intellectuelles. Dans la connaissance naturelle des anges il ne peut donc y avoir d'erreur. Les anges ne peuvent pas se tromper : *Sic igitur per se non potest esse falsitas aut error aut deceptio in intellectu alicuius angeli*[3].

L'intellectualité des anges implique ainsi la prérogative de la vérité, alors que les humains sont tributaires d'un effort qui ne les met jamais à l'abri de l'erreur. La finitude et l'imperfection des hommes trouve ainsi une énième forme de manifestation et l'hypothèse cartésienne du Malin Génie apparaît comme une objectivation de l'erreur, de la fausseté et de la tromperie qui menacent toute démarche cognitive humaine et qui, pour certains modernes, va jusqu'à compromettre le rapport cognitif lui-même[4]. Rien d'étonnant dès lors si cette imperfection humaine sera corrigée par une conception qui va emprunter plusieurs de ses traits à la subjectivité angélique.

Il reste cependant une possibilité d'erreur chez les substances spirituelles, ou du moins chez certaines d'entre elles. En effet, la saisie intuitive de la nature des choses garantit la vérité de toute connaissance qui a trait à cette nature, mais ne peut être étendue à ce qui la concerne du point de vue surnaturel. Il y a donc une limite objective à la vérité de la connaissance angélique : elle réside dans l'ordre surnaturel, par rapport auquel la connaissance basée sur la nature des choses n'est

1. Cf. *S. c. G.* III, 108 : « In nobis falsitas accidit in operatione intellectus componentis et dividentis, ex hoc quod non absolute rei quidditatem apprehendit, sed rei apprehensae aliquid componit (...). Quod quidem contingit inquantum intellectus noster non statim, sed cum quodam inquisitionis ordine ad cognoscendum quidditatem alicuius rei pertingit » ; « omnis deceptio intellectus accidere videtur ex hoc quod apprehendit formas rerum permixtas phantasmatibus, ut in nobis accidit » ; *De malo*, qu. 16, a. 6 : « In nobis falsa opinio accidit plerumque ex indebita ratiocinatione ».

2. *S. theol.* I, 58, 5. Dans le même sens, dans la *Somme contre les Gentils* III, 108, on lit que : « In eo autem quod quis intelligit non errat (...). In operatione autem intellectus qua apprehendit quod quid est, non accidit falsum ».

3. *S. theol.*, I, 58, 5 ; *De malo*, qu. 16, a. 6 : « Sicut ergo nobis non potest inesse falsa opinio circa prima principia naturaliter nobis nota, ita nec angelo potest inesse falsa opinio circa quaecumque quae naturali eius cognitioni subsunt ».

4. L'hypothèse cartésienne du Malin Génie n'est d'ailleurs pas étrangère à la conception médiévale du « démon-trompeur », emblème du caractère illusoire de la connaissance sensible ; cf. à ce propos : T. Gregory, *Dio ingannatore e Genio Maligno. Nota in margine alle Meditazioni di Descartes*, in *Mundana Sapientia. Forme di conoscenza nella cultura medievale*, Roma, 1992, p. 401-440 ; T. Suarez-Nani – B. Faes de Mottoni, *I demoni e l'illusione dei sensi nel secolo XIII : Bonaventura e Tommaso d'Aquino*, dans H. J. Horn (éd.), *Jakobstraum. Zur Bedeutung der Zwischenwelt*, *op. cit.*, p. 77-94.

pas nécessairement vraie. Quand l'est-elle? Elle est certainement vraie chez les anges bons, qui possèdent une volonté droite et qui jugent des choses en tenant compte de l'ordre divin[1]. Elle ne l'est pas chez les anges mauvais, qui se sont détournés de Dieu et qui sont privés de la connaissance surnaturelle ou béatifique : c'est pourquoi ils peuvent se tromper à partir du moment où ils jugent d'un ordre qui les dépasse. Les démons gardent les prérogatives angéliques en matière de connaissance naturelle, mais sont privés du regard surnaturel dont sont gratifiés les anges fidèles : *daemones vero (...) in his quae naturaliter ad rem pertinent, non decipiuntur. Sed decipi possunt quantum ad ea quae supernaturalia sunt*[2].

La vérité des connaissances d'ordre naturel est donc un acquis pour tous les anges, sans distinction, alors qu'au niveau des connaissances surnaturelles les prérogatives de la nature intellectuelle ne suffisent pas, mais requièrent de surcroît une volonté droite et une perfection d'ordre moral. Il apparaît ainsi que la vérité dans le domaine du surnaturel est l'œuvre conjointe de l'intellect et de la volonté. Elle est le résultat accompli d'une nature dont la volonté est conforme au bien dicté par l'intellect. La vérité au niveau surnaturel est au prix du respect de l'ordre des choses sous sa double forme : conformité à la nature propre et conformité à l'ordre des finalités. L'erreur dont sont susceptibles les démons est le résultat de leur péché : il est le penchant cognitif du péché de la volonté[3]. Soulignons toutefois que cette exigence d'un accord de l'intellect et de la volonté n'intervient qu'au niveau de la connaissance surnaturelle. Sur le plan des capacités naturelles anges et démons partagent un même accès à la vérité des choses : une vérité qui leur revient nécessairement en vertu de leur statut de substances séparées.

### *Connaissance du matin et connaissance du soir*

La discussion sur la modalité cognitive des anges s'achève par l'analyse du thème augustinien de la connaissance du matin et de la connaissance du soir. Dans un premier moment, notre auteur vérifie la pertinence de cette distinction au niveau des substances séparées (a. 6 : *Utrum in angelis sit cognitio matutina et vespertina*); par la suite, il aborde la question de l'unité et de la distinction de ces modalités cognitives (a. 7 : *Utrum una sit cognitio matutina et vespertina*). Cette problématique trouve sa source dans l'interprétation augustinienne de l'œuvre des six jours[4], que la réflexion thomasienne adopte comme point de référence dans de nombreux textes[5].

Le sixième article de la question 58 est une reprise succinte de la conception augustinienne, résumée en ces termes : le récit de l'œuvre des six jours ne doit pas

1. Cf. *S. theol.*, I, 58, 5 : « Angeli igitur boni (...) per cognitionem quidditatis rei non iudicant de his quae naturaliter ad rem pertinent, nisi salva ordinatione divina. Unde in eis non potest esse falsitas aut error ».

2. *Ibid.*

3. Cf. *De malo*, qu. 16, a. 6 : « Malum intellectus est falsum ».

4. Cf. *De Gen. ad litt.* IV ; *De civ. Dei* XI-XII.

5. Cf. *In II Sent.*, d. XII, qu. 1, a. 3 ; *De ver.*, qu. 8, a. 16 ; *Quodl.* IX, qu. IV, a. 2 ; *De potentia*, qu. 4, a. 2 et dans notre texte de référence : *S. theol.* I, 58, 6-7.

être compris au sens de la succession temporelle déterminée par le mouvement des astres – ce qui irait à l'encontre de la simultanéité de la création –, mais dans un sens spirituel et plus précisément noétique. Le jour dont parle le récit de la *Genèse* est à comprendre comme un jour spirituel, celui de la lumière dans laquelle les créatures sont présentées à la nature intellectuelle angélique[1]. Les réalités créées étant de six genres (lumière, firmament, eaux, terre, etc.), les six jours indiquent la succession des actes cognitifs par lesquels les anges appréhendent ces objets : *sex dies in quibus Deus legitur fecisse cuncta intelligi vult non usitatos dies (...) sed unum diem, scilicet cognitionem angelicam sex rerum generibus praesentatam*[2]. Il y a donc un double rythme noétique : celui qui scande chaque jour spirituel et celui qui détermine la succession des six jours. Le deuxième étant une reproduction, adaptée à des objets nouveaux, du rythme du premier jour, c'est la structure interne de celui-ci qu'il faut à présent clarifier.

Par analogie avec le jour temporel, qui débute au matin et se termine le soir, le jour spirituel a un principe et un terme noétiques, relatifs à l'ordre de présentation de l'objet connu[3]. Or, la connaissance principielle ou originaire d'un objet est celle qui le saisit dans sa cause, alors que la connaissance de son terme est la connaissance de l'objet en lui-même, en tant que terme final de l'action qui l'a produit. La connaissance primordiale des choses est donc celle qui les saisit dans le Verbe divin, où se trouvent les archétypes de toutes choses : c'est la « connaissance du matin ». La connaissance de leur terme est celle qui saisit les choses en elles-mêmes, dans leur propre nature : c'est la « connaissance du soir »[4].

Le jour spirituel est donc structuré selon ce double regard angélique sur les réalités créées : leur considération dans l'origine et leur saisie en elles-mêmes. Connaissance du matin et connaissance du soir se distinguent ainsi comme deux modalités cognitives par rapport au même objet, deux modalités dont la première est plus parfaite que la seconde, car elle saisit les choses dans la lumière divine, par rapport à laquelle la connaissance du soir ne peut être que voilée et obscure. En raison de cette imperfection, la connaissance du soir est rapportée (*refertur*) à celle du matin en ce que l'ange ne s'arrête pas à la connaissance de la créature en

1. Cf. *De ver.*, qu. 8, a. 16 : « Sicut enim praesentatio lucis corporalis super haec inferiora diem facit temporalem, sic praesentatio vel operatio luminis intellectus angeli super res creatas diem spiritualem facit. Et secundum hoc multi dies distinguuntur, quod intellectus angeli diversis rerum generibus cognoscendis comparatur. Et sic ordo diei non fuit ordo temporis, sed ordo naturae, qui in cognitione angeli attenditur secundum ordinem cognitorum ad invicem, prout alterum altero est prius natura ».

2. *S. theol.* I, 58, 6. Pour une présentation détaillée de la conception augustinienne nous renvoyons aux articles de B. Faes de Mottoni, *Tommaso d'Aquino e la conoscenza mattutina e vespertina degli angeli*, Medioevo XVIII (1992), p. 169-202, et : *La conoscenza mattutina dell'angelo secondo Bonaventura*, Textos e Estudios 2 (1992), p. 91-101.

3. Cf. *De ver.*, qu. 8, a. 16 : « Sicut autem in die temporali mane est diei principium, vespere vero finis, ita in cognitione angeli respectu eiusdem rei est considerare principium et finem secundum ordinem rei cognitae ».

4. Cf. *S. theol.* I, 58, 6 : « Cognitio ipsius primordialis esse rerum, dicitur cognitio matutina : et haec est secundum quod res sunt in Verbo. Cognitio autem ipsius esse rei creatae secundum quod in propria natura consistit, dicitur cognitio vespertina : nam esse rerum fluit a Verbo sicut a quodam primordiali principio, et hic effluxus terminatur ad esse rerum quod in propria natura habent ».

elle-même, mais la ramène à Dieu en guise de louange : de la sorte, connaissance du soir et connaissance du matin forment ensemble un seul « jour spirituel » [1].

Dans le *De veritate* l'Aquinate insiste pour dire que la distinction augustinienne n'est pas d'ordre objectif, mais est relative à la modalité de l'opération cognitive : aussi, la connaissance du matin est-elle connaissance de la nature des choses au moyen du Verbe divin, alors que la connaissance du soir saisit le même objet au moyen de sa représentation intelligible [2]. Ce n'est d'ailleurs qu'en ce sens que la distinction en question apporte des précisions quant à la manière dont les anges connaissent leurs objets. S'agissant ainsi de deux possibilités différentes d'envisager une même réalité, il nous faut considérer à présent le rapport entre ces deux regards que l'ange peut porter sur la réalité créée [3].

Ce double regard sur les choses est-il simultané ? Si oui, comment ? Si non, quel est le rapport de l'un à l'autre ? L'Aquinate présente à ce propos une réponse nuancée, dont nous retenons ceci : selon l'acception stricte clarifiée auparavant, connaissance du soir et connaissance du matin ne représentent pas une seule et même opération cognitive, mais se distinguent et se rapportent comme l'imparfait à l'égard de ce qui est parfait [4]. Malgré cette distinction, ces deux connaissances peuvent être envisagées comme simultanées en vertu de l'unité de leur objet, qui reste le même dans les deux cas. La métaphore du jour va de nouveau servir à illustrer le propos en question : de même que le nombre de six jours est relatif aux six genres de réalités connues par l'ange, ainsi l'unité d'un de ces jours spirituels ou noétiques est fondée dans l'unité de l'objet connu, même si celui-ci peut être appréhendé selon des modalités différentes [5]. L'unité de l'objet fournit ainsi la raison suffisante de la simultanéité des différents actes d'une même faculté qui s'y

1. « Angeli autem boni, cognoscentes creaturam, non in ea figuntur, quod esset tenebrescere et noctem fieri; sed hoc ipsum referunt ad laudem Dei, in quo sicut in principio omnia cognoscunt » (*S. theol.* I, 58, 6, ad 2). Voir aussi *In II Sent.*, d. III, qu. 1, a. 3 : « Sic attenditur quaedam circulatio inter mane et vespere, secundum quod angelus seipsum cognoscens in propria natura, hanc cognitionem retulit ad Verbum sicut ad finem, in quo sequentis operis cognitionem sumpsit sicut in principio : et sic huiusmodi mane est finis diei praecedentis, et principium sequentis ».

2. Cf. *De ver.*, qu. 8, a. 16 : « Oportet hanc distinctionem intelligi ex parte medii cognoscendi; ut dicatur res cognosci in Verbo, quando per Verbum ipsa res in propria natura cognoscitur; in propria vero natura, quando cognoscitur per formas aliquas creatas rebus creatis proportionatas, sicut cum cognoscit per formas sibi inditas ». À ces deux formes de connaissance, Thomas en ajoute une troisième dans son commentaire des Sentences (*In II Sent.*, d. XII, qu. 1, a. 3), à savoir la connaissance que l'ange a des choses dans son propre esprit (« in mente angelica »). Conformément à une idée augustinienne déjà invoquée par notre auteur, les choses procèdent du principe premier dans l'esprit angélique avant de subsister en elles-mêmes. Par conséquent « angelus triplicem de rebus cognitionem habet, scilicet prout in Verbo sunt, prout sunt in mente eius et prout sunt in propria natura ». Comme il a été remarqué, cette triple connaissance présente une correspondance étonnante avec la doctrine néoplatonicienne des trois formes de l'universel.

3. C'est la question posée par notre auteur dans l'article 7 : « Utrum una sit cognitio matutina et vespertina ».

4. Cf. *S. theol.* I, 58, 7 : « Si vero cognitio vespertina dicatur secundum quod angeli cognoscunt esse rerum quod habent in propria natura per formas innatas, sic alia est cognitio vespertina et matutina. Et ita videtur intelligere Augustinus, cum unam ponat imperfectam respectu alterius ».

5. Cf. *ibid.* : « Ita unitas diei accipitur secundum unitatem rei cognitae, quae tamen diversis cognitionibus cognosci potest ».

réfèrent; à une condition toutefois, à savoir que ces actes se rapportent l'un à l'autre. En d'autres termes, deux opérations différentes par rapport à un même objet, exercées par la même faculté, peuvent être simultanées s'il y a un ordre, un rapport entre elles[1]. Ces conditions sont-elles réalisées dans les actes cognitifs en question? La réponse thomasienne est affirmative: l'unité de l'objet y est – à savoir la nature d'un objet donné –, ainsi que l'ordre des actes, car la connaissance du soir est rapportée par l'ange à la connaissance des choses dans le Verbe. En tant que plus parfaite, la connaissance du matin représente en effet l'accomplissement de la connaissance des choses dans leur propre nature : celle-ci est donc ordonnée à celle-là et peut dès lors coexister avec elle. Telle est la conclusion thomasienne : *Cognitio autem vespertina in angelis refertur ad matutinam, ut Augustinus dicit. Unde nihil prohibet utramque simul esse in angelis*[2].

Cette conclusion avait déjà été arrêtée avec résolution dans le *Quodlibet* IX : *Dicendum quod angelus vel anima simul potest videre in Verbo et in propria natura*[3]. La justification produite dans ce texte nous intéresse tout particulièrement, car elle tient compte de l'objection philosophique qui consiste à nier la possibilité pour l'intellect d'être informé en acte par plusieurs espèces à la fois[4]. Thomas accepte cette thèse péripatéticienne et l'assume comme exigence dans son argumentation. La simultanéité des deux actes cognitifs est néanmoins maintenue grâce à leur distinction de raison : l'espèce par laquelle s'effectue la connaissance du matin – à savoir le Verbe divin lui-même – n'est pas du même type que celle qui intervient dans la connaissance du soir, car la première n'inhère pas au sujet angélique, alors que les espèces intelligibles de la deuxième lui sont connaturelles. Or, la connaisssance au moyen de ces espèces ne s'oppose pas à l'union de l'ange avec le Verbe divin, précisément parce qu'il s'agit de deux actes intellectuels de raison différente. Par conséquent notre auteur peut conclure que, le cas échéant, l'intellect angélique peut être informé simultanément par l'une et l'autre espèce sans contradiction[5]. L'ange peut donc à la fois être uni au Verbe divin, et par cette union connaître son objet en Dieu, ainsi que connaître le même objet par l'espèce qui lui est connaturelle. La distinction de raison de ces actes permet leur disposition hiérarchique dans le sens déjà indiqué dans la *Somme théologique* :

1. Cf. *ibid.* : « Duae operationes possunt simul esse unius potentiae, quarum una ad aliam refertur; ut patet cum voluntas simul vult et finem et ea quae sunt ad finem, et intellectus simul intelligit principia et conclusiones per principia, quando iam scientiam acquisivit ». Cf. W. Schlössinger, *Die Erkenntnis der Engel*, cit., p. 75.

2. *S. theol.*, I, 58, 7.

3. *Quodl.* IX, qu. 4, a. 2. Pour une analyse détaillée de ce texte nous renvoyons à B. Faes de Mottoni, *Tommaso d'Aquino e la conoscenza*, cit.

4. C'est la thèse d'Algazel, *Metaphysica,* p. I, tr. 3, sent. 4 (éd. J. T. Muckle, p. 68).

5. Cf. *Quodl.* IX, qu. 4, a. 2 : « Visio autem qua angelus videt res in propria natura fit per speciem concreatam (...). Visio autem rerum in Verbo fit per ipsam speciem Verbi, sive essentiam, quae non est inhaerens, sed ei intellectus unitur sicut intelligibili. Species autem concreata non repugnat unioni intellectus angeli ad Verbum, cum non sit unius rationis ».

l'opération imparfaite – la connaissance du soir – est ordonnée à l'acte parfait qu'est la connaissance du matin, où elle trouve son accomplissement[1].

Au terme de cette démarche, il apparaît que la distinction de raison qui fonde la possibilité de la simultanéité des deux actes cognitifs se ramène à la distinction des ordres naturel et surnaturel[2]. La connaissance du soir est en effet une connaissance naturelle, réalisée par l'ange au moyen des espèces reçues lors de sa création, alors que la *cognitio matutina* présuppose l'union béatifique, qui est d'ordre surnaturel[3]. La discussion suscitée par la distinction augustinienne met ainsi en exergue deux modalités cognitives distinctes, bien que réalisables simultanément : la connaissance des choses par voie naturelle et celle qui emprunte la voie surnaturelle de la vision béatifique[4]. Ces deux approches ne s'excluent pas, mais sont complémentaires et se rapportent l'une à l'autre en ce que la perfection naturelle trouve son accomplissement dans la perfection ultime de la vision de Dieu. La connaissance naturelle est partagée par tous les anges, indistinctement[5], alors que la connaissance d'ordre surnaturel n'est accessible qu'aux anges bons, restés fidèles à Dieu et gratifiés de la vision béatifique.

Les anges bons sont donc capables d'un double regard sur les choses : leur supériorité et leur dignité par rapport à la condition humaine n'en est que renforcée. Le mérite apporte ainsi une prérogative ultérieure, sans compromettre par ailleurs la valeur et la dignité naturelles des substances intellectuelles : aux yeux de l'Aquinate il permet au contraire l'accomplissement de la finalité ultime de la nature intellectuelle comme telle, à savoir la vision de Dieu[6]. Cet accomplissement ne supprime pas la perfection naturelle qui lui est antérieure et que l'ange acquiert par ses propres moyens : *beatitudo non tollit naturam*[7]. C'est pourquoi Thomas peut défendre la simultanéité de deux modalités cognitives distinctes : la connaissance surnaturelle n'absorbe pas la connaissance naturelle. L'une et

1. Cf. *S. theol.* I, 58, 7, ad 3 : « Nec etiam in una harum operationum debilitatur per attentionem ad alteram, sed magis confortatur »; *ibid.* : « Sed imperfectio vespertinae cognitionis non opponitur perfectioni matutinae. Quod enim cognoscatur aliquid in seipso, non est oppositum ei quod cognoscatur in sua causa. Nec iterum quod aliquid cognoscatur per duo media, quorum unum est perfectius, aliquid repugnans habet : sicut ad eandem conclusionem habere possumus et medium demonstrativum et dialecticum. Et similiter eadem res potest sciri ab angelo per Verbum increatum, et per speciem innatam ».

2. Cet aspect a été très clairement relevé par B. Faes de Mottoni, *Tommaso d'Aquino*, cit., p. 200-201.

3. Cf. *S. theol.* I, 58, 6, ad 3 : « Esse rerum in intelligentia angelica comprehenditur sub vespertina cognitione, sicut et esse rerum in propria natura »; *S. theol.* I, 62, 1, ad 3 : « angelus dupliciter habet Verbi cognitionem, unam naturalem et aliam gloriae (...). Et utraque cognoscit angelus res in Verbo (...). Prima ergo cognitio rerum in Verbo affluit angelo a principio suae creationis : secunda vero non, sed quando facti sunt beati per conversionem ad bonum. Et haec proprie dicitur cognitio matutina ».

4. B. Faes de Mottoni souligne que cette distinction est une reformulation du rapport « natura-beatitudo » : cf. *Tommaso d'Aquino*, cit., p. 200-201.

5. Nous pensons ici à la connaissance naturelle au sens large de ce qui est atteignable par les facultés naturelles, mais non pas à celle qui est ramenée par l'ange bon à la connaissance du matin : telle est la connaissance du soir, qui est une connaissance naturelle, mais réservée aux anges bons.

6. Cf. *S. theol.* I, 62, 4 : « Beatitudo ultima excedit naturam angelicam et humanam (...). Unde relinquitur quod tam homo quam angelus suam beatitudinem meruerit ».

7. *Ibid.*, a. 7.

l'autre sont présentes simultanément, car chacune a, en un certain sens, besoin de l'autre : la nature aspire en effet à son accomplissement et celui-ci présuppose à son tour la perfection naturelle comme son support[1].

Tout en étant hiérarchiquement inférieure à la béatitude, la perfection naturelle demeure ainsi avec une valeur et une fonction propre : celle d'une étape et d'une médiation nécessaire pour parvenir au bonheur ultime[2]. La nature intellectuelle des anges représente, au niveau du créé, cette perfection naturelle nécessaire à la dynamique universelle du *reditus in principium*. C'est pourquoi l'Aquinate n'y renonce pas, même en présence de la connaissance béatifique. La nature – et la nature intellectuelle en particulier – est un bien qui demeure toujours : elle est le terrain dans lequel peut germer l'espérance d'un « plus » ainsi que la dynamique qui y conduit. Les modalités cognitives des substances séparées analysées dans la question 58 – actualité permanente, saisie simultanée de plusieurs objets, vision intuitive, absence d'erreur, saisie des choses par le Verbe divin – témoignent avec éloquence des prérogatives de cette nature intellectuelle et représentent la réalisation partielle et comme l'avant-goût de l'unité divine, où toute distinction (sujet-objet) et toute succession (des actes cognitifs) sont levées. La connaissance naturelle des anges est déjà marquée par une simultanéité qui, pour le créé, est une préfiguration de l'éternité.

L'étude thomasienne de la connaissance des substances séparées que nous venons de parcourir représente à elle seule une preuve évidente de la valeur philosophique de son angélologie. À travers elle, la conception de l'intellectualité est explorée et menée jusqu'au bout. Mais le Docteur angélique n'a pas été le seul à faire de l'angélologie un terrain privilégié de réflexion en matière de connaissance : la démarche de Gilles de Rome nous le montrera.

1. Cf. *ibid.* : « Ea quae sunt beatitudinis per se sufficiunt. Sed ad hoc quod sint, praeexigunt ea quae sunt naturae ; quia nulla beatitudo est per se subsistens, nisi beatitudo increata ».

2. Ainsi B. Faes de Mottoni, *Tommaso d'Aquino*, cit., p. 202 : « la conoscenza vespertina, pur restando inferiore, subordinata, comunque distinta dalla mattutina, assume una dignità e uno statuto ontologico, che Agostino non le aveva mai conferito. La sua importanza risulta sempre più accentuata come momento imprescindibile dal quale muovere per pervenire alla conoscenza mattutina ». Nous vérifions ainsi par un autre biais la justesse de la conclusion formulée par E. H. Wéber dans son étude *Dialogue et dissensions*, cit., p. 499-500, à savoir que « Le sens positif de la "critique de saint Augustin" et des augustiniens menée par Thomas concerne l'efficace des causes créées (...) pour l'accès à l'épanouissement du salut ».

CHAPITRE II

# LA CONNAISSANCE DES ANGES SELON GILLES DE ROME

La deuxième théorie qui nous permettra de mettre à l'épreuve l'hypothèse de la fonction et de la valeur philosophique de la connaissance angélique est celle de Gilles de Rome. Auteur d'une œuvre très importante[1], Gilles de Rome, de l'Ordre des Ermites de saint Augustin[2], a été témoin d'un moment culturel très dense, marqué, entre autres, par les discussions autour des thèses averroïstes, par l'utilisation désormais consciente de Proclus et, d'une manière générale, caractérisé par une dynamique puissante d'élaboration de la tradition philosophique; un moment marqué aussi par la condamnation de 1277[3] et les polémiques qu'elle a soulevées, ainsi que par le problème épineux du rapport entre le pouvoir temporel et le pouvoir spirituel. Témoin, comme beaucoup d'autres, de cette periode, Gilles en est aussi un important protagoniste: par son traité *De plurificatione intellectus possibilis*[4] il intervient dans la polémique contre l'averroïsme; il fait l'objet d'une procédure de censure et est lui-même indirectement visé par la condamnation de 1277[5], dont il critique le bien-fondé; il discute et critique sur un ton vif et polémique certaines thèses de Thomas d'Aquin, dont il a probablement été élève à

1. Cf. S. Donati, *Studi per una cronologia delle opere di Egidio Romano*, Documenti e studi sulla tradizione filosofica medievale, 1 (1990), p. 1-112 et 2 (1991), p. 1-74, où on trouve la liste complète des œuvres et de leur chronologie. La plupart des œuvres de Gilles n'ont pas fait l'objet d'une édition critique : pour cette raison nous citerons en note de larges extraits des écrits que nous allons analyser.

2. En 1287 sa doctrine est adoptée comme doctrine officielle de l'ordre et de 1285 à 1291 Gilles occupe la première chaire de l'ordre des Augustins à l'université de Paris.

3. Gilles réagit à cette condamnation par son *Liber contra gradus et pluralitatem formarum*, où il défend la thèse de l'unité de la forme substantielle. À ce propos cf. Th. Schneider, *Die Einheit des Menschen*, Münster, Aschendorff, 1973.

4. Ce traité date d'avant 1278 et selon B. Nardi d'avant 1275. Sur la position de Gilles face à l'averroïsme cf. B. Nardi, *Egidio Romano e l'averroismo*, Riv. di storia della filos., III (1948), p. 8-29.

5. Cf. P. Mandonnet, *La carrière scolaire de Gilles de Rome*, Rev. des sc. phil. et théol., 4 (1910), p. 484-491; E. Hocedez, *La condamnation de Gilles de Rome*, Rech. de théol. anc. et méd., 4 (1932), p. 34-58; R. Wielockx, *Aegidii Romani Opera omnia*, III. 1 : *Apologia*, Firenze 1985 : dans le commentaire qui suit l'édition du texte, l'éditeur présente une étude documentée et une interprétation convaincante des évènements qui concernent la censure de Gilles de Rome; du même A. voir aussi : *Autour du procès de Thomas d'Aquin*, Miscellanea med. 19 (1988), p. 413-438.

Paris entre 1269 et 1272[1]; enfin, dès 1290 lié d'amitié avec le cardinal Gaetani – le futur Boniface VIII –, il lui apporte son soutien idéologique (par le *De ecclesiastica potestate*) lors du conflit qui oppose la papauté à Philippe le Bel, dont Gilles pourrait avoir été le précepteur et à qui il avait dédié son « best-seller » : le *De regimine principum*[2]. Ce portrait sommaire donne la mesure de l'impact culturel de l'œuvre de ce penseur qui, contrairement à l'image longtemps cultivée d'un « Gilles disciple fidèle de Thomas d'Aquin », en réalité « dans l'histoire fait figure non de disciple, mais de chef d'école »[3].

En ce qui concerne l'objet de notre enquête, la contribution de Gilles de Rome est tout à fait remarquable. Nous lui devons pas moins de quatre séries de questions angélologiques : le *De cognitione angelorum*, le *De mensura angelorum*, le *De motu angelorum* et le *De compositione angelorum*, rédigés entre 1286 et 1288-1289[4]. Cet intérêt pour les problématiques angélologiques est à lui seul un signe suffisant de l'importance des êtres intermédiaires dans la vision de notre auteur. Comme chez Thomas d'Aquin, la conception angélologique de Gilles est étroitement liée à une vision d'ensemble, dont les substances séparées représentent une articulation essentielle. Cette angélologie mériterait certes à elle seule un ouvrage tout entier. Dans ce chapitre il sera question du thème de la connaissance, discuté dans le *De cognitione angelorum*, qui est le traité angélologique le plus étendu de notre auteur[5].

1. Cf. F. Del Punta, S. Donati, C. Luna, art. *Egidio Romano*, dans *Dizionario biografico degli Italiani*, Roma, 1996, vol. 42, p. 319. De nombreuses études se sont penchées sur les rapports entre Gilles et Thomas d'Aquin. Parmi elles : P. Mandonnet, *Premiers travaux de polémique thomiste*, Rev. des sc. phil. et théol., 7 (1913), p. 46-70 et 245-262 ; E. Hocedez, *Gilles de Rome et saint Thomas*, dans *Mélanges Mandonnet*, Paris, 1930, p. 385-410; G. Bruni, *Egidio Romano e la sua polemica antitomista*, Riv. di fil. neoscol., 26 (1934), p. 239-251 ; P. W. Nash, *Giles of Rome Auditor and Critic of St. Thomas*, The Modern Schoolman, 28 (1950/51), p. 1-20; D. Trapé, *I problemi filosofici di Egidio Romano e lo sviluppo del pensiero tomista*, in *Tommaso d'Aquino nella storia del pensiero*, II, Napoli, Edizioni domenicane italiane, 1976, p. 109-115, ainsi que le volume n. 14 (1988) de la revue *Medioevo*.

2. Cet ouvrage date d'avant 1282 et son énorme diffusion est attestée par les 326 manuscrits connus jusqu'à ce jour; le *De ecclesiastica potestate* date de la fin de 1301. La littérature sur ces deux écrits et sur leur rapport est abondante : on consultera la bibliographie proposée par C. Luna, *Un nuovo documento del conflitto fra Bonifacio VIII e Filippo il Bello : il discorso « De potentia domini papae » di Egidio Romano*, Documenti e studi, cit., 3 (1992), p. 167-243.

3. Cf. E. Hocedez, *Gilles de Rome et saint Thomas*, cit., p. 394. Nous pouvons confirmer cette remarque par rapport à la problématique du temps : dans le *De tempore* de Nicolas de Strasbourg, qui résume le « status quaestionis » des différentes conceptions du temps au début du XIVe siècle, Gilles de Rome représente la source tacite la plus importante et son point de vue est constamment confronté avec les autres conceptions prises en considération ; cf. notre étude *Tempo ed essere nell'autunno del Medioevo. Il « De tempore » di Nicola di Strasburgo*, cit., p. 168-171.

4. Cf. S. Donati, *art. cit.*, p. 11. Sur le *De mensura angelorum* nous renvoyons à B. Faes de Mottoni, *« Mensura » im Werk « De mensura angelorum » des Aegidius Romanus*, Miscell. med., 16/1 (1983), p. 86-102, ainsi que : *Un aspetto dell'universo angelologico di Egidio Romano : « utrum unum sit aevum omnium aeviternorum »*, dans *L'homme et son univers au Moyen Âge*, éd. Ch. Wenin, Louvain-la-Neuve, Éditions de l'Institut supérieur de Philosophie, 1986, p. 911-920.

5. Dans cette étude nous nous référerons à l'édition imprimée à Venise en 1503 (réimpression : Francfort 1968), et non pas aux manuscrits de ce texte. Le *De cognitione angelorum* comprend 14 questions, dont chacune comporte trois parties : l'exposé des arguments en faveur et des motifs

## Trois remarques préliminaires

Avant d'entrer dans le vif du sujet, il est utile de relever trois aspects majeurs de la pensée du philosophe augustin.

– Tout d'abord, pour Gilles de Rome comme pour Thomas d'Aquin, l'identification des anges de la tradition théologique avec les intelligences des philosophes ne pose pas de problème. « Anges » et « intelligences » sont les dénominations différentes d'une même réalité, celle des substances séparées : *cum dicimus intelligentias, quas communi nomine vocamus angelos*[1]. Gilles rejoint ainsi la longue tradition qui reconnaît sous des dénominations différentes un même type de réalité, censée répondre à un même besoin : celui de rendre compte de l'entre-deux qui relie le principe premier et ses dérivés ultimes. Les anges d'un côté et les intelligences de l'autre exercent une même fonction d'intermédiaire : c'est cette fonction commune qui sert de base à leur identification. Cela dit, notre auteur sait pertinemment que les substances séparées peuvent être distinguées en des entités différentes, et il connaît notamment la position des philosophes – Avicenne et Averroès[2] – qui différencient les intelligences et les âmes des cieux[3]. Il explique d'ailleurs lui-même cette différenciation, dont l'intention lui paraît conforme à l'enseignement théologique (*secundum sanctorum sententia*) : il serait indigne des intelligences – pense-t-il – d'être liées aux corps célestes comme moteurs ; c'est pourquoi il faut distinguer entre les intelligences supérieures, plus proches du principe premier, et les intelligences inférieures, qui impriment le mouvement aux sphères célestes : ce sont ces dernières qui reçoivent le nom d'âmes des cieux[4]. Ames célestes et intelligences inférieures sont donc équivalentes dans l'optique de Gilles, qui recoupe ultérieurement la distinction entre intelligences supérieures et âmes/intelligences inférieures avec celle des anges supérieurs et des anges inférieurs : *Ideo praeter angelos superiores est dare angelos inferiores, quibus commissa est administratio corporum. Si ergo hos angelos inferiores administrantes corporibus caelestibus volunt vocare animas, angelos vero superiores excellentiores illis volunt vocare intelligentias, trahitur hoc philosophicum*

contraires à la thèse défendue, le corps de l'article et la réponse aux raisons contraires à l'opinion de l'auteur. Les 14 questions traitent les thèmes suivants : le moyen de la connaissance angélique (qu. I-VI), sa modalité (qu. VII-VIII), son objet (qu. IX-XI), le langage des anges (qu. XII-XIII) et l'illumination exercée par les anges supérieurs sur les inférieurs (qu. XIV). Sur l'ensemble du traité le thème de la connaissance est donc le plus important, et à l'intérieur de celui-ci la question du moyen occupe la plus grande partie. Nous analyserons la connaissance des anges en la subdivisant en quatre sections : la connaissance par essence, la connaissance par espèces, la connaissance simultanée et universelle, les objets de connaissance.

1. *Super L. de causis*, prop. 21, S ; Venise, 1550, 72v.

2. Pour des précisions concernant la position de ces auteurs ainsi que leurs divergences sur ce point cf. M.P. Lerner, *Le monde des sphères*, t. I, Paris, Les Belles Lettres, 1996, p. 168-171.

3. Cf. *Super L.causis*, prop. 3, M-O, 10v-11r.

4. Cf. *ibid.* prop. 3, N, 11r : « Sic et ipsae intelligentiae distinguuntur, quia quaedam sunt superiores, quaedam vero inferiores ; inconveniens enim esset quod intelligentiae superiores, quae sunt proximiores primo et magis attingunt ipsum de immediate, connecterentur corporibus tamquam eorum motores ».

*dictum aliqualiter ad id quod fides ponit*[1]. S'agissant de dénominations différentes qui ont les mêmes référents, l'identification des intelligences des philosophes avec les anges des théologiens est tout à fait justifiée aux yeux de notre auteur. Gilles est néanmoins conscient que leur coïncidence ne peut être totale et parfaite si l'on tient compte de toutes les implications de la doctrine philosophique des intelligences, et notamment de leur association au nombre des sphères célestes[2]. Il reste cependant que les anges sont des intelligences et que les intelligences exercent les fonctions qui sont celles des anges. Aussi, même lorsqu'il évoque la fonction de « gardiens des hommes », Gilles ne la réserve-t-il pas à des anges qui seraient distincts des intelligences, mais l'attribue aux « intelligences-anges »[3].

– La deuxième remarque concerne la conception générale de notre auteur. Gilles est un partisan fervent de l'idée de l'*ordo rerum*, qu'il l'adopte comme clé de lecture de l'ensemble du réel. À travers elle il assume l'exigence d'une pluralité de médiations, jugées nécessaires à la continuité et à l'homogénéité de l'univers. Le philosophe augustin prend très au sérieux cette exigence et l'applique avec rigueur aux différentes questions qu'il aborde, qu'il s'agisse d'analyser les mesures de la durée ou les démarches cognitives angélique et humaine. Les autorités auxquelles notre auteur fait le plus souvent appel confirment cette orientation de sa pensée : Proclus et le *Liber de causis*. L'instance néoplatonicienne de médiation véhiculée par ces sources est intégrée par Gilles à une conception de l'univers qu'il veut conforme à sa vision chrétienne. Il en résulte un ordre comprenant les degrés suivants : Dieu, les intelligences/anges supérieurs, les intelligences/anges inférieurs (incluant les âmes des cieux), les corps célestes, les âmes humaines et les réalités matérielles ou corruptibles[4]. Cette structure hiérarchique, qui équivaut à une échelle de valeur, nous indique d'ores et déjà que les anges se situent au deuxième (et troisième) degré, qu'ils sont les réalités les plus proches de Dieu et par là-même les plus parfaites dans l'ordre du créé.

– La troisième et dernière remarque concerne le statut des substances séparées. Les considérations qui précèdent nous ont appris que les anges sont des substances purement intellectuelles. Leur statut est donc celui de formes pures, et cette formalité est le fondement de leur simplicité : ainsi, pour Gilles comme pour

1. *Ibid.*, prop. 3, N-O, 11r-v.

2. Cf. *ibid.*, prop. 3, O, 10v-11r : « Trahitur hoc philosophicum dictum ad id quod fides ponit, plene tamen numquam philosophorum sententia trahetur ad sententiam fidei, quia ipsi tot posuerunt intelligentias, et tot animas, quot sunt orbes. Nos autem tenemus quod milia milium ministrant deo (cf. Dan., 7, 10) (...). Rursus deviat haec positio a fide, quia intelligentias non ponit, nisi propter motus orbium. (...) Non propter movere corpora tantum, sed propter contemplari ipsum deum intelligentias ponimus ».

3. Cf. *ibid.*, prop. 21, S, 72v : « Nam praeter animas caelorum, et praeter motores orbium est dare aliquas intelligentias sive aliquos angelos datos ad custodiam hominum ».

4. Cf. *De mens. ang.*, 64rb : « Quinque sunt gradus rerum. In supremo enim gradu est ipse deus qui secundum omnia sua mensuratur aeternitate simpliciter. In infimo autem gradu sunt ista temporalia (...). Inter deum et haec corpora corruptibilia dicemus intelligentias, corpora caelestia et animas humanas. Quod si quis vellet superaddere quartum gradum, videlicet animas caelestes, dici posset quod huiusmodi animae possunt inter intelligentias computari ».

Thomas d'Aquin, chaque ange forme une espèce. Cela dit, nos auteurs divergent sur un point important : il s'agit de l'incorruptibilité des substances séparées. Thomas d'Aquin fondait l'incorruptibilité de chaque substance angélique sur son caractère purement formel : les substances immatérielles sont incorruptibles par nature, car l'être convient par soi à toute forme [1]. Mais Gilles, derrière le motif de l'incorruptibilité naturelle des anges voyait surgir le spectre de la nécessité qui caractérisait les intelligences des philosophes arabes [2] : une nécessité qui allait à l'encontre de la liberté de la création et de la possibilité d'anéantissement des réalités créées. Aussi faisait-il face à ce qu'il pressentait comme un danger par le recours à la célèbre distinction réelle de l'essence et de l'existence : les anges ne sont pas des réalités absolument simples, mais composées d'essence (ou forme) et d'être, si bien que leur relation de dépendance à l'égard de la cause première est fondée sur cette composition et non pas sur la forme seule; par conséquent, puisqu'elles ne coïncident pas avec leur être, les créatures spirituelles peuvent en être séparées et donc détruites par la volonté de Dieu [3]. L'insistance sur la distinction réelle de l'essence et de l'existence – qui opposait Gilles à Henri de Gand dans une longue et âpre polémique [4] – permettait ainsi d'accentuer la créaturalité et la dépendance des anges à l'égard du principe premier. Leur statut était donc celui de natures intellectuelles qui composent avec un acte d'être par lequel ils dépendent étroitement et constamment de leur cause.

1. Cf. Thomas d'Aquin, *S. theol.* I, 50, 5 : « Necesse est dicere angelos secundum suam naturam esse incorruptibiles », ainsi que *Super L. de causis exp.*, prop. 26. Cette incorruptibilité n'excluait d'ailleurs pas, pour l'Aquinate, la possibilité de leur annihilation de la part de Dieu : « Non autem dicitur aliquid esse corruptibile, per hoc quod Deus possit illud in non esse redigere, substrahendo suam conservationem; sed per hoc quod in seipso aliquod principium corruptionis habet » (*S. theol.*, loc. cit.). Ainsi comprise, l'incorruptibilité n'allait pas à l'encontre de la dépendance ontologique des substances séparées à l'égard de Dieu : cf. *Super L. de causis exp.*, prop. 26 et les remarques de C. D'Ancona Costa dans sa traduction italienne du commentaire thomasien du *Liber*, Milano, Rusconi, 1986, p. 401, note 7.

2. Cf. *Super L. de causis*, prop. 26, S-T, 90v : « Unde concludit Author *ibidem* quod (...) numquam ergo talis res separabitur a sua causa. Propter quod semper conservabitur in esse. Et impossibile est ipsam omnino destrui vel annihilari (...). Idem est ergo quod dicit Proclus et hic Author (...) ». Selon Hocedez (*Gilles de Rome et saint Thomas*, cit., p. 389), Gilles aurait reproché à Thomas d'Aquin de ne pas avoir compris l'intention véritable de la proposition 26 du *Liber de causis* : une telle critique était possible du fait que, toujours selon Hocedez, Gilles connaissait bien le commentaire thomasien du *Liber de causis*. La proximité des deux commentaires a été soutenue aussi, plus récemment, par C. D'Ancona Costa, *L'uso della « sententia Dionysii » nel commento di S. Tommaso e Egidio Romano alle proposizioni 3, 4, 6 del « Liber de causis »*, Medioevo, 8 (1982), p. 1-42.

3. Cf. *Super L. de causis*, prop. 26, V-Y, 91r-v : « Et quia intelligentia non est suum esse, poterit separari a tali esse, et sic poterit huiusmodi relationem quam habet ad primum perdere ».

4. Cf. E. Hocedez, *Aegidii Romani Theoremata de esse et essentia* (théorème XIX), Louvain, Museum lessianum, 1930, p. 125. Sur ce point : J. Paulus, *Les disputes d'Henri de Gand et de Gilles de Rome sur la distinction de l'essence et de l'existence*, Archives d'hist. doctr. et litt. du Moyen Âge, 13 (1940-42), p. 323-358.

## LA CONNAISSANCE PAR ESSENCE

Notre enquête sur la problématique de la connaissance angélique se déroulera en quatre étapes : les deux premières concerneront le moyen, la troisième s'occupera de la modalité cognitive et la quatrième des objets de connaissance. Le thème du moyen est discuté longuement par notre auteur (qu. I-VI), qui analyse plusieurs possibilités : la première est celle de la connaissance par essence, que nous allons considérer à présent. Ce moyen occupe les trois premières questions du traité : *Utrum angelus intelligat seipsum per essentiam suam* (qu. I) ; *Utrum angelus intelligat alia a se per essentiam suam* (qu. II) ; *Utrum angelus possit intelligere seipsum et alia a se per essentiam aliorum* (qu. III).

### *La connaissance de soi*

Commençons par l'autoconnaissance. Son exercice ne fait aucun doute, si bien qu'elle est tout simplement présupposée[1]. Gilles précise que cette présupposition est parfaitement raisonnable, puisque l'ange, en tant que forme séparée de la matière, est une nature intellectuelle dont le propre est de connaître et qui par cette activité opère un retour complet sur soi[2] : dès lors il se connaît toujours et nécessairement. La présente question portera donc exclusivement sur le moyen de l'autoconnaissance angélique. Gilles procède à sa détermination en cinq étapes[3] et l'ensemble de sa démarche repose sur une double analogie : celle de la connaissance sensible et de la connaissance intellectuelle d'abord, celle de la connaissance humaine et de la connaissance angélique ensuite. Cette double analogie est fondée sur l'idée que l'intellectualité représente le trait spécifique de l'homme aussi bien que de l'ange.

Dans un premier moment, notre auteur met en évidence la dépendance de la connaissance sensible à l'égard de l'objet perçu, de manière à la définir comme l'impression exercée sur les sens par la présence de l'objet sensible[4]. Cette impression est celle de l'espèce sensible, si bien que l'acte de voir, par exemple, consiste dans la reception de l'espèce de la couleur, de même que l'acte d'entendre résulte de la reception d'une espèce sonore. L'acte cognitif des sens externes coïncide ainsi réellement avec l'espèce sensible reçue, malgré leur distinction de raison. La relation entre l'acte du sens externe et l'espèce sensible est analogue à celle qui subsiste entre une passion et l'action correspondante : bien qu'elles soient distinguées selon la raison, dans l'acte même l'action et la passion

1. Cf. *De cogn. ang.*, 76v : « Supponitur enim quod angelus intelligat essentiam suam ».

2. Cf. *ibid.* : « Ex eo quod angelus est quid immateriale (...) habemus (...) quod per suam operationem est ad se conversivus ».

3. La première étape présente une analyse de la modalité cognitive des sens extérieurs ; la deuxième considère celle du sens interne ; la troisième applique les résultats obtenus à la connaissance intellectuelle ; la quatrième étape propose trois arguments afin de prouver que l'ange s'intellige par lui-même ; la cinquième et dernière étape précise le pourquoi des espèces intelligibles dans le processus cognitif.

4. Cf. *De cogn. ang.*, 76vb : « Actus ergo sensus exterioris nihil est aliud quam impressio facta sensui a presentia exterioris sensibilis ».

coïncident réellement. Il en va de même dans l'acte de perception : l'espèce sensible reçue et la sensation coïncident réellement[1]. Leur identité repose sur la forme sensible, qui représente l'acte et la perfection du sens et qui est reçue en vertu de la présence de l'objet de perception. Au fil de ces considérations on reconnaît la direction et le but de cette première démarche : il s'agit de suivre attentivement la dynamique cognitive afin de saisir le point de rencontre du connaissant et du connu et de déterminer ce qui fait l'identité du sujet et de l'objet dans l'acte d'intellection.

Dans la deuxième étape, cette même enquête est poursuivie relativement à la connaissance du sens interne. Celui-ci regroupe des facultés comme la phantaisie, l'imagination, le jugement pratique (ou « estimative »)[2] et la mémoire[3], qui exercent différentes fonctions par rapport aux espèces sensibles. Le sens interne juge en effet de la différence entre les objets des sens extérieurs, il associe et compose les espèces sensibles les unes avec les autres et saisit les intentions ou le caractère propre de ces espèces (par exemple leur caractère utile, favorable, inutile ou désagréable). La caractéristique saillante du sens interne est de pouvoir être actualisé même en l'absence de l'objet sensible[4], ce qui n'exclut nullement sa dépendance à l'égard de l'objet, étant donné qu'aucun sens, qu'il soit interne ou externe, ne peut être actualisé sans impression sensible. Aussi, pour que le sens interne puisse passer à l'acte en l'absence de l'objet, il faut que celui-ci soit remplacé par son espèce. La mémoire représente précisément un « trésor d'espèces sensibles » (*thesaurus specierum sensibilium*), où le sens interne puise les représentations de ses objets. La présence de l'objet est donc autant nécessaire pour les sens externes que pour le sens interne, mais ce dernier peut être actualisé par la seule médiation de l'espèce sensible. À partir de là, l'acte cognitif du sens interne est défini comme l'impression exercée par l'espèce sensible présente dans la mémoire[5]. Ici aussi se vérifie la coïncidence de l'acte du sens interne avec l'espèce sensible, car cette connaissance implique l'identité du connaissant et du connu dans la forme sensible qui représente l'objet et actualise la faculté cognitive. En conclusion, la

1. Cf. *ibid.*, 77ra : « Idem est realiter species impressa et visio, sicut idem est realiter actio et passio ».

2. Cf. *Quodl.* IV, qu. 20, p. 254a : « Quarta virtus est aestimativa, quae non solum apprehendit species sensibiles, sed etiam intentiones sensibilium, cuiusmodi sunt amicabile, quae dicunt quasdam intentiones ultra formas sensibiles, ut ovis videns lupum statim apprehendit esse quid inimicabile, non quod horreat colorem lupi, vel figuram lupi ; praeter enim colorem et figuram et praeter huiusmodi formas sensibiles aestimat ovis in lupo aliquid ulterius, et aestimat ipsum esse quid inimicabile. Virtus ergo sensitiva potens haec facere aestimativa vocatur : a quibusdam autem appellata est ratio particularis, vel collectiva intentionum particularium ».

3. Gilles conçoit le sens interne d'après la doctrine d'Avicenne, *Liber de anima*, IV, c. 1-3, p. 1-54. Cf. *Quodlibet* IV, qu. 20 : « Avicenna tamen in 6. de naturalibus sive in suo libro de anima, magis particulariter de sensibus interioribus loquitur. Ponit enim quinque sensus interiores ; videlicet sensum communem, imaginationem, fantasiam, aestimativam et memoriam ».

4. Cf. *ibid.* : « Sufficiat enim nunc scire quod est aliquis sensus interior qui est in actu absentibus sensibilibus ».

5. Cf. *ibid.* : « Nihil est aliud actus sensus interioris nisi impressio quaedam facta ad praesentiam sensibilis in memoria existentis ».

connaissance sensible – interne ou externe – requiert la présence de l'objet, mais celle-ci suffit, car l'acte de connaissance et l'espèce reçue ne font qu'un.

À partir de ces considérations, Gilles analyse les conditions de la connaissance intellectuelle. Celle-ci, comme la perception sensible à l'égard de son objet, exige la présence de l'objet intelligible, si bien que cette présence suffit à déclencher l'acte d'intellection. Par conséquent, lorsque l'objet est absent, il devra être remplacé par sa représentation intelligible. L'analogie entre les deux types de connaissance permet alors d'affirmer que la présence de l'âme à elle-même provoque *ipso facto* la connaissance de soi, car l'espèce de l'âme actualise l'intellect et coïncide avec son acte. Certes, cette présence à soi n'est pas toujours actuelle pour l'être humain, étant donné la potentialité de sa faculté intellectuelle, mais elle est une certitude dans les substances séparées : en tant qu'intelligible en acte, la nature angélique est toujours présente à son intellect, si bien qu'elle y suscite immédiatement un acte d'intellection. Il s'ensuit que l'ange se connaît toujours et immédiatement[1]. Comme pour le sens interne, cette présence suffit et exclut la nécessité d'une espèce intelligible ultérieure.

Notre philosophe insiste encore davantage sur l'immédiateté de l'autoconnaissance des substances séparées, recourant à l'analogie entre la connaissance angélique des objets extérieurs et la connaissance de soi. La première requiert trois facteurs : la faculté intellectuelle, l'espèce intelligible et l'acte d'intellection causé par l'espèce ; l'autoconnaissance requiert pareillement la substance angélique, la faculté intellectuelle et l'acte d'intellection causé par la présence à soi. Or, de même que l'espèce intelligible et la faculté cognitive subsistent lorsque l'ange cesse de connaître des objets extérieurs, ainsi sa substance et sa faculté cognitive resteraient même si l'acte d'autoconnaissance était supprimé. À partir de là, Gilles conclut que l'autoconnaissance de l'ange ne requiert aucune espèce intelligible distincte de son acte d'intellection, et que par conséquent il se connaît par sa propre substance ou essence : *non ergo per aliam speciem intelligibilem differentem ab actu intelligendi, sed per substantiam suam seipsum intelligit*[2].

Cette conclusion est confirmée par trois arguments empruntés au *Liber de causis*, qui pour notre auteur représente une référence et une autorité constantes en matière d'angélologie. À la proposition XIII on lit notamment que *omnis intelligentia intelligit essentiam suam*. Aussi, le premier argument va-t-il être le suivant : en tant que nature intellectuelle, tout ce que l'ange reçoit est présent en lui de manière intelligible ; il en va de même de sa propre nature ; par conséquent, c'est par sa propre nature intelligible qu'il se connaît. En effet, si tel n'était pas le cas, c'est que sa nature ne serait pas présente en lui de manière intelligible, ce qui exigerait une médiation capable de la rendre intelligible ; mais une telle hypothèse

1. Cf. *ibid.*, 77vb : « Quae dicta sunt (...) non habent dubium in ipso angelo, qui est quid actu in tali genere. Ipsa ergo natura angelica, quae est actu intelligibilis, ex quo est presens suo intellectui, non requirit ibi aliam speciem; sed ad solam presentiam talis intelligibilis causatur in ipso intellectu angelico actus intelligendi quo intelligit seipsum et substantiam suam ».

2. *Ibid.*

est inacceptable, puisqu'il a été établi que l'ange est une nature intellectuelle et intelligible[1].

Le deuxième argument est fondé sur la simultanéité de l'intellect et de l'intelligé dans les réalités immatérielles : la substance angélique, en tant qu'immatérielle, est présente immédiatement et par elle-même à son intellect; aucune autre espèce intelligible n'est donc nécessaire à son autointellection. Gilles apporte ici d'importantes précisions en ce qui concerne la simultanéité de l'*intellectus* et de l'*intellectum* : en réalité, il n'y a qu'en Dieu que la simultanéité de sa nature et de son intellect est synonyme d'identité pure et simple, alors que dans les substances séparées nature et intellect sont certes simultanés, mais non pas absolument identiques. Dieu par contre ne connaît rien qui ne soit pas identique à son intellect, et par conséquent il intellige tout par lui-même. Ceci est vrai au point où Dieu ne saurait être véritablement connu d'un autre sujet que par lui-même, car aucune autre essence – nécessairement déterminée et limitée – ne peut le représenter. Dans la connaissance divine on est donc en présence d'une identité totale et absolue entre l'intellect, la raison intelligible et l'intelligé.

Une telle identité ne peut se vérifier au niveau du créé, même au degré le plus élevé qui est celui des intelligences : d'une part, en effet, l'ange n'intellige pas tout par lui-même, et d'autre part il n'est pas connu d'autrui par lui-même, mais seulement au moyen d'une espèce[2]. Cette limitation résulte de ce que l'ange n'est pas absolument identique à son intellect et qu'il n'est pas la raison intelligible de toutes choses. Ces écarts empêchent l'identité totale, absolue et universelle de l'intellect angélique avec ses objets d'intellection. Une coïncidence parfaite se vérifie cependant dans l'autoconnaissance, où la substance est l'intelligé lui-même[3]. Le *Liber de causis* explique cette coïncidence en termes de simultanéité, pour signifier précisément que chez l'ange il ne saurait être question de l'identité et de la simplicité qui en Dieu sont totales et d'étendue universelle[4]. Dans l'autoconnaissance angélique il y a donc bel et bien identité de l'intellect et de l'intelligé, mais cette identité est partielle quant au sujet – puisque la substance de l'ange n'est pas son intellect – et quant à l'objet – car elle ne se réalise que dans la connaissance de soi. C'est dire qu'ici la dualité du sujet et de l'objet subsiste, mais qu'il y a néanmoins simultanéité ou identité relative dans l'acte d'intellection.

1. Cf. *ibid.* : « Prima via sic patet. Nam omne quod recipitur in aliquo recipitur per modum rei recipientis ; cum ergo ipse angelus sit natura intellectualis, quidquid recipitur in eo recipitur ibi modo intelligibili. Ipsa ergo natura angelica recepta in angelo est ibi modo intelligibili : ergo intelligitur per seipsam, quia, si non intelligeretur per seipsam, non esset ibi modo intelligibili, sed indigeret aliquo alio quo fieret intelligibilis ».

2. Cf. *ibid.*, 78ra : « Non quidquid intelligit angelus tamquam obiectum principale intelligit per seipsum. Nam angelus alia a seipso quae non sunt in ipso non intelligit per seipsum, sed per species eorum. Rursus, cum angelus intelligitur ab alio quam a seipso, non intelligitur per seipsum, sed per aliquid aliud ».

3. Cf. *ibid.* : « Cum angelus intelligit seipsum, tunc in eo haec duo sunt simul intellectus et intellectum, quia tunc ipsum intellectum sive substantia angeli quae intelligitur est ipsum intellectum ».

4. Cf. *ibid.* : « Cum ergo dicitur quod angelus intelligit seipsum, quia in eo sunt simul intellectus et intellectum, et non dicitur quod sint idem, datur intelligi quod angelus intelligendo seipsum deficit ab illa idemptitate et simplicitate Dei ».

Le commentaire de la treizième proposition du *Liber de causis*[1] permet de clarifier davantage ces considérations et de préciser notamment la signification de l'identité de l'intellect et de l'intelligé, de la raison d'intelligibilité et de l'objet d'intellection dans l'acte cognitif. Cette identité, déjà affirmée en toutes lettres dans le troisième chapitre du *De anima* d'Aristote, peut être comprise de deux manières : *simpliciter et absolute* ou *participative*[2]. Selon la première acception, l'identité du sujet et de l'objet n'est réalisée que par Dieu, dont l'essence est synonyme d'une totalité absolue qui inclut toute réalité objective. Au deuxième sens, elle est réalisée par les substances séparées dans l'acte d'autointellection, car *in intelligentia sua essentia non est ratio intelligendi omnia, sed solum ratio intelligendi seipsam*[3]. Dans la relation à soi, la nature angélique est à la fois sujet et raison d'intelligibilité de l'objet. Ici il y a donc bel et bien identité du connaissant et du connu : une identité fondée dans l'immédiateté de la présence à soi. Dans la mesure où elle unit des termes ontologiquement différents (substance et faculté cognitive), cette identité n'est cependant pas absolument simple, mais composée ; aussi doit-elle être comprise comme une identité par participation. La simultanéité qui se fait jour dans l'autoconnaissance angélique est donc synonyme d'une « identité par participation » qui est la forme d'identité la plus élevée au niveau du créé.

Un autre aspect de ce deuxième argument emprunté au *De causis* mérite d'être relevé : il s'agit de la prise en considération d'autres sujets cognitifs. Cet élément du problème, auquel Thomas d'Aquin avait dédié le deuxième article de la question 56 de la *Ia pars*, intervient pour renforcer l'idée que l'ange ne peut être la raison d'intelligibilité de toutes choses[4] et que sa nature ne saurait non plus représenter la raison d'intelligibilité de soi pour les autres. Autrement dit, lorsqu'un ange est objet de connaissance pour d'autres sujets cognitifs, il n'est pas connu d'eux par son propre être à lui, mais par la médiation d'une espèce inhérente à l'intellect d'autrui. Notre auteur distingue ainsi la connaissance de soi par soi de la connaissance de soi par les autres, et par là-même le « soi » objet pour soi et le « soi » objet pour les autres. Dans cette optique il s'avère que la nature angélique est simultanément raison d'intelligibilité de soi pour soi, mais qu'elle ne l'est pas pour les autres. Le « soi » n'est donc pas immédiatement accessible à autrui, mais requiert la médiation d'une espèce intelligible. La nature angélique n'est pas transparente pour les autres sujets, mais leur reste cachée malgré son immatérialité.

1. Il y a d'ailleurs une importante parenté doctrinale entre ce commentaire, qui date de 1289-91, et les questions angélologiques : le commentaire du *Liber de causis* renvoie exclusivement au *De cognitione angelorum*, au *De mensura angelorum* et aux *Quaestiones de primo principio et de ente et essentia* (cf. S. Donati, *Cronologia*, cit., p. 9).

2. Cf. *Super L. de causis*, prop. 13, M, 43r : « Propter quod sciendum quod esse idem id quod intelligitur et rationem intelligendi potest intelligi dupliciter : primo simpliciter et absolute, secundo participative et propter quendam determinatum modum ».

3. *Ibid.*

4. Cf. *ibid.* : « In intelligentia sua essentia non est ratio intelligendi omnia ».

On est ainsi amenés à constater que la raison d'intelligibilité, qui représente l'objet et rend possible sa connaissance, n'est pas seulement la résultante de l'objet lui-même, mais elle est aussi une fonction du sujet cognitif : c'est pourquoi ce qui constitue l'intelligibilité d'un ange pour soi ne le constitue pas par là-même pour les autres. Cette fermeture des sujets les uns aux autres est le fait de tout être déterminé et limité, c'est-à-dire de toute créature. À partir de là, la communication s'avère nécessaire et sa réalisation requiert la contribution de chaque sujet à l'élaboration des médiations qui la rendent possible[1]. La communication intersubjective opère alors la rencontre et l'unité médiatisée d'entités qui sont par elles-mêmes fermées les unes aux autres. Cette forme d'obscurité, qui frappe même les êtres immatériels, met au jour la créaturalité de l'ange, sa détermination et sa finitude, de même qu'elle accentue le caractère et le statut très particulier de son autoconnaissance : celle-ci représente une prérogative vraiment unique au niveau du créé.

La thèse de l'autoconnaissance des anges *per essentiam suam* est confirmée par un troisième argument repéré dans le *Liber de causis*. Il repose sur l'idée que lorsque l'ange connaît par sa propre faculté intellectuelle, il connaît nécessairement par là-même sa propre essence. Il se trouve en effet que les substances séparées ne peuvent rien connaître par voie naturelle sans se connaître et sans connaître leur propre essence[2]. L'autointellection leur revient donc par soi, ce qui signifie que l'ange se connaît nécessairement par sa propre essence : *actus intelligendi seipsum est ratio in ipso quare intelligat alia; actus intelligendi seipsum oportet quod competat ei per seipsum*[3]. Dans son commentaire du *De causis* Gilles insiste sur cet aspect : la faculté intellectuelle – dit-il – a un rapport de concomitance avec l'essence de l'ange, en ce sens que l'ange ne peut intelliger son essence si ce n'est par son intelligence, de même qu'il ne peut connaître par son intelligence s'il ne connaît son essence ; par conséquent, lorsque l'ange intellige quelque chose, il connaît nécessairement son essence par lui-même.

Que les substances séparées ne puissent connaître par leur faculté intellectuelle sans connaître par là-même leur essence est prouvé à partir de la thèse selon laquelle chacune de ces substances est *plena formis*, c'est-à-dire possède les représentations de tous ses objets d'intellection. Ce n'est donc qu'en connaissant sa propre essence et les espèces qu'elle contient que l'ange pourra saisir les autres objets. Cette double connaissance est simultanée, car l'intellection angélique est une saisie intuitive immédiate de ses objets. Par conséquent, quoi qu'il connaisse, l'ange connaît nécessairement et simultanément sa propre essence par lui-même : *Simul ergo intelligentia intelliget essentiam suam et omnes species quas apud se habet in quantum sunt in eius essentia (...). Essentia ergo intelligentiae est illud*

1. Dans la IIe partie nous analyserons les différents types de langage que Gilles attribue aux substances séparées.

2. Cette affirmation sera démontrée dans la suite du traité : « quomodo actus intelligendi seipsum in angelo sit ratio quod intelligat alia, deo dante in sequentibus quaestionibus apparebit » (*De cogn. ang.*, 78rb).

3. *Ibid.*

*primordiale principium, unde oritur totum intelligere eius, et nisi essentiam suam intelligeret (loquendo de suo intelligere naturali) nec alia a se intelligeret (...). De necessitate ergo intelligit essentiam suam, quia aliter nihil intelligeret*[1]. Cet argument est particulièrement important, non seulement parce qu'il confirme la thèse de l'autoconnaissance immédiate, mais surtout parce qu'il en fait le fondement (*ratio quare*) de toute autre connaissance. L'autoconnaissance acquiert ainsi une valeur et un poids tout à fait particuliers dans l'activité des substances séparées : la connaissance de soi n'est pas un acte d'intellection comme les autres, mais c'est un acte fondateur, indispensable à toute autre démarche cognitive. La réflexion sur soi apparaît ainsi comme un noyau ultime, comme le lieu d'une coïncidence avec soi qui fonde une identité irréductible, à l'image de l'identité divine. De manière analogue à celle-ci, et malgré sa partialité, l'identité résultant de l'autoconnaissance angélique est constitutive de l'agir des substances séparées et de leur rapport aux choses.

L'enquête sur l'autoconnaissance s'achève par des considérations sur le rôle de l'espèce intelligible. Son unique fonction est de remplacer la présence de l'objet, si bien que l'espèce est le moyen indispensable à la connaissance de ce qui n'est pas immédiatement présent à l'intellect. Lorsque l'objet est là, l'espèce devient inutile. C'est pourquoi – explique notre auteur –, lorsqu'on dit que les bienheureux connaissent Dieu par lui-même, cela ne signifie pas que l'essence divine inhère à leur intellect, mais qu'elle leur est immédiatement présente. L'enjeu de la médiation cognitive est donc celui de la présence : celle-ci étant capable à elle seule de déclencher l'acte d'intellection, le recours à l'espèce intelligible équivaut au recours à une présence médiatisée de l'objet. Il s'ensuit que l'autoconnaissance angélique ne requiert aucune espèce intelligible, car dans cette relation à soi l'objet est immédiatement présent au sujet[2].

Il convient de noter que l'insistance sur la présence de l'objet comme condition nécessaire à la connaissance permettait d'éviter l'écueil d'une identité que Gilles n'accordait qu'à Dieu. Parler de présence présupposait en effet au moins deux termes distincts reliés par leur concomitance : cette dualité empêchait d'emblée l'assimilation de la condition angélique, jouissant d'une présence immédiate à soi, à l'identité divine, antérieure et fondatrice par rapport à toute

1. *Super L. de causis*, prop. 13, Q, 44r.

2. Cf. *De cogn. ang.*, 78rb : « Ex hoc etiam patet quomodo angelus intelligit seipsum per suam essentiam. Non enim oportet proprie loquendo quod ipsa essentia angeli informet intellectum angelicum, sed quia ipsa per seipsam est praesens tali intellectui, ideo non requiritur ibi species alia quae suppleat vicem praesentiae eius ». Dans les réponses aux arguments contraires, Gilles revient sur cette dernière considération, à savoir que dans l'autoconnaissance des anges l'espèce intelligible n'est pas requise, sans que pour autant la distinction entre l'essence, la faculté et l'opération cognitive soit supprimée. Dans la connaissance de soi cette distinction subsiste, mais la concomitance de ces termes est telle que l'essence de l'ange est comme la source d'où jaillit l'intellection de soi : « per essentiam suam tamquam per id a quo fluit ipsum intelligere ». Dans la saisie de soi l'essence de l'ange exerce ainsi la fonction que l'espèce joue dans la connaissance des autres objets : que cette fonction soit remplie sans passer par la médiation d'une espèce, c'est là une prérogative exclusive du rapport cognitif de l'ange avec lui-même.

dualité[1]. C'est la raison pour laquelle de l'essence angélique et de son acte d'autointellection ne résulte pas une identité simple et absolue, mais une identité par concomitance ou par participation[2]. Aussi, au terme de cette analyse pouvons-nous observer que l'autoconnaissance des substances séparées représente véritablement une modalité intermédiaire entre l'identité de la connaissance divine et la dualité des relations cognitives humaines. La présence immédiate à soi rend l'ange transparent à lui-même et l'absence d'espèce met en exergue l'excellence de cet acte, qui déploie sa valeur paradigmatique au niveau du créé[3].

*La connaissance des autres choses*

L'analyse de la modalité cognitive *per essentiam* est poursuivie à travers la question suivante : *utrum angelus intelligat alia a se per essentiam suam*. Cette problématique pourrait être reformulée comme suit : est-ce que l'ange connaît les autres objets de la manière dont il se connaît lui-même, c'est-à-dire par soi ? Ou encore : est-ce que la modalité du rapport cognitif aux autres objets est la même que celle du rapport à soi ? Le problème présent revient donc à savoir si l'essence de l'ange qui connaît peut servir de moyen ou de médiation à la connaissance des autres objets. Sa solution est fort longue et complexe. Elle est structurée comme suit : Gilles formule d'emblée sa réponse sous forme d'une thèse qu'il s'emploie par la suite à démontrer. Sa démonstration sera double : il fournira d'abord trois raisons censées prouver sa thèse (*ostensive*) et il proposera ensuite trois arguments par réduction à l'absurde (*ducendo ad impossibilia*)[4].

1. Cf. *ibid.*, 78va : « In omni quod est citra Deum differt (...) substantia, virtus et operatio (...) ; in ipso angelo differt sua substantia et sua potentia intellectiva. Angelus ergo agit actum intelligendi seipsum per aliquid differens a sua substantia, sed non per aliquid differens tamquam per speciem, sed per aliquid differens tamquam per potentiam et virtutem ».

2. Cf. *ibid.* : « Essentia intelligibilis et ipsum intelligere non sunt idem per essentiam quod unum sit idem quod aliud, sed sunt idem per concomitantiam, quia unum vel potest concomitari aliud, quia unum est ratio alterius, et unum causatur ex alio ».

3. Notons aussi que dans cette « determinatio », à côté d'Aristote qui est la référence majeure en matière de connaissance sensible, le *Liber de causis* joue un rôle de premier ordre en ce qui concerne la connaissance intellectuelle : le thème de la « reditio completa » justifie la supposition qui guide l'ensemble de la démarche, et les motifs qui se rattachent à la quinzième proposition permettent à notre auteur d'élaborer et de préciser sa propre pensée quant à la modalité de l'autointellection des substances séparées. La tradition néoplatonicienne vehiculée par le *Liber de causis* fournit une contribution des plus remarquables à l'angélologie philosophique du Moyen Âge latin : chez Thomas comme chez Gilles, la lecture du *Liber* est la source d'une démarche spéculative et d'une compréhension des substances spirituelles qui dépasse le cadre théologique.

4. Ces deux démarches correspondent aux deux procédés logiques dont parle Pierre d'Espagne dans son *Tractatus*, VII, 164 (éd. De Rijk, p. 173, 29-174,1) : « Duplex est sillogismus, scilicet ostensive et ad impossibile. Ostensivus est qui habet unam solam conclusionem. Sillogismus autem ad impossibile est quando sillogistice dicitur ad aliquod impossibile et propter hoc interimitur aliqua premissarum ». Gilles assure donc doublement sa démarche. Je remercie R. Imbach de m'avoir signalé le passage de Pierre d'Espagne qui explique le procédé en question.

### *La connaissance des autres choses par l'essence de l'ange*

Notre auteur énonce sa thèse d'abord en termes positifs: « l'intelligence connaît les objets différents d'elle au moyen d'espèces » [1], ensuite en termes négatifs: « l'ange ne peut pas connaître ce qui est différent de lui par sa propre essence » [2]. La position défendue ici est donc claire: l'essence de l'ange ne peut pas servir de médiation dans la connaissance des autres choses. Celle-ci nécessite le recours aux espèces intelligibles, seules capables de représenter les objets dans l'intellect. Sur cette base, et avant de procéder à la démonstration de sa thèse, le philosophe augustin précise les termes de sa question, et notamment ce qu'il entend par objets *alia ab intelligentia* : ces réalités « autres » sont celles qui ne sont pas l'ange lui-même et qui ne sont pas présentes en lui [3] – étant donné que ce qui est présent en lui est connu immédiatement, sans recours à une espèce. Les objets dont il est question ici sont donc ceux qui sont non seulement distincts de la nature de l'ange, mais qui n'ont aucune concomitance avec son intellect. Les espèces présentes dans l'intellect des substances séparées ne font donc pas partie de ces objets « autres » [4]. *Alia* sont, à proprement parler, seulement les *res* extérieures à l'ange, et c'est à leur égard que se pose la question de savoir si l'essence angélique peut servir de médiation cognitive. À cette interrogation, notre auteur répond négativement [5] et de manière parfaitement cohérente avec les considérations précédentes sur la nécessité de la présence de l'objet: ce qui n'est pas immédiatement présent à l'intellect doit le devenir par une médiation qui a précisément pour fonction de le re-présenter auprès de la faculté cognitive. Il n'est donc pas vraisemblable que l'essence de l'ange puisse servir de médiation représentative de tous les objets qui lui sont extérieurs.

Cette thèse est démontrée en deux moments, dont chacun comprend trois arguments. Le premier procède par voie de démonstration proprement dite, le deuxième par réduction à l'absurde.

La première preuve est bâtie sur la modalité de constitution des choses (*ex modo factionis rerum*). Notre auteur rappelle la conception d'Aristote, qui voit dans la matière, la forme et la privation les trois principes qui président à la génération et à la corruption dans le monde matériel. Une même matière étant sujette à des formes contraires, la génération et la corruption résultent de l'acquisition successive ou de la perte de telles formes. Dès lors – continue Gilles – Aristote situe l'unité du réel du côté de la matière et la pluralité du côté de la forme.

1. Cf. *De cogn. ang.*, 79ra : « Dicimus quod intelligentia cognoscit alia a se per speciem ». Sur la doctrine des espèces dans la gnoséologie de Gilles de Rome, cf. R. Egenter, *Die Erkenntnispsychologie des Aegidius Romanus*, Regensburg, 1926; A. D. Conti, *Intelletto e astrazione nella teoria della conoscenza di Egidio Romano*, Bulletino dell' Istituto storico italiano per il Medioevo e Archivio Muratoriano, 95 (1989), p. 123-164; L. Spruit, « *Species intelligibilis* », cit., vol. 1, p. 193-199.

2. Cf. *De cogn. ang.*, 79ra: « Respondebimus quod talia non potest angelus cognoscere per essentiam suam ».

3. Cf. *ibid.* : « Quaestio ergo nostra est de hiis quae sunt alia ab intelligentia quae nec sunt ipsa nec in ipsa ».

4. Cf. *ibid.* : « Species ergo intelligibilis in mente angeli non intelligitur per aliam speciem ».

5. « Talia non potest angelus cognoscere per essentiam suam » (*ibid*).

Contrairement au Stagirite, Platon plaçait l'unité du côté de la forme-idée et la pluralité du côté du substrat matériel, car la même idée imprime sa ressemblance dans des substrats différents. De là résultent les différents degrés de réception d'une même idée-forme, présente de manière plus parfaite et plus universelle chez certains êtres et de manière plus contractée chez d'autres. Gilles reconnaît une part de vérité dans chacune de ces conceptions : certaines choses procèdent en effet de leur principe selon des raisons formelles différentes, alors que d'autres procèdent selon la même raison formelle et se distinguent matériellement[1]. Aussi faut-il soutenir avec Aristote que les choses qui procèdent de Dieu se différencient formellement en tant qu'elles sont créées selon des raisons formelles différentes ; mais il faut considérer avec Platon que les expressions ou intentions formelles des choses diffèrent en fonction des substrats dans lesquels elles sont présentes. Ce deuxième type de différenciation se réalise lorsqu'à partir des mêmes idées les choses sont produites dans leur nature propre selon leur être réel et sont causées dans l'esprit angélique selon leur expression formelle[2].

Par conséquent, la modalité de différenciation des choses entre elles est celle qui a été indiquée par Aristote et qui relève de la diversité formelle, alors que la modalité de différenciation d'une chose à l'égard de son expression formelle est celle que Platon a mis en évidence et qui repose sur la différenciation du substrat[3]. Cette deuxième différenciation met en evidence une modalité particulière de constitution et de subsistance des choses : celle de leur présence dans l'esprit angélique. Cette modalité est tout autant réelle que celle de leur subsistance dans leur propre nature, car elles dérivent toutes deux du même principe, c'est-à-dire de la même idée divine. Or, l'importance de la distinction soulevée à l'aide de Platon et d'Aristote tient à ce que les choses ne sont pas connues par elles-mêmes, mais par leur représentation, c'est-à-dire par leur expression formelle[4].

Il convient dès lors d'enquêter sur le rapport entre l'essence angélique et l'expression formelle des choses, afin de vérifier si celle-ci peut être connue par celle-là. Notre auteur évite toute ambiguïté à cet égard et affirme d'emblée que l'essence des substances séparées n'est représentative que d'elle-même ; aucune autre chose ne saurait donc être formellement représentée par elle. L'expression formelle d'une réalité dérive en effet de l'idée-forme qui a présidé à sa constitution et dont elle est le produit. C'est d'ailleurs en raison de cette origine

1. Cf. *ibid.*, 79rb : « Nam aliqua procedunt secundum aliam et aliam rationem formalem, aliqua vero secundum eandem rationem formalem ».

2. Cf. *ibid.* : « Res enim ipsae a deo procedentes diversificatae sunt quia sunt conditae secundum aliam et aliam rationem (...), sed res intentiones vel res formales expressiones rerum ad invicem differunt (...) quia in alio et alio sunt receptae. Ab illis enim eisdem ideis a quibus causatae sunt res in propria natura et secundum esse reale, causatae sunt in mente angeli secundum expressionem formalem ».

3. Cf. *ibid.* : « Modus ergo diversitatis rei a re magis concordat cum Aristotele, quod sit diversitas ex parte forme (...), sed modus diversitatis rei a sua expressione formali videtur accedere ad modum Platonis, ut ibi sit unitas ex parte rationis et idee, diversitas autem ex parte recipientis et materie ».

4. Cf. *ibid.* : « Res igitur non per aliam rem sed per suam expressionem formalem representari potest ».

commune que l'expression formelle peut légitimement représenter la chose. Ainsi, il devient évident que l'essence angélique ne peut être l'expression formelle d'autre chose que d'elle-même, car l'ange n'est pas l'exemplaire originaire d'où procèdent les autres réalités créées. L'immédiateté caractéristique de l'autoconnaissance angélique n'est donc pas possible dans le rapport cognitif aux autres objets, car leurs expressions formelles ne sont pas identiques à l'essence de l'ange. D'où la nécessité de recourir aux médiations représentatives que sont les espèces et qui dérivent de la même idée-forme d'où procèdent les choses dans leur nature propre. La thèse initiale est ainsi démontrée : obligé de recourir aux espèces représentatives, l'ange ne peut pas connaître les autres realités par sa propre essence[1].

La deuxième preuve en faveur de la même thèse est fondée sur la réalité des choses (*ex ipsis rebus productis*). Elle fait de nouveau appel à la distinction entre la modalité d'être des choses dans leur propre nature et celle de leur expression formelle pour conclure que les choses ne sauraient être connues dans leur être réel que par elles-mêmes : c'est pourquoi l'ange se connaît effectivement dans son être réel, mais ne peut représenter ni connaître d'autres objets dans leur être réel par sa propre essence. La médiation des espèces intelligibles s'avère donc indispensable[2].

La troisième preuve est fondée dans la modalité cognitive des substances séparées (*ex modo intelligendi ipsius angeli*). À partir de la non-identité de la substance angélique et de son intelliger, Gilles en vient à affirmer que les substances séparées ne représentent pas en acte, dans leur propre essence, les autres objets, mais sont en puissance à l'égard de leur intellection. L'actualisation de cette potentialité exige le recours à des similitudes représentatives des objets qui sont distinctes de l'essence angélique[3]. Aussi, l'idée que l'intellect créé « est toutes choses », c'est-à-dire un microcosme intelligible, ne signifie-t-elle pas qu'il représente toutes choses dans leur être réel, mais qu'il est susceptible d'en recevoir les espèces[4]. L'ange connaît donc les réalités autres que lui-même par de telles espèces, et non pas par sa propre essence.

Le deuxième volet de la démonstration présente une triple réduction à l'absurde de l'hypothèse qui voudrait que l'ange connaisse les autres réalités par

1. Cf. *ibid.* : « Essentia angeli nullam aliam rem sufficienter representare poterit (...), sed oportet quod habeat apud se expressiones formales ab illis eisdem ideis procedentes a quibus res ipsae in natura propria processerunt ».

2. Cf. *ibid.* 79va : « Ipsa essentia angeli, cum sit quaedam res per se in genere, si representat aliquid, non potest representare realem ; et quia hoc modo nulla res causata potest representare nisi seipsam, (...) de necessitate requiritur quod in ipso angelo praeter essentiam eius sit aliquid quod representet res secundum expressionem formalem ».

3. Cf. *ibid.* : « Eo ergo ipso quod substantia angeli est in potentia ad suum intelligere, per quod intelligit alia a se, et non est ipsum intelligere, oportet quod sit in potentia ad similitudines per quas intelligit alia et non sit huiusmodi similitudines ».

4. Cf. *ibid.*, 79vb : « Sic quilibet intellectus creatus est omnes res, non quod sit tante actualitatis quod secundum se possit omnes res representare, sed quia est susceptivus specierum et similitudinum omnium rerum, propter quod dictus est intellectus species specierum ». Il s'agit là d'un développement de la célèbre affirmation du *De anima* (III, 4-5) d'Aristote.

sa propre essence. La vérification d'une telle hypothèse entraînerait en effet trois inconvénients majeurs : l'ange serait acte pur dans le genre des réalités intelligibles ; dès lors il serait cause de ses objets, et enfin il ne serait pas une réalité déterminée selon le genre[1]. La démarche par laquelle Gilles écarte ce triple inconvénient aboutit à la thèse sans cesse réitérée que chaque essence créée ne peut représenter que soi-même[2]. Les substances séparées ne connaissent donc pas leurs objets par leur propre essence, mais doivent recourir à la médiation des espèces qui les représentent dans leur être formel.

Quelques considérations figurant dans les réponses aux objections méritent notre attention. La première concerne le rapport entre l'intellect et son objet. Gilles clarifie sa position par rapport à la proposition VIII du *Liber de causis*, qui explique la relation cognitive en termes de causalité : l'intelligence connaît ce qui lui est supérieur parce qu'elle en est l'effet, et ce qui lui est inférieur parce qu'elle en est la cause. Nous savons que notre auteur ne peut accepter la causalité de l'ange à l'égard de ses objets, mais il accepte néanmoins la causalité comme condition déterminante dans le rapport cognitif. En effet – précise-t-il – s'il est vrai que toute connaissance se réalise par mode d'assimilation du connaissant et du connu, cette assimilation n'est pas celle d'une réduction causale de l'objet dans le sujet, pas plus d'ailleurs que celle du sujet dans son objet. En réalité, l'assimilation et l'unité requises dans la connaissance font appel à un troisième facteur, à l'égard duquel sujet et objet se trouvent effectivement dans un rapport de dépendance causale[3]. Ce troisième terme ne peut être que le principe premier, cause unique de l'ensemble du créé au moyen de ses idées-exemplaires. La dépendance commune à l'égard de ces idées rend alors possible la relation cognitive de l'ange à ses objets. L'unité factuelle du connaissant et du connu dans l'acte d'intellection est ainsi rendue possible par l'unité originaire du principe premier : celle-ci n'est pas seulement l'horizon idéal et le paradigme de toute connaissance, mais représente aussi la condition de possibilité de l'assimilation du sujet et de son objet. Sans l'unité primordiale, la dualité du connaissant et du connu serait irréductible et leur assimilation n'aurait jamais lieu, car le rapport cognitif n'est possible qu'en raison de la dépendance commune à l'égard du principe premier (*quia ambo causantur a tertio*).

1. Le premier inconvénient doit être écarté, car il va à l'encontre de la potentialité qui marque les créatures spirituelles ; le deuxième inconvénient doit être écarté, car la connaissance d'un objet par l'essence du sujet implique la dépendance causale de l'objet à l'égard du sujet : or, un tel rapport de causalité ne se vérifie que pour Dieu à l'égard de ses objets ; le troisième inconvénient tient au fait que l'ange est une réalité déterminée selon le genre et l'espèce : il ne peut donc représenter par sa propre essence une réalité d'un autre genre ou d'une autre espèce.

2. Cf. *ibid.* : « Sciendum quod, cum angelus per se determinatur ad genus et ad speciem sicut quaelibet creatura per se existens vel sicut quodlibet creatum quod habet esse reale et per se et in genere, impossibile est quod per essentiam suam aliquam rem aliam complete representet ».

3. Cf. *ibid.*, 80rb : « Sed nos ponemus tertium modum. Dicemus enim quod cognitio angeli respectu aliorum rerum est per assimilationem, non quia angelus assimiletur rebus et causetur a rebus, nec quia res assimiletur ei quia causetur ab eo. Erit ergo ista assimilatio non quod unum causetur ab alio, sed quia ambo causantur a tertio ».

Les idées divines sont à l'origine des différents modes d'être des choses : aussi bien de la subsistance dans leur nature propre que de leur présence dans l'esprit des anges sous forme de représentations intelligibles [1]. Les choses sont ainsi présentes dans les substances spirituelles selon un mode particulier, qui est conforme à la nature intellectuelle des anges et qui rend possible leur connaissance. Aussi, d'une part les choses ne sont connaissables que par leur présence dans l'esprit des substances séparées, et de l'autre celles-ci ne peuvent connaître leurs objets que parce qu'elles reçoivent de Dieu leurs expressions formelles. Les espèces intelligibles représentent ainsi véritablement la médiation nécessaire à la connaissance angélique : elles sont le lieu d'une rencontre qui permet l'assimilation du connaissant et du connu. Les espèces sont à la fois des modes d'être et des médiations cognitives, mais en Dieu l'être et son expression formelle ne font qu'un, car le principe premier représente l'identité originaire qui est source de tout être et condition de toute connaissance. Il s'avère ainsi que toute connaissance d'une réalité autre que le sujet connaissant doit en quelque sorte faire le détour par l'unité originaire, qui lui fournit la médiation nécessaire à la relation cognitive. C'est dire que la dualité du sujet et de l'objet empêche une relation directe et une saisie immédiate de l'un par l'autre : leur assimilation requiert un troisième terme, dont l'unité première est fondatrice de l'unité requise par la connaissance.

L'exclusion d'une relation causale entre le sujet et l'objet incite notre auteur à préciser davantage la modalité de présence des choses dans les substances séparées. Cette présence obéit à la logique de l'ordre hiérarchique, qui structure la dérivation des êtres à partir de la cause première selon une dynamique qui va de l'unité vers la multiplicité. Aussi, les choses subsistent en Dieu par mode d'unité [2], alors que dans leur propre être, unique et indivisible, elles subsistent en tant que distinctes du principe et des autres choses. Pour cette raison, l'ensemble du réel se compose d'une multiplicité de réalités individuelles, dont chacune n'est identique qu'à elle-même. Entre ces deux modalités de subsistance – l'une qui partage l'identité divine et l'autre qui est celle d'une identité exclusive avec soi – il y a une modalité intermédiaire, qui est celle de la présence des choses dans l'esprit des substances intellectuelles [3]. Les exigences de l'ordre hiérarchique excluent que la modalité de cette présence soit celle de l'identité divine ou celle de la subsistance dans leur propre nature [4]. Dès lors, puisqu'il n'y a pas d'identité moyenne entre les

1. Cf. *ibid.* : « Nam quia ab eisdem ideis divinis sunt producte res in propria natura et in mente angelica, ideo angelus habet cognitionem rerum » ; cf. *ibid.*, 80ra : « ab illis enim eisdem ideis divinis a quibus processerunt res in proprio genere, processerunt species intelligibiles in mentibus angelorum ».

2. Cf. *ibid.,* 80va : « Res (...) ut sunt in deo, propter omnimodam simplicitatem dei sunt idem cum deo ; nam quidquid est in deo oportet quod sit deus ».

3. Cf. *ibid.* : « Res in angelo sunt in modo medio quantum ad esse quod habent in seipsis et in deo ».

4. Cf. *ibid.* : « In angelo enim non sunt res secundum esse reale ut secundum esse quod habent in propria natura : ideo non sunt ibi secundum idemptitatem rerum; nec angelus esse omnino simplex quod possit ibi esse idemptitatem aliam; non sunt ergo res in angelo per idemptitatem ut in seipsis, nec modo simplici ut in deo ».

deux extrêmes que sont Dieu et les individus, le *medio modo* dont il est question ici signifie une modalité autre (*modus alius subsistendi*), celle qui est caractérisée comme *similitudinarie et per additionem*[1]. *Similitudinarie* se réfère à la présence des choses, pour indiquer qu'elle se réalise sous forme intelligible au moyen de leurs espèces ou similitudes; *per additionem* concerne les substances séparées et signifie que les espèces représentatives s'ajoutent à l'essence de l'ange. Celui-ci ne connaît donc pas au moyen de similitudes présentes dans son essence – ce qui équivaudrait à connaître par sa propre essence –, mais par des médiations ajoutées, dont la fonction est de rendre possible l'assimilation cognitive d'entités distinctes et hétérogènes[2].

Il convient encore de préciser que, conformément au principe de l'ordre hiérarchique, l'existence intelligible des choses dans l'ange est plus noble que leur subsistance en elles-mêmes: *res in angelo sunt in modo medio (...), sed iste modus non est accipiendus medius quantum ad idemptitatem, sed quantum ad nobilitatem*[3]. Cette noblesse supérieure est un des résultats les plus remarquables de l'application de la loi de l'ordre des choses. Il s'avère que pour les médiévaux qui adoptaient cette grille d'interprétation du réel, non seulement les choses possédaient une existence autre que celle de leur être individuel, mais que cette forme d'existence était investie d'une valeur, d'une dignité et d'une noblesse supérieures à celle de l'existence attestée par l'expérience. Cette vision des choses entraînait une double conséquence: d'une part la réalité concrète et phénoménale pouvait être envisagée, à la manière platonicienne, comme l'ombre de la vraie réalité; et d'autre part, chaque chose jouissait d'un autre soi-même, c'est-à-dire d'une identité plus vraie et plus noble que celle de sa condition présente. L'ange était le lieu de cette noblesse et de cette dignité.

### *La connaissance des autres choses par leurs propres essences*

Afin de mener jusqu'au bout l'hypothèse qui fait de l'essence le moyen de la connaissance angélique, notre auteur doit explorer une troisième possibilité: elle consiste à vérifier si l'essence des objets eux-mêmes peut fournir la médiation représentative requise dans le rapport cognitif[4]. Comme dans la démarche précédente, Gilles démontre sa thèse[5] par la réduction à l'absurde de l'hypothèse contraire, à savoir que l'ange connaît les objets autres que soi par leur propre essence. L'admission de cette hypothèse entraînerait trois conséquences inacceptables.

Le premier inconvénient serait que n'importe quelle créature pourrait s'introduire (*illabi*) dans l'ange[6]. En effet, en vertu de la coïncidence nécessaire

1. Cf. *ibid.*

2. Cf. *ibid.*, 80ra: « Constat autem quod essentia angeli non est ipse res alie que intelliguntur ab angelo ».

3. *Ibid.*

4. Cf. *De cogn. ang.*, 80ra: « Utrum angelus possit intelligere seipsum et alia a se per essentiam aliorum ».

5. Cf. *ibid.*, 80vb: « (Angelus) alia a se non cognoscet per essentiam eorum ».

6. Cf. *ibid.*: « Primum inconveniens est quod hoc posito sequeretur quod aliqua pura creatura posset illabi ipsi angelo ».

du connaissant et du connu dans l'acte d'intellection, connaître une réalité au moyen de son essence impliquerait que cette réalité provoque l'acte d'intellection en s'insinuant dans l'être-même du sujet connaissant, le cas échéant dans l'essence du sujet angélique. Cela est évidemment absurde, car Dieu seul peut pénétrer l'essence des substances séparées comme de toute autre réalité créée. Par cet argument Gilles entend mettre en évidence une différence fondamentale qui sépare les substances matérielles des entités immatérielles : les premières peuvent en effet recevoir quelque chose à l'intérieur de leurs dimensions sans que cela touche à leur essence, alors que des réalités purement formelles qui ne composent qu'avec leur acte d'être ne peuvent recevoir que ce qui leur confère l'existence, c'est-à-dire Dieu[1]. À partir de là, puisqu'aucune créature ne peut s'insinuer dans l'essence des substances spirituelles, Gilles peut conclure que *angelus ergo alia a se, que nec sunt ipse nec in ipso, sive sint corporalia sive spiritualia, non intelliget per eorum essentiam, sed per speciem*[2]. L'ange est donc une forme simple, pure et immatérielle, une identité imperméable à toute influence venant des autres créatures. L'ange de Gilles, comme celui de l'Aquinate, est un sujet accompli et parfait en lui-même, autosuffisant et indépendant à l'égard du créé. Il ne saurait donc connaître ses objets par mode de réceptivité.

Le deuxième inconvénient résultant de l'hypothèse considérée ici réside en ce que la connaissance angélique serait discursive au même titre que la connaissance humaine. En effet, puisqu'un agent créé n'agit pas directement par sa propre substance ou essence, mais seulement par la médiation d'un accident qui lui est inhérent[3], si l'ange intelligeait par l'essence de son objet, il en serait touché d'abord par des aspects accidentels, avant d'être affecté par sa substance même. Cette connaissance irait alors de l'imparfait (les aspects accidentels) au parfait (la substance de l'objet[4]), et procèderait ainsi par voie discursive à la manière de la connaissance humaine. Les anges devraient alors « apprendre la logique » pour ne pas se tromper dans leur démarche : *esset igitur cognitio angeli discursiva. Quo posito oporteret quod angeli addiscerent logicam ut non errarent in cognitionem rerum*[5]. Cette boutade suffisait à épingler une hypothèse aux conséquences insoutenables pour un partisan de l'ordre et de la hiérarchie des êtres.

Le troisième inconvénient résultant de l'hypothèse prise en considération réside en ce que l'ange ne serait plus maître de ses actes cognitifs, car les objets

1. Cf. *ibid.*, 81ra : « In re quanta potest aliquid esse, quia est intra dimensiones eius. Sed in re simplici et in re cuius substantia non extenditur nihil potest esse per essentiam quod sit intra dimensiones eius : sed solum hoc erit pro conservatione essentie esse. Et quia solus deus est qui conservat spirituales substantias in esse, solus ipse est qui illabitur spiritualibus substantiis ».

2. *Ibid.*

3. Cf. *ibid.* : « Constat quod nullum agens creatum immediate attingit passum per suam substantiam, sed per aliquod accidens superadditum substantie ». Gilles précise que cette règle est universellement valable au niveau du créé et qu'elle concerne chaque agent ainsi que toute forme d'agir.

4. Cf. *ibid.*, 81rb : « Si angelus intelligeret alia a se non per speciem, sed per substantiam ita, quod alia ab angelo immutarent intellectum angeli ad sui cognitionem, cognitio angeli iret de imperfecto ad perfectum et prius cognosceret angelus accidentia rei quam substantiam ipsarum ».

5. *Ibid.*

s'imposeraient à lui en provoquant l'acte d'intellection par leur simple présence. Notre auteur ne peut admettre une telle nécessité, car l'ange est et doit rester libre de décider de ses actes[1]. En préservant ainsi leur liberté, Gilles sauvegarde le statut des substances séparées comme sujets autonomes et indépendants, dont la finitude ne saurait masquer l'excellence et la noblesse dans l'ordre du créé.

La triple analyse de la connaissance « par essence » permet d'arrêter la conclusion que voici : l'ange se connaît par sa propre essence, mais ne connaît les autres réalités ni par sa propre essence ni par la leur. Chaque substance séparée est en effet immédiatement présente à elle-même, alors que les autres réalités ne lui sont accessibles que par des médiations qui assurent leur représentation. D'une manière générale, la présente démarche dévoile un fait philosophiquement important, à savoir que le rapport entre des réalités ontologiquement distinctes ne peut se réaliser au niveau de leur être ou de leur essence. Les choses constituent dans leur identité des unités fermées. Elles ne sont présentes aux autres et ne s'affectent mutuellement qu'au moyen de médiations capables de les re-présenter. Il apparaît ainsi que l'ensemble des questions que nous venons d'aborder a pour seul objet la notion de médiation, sa nécessité, son origine et sa fonction.

## LA CONNAISSANCE PAR ESPÈCES

L'exclusion de la connaissance des objets par le biais de l'essence exige la médiation des espèces intelligibles : c'est vers elles que se tourne à présent l'enquête censée clarifier le moyen de la connaissance angélique. Cette nouvelle phase de l'analyse s'articule en trois parties : la première clarifie le statut de l'espèce représentative de l'objet, la deuxième précise sa fonction et la troisième détermine son origine[2].

### *Le moyen de la connaissance angélique : espèce ou habitus ?*

La clarification du statut des espèces intelligibles dont se servent les substances séparées passe par une confrontation avec l'option qui fait de la connaissance angélique le résultat d'un habitus connaturel et qui exclut par là-même la nécessité du recours à la médiation des espèces. La vérité de la thèse défendue par Gilles de Rome est censée résulter de la critique de cette position : aussi, l'ensemble de la démarche est-il bâti autour de l'option en faveur de l'habitus

1. Cf. *ibid.* : « Non esset in potestate angeli intelligere alia cum vellet, sed tunc intelligeret ea quando presentialiter ei assisterent et immutarent intellectum eius ». La liberté de l'ange à l'égard de ses actes retentit même dans son rapport au temps : l'ange en effet est libre de déterminer la durée de chaque acte d'intellection, à laquelle ne correspond qu'un instant de son temps (le temps discontinu), et de maîtriser ainsi la succession temporelle : cf. à ce propos notre étude *Tempo ed essere nell'autunno del Medioevo*, cit.

2. Cette triple analyse occupe les questions IV, V et VI du *De cognitione angelorum*.

connaturel[1], que notre philosophe prend très au sérieux et qu'il analyse de manière très détaillée[2].

La justification de l'opinion d'Henri de Gand repose sur une prémisse, à savoir que le besoin d'espèces ne peut se vérifier que du côté de l'intelligible ou du côté de l'intellect[3]. La démonstration de la non-nécessité du recours à l'espèce consiste alors à montrer que cette exigence ne concerne ni l'intellect ni son objet. Trois raisons prouvent que l'intellect, *quantum est de se*, n'a pas besoin de représentations. La première est fondée sur sa séparation et son immatérialité : si l'intellect angélique, en tant qu'immatériel et intelligible en acte, ne requiert rien d'autre pour être intelligé, à plus forte raison il ne requiert rien d'autre pour intelliger; car, de même qu'il est intelligible sans être informé par autre chose, ainsi il est intelligeant par lui-même sans information ultérieure[4]. Gilles approuve cette argumentation, car – dit-il – c'est par une seule et même raison que quelque chose connaît et est connu. Il partage également les deux arguments qui suivent : le premier fait appel à l'intellect divin pour exclure que l'intellect doive nécessairement être informé pour pouvoir connaître[5]; le deuxième applique la même considération à l'intellect angélique : si celui-ci n'intelligeait qu'en étant informé

1. C'est l'opinion d'Henri de Gand, développée notamment dans le *Quodlibet* IV, qu. 7 et 21 et surtout dans le *Quodlibet* V, qu. 14, que nous citerons d'après l'édition de 1518. Sur la noétique d'Henri de Gand et sur sa critique des « species intelligibiles », cf. E. Bettoni, *Il processo astrattivo nella concezione di Enrico di Gand*, Milan, Vita e pensiero, 1954; F. Prezioso, *La « species » medievale e i prodromi del fenomenismo moderno*, Padova, Cedam, 1963; G. Canizzo, *La dottrina del « verbum mentis » in Enrico di Gand*, Riv. di fil. neoscol. 54 (1962), p. 243-266; K.H. Tachau, *Vision and Certitude in the Age of Ockham*, Leiden-New York-Kopenhagen-Köln, Brill, 1988, p. 28-39; L. Spruit, « *Species intelligibilis* », cit., p. 205-212. L'attribution de cette opinion à Henri de Gand est confirmée par Jean Duns Scot, qui la rapporte et la critique longuement : cf. *Ordinatio* II, d. 3, p. 2, qu. 3.

2. Pour mieux comprendre cette démarche, il convient de décrire la structure, fort complexe, du corps de la question. Il comprend cinq parties : la première relate l'opinion qui fait de la connaissance angélique le résultat d'un habitus connaturel; cette partie est subdivisée à son tour en deux points, dont le premier est censé démontrer l'inutilité des espèces par rapport à l'intellect et le deuxième produit neuf raisons du refus des espèces intelligibles. La deuxième partie montre l'inadéquation de l'opinion susmentionnée par rapport aux conceptions des philosophes ainsi qu'aux autorités théologiques. Dans la troisième partie, notre auteur reconnaît une certaine pertinence à cette opinion en matière de connaissance humaine, mais la lui refuse par rapport à la connaissance angélique. Dans la quatrième partie, Gilles produit les arguments prouvant la nécessité du recours aux espèces intelligibles et enfin, dans la cinquième partie, nous assistons à une « impugnatio » des neuf arguments invoqués par l'opinion contraire.

3. Cf. *De cogn. ang.*, 82rb : « Premittunt enim talem distinctionem. Si in intellectu requiritur species vel hoc est ex parte ipsius intelligibilis vel ex parte ipsius intellectus ». Cf. Henri de Gand, *Quodl.* V, qu. 14, 174 V.

4. Cf. *ibid.* : « Prima ratio sic patet. Non enim possumus dicere quod requiratur species in intellectu propter ipsum intellectum. Nam intellectus ipse est quid abstractum et quid separatum; ergo est de se quid intelligibile (...). Sed si intellectus angeli est actu quid intelligibile nec requirit aliquid aliud ut actu intelligatur, multomagis non requiret aliquid aliud ut actu intelligat. Sicut enim nullo alio informante est quid intelligibile, ita quantum est de se nullo alio informante erit quid intelligens ». Cf. Henri de Gand, *Quodl.* V, qu. 14, 174 V.

5. Cf. *ibid.*, 82va : « Secundam rationem ad hoc idem adducunt ex parte intellectus divini, quia si hoc esset de ratione intellectus quod per suam informationem intelligeret, ergo omnis intellectus intelligeret per informationem; ipse igitur intellectus divinus per informationem intelligeret, quod falsum est ». Cf. Henri de Gand, *Quodl.* V, qu. 14, 174 V.

par quelque chose d'autre, il ne se connaîtrait lui-même qu'en étant informé par une espèce, ce qui est manifestement faux[1]. Gilles accepte ainsi une première conclusion résultant de l'opinion contraire à la sienne, à savoir que du côté de l'intellect des substances séparées il n'y a aucune nécessité de recourir à l'espèce pour passer à l'acte d'intellection[2].

Il reste à vérifier si une telle nécessité relève de l'objet à connaître. La position discutée par notre auteur le nie sur la base de neuf arguments, dont trois concernent précisément l'objet de connaissance. Dans toute relation cognitive celui-ci doit répondre à trois conditions : il doit former une unité avec l'intellect; en tant que connu il doit être universel; il doit enfin être présent d'une certaine manière à l'intellect. Chacune de ces conditions sert de point d'appui à une des raisons formulées par Henri de Gand. Pour ce qui est de la première condition, l'espèce ne serait pas requise pour opérer l'unité de l'intellect et de son objet, car cette unité n'est pas analogue à celle de la matière et de la forme, mais est celle du connaissant et du connu; l'union de l'espèce intelligible et de l'intellect est par contre analogue à celle de la matière et de la forme, et de ce fait elle est tout à fait différente de l'unité qui est exigée dans la relation cognitive; par conséquent, l'espèce non seulement n'est pas nécessaire, mais ne saurait opérer l'unité requise entre l'intellect et son objet[3]. La deuxième condition, c'est-à-dire l'universalité de l'objet, donne lieu à l'argument suivant: toute espèce intelligible représente l'objet dans sa singularité, car celui-ci n'agit sur la faculté cognitive qu'en tant qu'entité particulière, étant donné que l'universel n'existe pas dans la nature; par conséquent, puisque l'objet intelligible doit revêtir la raison d'universalité dans l'intellect, on ne saurait faire recours à l'espèce qui, elle, représente la singularité des choses[4]. La troisième condition, à savoir la présence de l'objet, est à l'origine de l'argument suivant : l'espèce n'est pas nécessaire pour rendre l'objet présent à

1. Cf. *ibid.* : « Tertiam autem rationem adducunt ex parte intellectus angelici, quia si hoc esset de ratione intellectus quod intelligeret per informationem, tunc (...), cum angelus intelligeret seipsum, intelligeret se per informationem communem speciei, quod falsum est ». Cf. Henri de Gand, *Quodl.* V, qu. 14, 174 V-X.

2. Cf. *ibid.* : « Concordamus enim cum istis quod propter ipsum intellectum non est ponenda species ».

3. Cf. *ibid.*, 82va-vb : « Prima talis est. Si dicas quod ideo requiritur species ut per speciem obiectum intelligibile uniatur intellectui, quod non potest ei uniri per seipsum, ut videtur, hoc esse falsum. Nam ex obiecto intelligibili et intellectu fit unum sicut ex cognoscente et cognito, non sicut ex materia et forma. Sed ex specie intelligibili et intellectu fit unum sicut ex materia et forma. Ista ergo unitas quam facit species intelligibilis cum intellectu multum est aliena et diversa ab unitate quam debet facere obiectum intelligibile cum intellectu. Una ergo non supplebitur et non restaurabitur per aliam ». Cf. Henri de Gand, *Quodl.* IV, qu. 21, 136 H et 138 O.

4. Cf. *ibid.*, 82vb : « Secunda ratio sumpta ex parte universalitatis obiecti talis est : quia ut dicunt obiectum intelligibile non est cognitum ab intellectu nisi sub ratione universalis. Sed species impressa intellectui ut aiunt non potest esse representativa alicuius nisi sub ratione singularis (...); nam universale secundum se non existit in rerum natura (...); cum ergo ipsum obiectum intelligibile non existat in rerum natura nisi sub esse singulari et signato, non poterit imprimere speciem que sit representativa rei sub esse universali, sed solum sub esse signato et singulari. Et quia hoc est contra rationem obiecti intelligibilis, consequens est, ut videtur, quod eo ipso quod obiectum intelligibile est quid universale in intellectu, non oportet ponere huiusmodi speciem, que, ut patuit, non potest esse representativa rei nisi sub esse signato ». Cf. Henri de Gand, *Quodl.* V, qu. 14, 174 Y.

l'intellect car, de même que c'est la présence de l'objet visible qui cause l'espèce visible dans l'œil, de même, ce n'est pas l'espèce intelligible qui cause la présence de l'objet, mais c'est bien au contraire l'objet lui-même qui suscite la représentation dans l'intellect; l'espèce intelligible est donc inutile, car elle ne peut pallier l'absence de l'objet[1]. Parmi les six arguments restants, nous en retiendrons deux : le premier refuse le recours à l'espèce intelligible, car dans ce cas l'ange, qui est apte à tout connaître, possèderait une infinité d'espèces, ce qui est inadmissible[2]. Le deuxième fait appel au caractère volontaire des actes cognitifs : si l'espèce était requise pour passer à l'acte d'intellection, alors que l'ange possède par nature les espèces de ses objets, il s'ensuivrait qu'il intelligerait de par sa nature et qu'il connaîtrait toujours et en même temps tous ses objets ; l'acte cognitif perdrait ainsi son caractère volontaire, ce qui est inacceptable[3]. Dans cette optique, il ne reste donc qu'à conclure à la non-nécessité de l'espèce intelligible dans la connaissance angélique[4].

Avant de passer à l'exposé de sa propre thèse, Gilles de Rome montre d'abord que l'opinion en faveur de l'habitus connaturel n'est pas conforme aux doctrines philosophiques ni aux autorités théologiques. Bien entendu, les philosophes qui servent de point de référence pour contrer l'opinion discutée ici sont Aristote, Proclus, l'auteur anonyme du *Liber de causis* et Averroès. La dixième proposition

1. Cf. *ibid.* : « Tertia ratio sumitur ex parte presentie ipsius obiecti. Non enim possumus dicere quod ideo requiratur species in intellectu ut faciat rem esse presentem ipsi intellectui. Nam, sicut se habet in visu, sic suo modo se habet in intellectu. Videmus autem in visu quod presentia rei causa est quod species habet esse in oculo, non autem species in oculo causa est presentie rei (...). Similiter ergo et species impressa intellectui angelico ab aliquo alio quam a re ut puta a deo et conservata in esse ab eo non poterit causare vel supplere presentiam rei. Et quia, ut dicunt, propter nihil aliud ponitur species, vanum et superfluum est ponere ipsam ». Cf. Henri de Gand, *Quodl.* V, qu. 14, 174 Z.

2. Cf. *ibid.*, 82vb-83ra : « Prima autem ratio sumpta ex specie ut comparatur ab obiecto ducit ad infinitum (....). Intelligibilia sunt infinita. Haberet ergo angelus apud se infinitas species. Nam, cum species ille sunt derivate ab ideis divinis, cum idee ille sint infinite, erit angelus aptus natus cognoscere infinita intelligibilia et habebit infinitas species (...), quod nullus diceret ». Cf. Henri de Gand, *Quodl.* V, qu. 14, 174 Z-A.

3. Cf. *ibid.*, 83vb : « Primum inconveniens sic patet : Nam, si requireretur species impressa intellectui ut (...) ex ipsa et intellectus eliceretur actus intelligendi, consequens esset, ut dicunt, quod intellectus de necessitate semper intelligeret per illam speciem (...) ; nam (...) intelligere quod est in intellectu comparabitur ad speciem intelligibilem que intellectum actualiter informat. Quare, sicut corpus luminosum habens in se formam lucis naturaliter et de necessitate lucet et non potest non lucere, ita intellectus habens apud se speciem intelligibilem naturaliter intelligeret et non posset non (non *om. ed.*) intelligere. Ex hoc autem sequeretur ulterius inconveniens, videlicet quod intellectus angelicus intelligeret omnia simul, quod nullus ponit ». Cf. Henri de Gand, *Quodl.* V, qu. 14, 175 E.

4. On aura noté que l'option d'Henri de Gand en faveur d'un habitus connaturel retient toute l'attention de Gilles de Rome, qui l'expose de manière détaillée et dont il admet la pertinence par rapport à la faculté intellectuelle. Gilles partage ainsi l'idée que l'intellect angélique est intelligible et intelligeant par soi, et qu'il est par là-même indépendant dans son activité cognitive. Aussi, la critique de l'opinion en question va-t-elle reposer entièrement sur l'analyse de la présence de l'objet dans l'activité cognitive. L'attention et l'importance accordées à l'opinion d'Henri de Gand ne saurait surprendre, si l'on rappelle que ce penseur avait déjà été l'interlocuteur et l'adversaire de Gilles à propos de plusieurs thèmes, et notamment dans la célèbre dispute sur la distinction de l'essence et de l'existence : cf. J. Paulus, *Henri de Gand. Essais sur les tendances de sa métaphysique*, Paris, Vrin, 1938, et *Les disputes d'Henri de Gand et de Gilles de Rome*, cit.

du *Liber* fournit l'adage de cette confrontation : *Omnis intelligentia plena est formis* – un adage qui trouve appui dans la proposition 177 de l'*Elementatio theologica* de Proclus : *omnis intellectus plenitudo est specierum*[1]. L'explication de cette thèse est empruntée au *De anima* d'Aristote : la connaissance présuppose la présence de l'objet dans l'âme; cette présence doit être celle de l'objet lui-même ou de sa représentation; or, puisque de toute évidence l'objet lui-même ne peut pas être présent dans l'esprit, il doit être remplacé par son espèce. L'espèce intelligible est ainsi requise pour suppléer l'objet et le rendre présent dans la faculté cognitive[2]. La pensée du Stagirite est confirmée par le Commentateur[3], qui souligne que les espèces sont exigées du fait que les choses ne peuvent être présentes dans l'âme par elles-mêmes.

Le recours aux espèces, unanimement soutenu par la tradition philosophique, est donc fondé dans la nécessité de la présence de l'objet dans la faculté cognitive, une présence qui ne peut être que médiatisée par sa représentation intelligible. Ainsi, la seule réalité de l'espèce est d'être une représentation, et sa seule fonction est de rendre l'objet présent à la faculté cognitive : sa nécessité relève donc entièrement de l'objet de connaissance. Pour cette raison le recours à l'espèce est indispensable pour tous les sujets créés, hommes ou anges. La différenciation des relations cognitives relève par contre des facultés propres au sujet : les êtres humains sont récéptifs à l'égard de leurs objets et en reçoivent les représentations, alors que les anges, de par leur nature intellectuelle, possèdent déjà les espèces de toutes choses. Dans les deux cas, la médiation de l'espèce est néanmoins requise afin que l'objet soit rendu présent au sujet connaissant. Gilles peut alors conclure que le refus du recours aux espèces est contraire aux doctrines des philosophes : *Haec positio non concordat dictis philosophorum.*

Quant aux autorités théologiques, notre auteur en invoque une seule, celle d'Augustin. Celui-ci conçoit l'esprit humain à l'image de la trinité divine et situe la mémoire dans la partie intellectuelle. Grâce au concours de la volonté, l'intellect est informé par les espèces présentes dans la mémoire et peut dès lors passer à l'acte de connaissance. Il apparaît qu'une telle information ne serait pas possible si la mémoire n'était pas un réservoir d'espèces, un véritable « trésor d'espèces intelligibles »[4]. Augustin confirme ainsi la position des philosophes

1. Cf. éd. H. Boese, p. 87-88.

2. Cf. *De cogn. ang.*, 83va : « Nam propter hoc philosophus ponit species rerum in anima, quia ipse res in anima secundum seipsas esse non possunt. Unde ait ipse in eodem tertio quod oportet autem ipsas res esse in anima aut earum species. Non autem sunt ibi ipse res, ergo sunt ibi species. Unde concludit ipse quod lapis non est in anima, sed species lapidis (...) ».

3. Cf. Aristote, *De anima* III, 8, 431b 25 *sq.* ; Averroès, *In Aristotelis De anima*, l. III, t. comm. 37-38 ; éd. S. Crawford, p. 503-504.

4. Cf. *De cogn. ang.*, 83vb : « Quod autem non concordat dictis sanctorum plane patet. Nam Augustinus in suo libro *de trinitate* hoc modo venatur imaginem trinitatis in creatura rationali, quia in parte intellectiva ponit memoriam et a speciebus que sunt in memoria secundum eum informatur intellectiva per voluntatem coniungantem (...); iste idem modus imaginis trinitatis qui ponitur in anima secundum istos sanctos ponitur expressius in angelo, quod non esset, nisi tam anima quam angelus haberet in se mentem que esset thesaurus specierum intelligibilium, a quibus prout vult se convertere nunc super istam nunc super illam informatur acies cogitantis ».

quant à la présence des espèces dans la faculté intellectuelle et quant à leur nécéssité dans la relation cognitive [1].

Malgré cette première critique de la théorie du *Doctor solemnis*, Gilles est prêt à lui accorder une apparence de vérité en ce qui concerne l'intellection humaine, mais lui refuse toute validité quant à la connaissance des anges [2]. La connaissance humaine, en effet, qui est celle de facultés unies à un corps, dépend de la représentation sensible de l'objet, qui doit informer l'intellect possible; l'objet étant ainsi présent à travers le phantasme, à ce stade de la démarche cognitive les espèces intelligibles sont inutiles [3]. Elles sont par contre nécessaires lorsqu'on passe au niveau cognitif supérieur, c'est-à-dire à la connaissance intellectuelle proprement dite. Gilles fait ici appel à un des axiomes majeurs de sa pensée: *Non enim naturaliter itur ab extremo in extremum sine medio* [4]. Dans la démarche cognitive humaine, l'espèce sensible ou phantasme d'un côté et la connaissance intellectuelle de l'autre représentent précisément des extrêmes, qui ne peuvent être reliés sans médiation. Le phantasme, en effet, est déterminé par le *hic et nunc*, et sa réalité est empreinte de matérialité et de potentialité comparée à l'entité abstraite et totalement affranchie de la matière de ce qui est présent dans l'intellect [5]. Dès lors la connaissance sensible ne peut aboutir à la connaissance intellectuelle sans l'intervention d'un moyen terme, d'une étape supplémentaire dans le processus d'abstraction et de libération du donné sensible par rapport à sa condition matérielle. Ce moyen terme est précisément l'espèce intelligible: *ab illo ergo extremo ut a phantasmate in hoc extremum ut in actum intelligendi non itur sine medio, id est sine specie intelligibili* [6].

Ainsi, bien que Gilles accorde à son adversaire que l'espèce intelligible n'est pas requise au niveau de l'intellect possible, il en affirme néanmoins la nécessité absolue pour passer à la connaissance intellectuelle proprement dite. L'espèce intelligible est donc une médiation indispensable dans le processus cognitif

1. Ce recours exclusif à Augustin est significatif: Gilles oppose à Henri de Gand l'autorité dont celui-ci s'inspirait dans sa théorie de la connaissance comme illumination (cf. J. V. Brown, *Divine Illumination in Henry of Ghent*, Rech. de théol. anc. et méd., 40-41 (1973/74), p. 177-199).

2. Cf. *De cogn. ang.*, 83vb: « Talis positio habet aliquam apparentiam in intellectu nostro, sed in intellectu angelico nec existentiam nec apparentiam habet ».

3. Cf. *ibid.*: « Est enim in intellectu possibili ipsa intellectio sive ipse actus intelligendi sive ipse motus factus a phantasmate. Sed quod sint ibi species intelligibiles que habeant causare huiusmodi motum vel huiusmodi intellectionem vel actum intelligendi videtur omnino vanum (...). Immo hoc videtur nobis fidem facere, quod in intellectu possibili nulla sit species intelligibilis, sed solum sit in eo intellectio vel actus intelligendi vel motus intelligibilis factus a phantasmate ».

4. *Ibid.*, 84ra.

5. Cf. *ibid.*: « Ex his autem aperitur nobis via quare phantasma non potest immediate causare ipsam intellectionem sive ipsum actum intelligendi in intellectu possibili nisi in eodem prius causet speciem intelligibilem. Nam phantasma, cum sit hic et nunc, nimis habet esse materiale respectu eorum que sunt in intellectu (...) et per consequens habet esse valde imperfectum in potentia. Ipsa autem intellectio vel ipse actus intelligendi in genere intelligibilium habet esse multum perfectum et multum in actu ».

6. *Ibid.*

humain qui veut aboutir à une connaissance de type intellectuel[1]. À plus forte raison elle est nécessaire à l'intellection angélique : les objets de connaissance ne sauraient en effet être présents dans l'intellect des substances séparées ni par eux-mêmes ni par leurs phantasmes. Leur représentation ne peut donc être assurée que par les espèces intelligibles, qui seules peuvent déclencher l'acte d'intellection[2]. Sans les espèces les anges seraient donc privés de la médiation indispensable à leur connaissance qui est purement intellectuelle. En conclusion, l'absence d'espèces intelligibles peut être admise au niveau de l'appréhension sensible, mais doit être fermement rejetée pour toute connaissance intellectuelle[3].

Sur l'arrière-fond de ces considérations, Gilles démontre sa thèse, à savoir que sans les espèces intelligibles l'ange ne peut pas connaître ses objets : *quod per habitum connaturalem absque speciebus non possit angelus sua intelligibilia cognoscere*. Il évoque trois arguments en sa faveur, tous fondés dans le statut de l'habitus. Le premier peut être formulé sous forme syllogistique comme suit : aucune entité qui appartient par soi et directement à un genre ne peut représenter suffisamment par sa propre forme autre chose qu'elle-même ; l'habitus connaturel de la connaissance rentre par soi et directement dans un genre ; cet habitus ne peut donc représenter suffisamment à lui seul tous les objets de connaissance. En d'autres termes, l'habitus de connaissance est une disposition déterminée et comme telle limitée et contractée dans un genre ; cette détermination l'empêche de représenter toutes choses et d'en produire la connaissance. Le modèle sous-jacent à ces considérations est évidemment la conception aristotélicienne de la connaissance comme réceptivité, notamment en ce qui concerne la connaissance sensible : l'œil ne voit les couleurs que s'il n'est pas coloré. Cette théorie est appliquée à l'habitus de connaissance pour montrer que sa détermination le prive de la capacité de représentation à l'égard de la totalité des objets.

Notre auteur explique longuement la majeure du syllogisme, en insistant sur l'impossibilité pour toute réalité déterminée d'en représenter une autre. Cette impossibilité se vérifie déjà à l'intérieur d'un même genre d'étants, où les choses se distinguent par des différences opposées, si bien qu'une entité ne saurait être la raison suffisante d'intelligibilité d'une autre réalité[4]. Cela vaut à plus forte raison

1. Cf. *ibid.* : « Species intelligibilis non habet esse ita potentiale sicut phantasma nec ita actuale sicut intellectio, sed habet esse medium inter illa ».

2. Cf. *ibid.* : « Quod in intellectu angelico non sint species intelligibiles ipsarum rerum nec apparentiam nec existentiam habet. Nam, cum res ipse nec per seipsas nec per earum phantasmata possint esse presentes apud intellectum angelicum, oportet quod sint ibi presentes per earum species ut per huiusmodi species rerum moveatur intellectus angelicus ad intelligendum res ».

3. Cf. *ibid.*, 84rb : « Sufficiat autem ad presens scire, ut est per habita declaratum, quod negare species intelligibiles quantum ad intellectum nostrum habet aliquam apparentiam, sed non existentiam. Sed quantum ad intellectum angelicum nec apparentiam nec existentiam habet ». L'opposition de Gilles à Henri de Gand quant à la connaissance angélique est donc ferme et totale, ce qui confirme pour nous l'importance de son enjeu philosophique chez les auteurs examinés dans cette étude.

4. Cf. *ibid.*, 84va : « Nam, si quid est per se in genere, non potest aliquid representare quod sit in eodem genere cum ipso. Nam semper genus dividitur per oppositas differentias. Unum autem oppositorum per se et in propria forma non potest esse sufficiens ratio cognoscendi alterum oppositum (...) ;

pour des réalités appartenant à des genres différents, car leur conformité est encore moindre[1]. Cette irréductibilité des choses, cette diversité qui empêche les unes de représenter les autres ou d'en fournir la raison suffisante, relève en dernière analyse de leur mode de constitution à partir des idées divines : les réalités qui ne procèdent pas du même exemplaire divin sont radicalement différentes, hétérogènes les unes par rapport aux autres, et par là même non aptes à se représenter mutuellement[2]. Or, selon Gilles, l'habitus de connaissance, sans être une *res*, est néanmoins une disposition réelle, déterminée selon le genre, et par conséquent inapte à fournir à elle seule les représentations de toutes choses[3].

Il n'en va pas de même dans le rapport des réalités qui subsistent en elles-mêmes dans un genre déterminé à l'égard de leur existence dans l'esprit angélique. Là on n'a plus affaire à des réalités différentes parce que dérivées d'idées différentes, mais à une seule et même réalité, produite par une seule et même idée dans son être subsistant en lui-même et dans son existence dans l'esprit des anges. Cette deuxième modalité d'existence prend la forme d'une espèce intelligible ; c'est pourquoi celle-ci, dérivée de la même idée dont la chose a procédé en elle-même, est apte à la représenter et à engendrer la connaissance dans l'esprit des substances séparées[4].

Cette considération nous permet de comprendre que pour Gilles la représentation intelligible et la connaissance qu'elle suscite reposent sur une communauté d'origine, qui lie l'objet à son espèce et justifie la fonction représentative : un objet peut être connu dans la mesure où sa médiation cognitive dérive de la même source dont dérive l'objet lui-même. C'est dire que l'ordre de la connaissance est enraciné dans l'ordre ontologique et que l'origine de l'être est aussi la source ultime du connaître[5]. Ces remarques clarifient davantage la critique de notre auteur à l'égard de l'habitus connaturel : celui-ci est une disposition du sujet qui ne partage pas une communauté d'origine avec l'ensemble des objets de connaissance. Il ne saurait dès lors fournir à lui seul leur raison d'intelligibilité ; le recours aux espèces intelligibles – seules représentations adéquates, puisque dérivées des mêmes exemplaires dont procèdent les choses elles-mêmes – s'avère ainsi

quidquid est ergo per se in genere non potest sufficienter et proprie representare quod est in eodem genere ».

1. Cf. *ibid.* : « Multominus representare poterit quod est in alio genere, quia minorem convenientiam habet cum hiis que sunt in alio genere quam cum hiis que sunt in genere proprio ».

2. Cf. *ibid.* : « Ideo una res, loquendo de rebus existentibus, non potest aliam rem representare, quia duae tales res, sive sint in eodem genere sive non, non ab eadem idea nec ab eadem ratione in mente divina, sed ab alia et alia sunt producte ».

3. Cf. *ibid.*, 84vb : « Nullo modo habitus nec aliqua res per se in genere potest esse alterius rei sufficienter representativa ».

4. Cf. *ibid.* : « Sed, ut supra est diffusius declaratum, non sic est de rebus ut sunt in proprio genere et ut habent esse in mente angelica. Nam ab illis eisdem ideis a quibus processerunt res in proprio genere processerunt etiam in mente angelica. Et quia quecumque uni et eidem sunt similia, inter se sunt similia, oportet ipse species in mentibus angelorum esse similitudines rerum in proprio genere, eo quod he et ille easdem rationes imitantur et earundem idearum sunt similitudines ».

5. Cf. à ce propos A. D. Conti, *Conoscenza e verità in Egidio Romano*, cit. : la connaissance des anges n'y est toutefois pas prise en considération.

indispensable. L'enjeu de la problématique discutée ici est donc celui de la médiation nécessaire à toute relation cognitive : aucun sujet créé n'est en mesure d'atteindre directement son objet et de le connaître, car sujet et objet sont des extrêmes qui ne peuvent être mis en relation que par le recours à un moyen terme.

Alors que le deuxième argument invoqué par notre auteur en sa faveur n'apporte pas de nouveautés par rapport au premier[1], le troisième poursuit la démonstration en faisant appel à la définition de l'habitus comme disposition engendrée par l'exercice et habilitant une faculté à un certain acte[2]. En tant que disposition subjective qui rend apte à l'exercice d'une activité particulière, l'habitus se tient entièrement et exclusivement du côté du sujet et n'affecte en rien l'objet de l'agir. Il en va de même de l'habitus cognitif, qui est une aptitude du sujet et ne touche en rien à l'objet de connaissance[3]. Dès lors, puisque la connaissance exige l'assimilation du connaissant et du connu, les objets devront être présents dans la faculté cognitive angélique soit par eux-mêmes, soit par leurs similitudes représentatives. La première possibilité étant exclue, seules les espèces intelligibles s'avèrent aptes à représenter les objets et à engendrer la connaissance. La position d'Henri de Gand est donc à rejeter, car l'habitus de connaissance ne peut remplacer une présence de l'objet que notre auteur juge indispensable. Au travers de cette argumentation on assiste à la mise en évidence de l'altérité du connaissant et du connu et à l'affirmation de leur irréductibilité : la nécessité d'une médiation représentative capable de susciter le rapport cognitif n'en est que renforcée.

Dans la dernière étape de son enquête, Gilles discute les neuf arguments produits par le *Doctor solemnis*. Parmi les motifs majeurs de sa critique, retenons d'abord celui qui a trait à l'universalité de la connaissance : selon Gilles, bien que l'espèce intelligible soit causée par le phantasme d'une réalité singulière, elle peut néanmoins représenter l'objet dans son universalité – non pas en raison du phantasme dont elle dérive, mais en vertu de l'intellect qui la reçoit et qui la libère du *hic et nunc*[4]. On retrouve ici l'idée de la *medietas* de l'espèce intelligible : à

1. Gilles insiste ici sur le caractère déterminé de toute disposition : cette détermination, qui est le propre de toute créature, empêche l'habitus cognitif de servir de raison d'intelligibilité de tous les objets auxquels s'étend la connaissance des substances séparées. L'idée directrice est toujours celle de l'impossibilité pour un sujet créé de servir de médiation cognitive à l'égard de la totalité des objets. Une telle médiation vient d'ailleurs, à savoir des objets eux-mêmes pour le sujet humain, des idées divines pour les substances séparées, car elles jouissent du privilège d'une plus grande proximité des exemplaires divins d'après lesquels toutes choses ont été faites. De ce privilège dérive la capacité-nécessité de connaître « par soi, directement et distinctement » toute chose, quel que soit le genre auquel elle appartient, une prérogative qui requiert toutefois la médiation des espèces intelligibles.

2. Cf. *De cogn. ang.*, 84vb : « Habitus habilitat potentiam (...) ; habitus aggeneratus ex actibus, ut sicut ex frequenti citharizare habilitatur manus ad citharizandum (...), ita ex frequenti agere habilitatur potentia et aggeneratur inde habitus inclinans potentiam in illum actum ».

3. Cf. *ibid.* : « Non est ergo habitus representativus rei nec similitudo rerum, sed est habilitas potentie ad similes actus ».

4. Cf. *ibid.*, 85ra : « Dicemus quod species intelligibilis, cum sit causata a phantasmate particulari, potest esse representativa rei universalis non ratione phantasmatis, sed ratione intellectus recipientis. Eo enim ipso quod intellectus recipit speciem absque hic et nunc, oportet quod species illa ducat in

mi-chemin entre le phantasme et l'intellection, elle assure le passage de la connaissance sensible à la connaissance intellectuelle, qui pour l'homme est une saisie de l'universel dans les choses. Injustifiée déjà à l'égard de la connaissance humaine, l'objection de l'adversaire l'est donc à plus forte raison par rapport à la connaissance angélique, dont l'objet propre n'est ni l'universel ni le particulier, mais la chose dans son intégralité : *proprie obiectum intellectus angelici non est universale nec particulare, sed est res tota secundum suum totale esse*[1].

Cette considération doit retenir toute notre attention, car elle jette une lumière nouvelle sur le statut de la connaissance des substances séparées. De manière analogue à la conception averroïste de la connaissance divine – une connaissance qui n'est ni universelle ni particulière –, Gilles conçoit la connaissance des anges comme étant au-delà de toute dichotomie de l'universel et du particulier. N'étant pas tributaire du processus d'abstraction, qui est un procédé de séparation et de division, l'ange est capable de saisir immédiatement l'objet dans son unité et dans son intégralité (*res tota*), car il tient sa connaissance d'espèces dérivées des exemplaires divins dont sont issues les choses elles-mêmes[2]. Nous avons déjà rencontré cette considération chez Thomas d'Aquin[3] : comme chez l'Aquinate, dans la conception de Gilles elle contribue à promouvoir la subjectivité angélique au rang de subjectivité parfaite au niveau du créé.

Le deuxième motif qui mérite d'être retenu est relatif à l'infinité d'espèces que l'ange devrait posséder pour connaître tous ses objets. Gilles refuse cette conséquence pour deux raisons : la première est que l'ange ne possède pas les espèces des réalités possibles – qui sont effectivement en nombre infini –, mais seulement celles des réalités existantes, qui, elles, sont en nombre fini. La deuxième raison repose sur la modalité de la connaissance angélique en tant que saisie totale et immédiate de son objet : il s'ensuit que dans le cas des nombres, par exemple, les substances séparées les connaissent tous par la seule intellection du continu et de sa divisibilité à l'infini, sans faire recours à une espèce intelligible pour chacun d'eux[4]. La non-discursivité de la connaissance angélique fonctionne donc comme principe d'économie à l'égard des espèces intelligibles : alors que l'être humain ne peut se passer de faire appel à plusieurs d'entre elles, l'ange est doté d'une

cognitionem rei ut non sit hic et nunc. Et quia res sic considerata est universalis, non est inconveniens quod species causata a re particulari ducat in cognitionem rei universalis ».

1. *Ibid.*

2. Cf. *ibid.* : « Communiter dicitur quod sicut idee in mente divina sunt causative rerum secundum suum totale esse, videlicet secundum formam et materiam, sic species impresse in angelo ab ideis illis sunt representative rerum secundum suum totale esse ».

3. Cf. *S. theol.* I, 57, 2.

4. Cf. *De cogn. ang.*, 85rb : « Angelus non intelligit componendo et dividendo, sed intellecto subiecto intelligit predicatum et passiones subiecti. Cum ergo propria passio continui sit quod dividatur in infinitum (...), intelligendo continuum poterit intelligere ipsum semper dividi et hoc in infinitum. Numquam tamen intelligeret ipsum actu divisum in infinitum. Et quia quanto plus intelligit ipsum dividi, tanto intelligit plures partes eius et per consequens intelligit maiorem numerum et plures species numerorum (...). Ergo ex sola cognitione continui et habendo apud se speciem solum representantem continuum potest quot vult intelligere species numerorum intelligendo partes continui ».

capacité d'intuition qui embrasse d'un seul regard, c'est-à-dire par une seule espèce, la totalité des déterminations de son objet.

Le troisième point qu'il importe de relever concerne la justification de la fonction représentative des espèces intelligibles. Leur légitimité ne repose pas sur une relation causale entre la substance séparée et son objet, mais sur leur dépendance commune à l'égard d'une tierce réalité, qui est celle des idées divines, dont procède chaque chose à la fois dans sa nature propre et dans sa représentation intelligible[1]. Cette légitimation de la valeur objective de la connaissance angélique témoigne on ne peut plus clairement du statut intermédiaire de l'activité intellectuelle des anges. Ni cause de son objet, ni causée par lui, l'intellection des substances séparées désigne un rapport *sui generis* qui inscrit le sujet et son objet dans la trajectoire dessinée par la procession des choses à partir du principe premier. La connaissance angélique résulte d'une de ces modalités de dérivation des choses; sur le plan cognitif elle est une participation à ces idées, et sur le plan ontologique elle représente un mode d'être, à savoir la réalité intelligible et formelle de ses objets. Cette justification de la valeur objective des espèces fournit peut-être la critique la plus efficace, dans l'optique de notre auteur, de la thèse de l'habitus connaturel : celui-ci, en effet, n'est pas cause des objets de connaissance, pas plus qu'il n'est causé par eux. Il ne se situe pas non plus dans le prolongement du processus de dérivation des choses à partir des exemplaires divins. Il n'est par conséquent pas légitimé à représenter les choses et ne peut engendrer à lui seul leur intellection[2].

Il convient enfin de signaler un dernier motif, qui a trait au caractère volontaire de la connaissance angélique. Selon notre auteur le fait de posséder les espèces intelligibles n'entraîne pas la nécessité d'intelliger en permanence, car l'exercice de chaque acte d'intellection est soumis à une décision de la volonté, qui choisit de se tourner vers telle ou telle espèce. Sans intervention de la volonté, aucune espèce ne serait prise en considération et n'engendrerait un acte cognitif. Ainsi, le « trésor » de représentations intelligibles dont l'ange dispose représente la possibilité de connaître leurs référents objectifs, mais ne signifie pas que ceux-ci soient connus en acte à tout moment[3].

1. Cf. *ibid.*, 85va : « Dicemus ergo quod aliqua duo possunt sic se habere quod unum potest esse ratio intelligendi aliud : vel quia unum est productivus alterius, vel quia ambo sunt producta a tertio. Essentia enim divina est ratio intelligendi res quia est causativa rerum. Species intelligibilis in mente nostra est representativa rerum, non quia unum sit causatum ab altero, sed quia ambo sunt causata a tertio, ut quidem ab eadem idea processit res secundum propriam formam in propria natura et secundum speciem intelligibilem in mente angeli, ideo potest unum representare alterum ».

2. Cf. *ibid.* : « Habitus ergo ille non poterit representare aliquam aliam rem, quia non est productus ab eadem idea cum aliqua alia re ».

3. Cf. *ibid.* : « Species intelligibiles in mente angeli sunt subditae voluntati quantum ad causandum actum intelligendi, quia non possunt huiusmodi actum causare nisi voluntas se convertat super ipsas. Ideo intelligere ipsius angeli est voluntarium et species intelligibilis non semper causat actum intelligendi ». Dans les réponses aux objections qui achèvent cette longue question, Gilles reprend quelques unes de ses idées maîtresses. Parmi celles-ci, rappelons l'idée de la double nécessité des espèces intelligibles : d'une part pour représenter les objets matériels qui ne sont pas intelligibles par soi, et d'autre part pour rendre présent à l'esprit des réalités immatérielles qui ne peuvent être

Au terme de cette longue confrontation il importe de relever l'importance accordée par Gilles à l'opinion d'Henri de Gand. Elle se manifeste dans l'espace et l'attention qui lui sont donnés; elle est signifiée par l'appellation de *quidam magni*[1] référée à son défenseur, et elle trouve une écho dans le souci d'un compte rendu fidèle et détaillé : *fideliter recitavimus... et exquisite adduximus omnes rationes ipsorum*[2]. Il convient ensuite de mettre en lumière la signification philosophique de la position du philosophe belge : la négation de la nécessité des espèces au profit du seul habitus de connaissance équivaut à un refus de la primauté de la médiation objective dans la démarche cognitive. Ce refus repose sur l'idée de la non-réceptivité de l'intellect à l'égard du réel[3], sur celle de l'imperfection de la connaissance des sujets créés – hommes et anges[4] – et sur l'appel au principe d'économie[5]. Ces différents aspects sont solidaires d'une noétique qui fait de la connaissance principalement le résultat d'une illumination divine, bien que le concours de la réalité par le biais de l'espèce sensible (le phantasme) soit admis[6]. Il s'agit donc d'une noétique qui refuse la leçon péripatéticienne quant au rôle médiateur des formes intelligibles dans le processus cognitif, et ce, en toute vraisemblance, pour sauvegarder le lien et la dépendance immédiates à l'égard de la vérité première. Cette dépendance revêt la forme de l'*habitus scientialis*,

présentes par elles-mêmes aux facultés cognitives. Les espèces sont donc nécessaires à la connaissance que les substances séparées ont les unes des autres, car là aussi connaissant et connu sont des réalités hétérogènes et irréductibles, qui ne peuvent s'inscrire dans un rapport de connaissance réciproque que par le concours d'une médiation. Il convient enfin de relever une deuxième idée, celle de l'extension universelle de l'activité cognitive; contrairement aux formes naturelles inscrites dans un genre précis, la forme intellectuelle s'étend à la totalité des objets de connaissance; cette potentialité à l'égard de l'universalité des choses ne saurait être actualisée par une entité déterminée telle un habitus, mais nécessite la médiation objective des espèces : « Actio intelligibilis extendit se ad obiecta cuiuslibet generis, ideo una et eadem forma creata non potest esse sufficiens ratio ad intelligendum omnia » (*ibid.*, 86ra.).

1. Cf. *De cogn. ang.*, 82rb. Cette appellation référée à Henri de Gand est utilisée à plusieurs reprises par Gilles : cf. E. Hocedez, *Richard de Middleton*, Louvain-Paris, Spicilegium sacrum lovaniense, 1925, p. 437.

2. Cf. *De cogn. ang.*, 83rb.

3. Cf. *Quodl.* IV, qu. 21, fol. 136 H : « Necesse est quod (res) moveant animam rationalem secundum quod apprehendit eas, licet nihil imprimant in ea ».

4. Les sujets créés n'ont pas accès à la vérité des choses, mais uniquement à leurs similitudes : cf. *Summae quaest. ord.*, a. I, qu. 4 : « intelligentiae creatae non habent in se rerum veritates, sed solum eas habet in se prima intelligentia quae est deus, sed illae solum habent in se rerum similitudines »; dans le même sens cf. aussi *ibid.*, qu. 2.

5. Celui-ci semble répondre surtout à une exigence théologique, celle de l'immédiateté de la vision béatifique : cf. *Quodl.* IV, qu. 7, fol. 93 S : « Unde ad evellenda fundamenta opinionis illius (celle du recours aux espèces intelligibles) maxime circa dei visionem per essentiam nudam, primo supponendum est quod semper dignius est et melius ponere per pauciora et minora que possibile est poni per illa quam per plura ».

6. Cf. *Summae quaest. ord.*, a. I, qu. 3 : « Et propter hoc proxima et perfecta ratio cognoscendi sinceram veritatem de re quacumque perfecta, distincta atque determinata cognitione est divina essentia inquantum est ars sive exemplar rerum imprimens ipsi menti verbum simillimum veritati rei extra (...). Et nota quod licet talem conceptum perfecte similitudinis in mente format solummodo divini exemplar (quod est causa rei), cum hoc tamen ad conceptus formationem necessarium est exemplar acceptum a re ut est species et forma rei a phantasmate accepta ». À ce propos, cf. J. V. Brown, *Divine Illumination*, cit., et L. Spruit, *Species intelligibilis*, cit.

c'est-à-dire de la disposition subjective à recevoir l'illumination dans chaque acte d'intellection[1]. De la sorte, la conception d'Henri de Gand évacue la médiation objective que représente l'espèce intelligible et prive *ipso facto* l'ange de toute capacité de représentation à l'égard du réel, car, contrairement à l'être humain, il ne dispose pas des représentations sensibles. La richesse de l'ange comme intelligence *plena formis* est ainsi supprimée.

Une telle conception était inacceptable pour Gilles de Rome, convaincu que chaque substance intellectuelle est un microcosme intelligible et un miroir de la totalité du réel. Son opposition à la thèse de l'habitus montre bien que l'enjeu de cette confrontation est celui de la notion de médiation et de sa nécessité objective : aucun sujet créé ne peut satisfaire à lui seul ce besoin impérieux de toute relation cognitive. Aussi, Gilles ne s'attaque-t-il pas à l'idée de l'habitus comme tel, mais à celle de sa suffisance dans le rapport de connaissance. L'habitus est une disposition subjective qui favorise l'exercice de l'activité cognitive, mais qui ne saurait remplir la fonction représentative exigée par l'assimilation du sujet et de l'objet. L'idée de la nécessité des médiations repose par ailleurs sur la conviction que chaque entité est déterminée, unique et hétérogène par rapport aux autres réalités. Il n'y a donc pas de relation possible, cognitive ou autre, sans le concours d'un moyen terme. Les médiations rendent possible la relation entre des entités irréductibles; en tissant des liens, elles assurent la cohésion et l'ordre de l'univers. Les substances séparées, médiatrices par excellence, obéissent également à cette loi.

### *La fonction des espèces intelligibles*

Après avoir démontré la nécessité des espèces intelligibles, Gilles de Rome en précise la fonction par l'analyse de leur capacité à causer l'acte d'intellection : *Utrum species intelligibilis existens in mente angeli possit movere intellectum eius ad intelligendum*. En d'autres termes, étant donné la co-présence de la faculté cognitive et de la médiation représentative de l'objet, il reste à savoir ce qui suscite l'acte d'intellection de tel ou tel objet déterminé. Cette interrogation naît d'une difficulté issue de la confrontation avec une thèse du *De generatione et corruptione*, où Aristote soutient que la présence d'un habitus dans la matière fait cesser le mouvement[2]. Le cas échéant, la présence des espèces intelligibles devrait empêcher la dynamique de l'intellection[3]. Gilles s'oppose à une telle

1. Cf. Henri de Gand, *Quodl.* IX, qu. XV, fol. 383 X : « Attingendo autem illas incorporeas rationes illustratione quadam ab illa specie lucis aeternae, etsi non ut obiecto cognito sed ut ratione cognoscendi, cognoscit de illis sinceram veritatem quam ex sensibus et phantasmatibus haurire non posset. (...) Et per hoc anima habitus veros scientiales acquirit eorum quae intelligimus. Qui quidem habitus formatur in mente actibus intellectivis formatis nec tam ex sensibus et phantasmatibus quam ex ipsa luce aeternae veritatis et illustratione rationum aeternarum quae sunt ideales rationes quibus deus ab aeterno illa novit ».

2. Cf. Aristote, *De generatione et corruptione*, I, 7, 324b 16.

3. Cf. *De cogn. ang.*, 86rb : « Tota difficultas huius questionis in hoc videtur consistere quod, quia habitibus presentibus in materia cessat motus, ut dicitur in primo *De generatione et corruptione*, capitulo de actione et passione, ideo presentibus speciebus in intellectu cessabit motus; non ergo per illas se movebit intellectus ad intelligendum ».

conséquence et s'emploie à démontrer l'aptitude des représentations intelligibles à susciter l'intellection.

La première argumentation repose sur l'analogie entre certaines réalités naturelles et le processus intellectuel. Si l'on considère, par exemple, le mouvement naturel des corps vers le haut ou vers le bas, on constate que son principe est la nature du corps lui-même, car matière et forme sont ensemble la cause de tous les accidents qui inhèrent à la substance [1]. Par voie d'analogie, Gilles énonce alors le caractère naturel de l'intellection angélique et la nécessité que son principe lui soit intrinsèque; il s'ensuit que, de même que le principe du mouvement du corps lourd est la forme de ce corps, ainsi la cause de l'opération intelligible est la forme intelligible elle-même [2]. L'espèce est donc bel et bien le principe de la dynamique cognitive et sa présence n'empêche nullement l'acte d'intellection, qui, au contraire, est causé par elle [3]. Notre auteur précise toutefois que l'analogie avec le mouvement naturel des corps n'est pas totale, car ce mouvement est entièrement naturel, alors que l'intellection de l'ange présuppose un acte de volonté, c'est-à-dire le choix de considérer telle ou telle espèce [4]. L'ange est donc libre de la nécessité qui affecte le mouvement naturel des corps, car, comme chaque sujet doué d'intelligence et de volonté, il est maître de ses actes [5].

Notre auteur prouve ensuite qu'il n'y a pas de contradiction entre la thèse d'après laquelle l'ange déclenche et détermine lui-même son acte d'intellection et l'énoncé aristotélicien que « tout ce qui est mû est mû par un autre » [6]. Cet énoncé concerne en effet les réalités matérielles qui, incapables d'opérer un retour total sur soi, ne peuvent s'auto-affecter de manière à déterminer et à diriger leur mouvement par elles-mêmes. Cette condition n'est cependant propre qu'aux réalités quantitatives, dans lesquelles la matière empêche une réflexivité totale. Aussi, l'absence de matière suffit-elle à rendre possible le retour sur soi et l'autodétermination à l'égard du mouvement. C'est précisément le cas de chaque substance séparée qui, en tant que réalité simple et immatérielle, est capable d'une conver-

1. Cf. *ibid.*, 86va : « Nam, ex quo motus gravis deorsum est quoddam accidens naturaliter conveniens gravi, oportet quod ipsa natura gravis sit huius accidentis naturalis per se causa et principium (...); habet ergo in se grave unde movetur deorsum, non tamen propter hoc dicitur per seipsum deorsum movere, sed dicitur hoc habere a generante; nam illud idem agens quod dat formam dicitur dare omnia accidentia que consequuntur ad formam ».

2. Cf. *ibid.* : « Nam, cum intelligere naturaliter competat angelo, oportet quod huiusmodi accidentis naturalis aliquid sit in angelo per se causa et principium. Sicut ergo motus gravis per se causa et principium est forma gravis, sic motus intelligibilis et operationis intelligibilis per se causa et principium est forma intelligibilis ».

3. Cf. *ibid.* : « Cum actus intelligendi sit aliquid consequens speciem intelligibilem ».

4. Cf. *ibid.* : « Angelus non sic determinatur per speciem intelligibilem ad actum intelligendi, immo oportet quod per voluntatem determinet se et convertat se super aliquam specierum ad hoc quod actu intelligat per illam speciem ».

5. Cf. *ibid.*, 86vb : « Concedendum est quod motus quo movetur angelus ad intelligendum alia a se per speciem intelligibilem, quam habet apud se, sit simpliciter voluntarius ».

6. Cf. Aristote, *Physique* VII, 1, 241b 34 : « omne quod movetur ab alio movetur ». Aristote représente ici encore un point de référence incontournable.

sion immédiate sur soi et d'une réflexivité totale. L'ange peut donc s'autodéterminer : c'est dire qu'il est le principe suffisant de ses actes d'intellection[1].

Reste alors à clarifier la modalité de l'autodétermination angélique à l'égard de son activité cognitive. Ici encore l'analogie avec les réalités matérielles va servir de point de départ. À ce niveau, on peut observer deux modalités d'autodétermination en vue du mouvement : une première « par accident » – lorsqu'on supprime ce qui empêche le mouvement[2] – et une deuxième au moyen des parties qui composent une réalité[3]. Par ailleurs, les réalités composées peuvent former trois types de totalités[4] : il y a un « tout essentiel » (*totum essentiale*), lorsqu'une chose résulte de différents principes essentiels – c'est le cas des animaux composés de corps et d'âme ; il y a un « tout quantitatif » (*totum quantitativum*), lorsqu'une réalité matérielle est composée de plusieurs parties ; il y a enfin un « tout potentiel » (*totum potentiale*), lorsqu'une réalité se compose de plusieurs puissances – c'est le cas, par exemple, de l'âme humaine. Chacune de ces totalités est à l'origine de son propre mouvement (*totum movet seipsum*) dans la mesure où une partie suscite le mouvement d'une autre : ainsi, par exemple, l'âme se meut elle-même au moyen de l'intellect et de la volonté. À ces formes de totalités, Gilles en ajoute une quatrième, à savoir le *totum perfectibile* : il s'agit d'un tout *sui generis*, qui résulte de l'addition de plusieurs perfections. Appliquée au présent propos, cette typologie permet d'envisager l'ange comme un tout potentiel – puisqu'il possède deux facultés – et comme un « tout perfectible » – puisqu'il possède plusieurs perfections et est appelé à en acquérir d'autres.

À partir de ces considérations, Gilles constate une triple modalité d'autodétermination des substances séparées à l'égard de l'activité cognitive. Il se vérifie d'abord une dynamique *per accidens*, qui consiste à supprimer ce qui empêche l'intellection ; en effet, bien que l'intellect angélique soit apte à connaître en acte n'importe quelle espèce en sa possession et que chaque représentation puisse à son tour l'actualiser, toutes ne peuvent cependant pas le faire simultanément ; de là la nécessité de déterminer quelle espèce va l'informer : cette détermination est l'œuvre de la volonté qui, en choisissant une forme intelligible plutôt qu'une autre, supprime l'indétermination (*removet prohibens*) par l'option en faveur d'une espèce précise[5]. La deuxième modalité d'autodétermination est analogue à

1. Cf. *De cogn. ang.*, 86vb : « Subtrahas ergo a philosopho distantiam partium et loquaris de toto non habente partes, cuiusmodi est angelus ; quia est substantia que non dividitur, poterit esse ad se conversivum et poterit seipsum movere ad agendum. Angelus ergo seipsum intelligit et movet seipsum ad intelligendum ».

2. Cf. *ibid.* : « Dupliciter enim videmus aliquid movere seipsum in istis inferioribus, videlicet per accidens, sicut grave movet seipsum removendo prohibens ».

3. Cf. *ibid.* : « Alius modus est per partem, ut quia una pars movet aliam ».

4. Pour une typologie des différentes formes de totalité, cf. Boèce, *De divisione* (PL 64, p. 887-888), qui est vraisemblablement la source tacite de Gilles dans ce passage. Henri de Gand par contre utilise cette même typologie en référence explicite à Boèce : cf. *Summae quaestionum ordinariarum*, art. XLIII, qu. IV, t. II, fol. X, v.

5. Cf. *De cogn. ang.*, 87ra : « Sic et in proposito intellectus angelicus est aptus natus fieri actu qualibet specie existente in ipso et quelibet species in ipso existens est apta nata informare ipsum. Non autem possunt omnes simul ipsum actu informare. Oportet ergo quod fiat ibi aliqua determinatio

celle qui se vérifie dans un tout potentiel; en effet, puisque l'activité de l'intellect est déclenchée par une décision de la volonté, on peut affirmer que l'ange se meut lui-même, en ce sens qu'une de ses facultés suscite l'agir de l'autre [1]. La troisième modalité d'autodétermination concerne l'ange comme *totum perfectibile*, pour lequel chaque acte d'intellection représente une perfection ultérieure; il s'avère alors que l'ange est à la fois en acte par l'espèce intelligible qui l'informe et en puissance à l'égard d'actes d'intellection ultérieurs, qui représentent pour lui autant de perfections à acquérir; or, chaque substance séparée possède toujours et déjà ce qui actualise sa potentialité, si bien que l'ange qui est en puissance par rapport à ses actes d'intellection trouve en lui-même les espèces qui vont pouvoir actualiser sa potentialité; l'ange est ainsi le principe de sa dynamique cognitive, car il recherche sa perfection au moyen d'un agir dont il possède déjà le principe d'actualisation [2]. De ce triple point de vue, il est donc légitime d'affirmer que l'ange se meut lui-même et que cette prérogative lui revient à plus forte raison qu'elle ne revient aux réalités matérielles, car sa capacité réflexive lui permet d'être à la fois sujet et objet de son propre agir, agent et patient, moteur et mû.

Dans la suite de sa démarche, Gilles précise encore davantage la modalité de l'autodétermination angélique par l'analyse du caractère naturel et volontaire des actes d'intellection [3]. Notre auteur observe qu'au niveau humain la raison est le premier moteur de la connaissance par rapport aux actes d'intellection qui sont d'ordre naturel et, d'une manière générale, par rapport à ce qui n'est pas en notre pouvoir, alors que la volonté prime à l'égard de ce qui relève de notre *dominium*. Cette double détermination est présente également au niveau de l'activité cognitive des substances séparées, mais ici le clivage entre naturel et volontaire ne résulte pas de la distinction entre ce qui échappe à la maîtrise du sujet et ce qui lui est soumis, mais correspond à une différenciation des objets de connaissance: l'intelliger est naturel lorsque l'ange se connaît lui-même et ce qu'il porte en lui,

alicuius speciei per quam actualiter informet. Hoc autem fit per voluntatem convertentem specialiter super specien illam. Voluntas ergo determinans speciem removet indeterminationem ab ipsa specie que erat prohibens ne intellectum actualiter informaret. Igitur, prout voluntas comparatur ad speciem, angelus movet seipsum ad intelligendum quasi removendo prohibens ».

1. Cf. *ibid.*: « Rursus, prout voluntas comparatur ad intellectum, dicitur movere seipsum ad intelligendum prout totum potentiale per unam potentiam movet seipsum per aliam (...); secundum hoc ergo angelus movet seipsum ad intelligendum et est simul movens et motum (...); ut secundum voluntatem sit quid movens et secundum intellectum quid motum ».

2. Cf. *ibid.*, 87rb: « Angelus movet seipsum prout totum perfectibile per unam perfectionem movet seipsum in actu quantum ad aliam perfectionem. Ipsa enim substantia angeli (...) est in potentia ad ulteriorem perfectionem ut ad actum intelligendi (...); sic idem angelus movet seipsum et est in potentia et in actu, sed non eodem modo; sed ipse angelus per speciem intelligibilem est actu et est actionem intelligibilem facere, per potentiam vero intellectivam est in potentia et est actionem intelligibilem fieri et suscipere. Et hoc est perfectionis in angelo, quod, cum habeat in se potentiam intellectivam per quam est in potentia ad actionem intelligibilem fieri et suscipere, quod habet etiam in se speciem intelligibilem per quam est actionem intelligibilem facere ».

3. Gilles bâtit son analyse sur une confrontation entre Aristote, pour qui le désir domine l'acte cognitif (cf. *Métaphysique* XII, 7, 1072a; *De l'âme* III, 10) et Averroès, qui voit dans la raison le moteur premier de la connaissance (cf. *In Aristotelis De anima*, l. III, comm. 50-51, éd. Crawford, p. 518-520: en réalité la position d'Averroès est plus nuancée).

alors que son activité cognitive est volontaire lorsqu'il connaît les autres objets[1]. L'autoconnaissance est donc naturelle, car elle découle de la nature intellectuelle des substances séparées, si bien qu'elle les accompagne en permanence et leur est indispensable[2]. Or, puisque les natures intellectuelles connaissent par mode d'intuition, en se connaissant lui-même l'ange connaît de ce fait les espèces intelligibles présentes en lui ainsi que les objets qu'elles représentent, bien que ces derniers soient saisis d'une manière générale et confuse. Ces trois connaissances – de soi, de ses espèces et de leurs objets – sont donc naturelles pour l'ange, car leurs objets lui sont toujours présents. Ces intellections ne jouissent cependant pas toutes du même degré de clarté : en effet, la saisie des objets représentés par les espèces ne peut être claire et distincte que par l'intervention de la volonté, qui choisit une espèce déterminée sur laquelle l'intellect va se pencher et focaliser son attention[3].

Le choix de la volonté est ainsi requis pour pallier à l'incapacité angélique de saisir simultanément et distinctement la totalité de ses objets. La volonté n'en est pas réduite pour autant à exercer une fonction purement instrumentale à l'égard de l'intellectualité des anges : en effet, si d'une part elle intervient pour perfectionner et accomplir la faculté cognitive, de l'autre elle manifeste que le sujet connaissant n'est pas prisonnier d'une nature qui l'oblige, mais peut choisir les objets de son activité. L'intervention de la volonté signifie ainsi la maîtrise du sujet à l'égard de ses actes de connaissance. L'ange peut chosir l'instant, la durée et l'objet de son intellection, il n'est pas éternellement contraint de tout connaître ou de saisir tel objet plutôt qu'un autre. L'ange est certes capable de tout connaître, mais il peut ne pas tout connaître. Le *dominium*, déjà présent en partie dans l'activité cognitive humaine, caractérise donc à plus forte raison l'agir des substances séparées, dont l'immatérialité garantit une plus grande liberté à l'égard des conditions qui limitent les choix des êtres humains.

Au fil de l'analyse, l'importance accrue de la liberté finit par investir même l'autoconnaissance, dont Gilles avait pourtant explicité à maintes reprises le caractère naturel. En effet, si l'autoconnaissance est naturelle en ce qu'elle accompagne toujours le sujet angélique[4], la connaissance de soi et l'intellection d'autre chose ne sauraient être exercées simultanément de la même manière, car

1. Cf. *ibid.* : « Sic et in ipso angelo est aliquod intelligere quasi naturale et aliquid voluntarium. Nam, prout intelligit se et ea que sunt in ipso, huiusmodi intelligere est quasi naturale ; prout modo intelligit alia a se, tale intelligere est voluntarium ».

2. Cf. *ibid.* : « Dicemus quod angelus semper intelligit seipsum per essentiam suam. Ipsa enim essentia angeli, quia est quedam forma actu intelligibilis et est semper presens intellectui angelico, quia activum coniunctum passivo oportet illud agere illud pati, semper causabit intellectionem vel actum intelligendi in ipso intellectu angelico. Propter quod semper angelus intelliget seipsum et ea que sunt in ipso ».

3. Cf. *ibid.*, 87vb : « Intelligere ergo alia a se clare et distincte est quid voluntarium, quia hoc non competit angelo nisi per voluntatem se convertentem super istam vel super illam speciem quam habet apud se ».

4. Elle accompagne d'ailleurs aussi les intellections des autres choses : « Intellectio ergo aliorum non tollit in angelo intellectionem suiipsius » (*ibid.*)

l'attention tournée vers un objet affaiblit la saisie de l'autre[1]. Pour cette raison, une connaissance de soi claire et distincte requiert également l'intervention de la volonté, qui doit choisir son propre sujet comme objet privilégié d'intellection, et renoncer par là-même à orienter l'intellect vers l'espèce d'un autre objet.

Il importe de relever que cette précision dessine un rapport nouveau entre la nature et la liberté dans les substances séparées. Il apparaît en effet que les connaissances naturelles représentent un premier niveau des relations cognitives, objectivé dans la présence à soi et dans la possession des représentations de toutes choses. Ces rapports de connaissance sont des données de nature, si bien que l'ange les exerce toujours. Il s'agit par conséquent de connaissances de base, que l'ange possède à titre de fondement en vertu de son statut de substance purement intellectuelle. Mais à partir de cet horizon naturel, l'ange peut décider librement de son activité et de ses rapports de connaissance. Par son choix, il prend pleine conscience de son agir et cette conscience rend le contenu cognitif clair et distinct. La liberté se superpose ainsi à la nature comme un deuxième niveau, celui de la conscience, qui qualifie précisément les créatures rationnelles et intellectuelles et soustrait les substances séparées à la nécessité d'une activité naturelle qui en ferait des machines à connaissances.

Au terme de cette enquête sur la fonction de l'espèce intelligible il convient de retenir son double enjeu philosophique. Tout d'abord notre auteur corrobore la thèse de la nécessité d'une médiation représentative dans le rapport de connaissance. Cette thèse est développée et amplifiée à travers la fonction de moteur attribuée à l'espèce. Celle-ci n'est donc pas une présence passive dans la faculté intellectuelle, mais une présence capable de déclencher l'intellection et par là-même de perfectionner le sujet dans lequel elle se trouve. Cette capacité étant due au contenu objectif de la représentation, l'objet d'intellection se trouve valorisé, non pas en lui-même, mais en tant que moyen de perfectionnement du sujet connaissant. Le deuxième enjeu de cette question réside dans le caractère volontaire de la connaissance angélique. L'espèce est certes capable de susciter l'intellection, mais son contenu sera saisi de manière confuse si la volonté ne porte pas son choix sur lui. Le sujet doit décider de connaître telle ou telle espèce, dont la simple présence peut causer, mais ne cause pas nécessairement, l'acte d'intellection. L'ange est ainsi affirmé dans sa liberté, sans laquelle sa nature intellectuelle ne pourrait jamais déployer sa richesse. Le patrimoine d'espèces intelligibles demeure un trésor caché si l'ange ne se tourne pas délibérément vers lui. Cette intervention du libre arbitre comme condition nécessaire à une connaissance pleine et consciente représente une valorisation remarquable de la subjectivité angélique : l'intellectualité de sa nature est une richesse qui ne s'accomplit que par la liberté. Nous sommes ainsi amenés à constater une fois de plus que la réflexion angélologique – celle de Gilles comme celle de l'Aquinate – représente un espace théorique privilégié, où la réflexion est menée jusqu'au bout pour montrer, le cas

1. Cf. *ibid.* : « Intellectus enim intentus ad plura remisse et debiliter intelligit singula ».

échéant, l'émergence d'une subjectivité dont la nature intellectuelle est aussi un emblème de la liberté.

*Les espèces angéliques : acquises ou innées ?*

La dernière problématique relative aux espèces intelligibles discute un des thèmes les plus intéressants de l'angélologie médiévale, celui de l'origine de ces représentations : *Utrum intellectus angelicus intelligat per species innatas vel a rebus acceptas.* Ce thème figure parmi ceux dont la signification et la portée philosophiques apparaissent au grand jour en raison de la comparaison qu'il suscite entre la connaissance humaine et la connaissance angélique. Aussi, la question de l'origine des espèces intelligibles va-t-elle nous montrer très clairement la valeur et la fonction paradigmatique des substances séparées à l'égard des êtres humains. Nous allons retrouver chez Gilles de Rome les deux motifs majeurs rencontrés dans l'analyse thomasienne de la même question, à savoir l'origine divine des espèces et leur caractère *a priori* par rapport aux objets. Gilles nous en offre cependant une tractation beaucoup plus étendue et élaborée, d'un intérêt philosophique et historique tout à fait remarquable[1].

Il y a trois solutions possibles du problème soulevé ici. D'abord une *via media*, qui veut que les anges connaissent les réalités d'ordre universel par des espèces intelligibles innées et les réalités particulières par des représentations reçues des choses[2]. Les deux autres solutions sont antithétiques : l'une attribue à l'ange la

1. Cette VI^e^ question du *De cognitione angelorum* est structurée comme suit. Une introduction énumère d'abord les différentes opinions en la matière et précise d'emblée l'option de notre auteur : « Nos autem melius intelligimus et credimus veriorem esse opinionem illam, quod angeli omnia cognoscant per species innatas et quod nullam speciem a rebus accipiant » (89ra). Cette entrée en matière est suivie de cinq points. Le premier rapporte les difficultés soulevées par l'opinion contraire, celle qui veut que les espèces angéliques soient reçues des choses au même titre que les espèces de la connaissance humaine. Le deuxième point repère cinq différences entre l'intellect humain et l'intellect angélique. Sur cette base Gilles, dans le troisième point, résout les difficultés soulevées au départ. La quatrième et dernière étape de ce développement présente cinq arguments en faveur de la thèse défendue. Font suite, comme d'habitude, les réponses aux objections relevées dans la partie qui précède le corps de l'article.

2. Cf. *De cogn. ang.*, 89ra : « Quidam enim et magni ponunt angelos universaliter intelligere per species innatas, singularia vero per species a rebus acceptas ». L'opinion de ces « quidam magni » correspond à celle qui se trouve dans la *Summa fratris Alexandri*, où les anges sont considérés pourvus des espèces des formes universelles, mais réceptifs à l'égard du singulier : « dicendum quod cognitio naturalis rerum naturalium aut fuit quantum ad formas universales quae fuerunt omnes primitus creatae : et secundum hoc potuit esse per similitudines innatas vel a pricipio conditionis data. Magis autem videntur innatae quam post conditionem datae, ne videretur intelligentia angelica a principio esse quasi nuda (...). Cognitio autem singularium est per similitudines quas sibi capit ex rebus existentibus (...). Nec oportet ibi esse receptionem ad modum sensus vel speculi, cum non sit receptio per modum rei sensibilis, sed rei intelligibilis », *Summa theologica*, pars II, qu. 22, m. 3 ; éd. Quaracchi, t. 2, p. 184B-185B. La position de Bonaventure sur ce point est ambigüe : d'une part en effet il attribue aux anges une connaissance au moyen d'espèces innées, mais de l'autre il leur refuse une connaissance purement *a priori* et tient fermement à l'idée de leur réceptivité : « Angelus omnia cognoscit per species innatas, non quia non possit recipere species ; tunc enim si Deus crearet aliquid novum in specie, necesse esset angelum ignoraret ; quod si falsum est, posset recipere », *In II Sent.*, d. 3, a. 2, qu. 1 ; éd. Quaracchi, t. 2, p. 120. Signalons enfin que la « via media » rapportée ici est

connaissance de toutes choses par des espèces connaturelles, l'autre par des espèces acquises[1]. Gilles de Rome partage la thèse des espèces connaturelles ou innées et s'inscrit ainsi dans l'héritage d'Avicenne, du *Liber de causis*, d'Albert le Grand ou encore de Thomas d'Aquin – bref, dans la grande tradition gréco-arabe qui fournissait aux penseurs latins les instruments philosophiques susceptibles de préciser le statut des anges et de leur activité intellectuelle. La thèse des espèces acquises paraît à première vue moins facilement identifiable, mais elle était certainement défendue par des théologiens qui n'étaient pas prêts à concevoir les anges sur le modèle des intelligences des philosophes. Les autorités auxquelles ses partisans font appel et les préoccupations qui guident leurs arguments vont nous en apporter la confirmation. Ainsi, si nous laissons de côté l'épithète de *antiquorum (opiniones)*, l'option en faveur des espèces acquises peut être identifiée avec celle, par exemple, de Guillaume de la Mare[2] et être située par conséquent et sans hésitations dans le sillage de la condamnation de 1277[3]. Plusieurs indices vont confirmer cette hypothèse et montrer que le *De cognitione angelorum* de Gilles de Rome nous fournit sur ce point une prise de position claire et sans équivoque à l'égard de la censure d'Etienne Tempier. C'est dire que l'enjeu philosophique de cette problématique était de taille, si bien qu'il avait suscité la réaction de l'autorité écclésiastique et de ses censeurs : un aspect qui ne fait que confirmer l'hypothèse de la signification et de la portée philosophiques des angélologies de la fin du XIIIe siècle étudiées ici. L'importance de la thèse des espèces acquises dans le contexte culturel de l'époque – rappelons que Gilles a écrit le *De cognitione angelorum* à peine une dixaine d'années après la condamnation de 1277 – est confirmée par l'attention que notre auteur lui accorde. Le premier point de sa démarche relate de manière détaillée les difficultés soulevées par les partisans des espèces acquises à l'encontre de l'option en faveur des espèces

partagée aussi par Jean Peckham, qui dans le *Quodlibet* II, qu. 7-8 (éd. G. Etzkorn, Quaracchi 1989, p. 94-95) affirme ceci : « dico quod universalium et principalium mundi partium angeli cognitionem habent per species concreatas. Particularium autem generabilium et corruptibilium habent cognitionem per acquisitionem » (cette même opinion est formulée dans le *Quodlibet* IV, qu. 17, p. 213) ; et par Richard de Mediavilla, *In II Sent.*, d. III, qu. II, a. 6 (Brixiae 1591 ; repr. Frankfurt 1963, p. 64). Pour cette problématique cf. F. Prezioso, *L'attività del soggetto pensante nella gnoseologia di Matteo d'Acquasparta e di Ruggero Marston*, Antonianum, 25 (1950), p. 259-296.

1. Cf. *De cogn. ang.*, 89ra : « Antiquorum tamen opiniones tenuerunt vias extremas. Nam quidam sunt opinati quod angeli omnia cognoscunt per species concreatas, quidam vero quod omnia per species acquisitas ».

2. Cf. *Correctorium fratris Thomae*, I, a. 18 ; éd. P. Glorieux, Kain, Le Saulchoir, 1927, p. 79-84. Cet écrit date d'avant la fin de 1279 : cf. Th. Schneider, *Die Einheit des Menschen*, Münster, Aschendorff, 1973, p. 106-114.

3. La proposition 76 censurait la thèse « Quod angelus nihil intelligit de novo », *Chartularium*, cit., t. I, p. 547. Cette thèse résultait précisément de la conception selon laquelle les anges possèdent dès leur création les espèces de toutes choses (nous reviendrons sur ce point dans l'Appendice qui suit cette partie). Selon R. Hissette (*Enquête sur les 219 articles condamnés à Paris le 7 mars 1277*, Louvain-Paris 1977, p. 97) cette proposition provient du commentaire du *Liber de Causis* de Siger de Brabant. Dante Alighieri s'en est probablement inspiré lorsqu'il a mis sur la bouche de Béatrice une formule qui reprend les termes de l'article condamné (*Paradis* XIX, 79-81) : cf. à ce propos R. Imbach, *Notule sur le commentaire du Liber de causis de Siger de Brabant et ses rapports avec Thomas d'Aquin*, Freiburger Zeitschr. f. Phil. u. Theol., 43 (1996), p. 321.

innées, et le troisième point sera consacré à la solution de ces difficultés : la moitié du traité se rapporte donc à la thèse des adversaires.

Venons-en donc aux difficultés que les défenseurs de la thèse des espèces acquises opposent aux partisans de la connaissance au moyen d'espèces innées. La première réside en ceci, que les anges connaîtraient les réalités futures[1] : en effet, si l'ange n'était pas affecté par son objet, l'espèce qu'il en possède représenterait l'objet indépendamment de son existence ou de sa non-existence; par conséquent, l'ange connaîtrait de la même manière ce qui existe comme ce qui n'existe pas, ce qui est présent comme ce qui est futur[2]. La deuxième difficulté réside en ce que les substances séparées possèderaient une infinité d'espèces, car l'infinité des nombres ne pourrait être connue que par une infinité d'espèces correspondantes[3]. La troisième difficulté renverse les termes de la précédente pour affirmer que l'ange se servant d'espèces innées pourrait connaître une infinité d'objets par une seule espèce : les partisans de la connaissance par espèces innées concèdent en effet que l'ange connaît plusieurs objets par une seule espèce; mais si on admet une pluralité sous une même représentation, il n'y a pas de raison de ne pas admettre une infinité d'objets sous une seule espèce[4]. La quatrième conséquence inadmissible serait que l'ange ne connaîtrait pas distinctement les réalités singulières : en effet, ne pouvant posséder les espèces de toutes les réalités singulières, l'ange connaîtrait ses objets à travers les représentations de leurs genres ou de leurs espèces; mais de telles représentations ne sauraient rendre compte du particulier qu'en tant qu'il est compris sous sa raison spécifique; l'ange ne pourrait donc pas

1. Cf. *De cogn. ang.*, 89ra : « Primum inconveniens est, quia hoc posito sequitur, ut dicunt, quod angelus cognosceret futura ». Cette première difficulté est soulevée par Guillaume de la Mare en ces termes : « si ergo angeli per species connaturales possunt cognoscere distantia sequitur quod per easdem possunt cognoscere futura et non entia, quod est contra Damascenum » (cf. *Correctorium*, cit., a. XVIII, p. 80).

2. L'exposé de cette difficulté est suivi d'une « declaratio » qui n'apparaît pas telle quelle dans le *Correctorium* de Guillaume de la Mare, mais qui correspond à son contenu : elle consiste à dire qu'une espèce ne peut représenter les variations de son objet (dans le *Correctorium*, a. XVIII, on lit que « singularia omnia variabilia sunt et mutabilia ») que si celui-ci provoque des variations dans l'espèce qui le représente; par conséquent, si l'ange connaissait par des espèces innées, il connaîtrait ses objets indépendamment de leurs variations, de leur existence et de leur présence.

3. Cf. *De cogn. ang.*, 89rb : « Secundum inconveniens sic patet. Nam, si angelus non cognoscit nisi per species innatas, ergo numeros cognosceret per species innatas. Sed species numerorum sunt infinite; ergo vel habet apud se infinitas species, vel oportet quod de novo recipiat species ». Cette difficulté figure aussi chez Guillaume : « video quod singularia omnia variabilia sunt et mutabilia; modo quaero : aut angelus habet tot species unius rei quot modis res ipsa variatur, vel unam tantum; si primo modo, ergo habet infinitas vel innumerabiles » (*Correctorium* a. XVIII, p. 79). L'exemple des nombres ne figure pas chez Guillaume, mais bien chez Henri de Gand (*Quodl.* V, qu. 14, 174 Z-A).

4. Cf. *De cogn. ang.*, 89rb : « Tertium inconveniens sic ostenditur. Sequitur enim ex ista positione quod angelus possit cognoscere infinita, quia si angelus non cognoscit nisi per species innatas, oportet quod cognoscat plura per unam speciem, quod concedunt omnes tenentes huiusmodi positionem. Sed qua ratione per unam speciem possunt cognoscere plura, pari ratione possunt cognoscere infinita ». Cette difficulté ne figure pas dans le *Correctoire* de Guillaume de la Mare.

connaître distinctement les réalités singulières[1]. La cinquième et dernière difficulté est apparentée à la première : elle soutient que l'ange connaîtrait de la même manière les réalités proches et les réalités lointaines, ce que les partisans des espèces acquises ne peuvent admettre[2].

Cette dernière critique manifeste clairement que pour les adversaires de Gilles la relation cognitive exige la présence réelle de l'objet et non pas seulement sa représentation. C'est la raison pour laquelle la connaissance d'une chose au moyen d'une espèce dont on dispose déjà est une connaissance imparfaite, à moins que l'espèce ne soit modifiée par la présence réelle de son référent. La connaissance est donc comprise ici comme un rapport de réceptivité totale et directe à l'égard de l'objet. De là l'équation étonnante entre les objets réels, mais lointains, et des réalités futures, qui ne sont que possibles : *distantia et non existentia eodem modo se habent ad notitiam.* Dans cette optique il n'y a de connaissance que par la présence actuelle de l'objet, dans sa nature et dans son être.

L'aspect problématique et inacceptable de cette conception réside pour Gilles de Rome en ce que la réceptivité directe et totale à l'égard de l'objet est posée comme condition de la connaissance angélique. En d'autres termes, les partisans de la connaissance par espèces acquises concevaient la connaissance angélique de manière tout à fait semblable à la connaissance humaine et par conséquent soumise à la même condition de réceptivité. De ce fait, c'était le statut des substances séparées dans son ensemble qui faisait l'objet d'un regard « trop humain », c'est-à-dire d'une vision qui, dans l'optique de Gilles comme dans celle de Thomas, paraissait bien trop anthropomorphique. Cet aspect peut être aisément vérifié à travers une affirmation de Guillaume de la Mare, qui, en critiquant la thèse

1. Cf. *ibid.* : « Quartum inconveniens sic declaratur. Nam si angelus cognoscit per species innatas non habebit distinctam cognitionem rerum particularium. Constat autem quod non possumus ponere angelum cognoscere per species innatas habendo apud se species particularium. Cognoscet ergo particularia per species specierum ... sed illa species non est distincta ratio rei particularis. Naturaliter ergo angelus proprie et distincte singularia cognoscere non poterit ». Cette difficulté est formulée en d'autres termes par Guillaume : « si (angelus) habet unam tantum (speciem), aut ergo variabilem et mutabilem secundum mutationem rei, aut invariabilem ; si invariabilem, ergo numquam perfecte et vere cognosceret ipsam rem (...), et ita necessario incomparabiliter plus ignorabit de illa re quam cognoscet » (*Correctorium*, a. XVIII, p. 79).

2. Cf. *De cogn. ang.*, 89rb : « Quintum inconveniens sic patet. Nam, si angelus cognosceret per species innatas et nisi reciperet a rebus, ita intelligeret longinqua sicut propinqua, quod videtur falsum ». La preuve rapportée par Gilles était tirée d'un épisode des « Vitae patrum », où on lisait qu'un moine en prière put empêcher un démon, envoyé par l'empereur Julien, d'avancer sur son chemin pour connaître ce qui se passait en Occident et le rapporter à l'empereur : cette anecdote voulait signifier que la distance et l'éloignement représentent des empêchements à la connaissance des démons comme à celle des anges. Cette difficulté est évoquée en toutes lettres par Guillaume : « Si enim angeli intelligunt per species connaturales, cum in speciebus connaturalibus non fiat variatio propter distantiam rerum et propinquitatem, sequitur quod non fiat per eas diversa cognitio, sive res sint distantes sive propinque. Sed contra, videtur nobis falsum. Manifeste enim experimur quod non aliter cognoscimus distantia quam simpliciter non entia » (cf. *Correctorium,* a. XVIII, p. 80). On trouve par ailleurs chez Guillaume une considération analogue à celle qui était tirée de l'épisode de la vie des Pères : « Si enim (angeli) non cognoscerent nisi per species innatas, et non per acceptionem a rebus, nihil posset ei abscondi ; nihil enim potest abscondi nisi quod cognoscitur per receptionem. Sed diabolo possunt multa abscondi. Ergo ipse cognoscit per acceptionem a rebus » (*ibid.*).

thomasienne de l'inégalité spécifique des anges, déclare que *firmiter tenemus quod homines possunt esse aequales angelis*[1]. La thèse en faveur des espèces acquises n'était ainsi qu'un des corollaires d'une conception rapprochant très manifestement la condition angélique de la condition humaine[2].

*Intellectualité angélique et intellectualité humaine*

Afin de répondre pertinemment aux critiques de ses adversaires, Gilles s'engage dans la mise en évidence des différences fondamentales qui séparent l'intellect de l'ange de l'intellect humain et à distinguer par là-même le statut des substances séparées de celui des êtres humains.

La première différence concerne l'objet de connaissance. Alors que celui de l'intellection humaine est l'essence des choses et non pas leur être, l'objet de la connaissance angélique est la chose toute entière, dans son être comme dans son essence[3]. Notre auteur illustre sa thèse comme suit : les sens externes permettent à l'être humain de juger de l'existence des choses, car les sens ne sont affectés que par la présence actuelle du sensible, et celui-ci ne peut être présent que s'il existe réellement[4]. L'intellect en revanche ne reçoit pas immédiatement sa connaissance du sensible – car le sensible comme tel ne peut affecter la faculté intellectuelle –, mais des phantasmes, qui restent présents dans le sujet connaissant même en l'absence du sensible. Ainsi, l'intellect humain ne juge pas à proprement parler de l'existence des choses, car il les connaît au moyen de représentations indépendantes de la présence actuelle de l'objet. La modalité qui spécifie la démarche de notre intellect confirme ce fait : en connaissant par abstraction, l'intellect a accès à la nature des choses précisément en tant que séparée de son existence dans le sensible[5].

Il n'en est pas ainsi de l'intellect des substances séparées. Celui-ci en effet n'exerce pas un rapport de causalité à l'égard de ses objets – ce qui caractérise la connaissance divine –, pas plus qu'il ne subit une causalité de leur part – ce qui spécifie la connaissance humaine. La connaissance angélique résulte au contraire – comme on a déjà relevé – de la dépendance commune du sujet et de l'objet à l'égard d'une troisième réalité, à savoir les idées divines dont procèdent les réalités créées dans leur propre nature et les formes intelligibles dans l'intellect des anges : *non enim est ibi cognitio rei quia unum causetur ab alio, sed quia ambo*

1. *Correctorium*, a. XLIII, p. 188.

2. Cf. notre étude : *Les anges et la philosophie*, cit., en particulier l'Appendice qui suit la première partie.

3. Cf. *De cogn. ang.*, 89va : « Prima est quia obiectum per se intellectus nostri est res secundum suam quidditatem, non secundum esse, sed intellectus angelici est res secundum suum esse et quidditatem ».

4. Cf. *ibid.* : « Per exteriores sensus possumus iudicare de ipso esse rerum. Cuius ratio est, quia exteriores sensus non immutantur nisi praesentibus sensibilibus. Sensibilia autem non possunt esse presentia nisi actu existant in rerum natura ».

5. Cf. *ibid.* : « Nam, cum intellectus intelligat per abstractionem a sensibilibus, oportet quod ipsa quidditas abstracta sit per se obiectum intellectus. Non autem est obiectum eius secundum esse quod habet in sensibilibus ».

*causantur a tertio... ut quia ab eisdem ideis a quibus fluunt res in propria natura fiunt in cognitione angelica*[1]. La relation cognitive des substances séparées échappe ainsi totalement à la causalité qui contraint la connaissance humaine à la réceptivité et à la saisie partielle de son objet. Par ailleurs, en raison de leur dérivation des exemplaires divins, les espèces angéliques représentent les choses dans leur intégralité, si bien que l'intellection de l'ange n'est pas limitée à l'un ou l'autre aspect, mais saisit l'objet à la fois dans sa nature et dans son être[2]. Cette première différence manifeste un aspect important de cette noétique angélologique, à savoir que la connaissance n'est ni premièrement ni exclusivement synonyme de réceptivité, mais équivaut à une assimilation entre le sujet et l'objet qui s'inscrit dans la dynamique d'assimilation des choses (du « se rendre semblable à ») au principe premier en tant que source d'être et horizon ultime de la connaissance.

La deuxième différence, apparentée à la première, précise ultérieurement en quoi consistent les objets respectifs des deux facultés cognitives. L'intellect humain a pour objet propre l'universel abstrait des réalités singulières, l'intellect angélique saisit au contraire le particulier dans son intégralité[3]. La raison de cette différence résulte des considérations précédentes : la démarche intellectuelle humaine, en procédant par abstraction, n'a accès qu'à la composante de l'objet susceptible d'être universalisée, alors que l'intellect des substances séparées saisit la nature de chaque réalité en tant qu'unie à son être[4].

La troisième différence concerne la modalité de la connaissance. Notre intellect ne peut pas intelliger plusieurs objets distinctement par une seule intellection simple, alors que l'ange le peut[5]. Les substances séparées connaissent en effet par voie d'intuition, de telle sorte qu'elles peuvent saisir plusieurs contenus par une seule notion simple. Les êtres humains par contre procèdent de manière discursive, si bien qu'il ne peuvent saisir une pluralité que par le recours à un énoncé complexe[6]. Cette différence doit être ramenée à une considération

1. *Ibid.*, 89vb. Comme chez Thomas d'Aquin, ici aussi l'autorité d'Augustin vient corroborer l'idée de la procession des choses dans l'esprit des anges.

2. Cf. *ibid.* : « Bene ergo dictum est quod cognitio angelica est per assimilationem et quod in intellectu angelico est similitudo rerum, non quod unum causaret illud nec quod unum assimiletur sibi aliud, sed quia ambo causantur a tertio. Ergo per relationem ad tertium ut per relationem ad ideas divinas, a quibus causata est cognitio angelica, investigandus est modus cognitionis eius. Igitur, ut communiter ponitur, quod idee divine sunt productive totius rei et quantum ad quidditatem et quantum ad esse, species in mente angelica ab illis ideis derivate totius rei sunt representative. Obiectum ergo intellectus angelici est res tota secundum esse et quidditatem ».

3. Cf. *ibid.*, 89va : « Secunda differentia est quia obiectum intellectus nostri per se est universale, non particulare. Sed intellectus angelici etiam ipsum particulare est obiectum ».

4. Cf. *ibid.*, 89vb : « Patet quod per se obiectum intellectus nostri non potest esse particulare, sed universale, cum huiusmodi intellectus per se non feratur in ipsam rem secundum esse quod habet in rerum natura, sed secundum quod est abstracta a tali. Sed obiectum intellectus angelici est ipsum particulare, cum huiusmodi intellectus feratur in ipsam rem ut est coniuncta suo esse ».

5. Cf. *ibid.*, 98va : « Tertia est quia per unum simpliciter intelligere non potest intellectus noster plura distincte (intelligere), intellectus autem angeli potest. Et dico per unum simplex intelligere, quia per intelligere compositum potest intellectus noster intelligere plura ».

6. Cf. *ibid.*, 89vb-90ra : « Nam intellectus angeli quantumcumque plura intelligat, numquam format enunciationem, sed formando simplex verbum potest plura intelligere, licet non in eo quod

formulée précédemment, à savoir que la connaissance humaine résulte d'un rapport de causalité exercé par l'objet : aussi, dès lors que sa réceptivité l'oblige à se conformer entièrement à l'objet, l'homme ne pourra connaître plusieurs contenus qu'en étant informé par plusieurs espèces. Cette dépendance à l'égard de l'objet est un signe de la faiblesse des facultés cognitives humaines, incapables de saisir la réalité par leur seul pouvoir. Les substances séparées, au contraire, projettent sur leurs objets une lumière intellectuelle qui les saisit entièrement, parfaitement et instantanément. En précisant les modalités cognitives respectives, cette différence met en évidence la supériorité de l'intellectualité angélique à l'égard des facultés humaines : une supériorité indispensable dans l'optique de Gilles et de tous ceux qui accordaient au schéma de l'ordre des choses une valeur normative. Les formules employées ici sont significatives à cet égard : *intellectus noster ita parum habet de lumine intellectuale et ita modicum viget acumine intellectus (...). Angelus sic viget acumine intellectus, quia cognoscendo aliquid statim cognoscit ea que coniuncta sunt illi (...); ex imperfectione igitur intellectus nostri est quod cognita re non cognoscit ea que sunt in re nisi componendo illa cum re ipsa, et ex perfectione intellectus angelici accidit quod non ex compositione sed ex simplici latione fertur in rem et in ea que sunt in re ut habent ordinem ad ipsam rem*[1].

C'est là en réalité le nœud de la divergence qui oppose notre philosophe aux partisans des espèces acquises, car le vrai enjeu de cette confontation est celui du statut de la subjectivité angélique : nécessairement supérieure à la condition humaine pour le nôtre, beaucoup plus proche de l'humaine pour ceux qui portaient sur les anges un regard éminemment théologique, soucieux de l'économie du salut et peu sensible à l'égard d'un ordre des choses pourtant instauré par la sagesse divine. Dans l'optique philosophique de Gilles, en revanche, l'ange peut connaître une pluralité dans et par l'unité en vertu de sa proximité du principe premier, qui est un et qui lui donne de participer de son unité. L'ordre de disposition des créatures par rapport au créateur intervient en effet de manière déterminante et efficace dans l'être et dans l'agir de chaque réalité. L'égalité entre des niveaux d'être différents est donc impensable, car non conforme à la disposition divine.

Il nous faut maintenant prêter une attention particulière à la cinquième et dernière différence, que notre auteur juge très importante (*valde notanda*). Elle réside en ce que nous ne pouvons pas connaître quelque chose de nouveau sans modification de notre faculté cognitive, alors que l'intellect angélique le peut sans subir aucune modification[2]. Comme il a été souligné précédemment, l'objet de l'intellect angélique est la réalité singulière dans son intégralité. Celle-ci peut

plura. Intellectus autem noster non potest intelligere plura nisi componendo et enunciationem formando ».

1. *Ibid.*, 90ra. Cette différence de perfection constitue le quatrième élément de distinction entre l'intellectualité angélique et celle des hommes : « Quarta differentia (...) annexa est differentiae tertiae. Nam intellectus noster ita parum habet de lumine intellectuali (...) » (*ibid.*).

2. Cf. *ibid.*, 89va : « Quinta et ultima differentia est quia intellectus noster non potest de novo intelligere aliquid nisi aliqua immutatio in ipso fiat. Intellectus autem angelicus potest incipere aliquid de novo intelligere nulla immutatione in ipso facta ».

varier de deux manières : soit en elle-même (*secundum se*), soit dans ses déterminations accidentelles (*quantum ad accidentia*). De même, l'ange connaîtra quelque chose de nouveau dans deux cas : lorsqu'il y a génération d'un être nouveau et lorsque se vérifient des changements au niveau des accidents d'une substance déjà existante. Toutefois, ces contenus nouveaux sont connus de l'ange par la simple conversion sur une espèce qu'il possède déjà. En effet, dans le premier cas, si par exemple un bébé vient au monde, en considérant l'espèce « être humain » l'ange connaîtra ce nouvel être – qu'il ne connaissait pas auparavant puisqu'il n'existait pas –, car sa lumière intellectuelle lui permet de saisir d'un seul regard tout ce qui se rapporte à l'espèce qu'il considère[1]. De même, et à plus forte raison, par la conversion sur l'espèce intelligible d'une réalité donnée il connaîtra les variations accidentelles qui l'affectent. Par conséquent, les substances séparées connaissent des contenus nouveaux sans être affectées par l'objet qui change, mais en saisissant le changement lui-même en tant qu'il est déjà compris dans l'espèce représentative de la chose[2].

En d'autres termes, les espèces dont l'ange dispose sont des représentations parfaites qui incluent toute modification possible de la chose représentée. L'ange n'a donc pas besoin d'une espèce nouvelle pour un objet (ou des accidents) nouveau, mais possède d'ores et déjà la représentation de ce qui pourrait devenir *ex novo* et de ce qui peut changer dans l'existant donné. Chaque substance séparée est donc véritablement un microcosme intelligible, capable d'intelliger en acte la totalité des étants et de saisir en puissance leur devenir. Que l'ange connaisse une réalité dans son intégralité signifie donc qu'il peut saisir à tout moment les changements qui l'affectent sans que sa faculté intellectuelle soit modifiée pour autant. Ainsi, contrairement à l'être humain, qui par un seul acte d'intellection ne connaît qu'un universel invariable – et qui doit être modifié ultérieurement pour en connaître davantage ou pour saisir un autre objet –, l'ange est indépendant de tous les objets, qu'il saisit par sa seule lumière et acuité intellectuelle[3]. Comme Gilles l'avait annoncé, cette dernière différence entre la connaissance humaine et celle des anges est de prime importance, car elle va au cœur du problème en excluant toute réceptivité dans le rapport cognitif des substances séparées et en montrant la force de leur intellectualité. L'enjeu philosophique des cinq

1. Cf. *ibid.*, 90rb : « Angelus poterit dupliciter intelligere aliquid de novo quod prius non intelligebat. Primo per generationem particularium hominum, secundo per variationem accidentium in ipsis particularibus. Nam, si manente conversione angeli super specie hominis, incipiat Sortes tunc esse homo, incipiet angelus intelligere Sortem quem prius non intelligebat. Dictum est enim quod angelus propter plenitudinem sui luminis et propter acumen sui intellectus intelligendo aliquid intelligit ea que coniuncta sunt illi ».

2. Cf. *ibid.*, 90rb : « Et quia Sortes nunc generatus incipit in se habere naturam humanam actu et esse coniunctus illi nature actu, quam prius habebat in potentia et cui prius coniungebatur in potentia, propter quod angelus suum intelligere actu quem prius intelligebat in potentia non per mutationem sui, quod informetur alia specie, sed per mutationem Sortis, qui de novo coniungitur nature humanae et per consequens de novo representatur per speciem representantem humanam naturam ».

3. Cf. *ibid.* : « Quia ergo obiectum intellectus nostri, quod est ipsa quidditas, est invariabile, ideo non possumus aliquid de novo intelligere per variationem factam in obiecto, sed solum per variationem factam in intellectu nostro. Intellectus autem angeli hoc potest ut est per habita manifestum ».

différences posées par notre auteur réside précisément dans l'affirmation de la valeur de l'intellectualité des anges et dans celle de la distinction fondamentale et irréductible entre la condition angélique et la condition humaine[1].

*Solution de quelques difficultés*

L'exposé des différences entre l'intellect humain et l'intellect angélique va servir de base à la solution des difficultés soulevées par les adversaires. Les problèmes évoqués par les partisans de la thèse des espèces acquises reposent en réalité sur une conception des substances séparées que Gilles de Rome ne peut admettre. C'est pourquoi sa réponse consiste d'abord à relever et à critiquer les deux présupposés sous-jacents à la conception des opposants. La première fausse supposition consiste à croire que l'être des choses se rapporte accidentellement à l'intellect des substances séparées[2]. Dans l'optique de notre auteur, une telle idée est inacceptable, car toutes les créatures procèdent du créateur selon une double modalité : dans l'esprit des anges d'abord et dans leur propre nature ensuite. Dès lors que l'être de toutes choses possède une réalité intelligible dans l'esprit des substances séparées et que cette modalité d'existence leur vient de Dieu lui-même, l'idée d'un rapport purement accidentel entre les anges et le reste du créé devient insoutenable. Bien au contraire, chaque chose se trouve dans un rapport essentiel avec l'esprit des créatures spirituelles, car celui-ci est dépositaire d'une modalité de leur existence. Les adversaires de Gilles méconnaissent ce rapport et conçoivent les relations cognitives des anges à partir du modèle des rapports cognitifs humains. La différence fondamentale qui sépare ces deux conditions exige alors d'être réaffirmée.

Le deuxième présupposé erroné a trait à la dernière différence relevée auparavant. Il consiste à croire que l'ange ne peut rien connaître de nouveau sans modification de sa faculté intellectuelle[3]. La fausseté de ce présupposé a déjà été prouvée. Aussi Gilles ne reformule-t-il pas sa démonstration, mais relève habilement le motif sous-jacent à la conception de ses adversaires et des censeurs de

1. À cette signification philosophique s'ajoute une valeur historique de premier ordre. La problématique soulevée par la cinquième différence reprend en effet explicitement les termes de l'article 76 de la condamnation promulguée en 1277 : « Quod angelus nihil intelligit de novo » – ce qui confirme par ailleurs l'appartenance des interlocuteurs de Gilles au courant de pensée issu de cette condamnation. La démarche de notre auteur s'avère être ainsi une prise de position à l'égard de cette censure écclésiastique. Sa réponse était double, car si d'une part Gilles admettait, avec les adversaires, la possibilité que l'ange connaisse quelque chose de nouveau, de l'autre il excluait tout affection de la faculté cognitive angélique et déplaçait la nouveauté du côté de l'objet connu. De la sorte, derrière l'apparence d'un accord, il ébranlait le fondement de la pensée des adversaires, qui résidait dans la réceptivité des anges à l'égard des nouveaux contenus de connaissance. Dix ans après la censure de 1277, Gilles de Rome réitérait ainsi la thèse de la connaissance *a priori* des substances séparées, de leur intellection au moyen de représentations innées, indépendantes de leurs objets. La fermeté de ce propos répondait à des exigences philosophiques auxquelles Gilles n'était pas prêt à renoncer, et que l'ensemble de cette étude permettra de dégager.

2. Cf. *De cogn. ang.*, 90rb-90va : « Plures illarum difficultatum supponebant quod esse rei per accidens comparetur ad intellectum angelicum ».

3. Cf. *ibid.* : « Supponebant etiam quod non posset angelus aliquid de novo intelligere sine mutatione sui, sicut nec intellectus noster ».

1277 : il s'agit de l'imperfection de l'ange, de sa mutabilité et finalement de sa créaturalité. Pour les adversaires, en effet, exclure une telle mutabilité aurait signifié égaler l'ange à Dieu : *si (angelus) non esset quid mutabile, esset actus purus*[1]. C'est donc bel et bien le statut de l'ange qui est en jeu ici, un statut que les opposants se soucient de rapprocher de celui des êtres humains. Notre auteur, de son côté, admet la mutabilité des substances séparées ainsi qu'une certaine potentialité de leur connaissance, mais maintient fermement l'idée de la non-réceptivité à l'égard des objets : *Novitas enim intelligentie semper arguit scientie imperfectionem. Quidquid enim de novo intelligit, quod prius non intelligebat, aliquid accrescit scientie sue et per consequens habet scientiam imperfectam. Sed huiusmodi novitas non semper arguit mutationem in ipso intellectu nisi sit talis intellectus quod acquirat a rebus (...). Arguit ergo huiusmodi novitas quod angelus sit quid mutabile (...), sed non oportet quod huiusmodi mutatio semper sit ex parte intellectus. Potest enim esse solum ex parte rei*[2].

À partir de ces considérations notre philosophe aborde et résout chaque difficulté. La première avait trait à la connaissance du futur. Celle-ci étant assimilable à la connaissance de quelque chose de nouveau, Gilles y répond dans les termes que nous venons de rappeler : l'ange connaît des objets ou des évènements nouveaux par la considération des espèces dont il dispose déjà, car chacune de ses représentations inclut toutes les variations de l'objet représenté. L'ange ne connaît donc pas le futur de manière actuelle, mais le connaîtra dès qu'il se réalisera, car il est d'ores et déjà présent en puissance dans les espèces dont il dispose[3]. La deuxième difficulté, relative à l'infinité d'espèces, ne retient pas l'attention de notre auteur, qui renvoie aux considérations formulées à l'égard de l'option en faveur de l'habitus connaturel. Le troisième problème touchait à la connaissance d'un nombre infini d'objets par une seule espèce. Gilles répond en rappelant qu'une espèce angélique ne représente des réalités particulières qu'en tant qu'elles subsistent dans une nature et lui sont rattachées. Dès lors, puisqu'une nature ne peut pas inhérer simultanément et de manière actuelle à une infinité d'entités particulières, il est impossible qu'une seule espèce représente une infinité d'objets à la fois[4]. À propos de la quatrième difficulté, selon laquelle les anges ne connaîtraient pas distinctement les entités singulières, Gilles répond que cet inconvénient se vérifie dans la connaissance humaine, mais ne concerne pas la

1. *Ibid.* L'immutabilité des substances séparées a été également censurée en 1277 : « Quod in substantiis separatis nulla est possibilis transmutatio; nec sunt in potentia ad aliquid, quia eternae et immunes sunt a materia » (*Chartularium*, cit., art. 71, p. 547).

2. *De cogn. ang.*, 90va.

3. Cf. *ibid.* : « Angelus cognoscendo naturam aliquam cognoscit particularia coniuncta illi nature et cognoscendo subiectum cognoscit accidentia illi subiecto coniuncta. Et quia aliqua particularia incipiunt de novo subsistere in aliqua natura et esse coniuncta illi nature et etiam quia aliqua accidentia incipiunt de novo existere in subiecto et esse illi coniuncta, ideo potest incipere angelus ex sola mutatione rerum sine mutatione sui talia de novo cognoscere ». Gilles va traiter *ex professo* de la connaissance angélique du futur à la question X du *De cognitione angelorum*.

4. Cf. *ibid.*, 90vb : « Patet quod species non representat particularia nisi in eo quod subsistunt in aliqua natura et ex eo quod sunt coniuncta illi nature. Et quia impossibile est unam naturam simul esse in infinitis particularibus, impossibile est quod una species simul infinita representet ».

connaissance angélique, car celle-ci saisit à la fois la nature universelle et l'être singulier de ses objets[1]. La cinquième difficulté avait trait au conditionnement spatial. Selon les partisans des espèces acquises, la distance empêcherait la connaissance, car celle-ci présuppose la présence actuelle et immédiate de l'objet. Gilles critique cette conception en faisant valoir que la distance ne représente aucun empêchement à la connaissance naturelle des anges et des démons, car leur connaissance, en tant que purement intellectuelle, n'est pas tributaire de la présence des réalités sensibles : *naturaliter tamen distantia localis non impedit intelligere angeli speculativum (...); non habemus ergo pro inconvenienti quod dicebatur esse inconveniens, videlicet quod angelus speculative intelligat longinqua sicut propinqua*[2].

*L'ange ne connaît que par espèces connaturelles*

L'enquête sur l'origine des représentations intelligibles des substances séparées s'achève par cinq arguments visant à renforcer la thèse de la connaissance au moyen d'espèces connaturelles.

Le premier fait appel au rapport de l'ange aux autres réalités immatérielles : *prout angelus comparatur ad res immateriales*. À ce propos il avait déjà été établi que la substance d'un ange ne peut causer par elle-même ni un acte d'intellection ni une espèce intelligible dans un autre ange, car elle ne peut être immédiatement présente à l'intellect de son semblable. À partir de cette considération, l'application de la logique de l'ordre des choses permet de conclure qu'à plus forte raison les réalités corporelles ne pourront déclencher par elles-mêmes un acte d'intellection dans les substances immatérielles, ni produire en elles une espèce intelligible[3]. N'étant pas suscitée par ses objets, la connaissance angélique ne saurait être envisagée comme une connaissance acquise.

Le deuxième argument est fondé dans le rapport des substances immatérielles à l'égard des réalités matérielles. Cette argumentation va nous apporter une preuve supplémentaire de l'ancrage culturel du *De cognitione angelorum*, dont la VIe question élabore une angélologie philosophique tenant compte des objections issues de la condamnation de 1277. Gilles de Rome précise en effet que l'argument qu'il va présenter concerne certains articles condamnés par l'évêque de Paris : *hec via aliquo modo tangit articulos*[4]. Il s'agit des articles 204 et 219, qui ont trait à la localisation des substances séparées[5]. Notre auteur n'est pas le seul à

1. Cf. *ibid.* : « In intellectu autem angelico potest (representari particulare), cum species ille sint representative rerum non solum quantum ad quidditatem, in qua particularia uniuntur, sed etiam quantum ad esse, in quo particularia distinguuntur ».

2. *Ibid.*, 91ra.

3. Cf. *De cogn. ang.*, 91rb : « Si spiritualia ad se invicem non possunt causare species intelligibiles, multomagis ipsa corporalia, que materialiora, grossiora et minus activa sunt, in spiritualia intelligibiles species causare non poterunt ».

4. *Ibid.*

5. Cf. *Chartularium*, cit., p. 554-555. Article 204 : « Quod substantie separate sunt alicubi per operationem ; et quod non possunt moveri ab extremo in extremum nisi in medium, nisi quia possunt velle operari aut in medio, aut in extremis. – Error, si intelligatur, sine operatione substantiam non esse

juger ces articles contradictoires : *de sistentia angeli in loco articuli videntur sibi contradicere*[1]. D'une part, en effet, on affirme que les substances séparées sont localisées, et ce indépendamment de leur opération (article 204) – donc par leur substance –, et de l'autre on admet que leur substance n'est pas en tant que telle la raison de leur localistion (article 219). Gilles aborde le problème par l'examen de la fonction de la préposition *per* dans des énoncés comme celui de l'article 204. À proprement parler – dit-il – la préposition *per* indique la cause ou la raison pour laquelle une chose est telle qu'on l'énonce ; ainsi, un corps n'est pas dans un lieu par sa substance, mais par sa quantité (*per quantitatem*), car c'est la quantité qui est la raison de sa localisation[2]. Il faut préciser de surcroît que la préposition *per* peut exprimer la raison d'être soit de manière exclusive – comme lorsqu'on dit qu'une pierre est dans l'âme à travers son espèce (*per speciem*), car dans ce cas la substance de la pierre en est exclue ; soit de manière inclusive – comme lorsqu'on dit qu'un corps est localisé par la quantité, car dans ce cas le corps lui-même est inclu, c'est-à-dire qu'il est bel et bien localisé[3]. C'est ainsi qu'il faut comprendre la localisation de l'ange : celui-ci est localisé par son opération, mais dans un sens qui inclut sa substance ; celle-ci toutefois est dans un lieu sans constituer pour autant la raison de sa propre localisation. L'ange se rapporte donc aux réalités corporelles par ses opérations, de manière à être situé là où il opère[4].

Gilles défend donc la thèse de la localisation au moyen de l'agir, mais d'un agir qui implique la substance de l'agent. Sur cette base il va pouvoir développer son argumentation, en distinguant d'abord entre deux formes de contact : un contact local – lorsque des corps se touchent par leurs extrémités –, et un contact

in loco, nec transire de loco ad locum ». Article 219 : « Quod substantie separate nusquam sunt secundum substantiam. – Error, si intelligatur ita, quod substantia non sit in loco. Si autem intelligatur, quod substantia sit ratio essendi in loco, verum est, quod nusquam sunt secundum substantiam ». Ces articles sont repris par Guillaume de la Mare contre Thomas d'Aquin : cf. *Correctorium*, cit., p. 394-395. Pour la position de Thomas d'Aquin sur la localisation des anges nous renvoyons à notre étude : *Les anges et la philosophie*, cit., p. 87-90, et pour celle de Thierry de Freiberg à notre article : *Une contribution aux théories médiévales du lieu : Thierry de Freiberg et le lieu des substances spirituelles*, dans B. Mojsisch (éd.), *Dietrich von Freiberg – Eckpunkte seines Denkens*, Bochum, 2003 (sous presse).

1. *De cogn. ang.*, 91rb. Même jugement chez Godefroid de Fontaines : cf. *Quodl.* XII, qu. V ; éd. J. Hoffmans, Louvain, Institut Supérieur de Philosophie, 1932, p. 101-102. Henri de Gand luimême, qui était un des assesseurs d'Etienne Tempier, admet la problématicité de ces articles : cf. *Quodl.* II, qu. 9 ; *Quodl.* IV, qu. 18. Gilles de Rome manifeste une même attitude critique à l'égard de la condamnation de 1277 dans le commentaire des Sentences : In II Sent., d. XXXII, qu. 2, a. 3 et dans le *Quodl.* II, qu. 7. À ce propos : E. Hocedez, *La condamnation de Gilles de Rome*, cit., p. 55-57 et R. Wielockx, *Aegidii Romani Apologia*, cit., p. 171.

2. Cf. *De cogn. ang.*, 91rb : « Proprie loquendo "per" non facit locutionem simplicem, sed magis dicit causam et rationem quare aliquid sit tale. Et sic loquendo de "per" corpus non est in loco per substantiam, sed per quantitatem, quia substantia non est ratio quare corpus sit in loco, sed quantitas ».

3. Cf. *ibid.*, 91va : « Lapis ergo est in anima per solam speciem et sine specie non est ibi, ideo non est ibi nisi per speciem. Sed non est sic substantia corporis in loco per quantitatem ut quod non sit ibi sine quantitate, id est quod sit ibi per quantitatem tantum quod excluditur inde substantia ».

4. Cf. *ibid.* : « Et sicut falsum est hoc dicere de existentia corporis in loco per quantitatem, sic falsum est dicere de existentia angeli in loco per operationem, ut quod sit angelus in loco per operationem quod sine operatione substantia eius non sit in loco (...). Angelus ergo in istis rebus corporalibus est per operationem, ut ibi est, ubi operatur ».

virtuel – lorsque des corps interagissent. Le deuxième type de contact est plus fort et plus profond – car il concerne les corps entiers et non pas seulement leurs extrémités –, mais il peut être supprimé par la soustraction de l'action d'une des entités en présence[1]. Or, il en est ainsi du rapport des anges aux réalités corporelles : puisque leur contact repose entièrement sur l'agir des substances spirituelles, la soustraction de cet agir supprime *ipso facto* leur rapport[2]. Il faut en conclure que selon l'ordre naturel les réalités matérielles n'ont aucune incidence sur les substances spirituelles, si bien que les anges ne connaissent pas leurs objets par des espèces acquises, mais par des représentations reçues directement de Dieu[3].

Cette argumentation – disions-nous – revêt une importance historique particulière : en effet, elle justifie philosophiquement la thèse des espèces innées tout en tenant compte des objections théologiques relatives à la localisation des substances séparées et de leurs conséquences quant au rapport avec les réalités matérielles[4]. À ces objections elle oppose une conception dictée par le schème de l'ordre naturel et conforme aux rapports qu'il instaure : dans cet ordre l'inférieur ne peut agir par lui-même sur le supérieur. À l'ange revient donc entièrement la liberté et l'initiative de connaître des réalités d'ordre égal ou inférieur au sien.

Le troisième argument s'appuie sur la relation de l'ange à son acte d'intellection. Gilles rappelle que la connaissance par abstraction saisit l'universel, mais ne peut atteindre le particulier en tant que tel. Dès lors, si l'ange connaissait par espèces acquises, il ne pourrait saisir le *hic et nunc* de ses objets que par le recours aux phantasmes, c'est-à-dire par des médiations produites par une faculté inférieure à l'intellect. Mais puisque personne n'attribue une telle faculté aux substances séparées[5], si les anges connaissaient par espèces acquises, ils ne connaîtraient pas le singulier comme tel, ce qui est inadmissible. Il faut donc nier le fondement de l'objection qui faisait des espèces acquises la condition de la

1. Cf. *ibid.* : « De hoc autem contactu virtuali dicendum est quod, si subtracta tantum actione alterius, non remaneret contactum, nullo modo alterum imprimeret aliquid in reliquum ».

2. Cf. *ibid.* : « Cum ergo tota ratio contactus spiritualium ad corporalia sumatur ex parte spiritualium, quia ideo dicuntur spiritualia in corporibus existere et ea contingere, quia circa ipsa operationem habent, consequens est quod substracta actioni spirituali secundum nature cursum remanere non possit talis contactus... ex hoc concluditur quod aliud in ipsum nihil efficiat et nihil imprimatur igitur, quia subtracta actione spiritualium non remanet contactus inter (ut *ed.*) spiritualia et corporalia ».

3. Cf. *ibid.* : « Fatendum est quod secundum nature cursum corporalia in pure spiritualia nihil possunt imprimere (...); concedendum est quod angelus hec sensibilia non cognoscit per species ab eis acceptas, sed divinitus concreatas ».

4. Telle est l'objection de Guillaume de la Mare, *Correctorium*, cit., p. 394 : « Cum enim angelus ad operationem vel in operatione que est Dei visio, non contingit locum nec indiget loco, angeli soli contemplatione Dei vacantes, qui dicuntur assistentes, iam non erunt in loco; et per consequens nec in coelis, cuius contrarium tenet fides et Evangelium ».

5. Une dizaine d'années après le *De cognitione angelorum*, quelqu'un le fera : il s'agit de Thierry de Freiberg, qui attribue précisément à l'ange une faculté inférieure à l'intellect, le « phantasticum » (cf. *Quaestio utrum in Deo sit aliqua vis inferior intellectu*, I, 4, p. 296), ainsi que l'étude de M.R. Pagnoni-Sturlese, *La « Quaestio utrum in Deo sit aliqua vis inferior intellectu » di Teodorico di Freiberg*, dans *Xenia Medii Aevi oblata Thomae Kaeppeli*, Roma, Storia e letteratura, 1978, p. 101-173.

connaissance du particulier : *negandum est angelos per species a rebus acceptas cognoscere*[1].

Le quatrième argument repose sur le schème de l'ordre des choses, que Gilles considère un point d'appui essentiel en la matière : *haec autem ratio multum habet ponderis*[2]. L'univers – dit-il – a été disposé et ordonné par la sagesse suprême de manière à ce qu'en lui resplendisse un ordre digne et une très belle harmonie. Pour cette raison l'univers n'est pas un ensemble confus, mais une unité dans laquelle les parties se rapportent les unes aux autres de manière ordonnée[3]. Aussi, par ce qui est plus élevé en eux, les inférieurs sont-ils reliés aux supérieurs, qui les touchent par ce qui en eux est le plus bas. Cette loi de l'ordre des choses peut être observée aisément dans l'être humain : notre intellect, qui représente le niveau inférieur parmi les intelligibles, est relié à l'imagination, qui occupe le degré supérieur dans l'ordre du sensible. Dès lors, si l'ange recevait les espèces des réalités sensibles, puisqu'il ne possède pas de faculté inférieure à l'intellect, il les recevrait directement des objets eux-mêmes : « ce serait confondre et méconnaître l'ordre de l'univers » – s'insurge Gilles –, qui ne peut admettre une telle communication directe et qui refuse d'accorder à l'être humain un privilège – celui des médiations précisément – dont l'ange serait privé[4].

Selon le philosophe augustin la position défendant la thèse de la connaissance angélique par espèces acquises va donc à l'encontre, en dernière analyse, de l'ordre établi par Dieu ainsi que de la bonté et de la sagesse qui s'y manifestent[5]. Par cette appréciation Gilles rejoint la position de Thomas d'Aquin, qui faisait également de l'idée de l'ordre des choses le point d'appui fondamental de son angélologie : cette convergence nous confirme dans l'idée que la consistance et la valeur philosophique des anges tient à ce schéma, qui les requiert comme une articulation nécessaire à l'intelligibilité de la totalité harmonieuse qu'est l'univers créé.

Le mode d'exercice des substances séparées fournit le point d'appui à la cinquième argumentation. Gilles rappelle ce qu'il considère désormais comme un acquis, à savoir que l'intellect ne reçoit directement les espèces d'aucune réalité créée, mais peut en être affecté indirectement au moyen d'une représentation ou d'une faculté à laquelle il serait relié par sa nature. À partir de là, puisque l'ange n'est pas lié de par sa nature à une faculté comme l'imagination, il ne peut en être

1. *De cogn. ang.*, 91vb.

2. *Ibid.*, 92ra.

3. Cf. *ibid.*, 91rb : « Debemus enim imaginari quod universum, cum sit a summa sapientia dispositum et ordinatum, in ipso relucet decorus ordo et pulcherrima quidem harmonia. Non est ergo universum confusum ut quod quelibet pars universi attingat quamlibet et quod quelibet coniungatur cuilibet, sed huiusmodi partes ordinate sibiinvicem connectuntur, propter quod suprema infimis attingunt et infima in supremis, et sic secundum ordinem quendam universum est connexum ».

4. Cf. *ibid.* : « Hoc esset autem totum confundere ordinem universi, videlicet quod intellectus noster, qui tenet infimum gradum in intelligibilibus, connecteretur supremis in sensibilibus et reciperet a talibus supremis, angelus vero, qui in intelligibilibus tenet superiorem et excellentiorem gradum, reciperet ab infimis in inferioribus, id est immediate ab ipsis sensibilibus ».

5. Cf. *ibid.* : « Hec autem ratio multum habet ponderis. Nam minimum inconveniens in ordine universi debet maxime reputari, cum in huiusmodi ordine maxime reluceat bonitas et sapientia conditoris ».

affecté et ne peut donc recevoir les espèces de ses objets par une médiation de ce type[1]. L'intellect angélique ne saurait donc être perfectionné ni directement ni indirectement par ses objets, mais seulement par ce qui peut s'insinuer dans sa nature intellectuelle, c'est-à-dire par Dieu lui-même, qui lui transmet les représentations intelligibles de toutes choses : *intellectus angelicus non nisi a deo, qui est intimior ei quam ipse sibi, potest recipere directe intelligibiles species*[2].

Cet argument apparaît comme un prolongement du précédent, dont il applique le principe de hiérarchie : une réalité ne peut pas être perfectionnée par une entité égale ou inférieure, mais seulement par ce qui lui est supérieur dans l'ordre des choses. La source des représentations angéliques ne peut être alors que Dieu lui-même, qui a créé l'ange comme un trésor d'espèces intelligibles. L'ange est ainsi plus proche de Dieu que des autres réalités créées, car sa relation au créateur est directe, alors que le rapport aux autres réalités créées est nécessairement médiatisé. Les censeurs de 1277 et les interlocuteurs de Gilles avaient pris précisément pour cible cette conception philosophique, qui rapprochait les substances séparées plus de Dieu que des hommes et dont la thèse des espèces innées n'était qu'une conséquence parmi d'autres. La critique déployée par Gilles à l'encontre des partisans des espèces acquises prend ainsi la valeur d'une prise de position claire en faveur d'une angélologie philosophique, dont il s'avère être un des meilleurs représentants.

Parmi les motifs évoqués dans les réponses aux objections, il convient de retenir celui de la perfection de la connaissance angélique. Alors qu'auparavant Gilles avait simplement relevé et analysé les différences entre l'intellect des anges et celui des hommes, leur distinction est chargée ici d'un jugement de valeur qui consacre la perfection et l'excellence de la connaissance des substances séparées. Cette perfection tient essentiellement à la non-réceptivité, à la capacité de saisir le réel par ses propres moyens, sans recevoir ou subir aucune modification de la part des objets : *multo maioris perfectionis esset (intellectus noster) si non reciperet. Multo enim esset perfectior intellectus si non indigeret eo qui est omnia facere, sed apud se haberet species omnium rerum inditas... huiusmodi est intellectus angelicus... multo perfectior*[3]. L'indépendance à l'égard des objets est donc un signe saillant de la perfection majeure des substances séparées, dont la lumière et l'acuité intellectuelle suffisent pour tout connaître.

Comme chez l'Aquinate, la valorisation de la modalité cognitive des anges promeut un rapport de connaissance caractérisé comme *a priori* par rapport aux

1. Cf. *ibid.*, 92rb : « Nihil ergo immutat intellectum imprimendo ei intelligibilem speciem vel intellectionem nisi possit illabi intellectui vel nisi ei naturaliter sit coniunctum (...) ; non autem etiam indirecte poterit angelus recipere tales species a rebus creatis, quia non est naturaliter coniunctus virtuti phantastice per cuius immutationem immutetur et ipse, et nullo igitur modo per species a rebus acceptas ».

2. *Ibid.*

3. *Ibid.*, 92va. Dans cette considération résonnent les propos de Thomas d'Aquin, *Somme contre les Gentils* III, 80 : « Altioris enim intellectus esset homo qui ordinem omnium naturalium considerare posset in corporibus caelestibus, quam qui indiget ad perfectam cognitionem ad inferiora corpora prospicere ».

objets. Pour les deux penseurs, un tel rapport *a priori* est plus parfait autant du point de vue du sujet – car il signifie l'indépendance et l'autosuffisance de sa faculté intellectuelle –, que du point de vue de l'objet – qui est ainsi saisi dans son intégralité. Dans cette perspective, on ne saurait regarder la réceptivité humaine comme une valeur – en ce qu'elle représenterait une ouverture à l'égard du réel –, mais il faut simplement la reconnaître comme une condition donnée. L'intellect humain a besoin de recevoir des objets ce qu'il ne possède pas, car il a été créé comme une *tabula rasa*, alors que la nature intellectuelle des substances séparées a été créée *plena formis*, pourvue des représentations de toutes choses comme d'autant de miroirs de leur nature et de leur être. « Notre intellect serait bien plus parfait s'il possédait les espèces de toutes choses » : cet énoncé résume la valeur et la fonction exemplaire de la connaissance et de la subjectivité angélique et résonne comme un appel à l'angélicité de l'homme. Pour Gilles, comme pour Thomas, cet appel n'est pas vain, car l'ordre des choses enseigne que par ce qu'elle a de meilleur chaque réalité atteint ce qui lui est immédiatement supérieur : comme l'Adam de Michel-Ange qui frôle la main divine, l'être humain peut effleurer la lumière de l'ange et s'y reconnaître.

## SIMULTANÉITÉ ET UNIVERSALITÉ DE LA CONNAISSANCE DES SUBSTANCES SÉPARÉES

Après avoir largement exploré le moyen de la connaissance angélique, l'enquête aborde deux questions relatives à sa modalité : celles de la simultanéité et de l'universalité qui caractérisent les relations cognitives des substances séparées. Ces interrogations sont du plus grand intérêt pour cerner davantage l'intellectualité des anges, sa spécificité et sa distinction aussi bien à l'égard de la connaissance humaine qu'à l'égard de la connaissance divine. Plus précisément, les questions relatives à la modalité cognitive vont nous permettre de mettre en valeur ultérieurement la *medietas* du connaître angélique et sa fonction paradigmatique par rapport à l'intelliger des êtres humains.

### *La simultanéité de la connaissance angélique*

La simultanéité fait l'objet d'une longue étude, qui débute par une clarification des termes nécessaires à l'examen de ce thème. Il importe en effet de préciser que la question de la simultanéité peut être envisagée soit du point de vue de l'exercice de la connaissance, soit du point de vue des objets connus. Du premier point de vue, il faut relever que l'ange ne connaît pas tout de la même manière, car il intellige une partie de ses objets par grâce et l'autre par nature. De surcroît, il ne connaît pas de la même manière tout ce qu'il connaît par nature, car certains objets sont saisis par sa propre essence et d'autres par information ; ces derniers peuvent à leur tour être connus principalement ou par voie de conséquence. Quant aux objets, il faut distinguer entre le fait de connaître plusieurs objets en tant que multiples et le fait de les connaître non pas en tant que multiples[1]. La question de la simultanéité varie donc en fonction du point de vue adopté et des conditions qu'il implique. Si elle porte sur la modalité, elle doit considérer l'alternative entre la connaissance de plusieurs objets de la même manière ou de manières différentes : *intelligere eodem modo vel non eodem modo*; si elle porte sur les objets, elle doit envisager la connaissance d'une multiplicité ou en tant que multiplicité ou bien non pas en tant que multiplicité : *intelligere ut plura vel non ut plura*. À partir de ces conditions, il y a quatre combinaisons possibles, qui représentent autant de manières d'aborder la question de la simultanéité de la connaissance angélique :

– soit l'ange connaît plusieurs objets en tant que multiples, mais pas de la même manière (*ut plura, sed non eodem modo*);
– soit il les connaît de la même manière, mais pas en tant que multiples (*eodem modo, sed non ut plura*);
– soit il n'intellige plusieurs objets ni en tant que multiples ni de la même manière (*nec ut plura nec eodem modo*);
– soit enfin il connaît plusieurs choses en tant que multiples et de la même manière (*ut plura et eodem modo*).

Avant d'analyser ces différentes possibilités et leurs combinaisons, Gilles clarifie deux points majeurs. D'abord, quelles sont les différentes manières de connaître simultanément plusieurs objets, ensuite de quelle manière l'ange les connaît tous à la fois, mais pas en tant que multiples[2].

Relevons d'emblée que cette décomposition analytique du problème répond à un intérêt éminemment philosophique, qui est celui d'explorer jusqu'au bout une modalité cognitive que l'homme n'expérimente pas, mais qui s'impose à lui comme modèle et norme d'une connaissance plus parfaite. En effet, quel pourrait bien être le sens d'une telle exploration, soucieuse de toutes les possibilités et de tous les détails, si ce n'est d'élaborer un modèle à l'intérieur même du créé, un modèle capable de montrer aux êtres humains que leur condition et leur connaissance sont appelées à un au-delà d'elles-mêmes ? L'ensemble de cette étude voudrait apporter quelques éléments de réponse à cette question, mais il apparaît d'ores et déjà que nombre d'interrogations angélologiques dépassent largement le cadre théologique et n'ont de sens que comme questionnement philosophique sur une condition qui objective l'idéal d'une humanité parfaite[3].

1. *De cogn. ang.*, 93ra : « Sic etiam de ipsis cognitis est distinguendum, quia cognoscere plura cognita simul, hoc erit dupliciter : vel ut plura, vel non ut plura ».

2. Cf. *ibid.*, 93rb : « Sed antequam exequamur de combinationibus, oportet nos exequi de simplicibus, eo quod combinationes ex simplicibus dependent. Hoc ergo ordine procedemus in hac questione, quia primo ostendemus quot modis angelus intelligit plura sed non eodem modo; secundo declarabimus quot modis angelus intelligit plura sed non ut plura; tertio exequemur de omnibus combinationibus prehabitis ».

3. La valeur proprement philosophique des angélologies médiévales n'est pas prise en considération dans l'étude récente de D. Keck, *Angels and Angelology in the Middle Ages* (Oxford, Oxford University Press, 1998), qui soutient que « the scholastics' exploration of the angels were not at all separated from the devotional significance of the angels » (p. 93). Nous ne partageons pas cet avis et

### *La connaissance simultanée selon des modalités différentes*

Venons-en aux différentes modalités de la connaissance simultanée d'une pluralité d'objets : *quot modis angelus intelligit plura, sed non eodem modo*. Là encore il faut distinguer trois possibilités. La première réside dans la connaissance simultanée de deux objets, l'un connu par nature et l'autre par grâce. Cette possibilité se vérifie lorsque l'ange connaît à la fois Dieu et une créature – qu'il s'agisse de soi-même ou d'une autre réalité créée. Dans ce cas, il y a effectivement connaissance simultanée des deux objets en question, mais une connaissance qui s'effectue selon des modalités différentes, car l'ange connaît le créé par nature, mais ne connaît véritablement Dieu que par la grâce[1]. Quant à la connaissance naturelle de soi-même et du créé, il suffira de rappeler que l'ange est une substance intellectuelle, naturellement capable d'une réflexivité qui lui permet de se connaître immédiatement et de saisir par là même les autres objets créés au moyen des espèces dont il dispose. Quant à la connaissance de Dieu par la grâce, il convient de préciser que Gilles fait ici référence à la vision béatifique, c'est-à-dire à la connaissance parfaite de l'essence divine, qui résulte de la contemplation face à face. Cette connaissance de Dieu n'est pas naturelle, car aucun intellect créé, déterminé et limité dans un genre d'étants, n'est conforme par sa nature à cet « objet » qui dépasse tout genre et toute limite ; cette non-conformité ne peut être résolue que par l'intervention de Dieu lui-même, qui est alors connu par la grâce divine[2]. La différenciation de ces deux modalités cognitives permet ainsi d'attribuer d'ores et déjà à l'ange la connaissance simultanée de deux objets différents[3].

La deuxième possibilité d'intellection simultanée de plusieurs objets selon des modalités différentes est celle de la connaissance par essence et de la connaissance par information. L'actualisation simultanée de ces deux modalités se réalise lorsque l'ange à la fois se connaît soi-même et un autre objet créé. À ce propos, il a été démontré plus haut que l'autoconnaissance est si naturelle à l'ange, qu'il se connaît toujours actuellement, et que par là-même il connaît les espèces de toutes choses présentes en lui. De même, il a déjà été établi que l'autoconnaissance et

pensons, au contraire, que l'angélologie des auteurs examinés ici a une portée qui dépasse largement le cadre strictement religieux et théologique.

1. Cf. *ibid.* : « Propter primum sciendum quod angelus tripliciter intelligit plura simul non eodem modo. Nam intelligit plura simul non eodem modo, quia unum intelligit per gratiam, aliud per naturam (...). Primo modo intelligit angelus plura simul, quia intelligit simul deum et creaturam, sed hoc, ut patebit, non eodem modo, quia deum intelligit per gratiam, creaturam vero per naturam ».

2. Cf. *ibid.*, 93va : « Deum autem non potest intelligere naturaliter, quia secundum sententiam apostoli lucem habitat inaccessibilem. Nullus enim intellectus creatus potest naturaliter pergere nec accedere ad visionem tantae lucis (...) ; non potest esse aliquid naturaliter visibile alteri nisi illud sit proportionatum ei. Deus, quia est supersubstantialiter separatus ab omnibus existentibus et ab omni intellectu creato, ideo non est naturaliter intelligibilis ab aliquo tali intellectu. Si autem intelligitur ab intellectu creato, hoc erit per gratiam, non per naturam ».

3. À cette justification Gilles ajoute deux raisons supplémentaires, que nous avons évoquées dans notre article : *Conoscenza e tempo : la simultaneità del conoscere angelico in Egidio Romano*, dans G. Alliney, L. Cova (éd.), *Tempus, aevum, aeternitas. La concettualizzazione del tempo del pensiero tardomedievale*, Firenze, Olschki, 2000, p. 67-87 ; dans ce paragraphe nous allons reprendre quelques éléments analysés plus longuement dans cet article.

l'intellection d'autres objets se vérifient simultanément : la première de manière claire et distincte, la deuxième de manière plutôt confuse. Cela dit, cet acquis ne suffit pas encore dans le cas présent, car la question porte ici sur la simultanéité de deux ou plusieurs connaissances claires et distinctes : *Sed dubium est, quomodo possit intelligere specialiter se et aliquid aliud ... quia hoc erit per aliam et aliam intellectionem*[1]. Il s'agit donc de vérifier la possibilité d'effectuer deux intellections distinctes jouissant du même degré de clarté, étant donné que l'une d'entre elles – l'autoconnaissance – est nécessairement exercée, car elle représente le propre des substances purement intellectuelles[2]. Autrement dit, si l'ange se connaît toujours actuellement, comment peut-il alors intelliger séparément et simultanément un autre objet tout aussi clairement? C'est ici qu'intervient la distinction à peine formulée : l'ange peut effectivement connaître avec une même clarté soi-même et quelque chose d'autre dans la mesure où ces deux actes se réalisent différemment, à savoir par essence le premier et par information le second. L'ange se connaît en effet par sa propre essence et saisit les autres objets par la conversion sur leurs espèces, si bien que ces deux intellections empruntent des moyens et des modalités différentes. Dès lors une conclusion s'impose : leur simultanéité est possible[3].

À ce stade de l'analyse Gilles peut donc affirmer que les substances séparées exercent trois intellections simultanées : *possumus ergo dicere quod in intellectu angeli sunt vel esse possunt tres intellectiones simul, quarum una est per quam intelligit se, secunda per quam intelligit alia, tertia per quam intelligit Deum*[4]. Ces connaissances font appel à des moyens et à des modalités différentes : l'autoconnaissance est causée par l'essence angélique, la saisie des autres objets est suscitée par les espèces et celle de Dieu par Dieu lui-même. Le deuxième type de

1. *Ibid.*, 94ra.

2. Cf. *ibid.* : « Cogimur ponere quod angelus numquam desistat se intelligere, quia si non semper se intelligeret, casu intelligeret alia. Non est enim via ad evadendum quomodo angelus non casu intelligat, nisi ponendo quod ipse semper intelligat se et semper intelligendo se intelligit omnes species intelligibiles que sunt in ipso (...); ponere autem in substantiis separatis propriam operationem esse sic casualem est totum confundere universum ». L'autoconnaissance des anges présente donc un caractère de nécessité incontournable aux yeux de Gilles, qui exclut toute casualité comme contraire à l'ordre de l'univers ainsi qu'à la place et au rôle que les substances séparées y jouent. L'autoconnaissance représente le fondement et la condition de possibilité de toute autre connaissance, qui doit dès lors s'ajuster à celle-là pour coexister avec elle. L'importance de la connaissance de soi en ce qui touche à la subjectivité angélique est telle, que sa nécessité libère les anges du caractère fortuit qui frappe l'existence et la connaissance des réalités engendrables et corruptibles : c'est pourquoi les substances séparées sont « sicut liberi in domo » (94ra).

3. Cf. *ibid.* : « Ergo angelus intelligit simul se et aliquid aliud, ut puta lapidem vel animal aliquod, ut puta leonem vel asinum, sed hoc non erit eodem modo, quia se intelliget per essentiam, lapidem, leonem et quodcumque aliud intelliget per speciem intelligibilem sive per informationem speciei ». Gilles est néanmoins conscient de la difficulté d'admettre la simultanéité de deux actes différents exercés par la même faculté; pour cette raison il formule une objection, qu'il résout ensuite afin d'assoire solidement sa thèse : à ce propos voir notre article : *Conoscenza e tempo*, cit., p. 74-75.

4. *De cogn. ang.*, 94rb.

connaissance perfectionne le premier et le troisième représente l'accomplissement de tous les autres[1].

Reste à relever une troisième possibilité d'intellection de plusieurs objets à la fois selon des modalités différentes. C'est celle qui a lieu lorsque quelque chose est connu principalement et que par ce biais un autre contenu est saisi simultanément par voie de conséquence : *unum intelligit principaliter et aliud ex consequenti*[2]. Il s'agit là encore d'une prérogative exclusive des substances séparées, qui se déploie d'une triple manière. La première consiste à saisir à la fois une nature et les substrats qu'elle informe[3]. Cette prérogative est étroitement liée à l'objet propre de la connaissance angélique, à savoir la réalité dans son intégralité. En effet, alors que l'être humain est astreint à la saisie de la nature des choses abstraite de ses supports, l'ange connaît la quiddité selon l'être qu'elle possède dans les choses : la saisie de la nature débouche ainsi *ipso facto* sur celle des sujets où elle se réalise[4]. Il importe de relever que cette manière de connaître plusieurs contenus à la fois garantit à elle seule la capacité angélique de saisir simultanément plusieurs objets, bien que ces intellections se situent sur le même plan; aucune sorte de *repugnantia* ne peut se vérifier ici, car c'est de la nature même de l'ange que de connaître l'intégralité et la multiplicité des contenus d'une même représentation. Dans ce cas, c'est l'espèce intelligible elle-même qui est porteuse d'une multiplicité de référents, que l'ange saisit néanmoins distinctement, l'un comme objet principal et l'autre à titre de conséquence.

De cette même manière les substances séparées connaissent un sujet et son prédicat ou le sujet et ses propriétés[5]. Il s'agit encore d'une spécificité qui revient à l'ange en raison de sa perfection supérieure, et notamment du fait qu'il intellige par intuition l'intégralité de son objet. Ainsi, il connaît simultanément le sujet, ses prédicats et ses propriétés, bien que le premier soit son objet principal et que les autres soient saisis par voie de conséquence et en tant qu'inclus dans la représentation du sujet.

Et enfin, c'est de cette même manière que l'ange connaît simultanément une cause et son effet[6]. Cette capacité résulte de la non-discursivité de son activité

1. Gilles se soucie à nouveau de clarifier et de justifier pleinement cette triple intellection simultanée; à cet effet il émet quatre doutes, dont la résolution lui permet d'explorer tous les recoins du problème : cf. *Conoscenza e tempo*, cit., p. 75, note 21.

2. *Ibid.*, 95ra.

3. Cf. *ibid.* : « Hoc modo intelligit angelus plura tripliciter. Intelligit enim hoc modo simul naturam et suppositum, sive naturam et individuum, vel quod idem est, intelligit hoc modo naturam et participantia naturam illam ».

4. Cf. *ibid.* : « Intellectus ergo noster, quia fertur in ipsam quidditatem nudam abstractam a particularibus, cognoscendo naturam aliquam non cognoscit ea in quibus habet esse illa natura. Sed intellectus angeli, tum quia fertur in ipsam secundum quod habet esse in rebus, tum quia perfecte intelligit huiusmodi naturam, intelligendo aliqua ut intelligendo naturam rose, intelligit omnia illa in quibus habet esse talis natura. Angelus ergo intelligit multa simul, quia simul intelligit naturam aliquam et ea in quibus habet esse illa natura. Sed hoc non eodem modo, quia naturam intelligit principaliter, ea in quibus habet esse natura ex consequenti ».

5. Cf. *ibid.* : « Secundo intelligit hoc modo simul subiectum et predicatum, sive subiectum et proprietates ».

6. Cf. *ibid.* : « Intelligit hoc modo simul causam et effectum ».

cognitive, qui permet de saisir simultanément toutes les implications de l'objet connu, bien qu'il soit saisi principalement comme cause et que ses effets le soient en guise de conséquences. Ce troisième mode de connaissance d'une pluralité – *unum principaliter, aliud ex consequenti* – est le plus clair et le plus compréhensible, car il fait appel uniquement au statut particulier de l'intellectualité des anges. Cette forme de simultanéité s'inscrit entièrement dans la nature intellectuelle des substances séparées et ne fait recours à aucune intervention extra- ou sur-naturelle, comme il advient par contre lorsque deux objets sont connus simultanément, mais l'un par nature et l'autre par la grâce. Cet aspect de naturalité rend cette forme de simultanéité plus apte à justifier philosophiquement la connaissance de plusieurs objets à la fois.

*La connaissance simultanée du point de vue des objets*

La différenciation des modalités cognitives ayant été explorée, il reste à considérer l'autre versant de la question : celui qui touche à la pluralité des objets[1]. La thèse défendue ici est que l'ange connaît certes simultanément une pluralité d'objets, mais qu'il ne les intellige pas en tant que pluralité. Cette détermination du contenu objectif – *plura non ut plura*, à savoir une multiplicité qui n'est pas connue en tant que multiplicité – se manifeste à trois niveaux. D'abord au niveau de la raison d'intelligibilité (*ex ratione cognoscendi*), c'est-à-dire lorsque l'ange connaît simultanément différents objets selon des raisons distinctes. C'est ainsi qu'il connaît à la fois soi-même, Dieu et les autres réalités ; il s'intellige en effet par sa propre essence, il voit Dieu dans l'essence divine elle-même et saisit les autres objets à travers leurs représentations. À un deuxième niveau, celui de l'acte cognitif, il apparaît que l'ange connaît une pluralité d'objets, mais non pas en tant que multiples : saisir une pluralité en tant que pluralité impliquerait en effet que chaque objet fût saisi en lui-même, c'est-à-dire parfaitement connu[2] ; mais lorsque l'ange connaît un sujet et ses propriétés, il ne connaît pas ces contenus distincts comme une pluralité, car il ne saisit pas les propriétés en elles-mêmes, mais seulement en tant que déterminations du sujet. De même, lorsqu'il connaît simultanément soi-même et autre chose, il n'y a pas saisie d'une pluralité comme telle, car les deux objets ne sont pas connus parfaitement en raison de la *remissio* expliquée auparavant[3] ; deux actes peuvent donc être exercés simultanément par la même faculté, mais leur intensité ne sera pas la même. En troisième lieu enfin, l'ange connaît *plura non ut plura* au niveau de l'objet lui-même. En effet, lorsqu'il connaît une nature et ses supports, la première est saisie comme objet principal et les seconds par voie de conséquence. Il en va de

1. Cf. *ibid.*, 95rb : « Viso quomodo angelus intelligit plura non eodem modo, restat ostendere quomodo intelligat plura ut non plura ».

2. Cf. *ibid.* : « Secundo modo angelus intelligit plura non ut plura quantum ad actum cognitionis. Hoc est enim cognoscere plura ut plura quando quodlibet illorum cognoscit secundum se, id est quando quodlibet illorum cognoscit perfecte ».

3. Cf. *ibid.* : « Cum angelus cognoscit se simul et alia (...) cognoscit simul plura, sed non ut plura, quia non perfecte cognoscit quando convertit se super alia sicut quando convertit se supra seipsum tantum ».

même de l'intellection d'un sujet et de ses propriétés et de celle d'une cause et de ses effets. Dans tous ces cas, par une seule opération et par une seule espèce, l'ange connaît une pluralité dont un élément est saisi parfaitement et les autres en tant qu'annexés à l'objet principal. Ainsi, une pluralité est bel et bien connue simultanément, mais pas en tant que pluralité. Il importe de préciser que ces trois niveaux ne se recouvrent pas nécessairement; aussi l'ange pourra-t-il connaître une pluralité en tant que telle du point de vue des raisons d'intelligibilité, mais il ne pourra pas le faire simultanément du point de vue de la perfection de l'acte ou de celui de l'objet.

Au terme de cet examen il convient d'envisager l'ensemble des combinaisons possibles. Elles peuvent être visualisées dans le tableau suivant :

*Angelus quatuor modis intelligit plura simul*[1] :

| | |
|---|---|
| Ier mode :<br>*plura ut plura sed non eodem modo* | *sic angelus intelligit se, deum et creaturas* |
| IIe mode :<br>*plura eodem modo, sed non ut plura* | *sic angelus intelligit plures proprietates, plura supposita et plures effectus* |
| IIIe mode :<br>*plura, sed nec ut plura nec eodem modo* | *sic angelus intelligit se et alia, naturam et supposita, subiectum et proprietates, causam et effectus* |
| IVe mode :<br>*plura ut plura et eodem modo* | *(iste modus impossibilis est)* |

Il est utile d'apporter quelques précisions à ce tableau. Quant à la première possibilité, on peut ajouter que dans ce cas l'ange connaît une pluralité en tant que telle, aussi bien du point de vue de la raison d'intelligibilité – puisqu'il connaît Dieu au moyen de l'essence divine, soi-même par sa propre essence et les autres objets par leurs représentations –, que de celui de la perfection de l'acte cognitif – car la vision de Dieu n'affaiblit pas la connaissance des créatures ; de même que du point de vue de l'objet, car chacun de ces trois objets figure comme intelligé principal. Ici l'ange connaît donc simultanément *plura ut plura*, mais selon des modalités différentes, à savoir par nature ou par la grâce.

Quant à la deuxième combinaison, il faut préciser que la connaissance des prédicats, des propriétés et des effets d'un sujet est inclue dans la saisie parfaite de cette réalité. C'est pourquoi ces différents contenus ne sont saisis comme multiples (*non ut plura*) ni quant à la raison d'intelligibilité, ni quant à la perfection de l'acte de connaissance, ni quant à la primauté de l'objet, mais rentrent tous dans la représentation de leur sujet. Par ailleurs, ils font l'objet d'une même modalité cognitive (*eodem modo*), car ils sont tous connus par nature, à travers une espèce et par voie de conséquence[2].

1. Cf. *De cogn. ang.*, 95va-vb.
2. Cf. *ibid.*, 96ra.

En ce qui concerne la troisième modalité (*nec ut plura nec eodem modo*), il faut relever que lorsque l'ange connaît simultanément soi-même et quelque chose d'autre, il ne peut pas connaître ces objets en tant que multiples du point de vue de la perfection de l'acte cognitif, car il ne les saisit pas avec le même degré de perfection; par ailleurs, il ne les intellige pas non plus selon la même modalité: pour l'un c'est par son essence, et pour l'autre c'est au moyen d'une représentation. Il en va de même lorsqu'il connaît un sujet et ses prédicats, ses propriétés ou ses effets, car le premier est saisi comme objet principal et les seconds par voie de conséquence; par ailleurs, ces objets ne sont pas intelligés comme multiples ni du point de vue de la perfection de l'acte cognitif, puisque le sujet est mieux connu, ni du point de vue de la primauté de l'objet, car le premier est connu *secundum se* et les autres par voie de conséquence.

Enfin, l'impossibilité de la quatrième combinaison vient de ce que, par exemple, la connaissance simultanée de plusieurs objets en tant que multiples – du point de vue de leur raison d'intelligibilité – exclut leur saisie selon une même modalité cognitive; de même, la connaissance d'une multiplicité comme telle quant à la perfection de l'acte, exclut de nouveau que ces opérations soient exercées selon la même modalité, puisqu'un objet sera connu par nature et l'autre par la grâce [1].

Cette combinatoire complexe nous conduit au résultat de la démarche menée dans cette question. Il apparaît tout d'abord que l'interrogation initiale reçoit des réponses différenciées en fonction du point de vue qui dirige l'analyse. Aussi, Gilles a-t-il exploré en long et en large les termes impliqués et a répondu chaque fois en fonction de l'élément dominant – qu'il s'agisse de la raison d'intelligibilité, de l'acte cognitif ou de son objet. Son analyse est ainsi beaucoup plus complète que celle de l'Aquinate, qui avait résolu la question en fonction d'un seul critère [2]. L'articulation complexe de cette enquête relativise les différentes réponses possibles et les stratifie de manière à constituer une sorte d'ordre partiel à l'intérieur de l'ordre général: connaissance simultanée de plusieurs contenus par grâce ou par nature, par essence ou par espèce, principalement ou par conséquence; ou encore, saisie simultanée d'une multiplicité comme telle ou réduite à l'unité. Cette nouvelle hiérarchisation renforce le caractère intermédiaire des substances séparées et de leur connaissance et répond au besoin (philosophique) de médiations au niveau des modalités cognitives. Cette différenciation des modes de connaissance permet de penser le rapport cognitif autrement qu'il ne se présente chez l'être humain et autrement qu'il n'est supposé en Dieu. Cet « autrement » consiste en ce que l'ange peut effectivement connaître simultanément et de la même manière plusieurs contenus cognitifs en tant que réduits à

1. Cf. *ibid.*, 96rb: « Impossibile est quod cognoscat plura ut plura et eodem modo, quia si ut plura (…) quantum ad rationem cognoscendi, consequens est quod non cognoscat ea eodem modo (…); vel si plura ut plura, quia quodlibet eorum cognoscit perfecte, quia propter cognitionem unius non retrahitur a cognitione alterius, hoc non erit eodem modo, quia non potest sic plura cognoscere per naturam: cognitio enim naturalis unius retrahit a cognitione naturali alterius; sed poterit hoc modo cognoscere plura ut plura non eodem modo, sed unum per naturam, aliud per gratiam ».

2. Cf. *S. theol.* I, 58, 2.

l'unité de l'objet sur le plan naturel, de même qu'il peut les saisir en tant que multiples et de manière différenciée en incluant la connaissance qui lui est donnée par la grâce divine[1].

*L'universalité de la connaissance angélique*

Comme cela a été relevé dans l'analyse de la conception thomasienne, la question de l'universalité plus ou moins plénière des espèces angéliques (*utrum angeli superiores intelligant per species universaliores*) repropose sous une forme particulière la problématique de l'ordre des choses et notamment celui de l'enchaînement hiérarchique des substances spirituelles. Les sources invoquées par Gilles vont d'ailleurs le confirmer très clairement. Cette interrogation, comme la précédente, met en évidence une prérogative des natures intellectuelles, mais elle thématise de surcroît leur distinction qualitative, quantifiable en quelque sorte par le degré de perfection qui caractérise chacune d'elles. Fidèle à sa démarche, notre auteur précise les termes du problème et notamment l'implication réciproque des notions d'universalité et de *paucitas* – intraduisible en français par un terme abstrait, mais qui signifie « en petit nombre » ou « le peu ». Connaître par des représentations plus universelles implique en effet connaître par un nombre réduit d'espèces et, inversément, connaître les mêmes objets par moins d'espèces, cela signifie que celles-ci possèdent une extension plus universelle. En raison de cette interchangeabilité, la présente question peut être formulée également dans ces termes : *Utrum angeli superiores cognoscant per pauciores (species)*[2]. La réponse à cette interrogation va dépendre de l'examen d'une série de difficultés qui se rattachent aux notions d'*universalitas* et de *paucitas*.

*Difficultés inhérentes à l'universalité des espèces*

Considérons les problèmes liés à la notion d'universalité. Il faut relever tout d'abord que l'hypothèse de la connaissance par des espèces plus universelles implique que les anges supérieurs connaissent par les représentations du genre. Les représentations les plus déterminées sont en effet celles d'une espèce de réalité, comme par exemple l'espèce « être humain » ou l'espèce « lion ». Ces *species specialissimae* sont celles dont se sert la connaissance humaine. Etant par définition supérieures à l'homme, les substances séparées ne pourront pas connaître par des représentations plus restreintes que celles dont se servent les êtres humains. Au contraire, les anges supérieurs connaîtront par des représentations

1. Cf. *De cogn. ang.*, 96vb : « Sit ergo conclusio totius questionis nostre quod Deus naturaliter cognoscit plura ut plura, quia cognoscendo plura ita quodlibet eorum cognoscit perfecte sicut si cognosceret unum ipsorum tantum. Angelus autem per naturam numquam sic cognoscit plura ut plura, quia cognitio naturalis unius retrahit a cognitione naturali alterius; potest tamen hoc modo cognoscere plura ut plura : unum per gratiam, aliud per naturam. Sic cognoscit Deum per essentiam et creaturam in proprio genere. Hoc enim modo una cognitio in nullo impedit aliam ». La simultanéité de la connaissance angélique détermine par ailleurs un rapport particulier avec la durée temporelle : cf. *Conoscenza e tempo*, cit., p. 81-87.

2. *De cogn. ang.*, 97ra.

supérieures, c'est-à-dire par les représentations des genres[1]. À partir de là, trois difficultés font apparemment obstacle à la thèse de la connaissance au moyen des représentations génériques.

La première résulte du caractère formel des espèces intelligibles angéliques. Ce caractère signifie que le référent de chacune de ces espèces est nécessairement une forme, si bien que lorsque le représenté n'est pas une forme, il ne peut y avoir d'espèce correspondante[2]. Or, le genre ne représente pas une seule forme, car il englobe autant de formes qu'il contient d'espèces. Dès lors, dans l'esprit angélique qui connaît par le genre il y aura autant de représentations qu'il y a de formes ou d'espèces dans ce genre. Par conséquent l'ange ne connaîtra pas par la seule représentation du genre[3].

Gilles résout cette difficulté par un procédé très articulé, qui a pour nous l'avantage de mettre à nu la parenté de cette noétique angélologique avec la doctrine platonicienne des idées, et par là-même l'analogie entre les anges de ce philosophe chrétien et les « dieux » des platoniciens[4]. Le but de cette démarche est de montrer qu'à la représentation du genre correspond effectivement une seule forme[5] et que par conséquent les substances séparées supérieures peuvent connaître tout ce que le genre comprend par la seule représentation générique. Il faut préciser avant tout que la forme du genre peut être envisagée soit en tant qu'abstraction, soit dans sa réalité matérielle. De ce second point de vue, il est bien évident que le genre comprend une multiplicité de formes et de réalités correspondantes, c'est-à-dire non seulement les formes des espèces, mais aussi celles des individus[6]. Il est donc vrai, dans cette optique, que le genre ne désigne pas une seule forme[7]. Mais si on l'envisage en tant qu'entité abstraite, il en va autrement et il apparaît que son référent est effectivement une seule forme[8].

1. Cf. *ibid.* : « Si angeli superiores intelligunt per universaliores species quam inferiores, oportet quod intelligant per species generis. Nam infra speciem specialissimam non est descensus in speciebus intelligibilibus (...); multo magis in intellectu angelico non erit descensus infra speciem specialissimam. Igitur si intellectus angelicus non potest habere speciem infra speciem specialissimam et angeli superiores intelligunt per universaliores species quam inferiores, oportet quod intelligant per species generum ».

2. Cf. *ibid.* : « Nam si huiusmodi species sunt quid formale, id quod non dicit unam formam non habebit unam speciem ».

3. Cf. *ibid.* : « Sed genus non dicit formam unam (...); immo, quia genus est tot forme quot habet sub se species, tot erunt species in mente angelica respectu alicuius generis, quot forme est illud genus vel quot species sunt in illo genere. Non ergo in intellectu angelico erit cognitio per speciem generis ».

4. Cf. *ibid.*, 97vb : « Id quod dixerunt platonici de unitate generis in rebus abstractis quantum ad esse reale dicimus nos de speciebus in mentibus angelorum quantum ad esse representativum (...), et huiusmodi separata (seu abstracta) vocant ideas sive deos ».

5. Cf. *ibid.*, 98ra : « Quod forma generis non dicit nisi unam formam ».

6. Les formes spécifiques se différencient précisément du point de vue formel, alors que les formes individuelles se différencient en fonction des substrats matériels dans lesquels elles sont reçues. Ainsi, tout en partageant la même forme spécifique, l'âme de Gilles est une forme distincte de l'âme de Thomas.

7. Cf. *ibid.* 97va : « Sic ergo loquendum est de genere secundum esse materiale, videlicet quod genus non est una forma ».

8. Cf. *ibid.*, 97vb : « Sed si loquimur de genere quantum ad esse abstractum, non est inconveniens quod genus dicat formam unam ».

C'est ici que Gilles a recours aux idées platoniciennes. Chaque idée représente l'entité abstraite et séparée dont dépend une multiplicité matérielle, qui subsiste en tant qu'elle y participe – c'est d'ailleurs en raison de la dépendance des choses à l'égard des idées que celles-ci ont reçu l'appellation de « dieux ». Les platoniciens n'accordent cependant pas à toutes les idées la même valeur, mais placent chacune d'elles dans un ordre ascendant, qui désigne le dégré de participation à l'entité abstraite suprême et qui fixe par là-même le degré de perfection de chaque idée. Ainsi, à la manière dont l'idée d'une espèce est abstraite et séparée par rapport aux individus, celle du genre est abstraite par rapport aux espèces, et celle du genre supérieur par rapport aux genres inférieurs[1]. À chaque échelon correspond un degré de perfection d'autant plus élevé que l'idée sera plus abstraite. Cette hiérarchisation se poursuit sur la voie ascendante jusqu'au niveau suprême : celui de l'idée de Bien, qui ne participe de rien et dont tout participe, si bien que cette idée représente le « dieu suprême incréé »[2]. Inversement, sur la voie descendante l'idée de Bien est suivie de l'idée de l'Etre, qui – comme le dit la quatrième proposition du *Liber de causis* – est la première réalité créé. Comme celle-ci, tout ce qui suit dans l'ordre descendant participe de son supérieur et, à travers lui, de tous les autres degrés, de manière à ce que chaque chose participe, en dernière analyse, à l'idée de Bien.

Quelle est la leçon à tirer de cette doctrine pour notre propos ? Selon Gilles de Rome il faut en retenir l'idée que les réalités matérielles se distinguent les unes des autres, que ce soit par la forme ou par la matière, alors que les entités abstraites ne se distinguent pas à proprement parler, mais s'inscrivent dans une dynamique d'unification[3]. En d'autres termes, les réalités matérielles sont orientées vers la multiplicité, la distinction et la dispersion, alors que les entités idéales se suivent sur la voie d'une abstraction progressive qui mène vers l'unité première. Le

1. Cf. *ibid.* : « Sicut intellectus abstrahit speciem ab omnibus individuis (...) et sicut abstrahit genus ab omnibus speciebus (...), sic etiam abstrahit genus superius a generibus inferioribus. Nam, non solum abstrahit animal ab homine et leone, que sunt eius species, sed etiam abstrahit animatum ab animali et planta, que sunt quedam genera ».

2. Cf. *ibid.* : « Secundum ergo hunc ordinem quem videmus in intellectu posuerunt platonici ordinem realem in rebus abstractis (...), non solum in generibus inferioribus, sed etiam in superioribus posuerunt hoc idem, quia posuerunt unum aliquid quod esset idea omnium animatorum et unam substantiam separatam que haberet influentiam super omnia que sunt in predicamento substantie. Immo, non solum respectu predicamentorum, sed etiam supra predicamenta posuerunt huiusmodi abstracta, ut non solum posuerunt unam substantiam separatam habentem influentiam super omnes substantias, sed etiam posuerunt unum ens separatum quod haberet influentiam super omnia entia. Posuerunt etiam ordinem idearum sive deorum secundum ordinem abstractorum, ita quod res separate secundum quod erant magis abstracte maiorem influentiam habebant et a pluribus participabantur et pauciora participabant, ita quod summe abstractum nullo modo erat quid causatum nec quid creatum nec aliquo participabat, sed omnia participabant illud. Posuerunt autem summe abstractum non ipse ens, sed quid supra ens, ut unum et bonum esse (...); Deum igitur summum posuerunt platonici esse essentiam unitatis et bonitatis ».

3. Cf. *ibid.*, 98va : « Secundum hanc autem doctrinam, si bene advertimur, docemur quod aliter distinguuntur materialia et aliter abstracta. Immo, si volumus magis proprie loqui, materialia distinguuntur vel ratione formae et per se, vel ratione materiae et per accidens; abstracta autem secundum quod huiusmodi non proprie distinguuntur, sed uniuntur ».

cheminement vers l'unité est un cheminement de perfection : ce qui est plus uni est plus parfait et, inversement, une plus grande imperfection est signe d'une participation plus restreinte à l'unité. Conformément à cette dynamique, au genre supérieur – qui est le plus abstrait et le plus parfait – correspond une seule forme : *genus est forma una secundum quod habet esse abstractum perfectum*[1]. La leçon platonicienne est donc celle de l'unité générique suprême et parfaite, une unité qui n'est pas seulement paradigmatique du point de vue de l'intelligibilité, mais qui est fondatrice de la réalité des choses. Gilles adopte cette leçon et l'applique à la fonction représentative des espèces angéliques : de même que selon les platoniciens les formes sont d'autant plus parfaites et unies qu'elles sont plus abstraites, ainsi les espèces angéliques sont d'autant plus parfaites, unies et compréhensives – donc capables de représenter une pluralité dans et par l'unité – qu'elles appartiennent à un ange supérieur.

En tant que formes immatérielles, les espèces angéliques sont donc comparables aux idées platoniciennes, si bien que *multum iuvamur ad intelligendum veritatem circa illas species per ea que dixerunt platonici de ideis separatis et immaterialibus*[2]. On ne saurait exprimer plus clairement la fonction d'intelligibilité qui est ainsi attribuée aux représentations angéliques, réitérant par là-même la valeur philosophique et le rôle paradigmatique de la connaissance des substances séparées à l'égard de la connaissance humaine. La question de l'universalité des espèces nous conduit de la sorte à la racine de cette noétique angélologique, à savoir la recherche d'une unité originaire[3] qui est condition de l'intelligibilité des choses et qui sert d'horizon ultime à la connaissance humaine : un horizon de perfection que les substances séparées ont le privilège d'objectiver.

À la lumière de ces considérations la première difficulté évoquée par Gilles est résolue, car si elle est pertinente par rapport à la réalité matérielle du genre, elle est sans valeur lorsque celui-ci est considéré comme une entité abstraite et comme un moyen de connaissance. De ce point de vue, non seulement il faut reconnaître qu'au genre correspond une seule forme compréhensive de tout ce qui lui

1. *Ibid.* : « Ut animal materiale, quia est animal imperfectum, non est unum animal, sed sunt multa animalia materialia. Rursus species animalis separate, ut puta homo separatus et leo separatus non sunt una forma nec unum animal, quia quodlibet horum est animal participative et per consequens est animal imperfectum. Leo enim separatus est leo essentialiter, sed est animal participative. Et quia leo separatus est leo perfectus, sed animal imperfectum, non possunt esse multi leones separati. Potest tamen leo separatus dicere aliam speciem animalis quam homo separatus. Animal tamen separatus, quia est animal perfectum et essentialiter, non est nisi unum. In abstractis ergo, quantum ad esse perfectum, forma generis non dicit nisi unam formam ».

2. *Ibid.* On vérifie ainsi la fécondité spéculative qui résulte de l'identification des anges avec les intermédiaires des philosophes. En effet, en assumant le rôle qui était celui des semi-divinités de la tradition philosophique – Idées platoniciennes ou Intelligences motrices aristotéliciennes –, les anges apprivoisent et intègrent ces entités à la conception monothéiste qui fait dériver toutes choses d'un principe premier unique. Les créatures spirituelles jouent ainsi en quelque sorte un rôle de « gardiens », en ce qu'elles permettent de contenir le polythéisme véhiculé par les intermédiaires philosophiques. Par ailleurs, grâce à cette proximité les anges sont renforcés dans leur fonction paradigmatique et dans leur rôle de principes d'intelligibilité de l'univers créé.

3. Cette unité originaire, qui se pose comme condition de possibilité de la connaissance, peut être qualifiée de transcendantale : cf. *supra*, p. 44.

appartient, mais on peut de surcroît former l'hypothèse de l'existence d'une forme unique, qui serait au-dessus de tous les genres et compréhensive de la totalité du réel. Cette forme existe : c'est l'essence du Bien pour les platoniciens et l'essence divine pour les philosophes chrétiens[1]. Si les substances séparées ne peuvent atteindre un tel degré d'unité, il reste néanmoins que plus elles lui seront proches, plus universelles et moins nombreuses seront leurs espèces. Par la seule espèce du genre, un ange supérieur peut donc se représenter et connaître tout ce qui appartient à ce même genre[2].

La deuxième difficulté susceptible de faire obstacle à la thèse défendue ici tient au caractère abstrait des représentations angéliques. En effet, bien qu'abstraites par rappport à la matière et capables de représenter l'unité d'une espèce, ces représentations se diversifient néanmoins à l'intérieur d'un même genre – comme, par exemple, dans le genre des couleurs, la blancheur se distingue de la noirceur; à partir de là, l'ange ne semble pas pouvoir connaître tout ce qui appartient à un genre par une seule forme ou espèce[3]. Cette difficulté ne pose pas un problème majeur selon Gilles, qui reprend le motif de la disposition hiérarchique des idées, si bien que par rapport à une multiplicité d'idées spécifiques il y a nécessairement une idée générique qui leur est supérieure et qui les comprend dans son unité – pour reprendre le même exemple, les idées de blancheur et de noirceur sont comprises sous l'idée générique de couleur. La diversification des espèces tient en réalité à leur imperfection, c'est-à-dire à l'insuffisance de leur extension, mais elle ne représente nullement un conditionnement nécessaire de la connaissance angélique. Elle ne le représente en tout cas pas chez les anges supérieurs, dont les espèces sont plus parfaites, plus universelles et capables de représenter une multiplicité de réalités[4].

La troisième difficulté qui touche à l'universalité concerne le contenu objectif des représentations. Au genre, en effet, ne correspond pas une hypostase, c'est-à-dire une réalité unifiée. Dès lors, puisqu'une espèce doit représenter une réalité unifiée et que le référent du genre n'est pas une telle réalité, la représentation d'un genre par une seule espèce intelligible ne peut pas rendre compte de la multiplicité comprise dans ce genre[5]. Notre auteur fait face à cette difficulté par une thèse qui

1. Cf. *ibid.* : « Sub esse abstracto at quantum ad representationem non solum potest esse una forma representativa omnium eorum que sunt in aliquo genere, sed etiam potest esse representativa omnium entium. Una enim et eadem res, ut puta divina essentia, que est una et eadem omnino simplicissima, representativa est omnium entium ».

2. Cf. *ibid.* : « Una et eadem species in mente angelica potest omnia que sunt eiusdem generis representare ».

3. Cf. *ibid.*, 97va : « Si ergo etiam abstracta plurificantur sub eodem genere, licet non plurificantur sub eadem specie, species in mentibus angelorum, quantumcumque sint abstractae a materia, plurificabuntur in genere ita quod per unam et eandem speciem non poterit intelligere angelus omnia que pertinent ad unum genus ».

4. Cf. *ibid.*, 98va : « Quanto ergo ille species sunt perfectiores, tanto sunt magis unite et sunt plurium representative et per consequens sunt magis universales ».

5. Cf. *ibid.*, 97va : « Tertia difficultas sumitur ex parte ipsius obiecti. Nam generi non respondet ypostasis, ut vult Themistius (...). Cum ergo una species debeat representare unum aliquid, per unam speciem representari non poterit ».

reprend et accentue le motif de la dérivation divine des représentations angéliques. Gilles insiste ici sur ce que ces espèces ne tiennent pas leur unité ou leur diversité des objets représentés. N'étant pas causées par les objets, il ne faut pas poser au niveau des représentations intelligibles des substances séparées la correspondance entre une forme et une espèce qui intervient au niveau de la connaissance humaine[1]. Au contraire, c'est la source divine qui garantit l'unité des représentations angéliques, alors que leur diversité résulte des sujets dans lesquels elles sont reçues. La distance et l'écart par rapport à Dieu n'étant pas le même pour toutes les substances séparées, les anges supérieurs, plus proches du principe premier, reçoivent les espèces de manière plus unie et sont donc capables de saisir une pluralité sous le mode de l'unité – une unité qui est le signe de l'universalité supérieure de leurs représentations. La difficulté en question est donc résolue par un renversement du point de vue, car selon Gilles l'unité ou la diversité des objets ne joue aucun rôle dans l'unité ou la diversification des espèces des substances séparées[2].

Cette argumentation présente un intérêt philosophique particulier. Gilles souligne ici l'indépendance des espèces angéliques à l'égard des objets qu'elles représentent de manière encore plus accentuée que dans la question relative à leur origine. La connaissance des substances séparées est entièrement *a priori* et son universalité est le signe d'une saisie unitive qui résulte exclusivement de la proximité à Dieu.

### *Difficultés inhérentes au petit nombre d'espèces*

Un deuxième groupe de difficultés demande à être examiné avant de confirmer inconditionnellement la thèse soutenue dans cette huitième question du *De cognitione angelorum*. Il s'agit de trois difficultés inhérentes au nombre restreint (*paucitas*) d'espèces dont se servent les anges supérieurs. La première réside en ceci : en suivant la dynamique d'unification illustrée auparavant, on arriverait à un ange qui connaîtrait tout par une seule espèce[3]. La deuxième consiste à prolonger cette dynamique et à avancer l'hypothèse de l'existence d'un ange qui connaîtrait tout par sa propre essence[4]. La troisième enfin pousse encore

1. Cf. *ibid.*, 98va : « Huiusmodi species non habent unitatem et diversitatem ex parte obiecti, quia non sunt causatae a rebus ».

2. Cf. *ibid.* : « Semper erit eadem solutio huius difficultatis, videlicet quod unitas talium specierum non sit accipienda ex parte rerum representatarum, sed ex parte sue cause, ex qua tales species fluunt ».

3. Cf. *ibid.*, 98vb : « (Prima difficultas est) quod sit devenire ad angelum qui intelligat omnia per unam speciem. Nam, si angeli superiores habent pauciores species quam inferiores, oportet tales species finitas esse (…), sed in quocumque numero finito est dare statum ex parte descensus, quia est devenire usque ad unitatem. Cum ergo deus semper possit facere angelum superiorem semper superiorem (…), erit devenire ad aliquem angelum qui non intelligeret nisi per unam speciem, quod est inconveniens, quia tunc ille angelus non esset quid determinatum ad aliquod genus ».

4. Cf. *ibid.* : « Secunda autem difficultas circa hoc est, quia cum deventum esset ad angelum qui intelligeret omnia per unam speciem, cum deus adhuc posset facere alium angelum superiorem, ille angelus superior intelligeret simpliciori modo. Non ergo intelligeret per speciem additam, sed omnia intelligeret per suam essentiam, quod est proprium ipsius dei ».

plus loin cette hypothèse et postule l'existence d'un ange encore supérieur à celui qui connaîtrait par son essence : un ange qui par conséquent intelligerait de manière plus simple que Dieu lui-même[1].

On constate aisément que ces trois difficultés ont une seule et même racine (*unam radicem habent*) et qu'elles requièrent par conséquent une même solution. Leur source commune réside dans l'idée de la toute-puissance divine, qui sert à forger l'hypothèse de l'existence d'un ange toujours supérieur aux précédents, et cela jusqu'à dépasser la réalité divine elle-même. Il s'agit donc d'une toute-puissance conçue comme absolue, puisque susceptible de contrer la perfection de Dieu lui-même. Gilles prend très au sérieux ces difficultés, y compris la troisième, et y répond par une argumentation qui fait appel à l'ordre des substances séparées et qui se rattache à la spéculation dionysienne sur les hiérarchies célestes. On retrouve ici l'orientation choisie par notre auteur : celle qui justifie le statut des anges et de leur connaissance par rapport à un ordre qu'aucun Malin Génie ne pourrait ébranler. La position de Gilles est évidemment délicate, puisqu'il doit évacuer les difficultés en question et la thèse qui les suscite, sans pour autant mettre en discussion la toute-puissance divine.

Aussi, l'entrée en matière ressemble-t-elle à une profession de foi : *credimus enim verum esse quod semper deus possit facere angelum superiorem semper superiorem propter infinitam distantiam inter quamlibet creaturam et deum.* L'écart infini entre le créé et Dieu admet l'hypothèse de l'introduction d'une infinité de degrés entre ces deux termes, et notamment une infinité d'anges de perfection différente. Dans l'ordre de la création il existe une limite inférieure – la matière première –, au-dessous de laquelle on ne rencontre que du néant. Sur la voie ascendante en revanche il n'y a pas de limites à la possibilité d'aller toujours au-delà, jusqu'à en arriver à un niveau qui serait toujours supérieur. Précisons toutefois que lorsqu'on affirme qu'il n'y a pas de limites à la possibilité d'aller outre, cette possibilité n'est pas celle des créatures – qui ne sauraient se dépasser elles-mêmes –, mais celle de Dieu. Gilles admet ainsi qu'il n'y a pas de limites à la puissance divine de créer des réalités toujours supérieures à celles qui existent

1. Cf. *ibid* : « Posset autem et circa hanc materiam tangi tertia difficultas, videlicet quod, cum deventum esset ad angelum intelligentem omnia per suam essentiam, quia adhuc deus posset facere angelum superiorem et simpliciorem, consequens esset, quod ille angelus intelligeret simpliciori modo quam sit intelligere omnia per suam essentiam, propter quod conscriptus esset quod ille angelus intelligeret simpliciori modo quam deus ». Cette troisième hypothèse mène jusqu'à l'absurde l'axiome de la toute-puissance divine : Dieu peut-il et veut-il créer une réalité qui lui serait supérieure ? Il convient par ailleurs de signaler que la formulation de ces trois difficultés évoque la problématique du « status in supremo », c'est-à-dire la question qui consiste à savoir s'il existe un ange si parfait que Dieu ne pourrait pas en créer un autre encore plus parfait : cette question a été soulevée notamment dans les discussions sur l'unité de l'« aevum » par Henri de Gand (*Quodlibet* XI, qu. 11) et Godefroid de Fontaines (*Quodl.* VII, qu. 8). Henri de Gand fait d'ailleurs référence à un article du syllabus de 1277 – article pourtant introuvable –, qui nierait précisément qu'une créature puisse être si parfaite que Dieu ne puisse en créer une autre plus parfaite qu'elle. Les difficultés soulevées par Gilles semblent être une écho de cette problématique et il est fort probable qu'il ait tenu compte des propos d'Henri de Gand. Sur cette question cf. P. Porro, *« Ponere statum ». Idee divine, perfezioni creaturali et ordine del mondo in Enrico di Gand,* Mediaevalia, 3 (1993), p. 109-159.

déjà, bien que dans l'ordre du créé il y ait une limite réelle, qui est celle de l'existence actuelle[1]. Partageant la thèse de la toute-puissance divine et la possibilité de son intervention, notre auteur se doit donc de choisir une autre approche des trois hypothèses qui posent problème.

Il commence par dissocier la notion de perfection de celle de multiplicité, ce qui rend possible et plausible l'association de la perfection angélique avec l'idée de la *paucitas* de leurs espèces intelligibles[2]. Si la perfection au sens absolu est synonyme de simplicité et d'unité, au niveau du créé elle est toujours réalisée de manière relative et selon différents degrés. Aussi, dans les êtres animés le fait de posséder plusieurs facultés est un signe de perfection lorsque cette multiplicité place la réalité en question à un degré supérieur dans l'échelle des êtres : pour cette raison l'homme est l'être le plus parfait dans son genre, car il possède un nombre supérieur de facultés – notamment l'intellect et la volonté –, qui le placent au dessus des autres animaux[3]. Il y a cependant une différenciation des degrés de perfection à l'intérieur d'une même catégorie de réalités qui n'implique pas la multiplication des facultés[4]. Dans l'ordre du créé on trouve donc une double gradation des niveaux de perfection : celle qui distingue un genre d'un autre et celle qui distingue les réalités singulières les unes des autres à l'intérieur du même genre. Il importe de préciser que cette deuxième gradation n'apporte pas de différenciation essentielle, car elle se tient dans les limites d'une catégorie d'êtres : c'est pourquoi un être humain, aussi parfait soit-il, ne changera pas pour autant de nature, mais appartiendra toujours à l'espèce humaine.

Par voie d'analogie, Gilles pose cette double gradation au niveau des substances séparées : l'une distingue chaque ange de ses semblables en fonction de son degré de perfection, l'autre distingue les hiérarchies et les ordres angéliques et attribue à chaque catégorie sa perfection propre[5]. À partir de là il s'avère que chaque nouvel ange créé par Dieu, tout en se distinguant de ses semblables, appartiendra néanmoins nécessairement à un ordre et à une hiérarchie, et possèdera par conséquent la perfection qui convient au niveau auquel il est situé. Le nombre plus

1. Cf. *De cogn. ang.*, 98vb : « Sed in supremo, nec in genere intelligibilium nec universaliter in ente in rebus creatis est dare statum nisi secundum actualem existentiam, non autem secundum possibilitatem creandi ». Cette solution est semblable à celle d'Henri de Gand (*Quodl.* XI, qu. 11, 467r-vZ) et à celle de Godefroid de Fontaines (*Quodl.* VII, qu. 8, éd. De Wulf-Hoffmanns, p. 365), qui nient également la possibilité de fixer un « status » en ce qui concerne la perfection des substances séparées, mais qui admettent la possibilité de repérer un premier parmi les substances séparées actuellement existantes. Cf. à ce propos, P. Porro, *Forme e modelli di durata*, cit., p. 206-208.

2. Cf. *ibid.*, 99ra : « Magnitudo tamen quantitativa non est perfectionis simpliciter. Perfectionis enim simpliciter in virtute est quod virtus sit simplex et quanto simplicior tanto perfectior ».

3. Cf. *ibid.*, 99rb : « Diceremus enim quod perfectius animatum sive animal perfectius habet plures potentias, sed non secundum quamlibet maiorem perfectionem habet esse pluralitas potentiarum, sed quando est tanta perfectio quod collocat animatum in alio genere vel in alio gradu ».

4. Cf. *ibid.* : « Non ergo quelibet nobilitas in rebus animatis plurificat potentias, sed quando est tanta nobilitas quod collocat animatum in genere alio vel in alio gradu ».

5. Cf. *ibid.* : « Et sicut animata distinguuntur per huiusmodi genera sive per huiusmodi gradus, sic angeli distinguuntur per hierarchias et ordines, ita quod illi qui sunt de superiori hierarchia vel de superiori ordine habent simpliciorem naturam et magis deiformem quam qui sunt de inferiori ».

ou moins grand d'espèces dont il aura besoin varie précisément selon le niveau de cette appartenance. Or, conformément à la doctrine dionysienne, les hiérarchies angéliques sont en nombre fini, car il est nécessaire que la gradation s'arrête à un genre supérieur aux autres. Les anges de ce niveau supérieur connaîtront alors par un si petit nombre d'espèces, qu'il ne pourra y avoir aucun ordre supérieur, dont les anges intelligeraient par un nombre de représentations encore plus infime[1].

Il convient de relever que cette solution annule l'hypothèse d'un ange qui connaîtrait tout de manière plus simple que Dieu lui-même tout en sauvegardant la toute-puissance divine. Dieu, en effet, peut toujours créer un ange supérieur dont l'intellection serait plus claire que celle des autres, sans que ce nouvel ange appartienne pour autant à un autre genre et sans qu'il possède un nombre inférieur d'espèces[2]. La possibilité divine de créer de nouvelles substances intellectuelles est ainsi sauvegardée, mais du côté du réel il y a une limite infranchissable : celle des ordres et des hiérarchies qui représentent des niveaux de perfection fixes et déterminés. Aucun ange ne pourrait donc être créé, qui serait en dehors de l'ordre des choses et au-dessus de la hiérarchie suprême. Par conséquent, aucun nouvel ange ne pourrait intelliger par un plus petit nombre d'espèces que celui dont se servent les anges supérieurs de la hiérarchie dionysienne. Les trois difficultés énoncées auparavant sont ainsi évacuées, car les hypothèses qu'elles avancent sont contraires à l'ordre des choses et notamment à la disposition des hiérarchies célestes. Une fois de plus, l'ordre s'impose comme une valeur et comme une norme incontournable.

*Quatre raisons supplémentaires*

La thèse de la plus grande universalité et de la *paucitas* des représentations dont se servent les anges supérieurs est enfin corroborée par quatre arguments dérivés du *Liber de causis*[3], axés sur la *medietas* des substances intellectuelles. Le premier résulte de la confrontation avec les réalités inférieures. À cet égard, les anges supérieurs sont envisagés comme les entités les plus éloignées de la potentialité et du sensible[4]. Or, étant donné qu'à une plus grande potentialité et proximité du sensible correspond une réception plus réduite et plus particulière, à la séparation de la matière qui caractérise les substances séparées correspondra une réception des espèces plus ample et universelle. Par conséquent, les anges qui

1. Cf. *ibid.*, 99va : « Non est enim credibile quod in universo deficiat aliquod genus angelorum. Secundum ergo diversitatem talium generum accipitur pluralitas et paucitas specierum. Talia genera non sunt infinita, immo sunt determinata numero. Est enim devenire ad aliquod genus angelorum, in quo genere angeli existentes ita intelligerent per paucas species, quod non posset fieri aliquod genus superius eo, in quo angeli existentes intelligerent per pauciores ».

2. Cf. *ibid.* : « Posset deus semper facere nobiliorem angelum et angelus productus semper posset habere nobiliores species et semper clarius intelligere. Non tamen pertineret ad aliud genus nec haberet species pauciores ».

3. Cf. *ibid.* : « Sciendum ergo quod auctor de causis quasi adducit ad hoc quatuor rationes ».

4. Cf. *ibid.* : « Prima (ratio) sumetur ex eo quod superiores angeli sunt a potentialitate et ab istis sensibilibus remotiores ».

occupent le niveau supérieur disposeront nécessairement de représentations encore plus universelles, c'est-à-dire d'espèces génériques plus abstraites que celles des autres anges[1].

Le deuxième argument est fondé sur la plus grande proximité à Dieu dont jouissent les anges supérieurs. De cette proximité dérive une plus grande ressemblance avec lui, et notamment un mode de connaissance qui imite plus parfaitement l'unité et la simplicité de la connaissance divine. Il s'ensuit que les anges supérieurs, en tant que plus « déiformes », recevront leurs espèces de manière plus unitive et possèderont des représentations plus universelles et en plus petit nombre que les anges inférieurs[2].

La troisième raison est déduite de la plus grande simplicité de l'essence des anges supérieurs. À cette simplicité correspond une réception plus unitive des espèces : celles-ci seront donc plus universelles et en plus petit nombre que celles des anges inférieurs[3].

L'intellectualité plus parfaite des anges supérieurs est le point d'appui du quatrième et dernier argument. Ici Gilles pose une analogie suggestive entre les anges supérieurs et les hommes subtils d'une part, les anges inférieurs et les hommes à l'esprit grossier de l'autre[4]. Ces deux types d'hommes se distinguent du fait que les uns comprennent par peu de notions ce que les autres ne saisissent que par plusieurs. Il en va de même chez les substances séparées : les anges supérieurs sont doués d'une capacité intellectuelle qui leur permet de connaître par une seule espèce ce que les inférieurs intelligent par un plus grand nombre de médiations intelligibles[5]. Les représentations des anges supérieurs sont donc nécessairement plus universelles et en plus petit nombre que celles des inférieurs, auxquels

1. Cf. *ibid.*, 99vb-100ra : « Ergo et ipsi angeli, quia sunt magis a materia et ab ipsis sensibilibus separati, adhuc magis recipiunt species universaliter (...), et ideo credibile est quod omnes cognoscant per speciem generis (...); sed superiores, magis a potentialitate separati, intelligunt per speciem generis altiorem ».

2. Cf. *ibid.*, 100ra : « Secunda via ad hoc idem sumitur ex eo quod superiores sunt deo propinquiores. Deus enim per unam et eandem rem simplicissimam, ut per essentiam suam, cognoscit omnia (...). Sed cum (angeli) superiores sint deiformes, licet non habeant species ita unitive sicut unitive sunt idee in deo, attamen, quia sunt deiformiores et plus participant de modo perfectionis divine, ideo recipiunt species magis unitive et per consequens habent pauciores species quam inferiores ».

3. Cf. *ibid.* : « Tertia via sumitur ex simplicitate essentie ipsorum superiorum. Nam omne quod recipitur in aliquo recipitur secundum modum recipientis. Igitur cum ipsa essentia angelorum superiorum sit valde simplicior quam inferiorum, consequens est quod modo magis simplici et magis unitive recipiant, quod fieri non posset nisi per pauciores species intelligeret superior quam inferior. Et si per pauciores, ergo per universaliores ».

4. Cf. *ibid.* : « Angeli enim superiores comparantur ad inferiores quasi sicut homines subtiles ad homines grossos ».

5. Cf. *ibid.* : « Quarta et ultima via sumitur ex parte ipsius luminis. Nam angeli superiores habent lumen clarius et efficacius quam inferiores (...). Sic et angelus superius plus abundans in lumine et in perspicuitate intellectus intelliget in uno conceptu et in una specie quod non poterit intelligere angelus inferior in multis conceptis et per multas species ».

les premiers dévoilent leurs connaissances en les subdivisant et, pour ainsi dire, en les « mâchant » comme la nourrice fait avec la nourriture du nourrisson[1].

Sur ces considérations se termine la longue analyse de la modalité cognitive des substances séparées. L'articulation complexe de cette démarche, le souci de prise en compte des opinions contraires, des objections et des difficultés, témoignent de l'importance de ce thème, à travers lequel Gilles de Rome propose une conception de la connaissance angélique dont on ne peut négliger la valeur paradigmatique à l'égard de la démarche cognitive humaine[2]. La valeur philosophique de ce modèle provient – comme chez Thomas d'Aquin – de la doctrine globale de l'ordre des choses, dans lequel les natures intellectuelles occupent un rang des plus importants. La portée de l'idée d'ordre est d'ailleurs renforcée dans la tractation du dernier thème, où elle intervient pour différencier qualitativement les substances séparées en fonction de leur modalité cognitive. Le portrait qui en résulte est celui des anges-idées et, par ce biais, celui des anges-« quasi dieux » ou « déiformes ». Du fait de cette conception philosophique, Gilles frôle le danger d'une divinisation que le théologien ne peut accepter[3]. Il en est conscient et l'évite habilement par une précaution qui sauvegarde la toute-puissance divine. Aussi déiforme soit-il, l'ange fera toujours partie de l'ordre du créé et de sa propre hiérarchie. C'est donc encore l'application rigoureuse de l'idée d'ordre – pilier des angélologies philosophiques – qui permet d'éviter le danger auquel bon nombre de théologiens de son temps, peu enclins aux variations philosophiques sur ce thème, étaient particulièrement sensibles.

1. Cf. *ibid.* : « Unde et Dionysius de angelica hierarchia, capitulo ultimo, ut supra diximus, dicit angelos habere dentes, quia dividunt conceptus et species. Sicut enim nutrix masticat cibum et dividit quia non posset integrum masticare puer, sic angelos superiores ostendunt inferioribus per multos conceptus quod ipsi intelligunt in uno conceptu. Inferiores enim, quia non possunt totum conceptum superiorum simul capere, oportet quod huiusmodi conceptus eis dividatur per plures partes. Habent ergo superiores angeli universaliores conceptus et intelligunt per species universaliores ». La même idée est soutenue dans les mêmes termes et avec la même référence à Denys dans le commentaire du *Liber de causis*, prop. 4, A, 17ra.

2. Cf. *De cogn. ang.*, 92va : « Intellectus noster *multo maioris perfectionis esset si non reciperet* (...) ; huiusmodi est intellectus angelicus ».

3. C'est le danger que Pierre Jean Olivi a bien repéré : pour cette raison il a dénoncé l'admission par certains penseurs chrétiens (les « theologi philosophantes ») de thèses liées aux conceptions païennes des substances séparées ; cf. *In II Sent.*, qu. 9, éd. Jansen, vol. I, p. 175 : « isti autem in parte dicta eorum accipientes, pro tanto videlicet visa sunt eis non repugnare fidei, visi sunt non attendisse quod contradictio implicabatur in accipiendo partem dicti cum abiectione partis alterius quae fidei aperte contrariabatur ». Dans le traité *De perlegendis philosophorum libris* (éd. Delorme, p. 43) on lit que les philosophes « de substantia vero intellectuali minimum invenerunt. (...) Omnes etiam proprietates, quas eis attribuunt, sunt ut plurimum erroneae, quia locuti sunt de eis tamquam de quibusdam diis ». À ce propos nous renvoyons à notre étude : *Pierre de Jean Olivi et la subjectivité angélique*, Archives d'hist. doctr. et litt. du Moyen Âge, 70 (2003).

## LA CONNAISSANCE ANGÉLIQUE DU SINGULIER, DU FUTUR ET DES SECRETS DES CŒURS

Le dernier volet de cette vaste enquête sur la connaissance des substances séparées est consacré à l'élucidation de trois questions.

### *La connaissance du singulier*

La première concerne la connaissance du singulier: *utrum intellectus angelicus intelligat singularia*. Les analyses précédentes ayant déjà largement prouvé cette capacité, l'enquête porte à présent sur la modalité de ce savoir[1].

Notre auteur reprend la thèse de la connaissance de l'objet dans son intégralité : les espèces angéliques ne représentent pas seulement la nature abstraite des choses, mais aussi les sujets qu'elle informe. Dès lors, par la seule représentation d'un genre l'ange connaît à la fois les espèces dans lesquelles la forme du genre existe actuellement, les individus dans lesquels les formes spécifiques trouvent leur existence réelle, ainsi que les accidents qui accompagnent chaque substance individuelle[2]. L'extension des représentations angéliques provoque ainsi *ipso facto* la connaissance du singulier qui y est inclus, car l'ange saisit intuitivement (*simplici intuitu*) l'ensemble du contenu de l'espèce qu'il considère. La connaissance du singulier de la part des substances spirituelles ne fait donc aucun doute et ne nécessite aucune démonstration, car elle est inclue analytiquement dans celle de n'importe quelle nature générique ou spécifique. Cela dit, les différents contenus d'une même représentation ne sont pas tous connus de la même manière, mais selon les modalités clarifiées dans la question précédente.

Cinq arguments viennent ensuite confirmer ces considérations par une démarche comparative qui met une fois de plus en exergue les prérogatives des substances intellectuelles. Le premier est fondé sur l'ordre des réalités intelligibles, qui reproduit le degré de potentialité et d'actualité de chacun de ses éléments[3]. Dans cette hiérarchie, Dieu est situé au niveau suprême, car il est pure actualité, et l'intellect humain occupe le rang inférieur, car il a été créé comme une

1. La discussion présentée dans cette neuvième question est articulée en trois parties. La première clarifie la modalité de la connaissance du singulier, la deuxième confirme la thèse soutenue dans la première partie par une série de cinq arguments, et la troisième fait le point sur la modalité de la connaissance angélique en général : « Respondeo dicendum quod in hac questione sic procedemus, quia primo dabimus modum quo angelus cognoscit singularia. Secundo adducemus rationes ad propositum ostendentes modum assignatum verum esse et quod angelus illo modo cognoscit singularia. Tertio ad maiorem declarationem propositi dicemus quedam per que declarabitur nobis totus modus intelligendi angelicus » (*De cogn. ang.*, 100va).

2. Cf. *ibid.*, 100vb-101ra : « Species in mentibus angelorum representant res secundum quod sunt in seipsis (...). Cum demonstratum sit naturam generis non posse existere actualiter sine ipsis speciebus, per illam speciem representativa generis cognoscet omnes species in quibus existit actualiter tale genus. Sic etiam cognoscendo species cognoscet etiam individua, cum dictum sit naturam speciei actualiter non existere sine particularibus. Cognoscendo autem individua cognoscet earum proprias actiones et accidentia ipsorum, quibus talia individua sunt coniuncta ».

3. Cf. *ibid.*, 101ra : « Prima (ratio) sumitur ex gradu et ordine quem habet angelus in genere intelligibilium (...); gradus et ordo alicuius rei in aliquo genere sumitur ex actualitate et potentialitate ».

*tabula rasa*, c'est-à-dire comme pure potentialité à l'égard du connaissable[1]. L'ange, quant à lui, occupe la place intermédiaire, car il a été créé comme un microcosme intellectuel pourvu des espèces de toutes choses : c'est pourquoi il s'intellige toujours et dispose toujours déjà de quoi actualiser sa puissance cognitive. L'actualité de l'ange ne saurait cependant être celle de Dieu, car les représentations angéliques portent exclusivement sur ce qui existe actuellement et n'incluent pas le domaine du possible[2]. L'ange dispose donc d'une connaissance pleine et parfaite de tout ce qui existe déjà, une connaissance qu'il actualise selon son libre choix en considérant l'une ou l'autre représentation. Cette intellection pleine signifie précisément qu'en connaissant une nature il en connaît les substrats individuels ainsi que les accidents qui les accompagnent[3]. La *medietas* de leur situation dans l'ordre des intelligibles confère ainsi aux substances séparées la prérogative de la connaissance de l'individuel en tant que déjà inclue dans celle de sa forme spécifique. Plus éloigné du singulier que ne saurait l'être l'homme qui en fait abstraction, l'ange le connaît cependant bien mieux, car sa connaissance est *a priori*, indépendante des conditionnements et des vicissitudes auxquels est soumis le sujet humain.

Le deuxième argument en faveur de cette thèse s'appuie sur la modalité cognitive des substances séparées. Nous ne nous y attarderons pas, car il fait appel au motif, rencontré à plusieurs reprises, de la dérivation divine des espèces angéliques. Cette origine garantit à elle seule la connaissance du singulier, car les exemplaires divins rendent compte de la nature des choses en tant qu'actualisée dans des réalités singulières[4]. À cette occasion, Gilles signale son opposition à la doctrine platonicienne de la subsistance des essences en dehors des réalités singulières : le philosophe augustin opte pour l'immanence et l'actualisation des formes dans les réalités individuelles, si bien que la suppression de celles-ci entraînerait celle des premières. Il apparaît alors que si les représentations angéliques sont des entités abstraites et séparées à la manière des idées platoniciennes, leur contenu est cependant plus dense, car elles incluent les singuliers sans lesquels les formes seraient une pure fiction[5]. Les anges jouissent ainsi d'une double

1. Cf. *ibid.*, 101rb-va : « Intellectus noster naturaliter nascitur tamquam potentia abijcens actum, et quia nascitur non informatus specie, cum postea acquirit speciem, species illa est debilis adhesionis cum intellectu ».

2. Cf. *ibid.*, 101rb : « Angelus creatus est purus et plenus speciebus, inquantum potentia coniuncta actui (...); angelus autem intelligens aliquam naturam intelligit supposita in quibus habet esse illa natura, sed non intelligit omnia ea in quibus potest esse talis natura ».

3. Cf. *ibid.*, 101va : « Intellectus angelicus nascitur sicut potentia coniuncta actui, quia nascitur informatus speciebus; ideo species ille sunt fortioris adhesionis et magne representationis, ut non solum representant naturam, sed etiam representant supposita in quibus habet esse illa natura. Hoc ergo modo angelus cognoscit particularia ».

4. Cf. *ibid.*, 101vb : « Consequens est, quod huiusmodi species sic sint ratio cognoscendi naturam, quod etiam sint ratio cognoscendi particularia in quibus habet esse talis natura ».

5. Cf. *ibid.* : « Nam, si aliter diceremus, incideremus in errorem Platonis dicentis quidditates et essentias rerum habere per se esse absque particularibus suppositis. Nos autem omnia ponimus esse in ipsis primis substantiis sive in ipsis individuis : et quantum ad actualem existentiam dicimus quod distinctis primis impossibile est aliquod eorum remanere ».

prérogative : d'un côté leurs représentations sont des entités intelligibles parfaites, capables de rendre compte d'une multiplicité dans l'unité ; de l'autre, la densité de contenu de ces représentations permet aux anges de connaître immédiatement et parfaitement les réalités singulières, qui ne sont accessibles qu'indirectement à l'intellect humain. C'est donc en vertu de l'origine divine de ses formes intelligibles et du procédé intuitif de sa pensée que l'ange connaît de manière exhaustive les réalités singulières[1].

Le mode de représentation sert de base au troisième argument invoqué par notre auteur, qui insiste, là encore, sur un triple degré de perfection. La connaissance humaine représente la nature des choses de la manière la plus imparfaite, car elle ne rend pas compte des substrats dans lesquels elle subsiste. La connaissance divine est la plus parfaite, car elle représente la nature des choses en elle-même, dans ses supports actuels et dans ses supports possibles. La connaissance angélique présente un degré de perfection intermédiaire : l'ange connaît en effet parfaitement la nature des choses et par là-même ses supports réellement existants ; il intellige donc les réalités singulières et leurs attributs par la simple conversion sur les espèces qui en représentent l'essence[2]. Compte tenu de sa situation intermédiaire et des exigences inhérentes à l'ordre hiérarchique, la connaissance du singulier s'avère être pour l'ange à la fois une prérogative et une nécessité.

Le quatrième argument est fondé sur l'espèce elle-même. Dans notre intellect, les espèces sont distinctes et séparées les unes des autres, si bien que ce qui est uni dans la réalité y est représenté comme s'il était divisé ; notre intellect connaît en effet séparément un sujet, ses prédicats et ses propriétés, qu'il associe ou sépare pour former des propositions[3]. Cette manière imparfaite de rendre compte de la réalité résulte de la faiblesse de la lumière intellectuelle humaine[4]. Mais tel n'est pas le cas de l'ange. Sa lumière et sa perspicacité intellectuelle lui permettent de saisir chaque objet dans son intégralité, si bien qu'en intelligeant un sujet il en

1. Cf. *ibid.* : « Fortius autem cognoscere est cognoscere ipsa supposita, in quibus actu habet esse ipsa natura, que non prime et principaliter, sed ex consequenti se offert intellectui prout sunt coniuncta ipsi nature ». À noter que le comparatif « fortius » associé à la connaissance angélique renforce une fois de plus la valeur exemplaire de l'intellection des anges.

2. Cf. *ibid.* : « Angelus ergo, quia tenet medium gradum inter intellectum divinum et nostrum, quia intelligendo naturam intelligit supposita, que actu sunt sub illa natura, non autem possibilia esse, ideo intellectui suo potest aliquid accrescere ex progressu omnium rerum in esse : multa enim innotescunt angelis que ante erant eis ignota (…) ; nam qui perfecte cognoscit naturam, cognoscit supposita in quibus habet esse illa natura ; non enim perfecte cognoscitur aliquid, nisi cognoscantur omnia que actu coniuncta sunt illi ».

3. Cf. *ibid.*, 102ra : « Nam in intellectu nostro species se habent quasi quedam divisa, non quasi coniuncta (…) ; nam, que sunt coniuncta secundum esse rerum et secundum naturam, in intellectu nostro se habent sicut separata (…), et licet subiectum sit coniunctum sui proprietati et e converso, species tamen representans subiectum representat ut non coniunctum proprietati (…) ; sed species representans sic res divisas intellectus componit et dividit (…), et si componit recte sicut est in rerum natura, tunc est propositio vera, si componit non recte (…), tunc est propositio falsa ».

4. Cf. *ibid.* : « Si queratur unde accidit hoc intellectui nostro, quod sic representatur ei res modo diviso, dicemus hoc esse propter paucitatem luminis intellectualis (…) ; species ergo intelligibiles in intellectu nostro sunt coniuncte debili lumini, ideo debiles sunt ad representandum ».

connaît les prédicats et les propriétés. Les espèces angéliques savent représenter dans l'unité ce qui est uni dans la réalité : *species in intellectu suo se habent ut coniunctum.* La connaissance angélique *a priori* est ainsi plus fidèle au réel que ne l'est la connaissance humaine réceptive et dépendante de ses objets.

Le dernier argument en faveur de la connaissance angélique du singulier fait appel à l'exigence que la connaissance porte sur tout ce qui appartient à la raison de l'objet connu[1]. Dès lors, dans la mesure où l'on aura prouvé que les individus rentrent dans la raison d'intelligibilité des espèces et des genres, on aura démontré que la connaissance parfaite de ceux-ci implique celle des réalités singulières. Or, nous savons déjà que selon notre auteur les essences ne subsistent pas à la manière des idées platoniciennes, mais sont immanentes aux réalités singulières dont elles constituent la forme. Les essences ou natures des choses étant ainsi impensables dans leur être actuel sans leurs supports individuels, il faut en conclure que les individus sont inclus dans les raisons d'intelligibilité des essences. Il s'ensuit que la connaissance angélique de celles-ci implique immédiatement celle des réalités singulières[2].

Pour conclure, il apparaît que la connaissance du singulier peut être ramenée à la seule considération de la perfection des substances séparées : *omnes (rationes) se fundant super perfectionem cognitionis (angeli)*[3]. Cette perfection se manifeste sur le plan de l'actualité de l'intellect, au niveau de son mode d'intellection (l'intuition), au niveau de la capacité représentative de ses espèces, ainsi que par la pureté et l'efficacité de sa lumière intellectuelle.

Ces qualités justifient largement la prérogative angélique de l'intellection parfaite du singulier. Cette connaissance s'effectue selon un ordre et un rythme précis, que notre auteur clarifie au terme de cette démarche. L'intellection du singulier résulte en effet d'une quadruple conversion : l'ange se tourne « d'abord » vers lui-même et se connaît immédiatement; par cette auto-intellection il saisit aussi, mais de manière confuse, l'ensemble des espèces dont il dispose et leurs référents. La volonté porte ensuite son choix sur telle ou telle espèce, qui va faire l'objet d'une deuxième conversion : celle-ci envisage l'espèce en tant que représentative d'un genre. Un troisième acte de conversion va considérer la même idée en tant que représentative de l'espèce. Intervient enfin une quatrième conversion, qui porte sur la même espèce en tant que représentative d'un individu[4]. On assiste

1. Cf. *ibid.* : « Quinta ratio sumitur ex parte rei representate. Nam non possumus intelligere aliquam rem perfectam nisi intelligamus ea que sunt de ratione rei ».

2. Cf. *ibid.*, 102rb : « Cum igitur angelus intelligat naturas rerum secundum esse quod habent in suo genere et secundum quod existunt (...), ideo intelligendo naturam intelligit individua in quibus habet esse illa natura, quia ut dictum est, secundum modum intelligendi angelicum, individua pertinent ad rationem nature ».

3. *Ibid.*

4. Cf. *ibid.*, 102ra : « Angelus in intelligendo quadrupliciter se convertit et huiusmodi quatuor conversiones se habent per ordinem (...); prima enim conversio erit ipsius angeli supra seipsum, et haec est quasi naturalis. Secunda conversio erit pro sue libertatis arbitrio supra aliqua specie, prout sibi placuerit, prout illa species est representativa totius generis. Tertia conversio erit supra illa eadem specie prout est representativa huius speciei vel illius. Quarta conversio erit supra huiusmodi specie prout est representativa huius individui vel istius ».

ainsi à la progression vers une visée de plus en plus ciblée, qui n'annule pas les intellections précédentes, mais qui les assume et les ordonne en vue d'une saisie de plus en plus précise de l'objet. L'ange a le privilège d'une connaissance qui est à la fois celle de l'ensemble et celle des parties qui le composent. L'intellection du singulier est le résultat d'une série de conversions qui ne procèdent pas par abstraction et n'isolent pas un contenu de son contexte, mais en font l'objet d'un regard ciblé et global à la fois. Si l'homme ne peut saisir la nature des choses sans l'abstraire et l'isoler, l'ange respecte l'intégralité de son objet, qu'il saisit parfaitement en conformant son regard à ce qu'il décide d'en connaître. La connaissance des substances séparées allie ainsi la saisie claire d'un ensemble à l'intellection distincte de ses parties.

*La connaissance du futur*

L'ange est donc capable de saisir le *hic et nunc* de ses objets à partir de la simple représentation de leur genre ou de leur espèce. Sait-il pour autant connaître les déterminations futures inscrites dans les représentations de la nature des choses? C'est le problème soulevé dans la dixième question du *De cognitione angelorum*: *Utrum angeli cognoscant futura.* Comme le laissaient présager les considérations sur l'actualité des objets de connaissance, la réponse est négative: *angeli naturali cognitione non possunt scire futura*[1]. Notre auteur élabore une série de preuves en faveur de sa thèse, qui peuvent être ramenées, en dernière analyse, à deux motifs fondamentaux: celui de la pure possibilité et de la contingence qui déterminent le futur comme tel, et celui de la temporalité qui frappe chaque sujet connaissant créé[2].

Partant de l'évidence que le futur n'existe pas en lui-même – *futura non sunt in seipsis* – le problème de sa connaissance exige d'abord de clarifier si le futur est connaissable « ailleurs » qu'en lui-même. Si tel n'était pas le cas, sa connaissance équivaudrait à celle du non-existant et la question présente perdrait sa pertinence, car le non-être n'est pas objet de science à proprement parler. Mais le futur, comme les autres déterminations temporelles, a ceci de particulier qu'il est entièrement relatif et que par conséquent il peut être conçu par rapport à un terme de référence, en qui il existe déjà comme du possible. Or, le futur existe bel et bien « ailleurs » qu'en lui-même, car il est présent dans ses causes[3]. Si connaissance du futur il y a, elle résultera donc de la connaissance de ses causes et de ce que celles-ci peuvent en livrer. Et puisque l'ange, comme toute autre créature, ne connaît par

1. *Ibid.*, 104ra.

2. Gilles développe sa solution du problème en trois parties. La première présente quatre arguments qui se rattachent à la notion de cause; la deuxième produit quatre raisons dérivées du statut de la connaissance angélique; la troisième et dernière partie propose quelques considérations très succintes sur la connaissance du futur par voie surnaturelle.

3. Cf. *De cogn. ang.*, 104ra: « Futura sunt autem in suis causis. Ex hoc enim dicitur aliquid futurum, quia non est secundum se, sed in sua causa habet aliquem ordinem vel aliquam aptitudinem ut fiat ».

voie naturelle que les causes créées, il faut se demander dans quelle mesure ces causes livrent la connaissance du futur qui peut en découler.

La réponse à cette question présuppose une enquête sur les différentes causes qui interviennent dans l'univers créé. Ces causes sont de quatre sortes, enchaînées les unes aux autres selon les fonctions qu'elles exercent et les conditions qu'elles exigent. Il y a d'abord la cause agente, qui produit directement son effet; celle-ci agit néanmoins comme instrument d'un agent supérieur, qui est la cause régulatrice (*causa regulans*); il y a ensuite une cause auxiliaire (*causa adminiculans*), car aucune cause créée n'est la cause totale de son effet, mais exige le concours d'autre chose [1]; il y a enfin une quatrième condition, qui est la disposition adéquate de la matière, à laquelle les causes créées sont soumises comme à une condition indispensable de leur agir. En résumé, chaque cause est réglée par une cause supérieure, exige une cause auxiliaire qui lui est inférieure, et présuppose une matière apte à son action.

À partir de ces considérations, notre auteur présente quatre arguments en faveur de la thèse selon laquelle l'ange ne peut pas connaître pleinement les réalités futures. Le premier prend appui sur la mutabilité de toute cause agente créée. Chaque réalité créée étant sujette au changement, aucune créature ne saurait produire un effet nécessaire, car elle peut toujours en être empêchée. Dès lors, puisque la science est connaissance des causes et de ce qui en dérive sans qu'il puisse être autrement, aucun futur contingent ne peut être connu avec certitude dans une cause créée [2]. Astreint à la connaissance de ces causes, l'ange ne pourra pas connaître le futur à travers elles. La distinction entre futurs nécessaires et futurs contingents – que nous avons rencontrée chez Thomas d'Aquin [3] – n'est pas jugée pertinente par Gilles, qui conçoit le futur comme « ce qui est soumis à une variation temporelle » [4] et qui par conséquent peut être empêché à tout moment. En d'autres termes, futur au sens propre est le futur contingent, c'est-à-dire une forme de réalité qui n'est que possible. Cette pure possibilité échappe à la connaissance des anges, dont l'intuition ne peut aller au-delà de l'actuellement existant. Cela dit, Gilles admet qu'il y a des effets qui, d'une manière générale, peuvent être considérés comme nécessaires, dans la mesure où ils sont rarement empêchés ou ne le sont que par miracle : c'est le cas, par exemple, du mouvement des astres [5]. Ce type

1. Cf. *ibid.*, 104rb : « Tertio est ibi considerare causam adminiculantem. Nam cause create non solum non sunt prime, quia habent causam regulantem, sed etiam non sunt totales, quia indigent causis adminiculantibus. Sol enim multa potest mediantibus istis inferioribus, que non posset sine eis, ut mediante virtute feminis equi facit ad generationem equi, quod non posset facere sine tali virtute. Sol igitur et equus generant equum ».

2. Cf. *ibid.* : « Nulla ergo creatura quantum est de sui natura potest producere effectum de necessitate, quia propter sui mutabilitatem potest impediri. Cum ergo scientia sit eorum que immutabilem substantiam sortiuntur (...), et cum scire sit causam cognoscere et quod illius est causa et quod non contingit aliter se habere (...), nullum futurum contingit cognoscere certitudinaliter in aliqua causa creata ».

3. Cf. *S. theol.* I, 57, 3 et *supra*, p. 49 *sq.*

4. Cf. *De cogn. ang.*, 104rb : « Proprie futurum est quod est subiectum variationi temporum ».

5. Cf. *ibid.* : « Futura ergo ut sunt in causa creata non sunt necessaria, quia non sunt ibi immutabiliter. Attamen, si essent ibi necessaria vel ut sunt ibi necessaria, quia aliqua sunt, que valde raro impe-

de futurs est effectivement accessible à la connaissance des anges, qui savent parfaitement, en l'occurrence, quand aura lieu une éclipse solaire. En revanche, les futurs radicalement contingents – c'est-à-dire ceux qui sont présents dans leurs causes sous le mode d'une pure possibilité – restent totalement inconnaissables [1].

Le deuxième argument qui vient corroborer la même thèse est fondé sur la causalité dite « régulatrice ». Celle-ci est exercée par une cause nécessairement supérieure aux causes créées, c'est-à-dire par Dieu en tant que cause première et incréée. Du point de vue de cette causalité, rien de nécessaire ne peut résulter d'une cause créée qui ne saurait être empêché par la cause suprême et régulatrice. Elle seule agit de manière à ne pouvoir être entravée par quoi que ce soit : c'est donc uniquement dans cette cause suprême que le futur peut être connu comme nécessaire. L'ange par conséquent, qui ne voit le futur que dans les causes créées, ne peut le connaître comme étant actuellement présent [2].

L'approche de la question par le biais des causes auxiliaires aboutit à la même conclusion. Bien que secondaires, ces causes sont requises pour la réalisation de tel ou tel effet. Leur absence peut donc compromettre le résultat visé par la cause agente. C'est bien la raison pour laquelle les prévisions astrologiques n'ont pas de validité absolue car, alors même que les dispositions astrales favorisent tel ou tel déroulement des faits, les causes auxiliaires peuvent faire défaut et empêcher ce que les causes supérieures laissaient espérer [3]. La possibilité toujours présente du non-aboutissement compromet ainsi la connaissance du futur que des sujets créés pourraient déduire des causes créées.

La considération de la cause matérielle révèle la même difficulté. Ici aussi Gilles observe que le mouvement des sphères célestes peut bien laisser présager tel ou tel effet, mais si la matière n'est pas disposée de manière adéquate, l'effet n'aura pas lieu [4]. Dans n'importe quelle cause créée les effets futurs ne sont donc que des possibles contingents et ne peuvent pas faire l'objet d'une connaissance certaine. La science du futur n'est possible que par la connaissance de Dieu, où tout est inscrit de manière nécessaire [5]. Il n'y a donc pas de connaissance plénière du futur au moyen des causes créées.

diuntur, sicut sunt motus astrorum, qui uniformiter se habent. Et si impediuntur, hoc ex miraculo et valde rare ».

1. Cf. *ibid.* : « Futura autem contingentia vel futura ut sunt mutabiliter in causa creata scire non possunt ».

2. Cf. *ibid.* : « Angeli ergo naturali cognitione non possunt scire (futura), quia non vident ea in causa suprema non habentem superiorem regulam, sed secundum naturalem cognitionem solum vident futura in causa creata, que a superiori causa regulante impediri potest ne producat effectum ».

3. Cf. *ibid.*, 104va : « Astra habent dominium super haec inferiora corpora. Attamen potest hoc impediri ex adminiculantibus causis, ut non semper sol mediante virtute pullulativa plante agit hunc effectum qui est pullulare, quia potest esse corruptio in ipsa virtute pullulativa, qua corrupta non sequitur ibi effectus ».

4. Cf. *ibid.* : « Quarta via ad hoc idem sumitur ex dispositione materie. Nam, quantumcumque secundum cursum astrorum debeat esse hoc vel illud, propter indispositionem materie poterit impediri effectus ».

5. Cf. *ibid.* : « Si ergo angeli naturali cognitione possent hanc causam (sc. deum) per essentiam intelligere, ubi futura immutabiliter sunt futura, multum videtur probabile, immo esset necessarium quod ipsi omnia futura cognoscerent ».

Gilles envisage ensuite la question du côté du sujet connaissant et produit une série de quatre arguments bâtis sur le statut de la connaissance angélique. Le premier concerne l'objet de cette connaissance. Dans l'hypothèse où l'intellection des substances séparées embrasserait le futur au même titre que le présent, leur objet serait invariable, car sa représentation aurait une extension incluant *a priori* toutes ses variations possibles. Mais seul l'objet de la connaissance divine est parfaitement invariable, car il s'agit de l'essence divine elle-même, dans laquelle Dieu connaît la totalité du réel et saisit le passé, le présent et le futur comme une présence toujours actuelle. En revanche, lorsqu'on envisage la connaissance angélique, il faut constater que son objet est double, à savoir sa propre essence et celle des autres choses [1]. Cette dualité se répercute dans la saisie des objets qui sont *alia a se*, car les natures des choses représentées par les espèces angéliques subsistent dans des supports soumis aux variations temporelles. La multiplicité introduite dans l'objet par cette variation détermine à son tour la modalité de l'intellection, en ce que les supports actuels d'une nature sont connus de manière actuelle, alors que les supports futurs ne sont connus qu'en puissance [2]. La possibilité d'exister autrement et celle de toute essence de subsister dans de nouveaux supports sont certes déjà inclues virtuellement dans les espèces angéliques, mais ne seront connues que lorsqu'elles seront devenues actuelles. Les substances séparées possèdent donc la représentation du futur, mais elles ne le connaîtront que lorsqu'il sera un présent [3].

Le deuxième argument s'appuie sur le statut de l'intellect angélique. Dans l'hypothèse où il connaîtrait les futurs avec certitude, tout objet lui serait présent sous forme d'une existence actuelle, si bien qu'il faudrait considérer cet intellect comme acte pur, privé de toute potentialité. Mais l'actualité parfaite n'est propre qu'à Dieu, qui connaît par une simple intuition la totalité du réel passé, présent et futur [4]. L'intellect angélique, en tant qu'intermédiaire dans l'ordre des intelligibles, ne peut donc pas jouir de l'actualité divine, mais dépasse néanmoins

1. Cf. *ibid.*, 104vb : « Sed obiectum cognitionis angelicae etiam principale non solum est ipsa essentia angeli, sed sunt ipse nature rei. Angelus enim cognoscendo se non cognoscit omnia, immo, tamquam in principale obiectum fertur cognitio angeli non solum in seipsum, sed in alia a se, quia fertur in ipsas naturas rerum ».

2. Cf. *ibid.* : « Cum ergo ipse nature sint variabiles, prout referuntur ad supposita presentia et futura, (...) cognitio angelica que tamquam in obiectum principale fertur in ipsas naturas rerum, oportet quod hoc modo varietur, ut supposita actu habentia naturas rerum actu cognoscat, supposita vero futura, que sunt possibilia in tali natura, potentia cognoscat ».

3. Cf. *ibid.*, 105ra : « Sic etiam et in proposito, licet per accidens sit quod varietur natura, quia non variat nisi variatione suppositi, attamen verum est, quod variato supposito variat natura. Variata autem natura que est principale obiectum cognitionis angelice, ut quia incipit huiusmodi natura esse in aliquibus suppositis in quibus prius non erat, et quia incipiunt aliqua supposita in tali natura esse presentia que prius erant futura et incipiunt esse actu que prius erant in potentia, oportet quod etiam aliquo modo varietur cognitio angelica, ut quod incipiat angelus cognoscere illa supposita, que prius cognoscebat in potentia et incipit ea cognoscere presentialiter, que prius non cognoscebat presentialiter ».

4. Cf. *ibid.* : « Causa ergo, quare intellectui divino quantum est ex parte ipsius intellectus omnia representat actualiter, est propter perfectissimam actualitatem existentem in ipso intellectu, ut nihil possit ibi representari possibiliter ; nam et ipsa possibilia ibi representantur actualiter ».

largement la pure potentialité des facultés humaines. Aussi, lorsqu'il considère la représentation d'une nature, l'ange ne connaît pas en acte tous ses supports possibles à la manière de l'intellect divin, mais connaît néanmoins en acte, par une simple intuition, tout ce qui existe en acte. Limité par le domaine du possible, l'ange n'est donc pas en mesure de connaître le futur *hic et nunc*[1].

Le troisième argument fait référence à la perfectibilité de la connaissance des substances séparées. Nous avons appris que cette connaissance n'est pas apte à saisir d'un seul regard la totalité du réel passé, présent et futur, malgré le fait que l'ange en possède les représentations dès sa création. L'ange est donc en puissance à l'égard d'un savoir qu'il ne possède pas encore et qu'il acquiert au fur et à mesure de l'avènement des choses et de l'actualisation des évènements. Gilles de Rome admet ainsi la perfectibilité de la connaissance angélique et reconnaît par là-même l'exigence formulée dans l'article 76 de la condamnation de 1277, à savoir la possibilité que l'ange puisse connaître quelque chose de nouveau (*angelus aliquid intelligit de novo*). Cela dit, il convient de souligner qu'il ne concède absolument rien quant à la réceptivité à l'égard des objets : toutes leurs variations possibles sont toujours et déjà inscrites dans les espèces angéliques, où elles seront saisies comme actuelles dès leur réalisation effective[2]. L'espèce reste donc toujours ce qu'elle est, mais un de ses contenus change la modalité de sa présence à l'intellect : de potentiel il devient actuel. La nuance est de taille, car Gilles maintient fermememt que l'ange possède dès sa création la connaissance de la totalité des choses grâce aux représentations reçues de Dieu. La nouveauté admise par notre auteur n'est donc pas celle d'un contenu nouveau, mais celle d'une nouvelle modalité de présence à l'intellect[3]. Il est donc vrai que les

1. Cf. *ibid.* : « Intellectus autem angelicus, quia se habet medio modo, quia de sui natura nec est actus purus nec potentia pura, sed tenet modum medium, ideo intelligendo aliquam naturam nec intelligit omnia supposita tam actualia quam possibilia in actu sicut intellectus divinus, nec omnia intelligit in potentia sicut intellectus humanus, sed supposita que sunt actu et que sunt presentia intelligit actu, que autem sunt possibilia et que possunt esse non intelligit actu, sed in potentia ».

2. Cf. *ibid.*, 105rb : « Cognitio angelica, quia non est omnino simplex, nec potest totum decursum temporis simul apprehendere, sed secundum processum temporis et progredientibus rebus in esse perficitur sua cognitio, ita quod incipit aliqua de novo intelligere, que prius non intelligebat, quod non est nisi quia incipiunt aliqua presentia esse, que prius non erant presentia, sed futura ». L'idée de la pré-présence de tous les attributs possibles d'un objet dans la représentation angélique rappelle pour nous singulièrement la conception leibnizienne de la monade comme miroir de l'univers, comme unité accomplie (« sans portes ni fenêtres ») qui possède *a priori* les raisons de toutes choses et qui comprend en elle tous ses prédicats possibles : cf. *Monadologie*, 7, 49-50, 63 ; *Discours de métaphysique*, IX.

3. Cet important aspect philosophique ressort des considérations que voici : « Dicendum quod progressum rerum in esse nihil accrescit angelo quantum ad species intelligibiles. Tamen bene accrescit aliquid angelo quantum ad actum intelligendi, ita quod angelus, progredientibus rebus in esse, per illas easdem species quas habet apud se incipit aliqua intelligere, que prius non intelligebat. Non quod res aliquid agat in intellectum angelicum, sed quia per progressum rerum in esse mutant nature rerum, quia progredientibus rebus in esse incipiunt nature illarum rerum esse in aliquibus suppositis in quibus prius non fuerant. Et quia, ut pluries dictum est, angelus cognoscens naturam cognoscit supposita quibus est actu coniuncta illa natura, consequens est quod progredientibus rebus in esse, perfectior fit cognitio angelica, quia incipit multa cognoscere, que prius ignorabat » (cf. *ibid.*, 106ra-rb).

substances séparées ne connaissent pas le futur de manière actuelle, mais il reste qu'elles disposent toujours et déjà de sa représentation virtuelle[1].

La mesure adéquate à l'agir des substances séparées fournit la base du quatrième argument, le seul qui apporte des éléments véritablement nouveaux à la solution du problème discuté ici. Comme d'habitude, Gilles explique d'abord ce qui se passe au niveau de la condition divine, qu'il pose comme norme et comme modèle de perfection pour toute réalité créée : la simplicité et la perfection divines sont telles qu'une seule mesure lui est adéquate, à savoir l'éternité, qui recueille simultanément en un seul instant la totalité du temps. Aussi, tout est présent à Dieu de manière plus parfaite et plus noble qu'il ne l'est en lui-même, si bien que la totalité du réel est saisie dans l'unité et la simplicité de l'instant éternel. Toute variation attribuée à Dieu reviendrait à une affirmation contradictoire, car elle poserait un changement et une succession dans un même instant[2]. Il n'y a donc pas de futur pour Dieu, et sa connaissance rend présent même ce qui ne subsiste pas encore dans son propre être[3].

Mais dès qu'on passe au niveau du créé les choses changent, car, comme on a vu, pour les anges il y a effectivement du futur, si bien qu'ils ne connaissent pas dans l'instant présent ce qui n'est pas encore. Cette activité cognitive ne pouvant être mesurée par l'éternité, elle requiert un temps qui lui est propre[4]. Il s'agit d'un temps particulier – appelé « discontinu » –, qui ne dépend pas du mouvement des sphères célestes, et qui mesure la succession des opérations cognitives des substances séparées[5]. Soumis à cette succession temporelle, les anges ne peuvent donc pas connaître le futur de manière actuelle dans l'instant présent[6]. L'impossibilité de connaître le futur révèle ici la temporalité des substances séparées – une

1. Cf. *ibid.*, 105vb : « Nam species quas habet angelus apud se sunt species futurorum, id est representant futura in potentia ».

2. Cf. *ibid.*, 105rb : « Ideo omnino nulla mutatio potest in Deo poni, quia statim hoc posito, sequeretur contradictoria simul esse vera. Nam deus mensuratur nunc aeternitatis, quod est omnino quid simplicissimum, ideo quecumque ibi sunt, simul sunt ».

3. Cf. *ibid.* : « Ratione aeternitatis qua mensuratur sua cognitio, omnia cognoscit simul, ita quod que non sunt simul in proprio genere, sunt simul in divina cognitione ». Comme on sait, la question de la connaissance divine des futurs contingents va enflammer les esprits pendant la première moitié du XIVe siècle : sur cette querelle voir E. Randi, *Onnipotenza divina e futuri contingenti nel XIV secolo*, Documenti e studi sulla tradizione filosofica medievale, I/2 (1990), p. 605-630, ainsi que les importantes indications bibliographiques qui s'y trouvent.

4. Il s'agit du « tempus discretum », qui est un temps discontinu formé d'une succession d'instants, dont chacun représente une unité intemporelle. Le statut de ce temps sera expliqué longuement dans le traité *De mensura angelorum*, qui est postérieur au *De cognitione angelorum* : cf. *De mensura angelorum*, 64rb. Voir à ce propos B. Faes de Mottoni, *« Mensura » im Werk « De mensura angelorum » des Aegidius Romanus*, cit. ; P. Porro, *Forme e modelli di durata nel pensiero medievale*, cit ; et notre étude *Tempo ed essere nell'autunno del Medioevo*, cit.

5. Cf. *De cogn. ang.*, 105rb : « Sed cognitio angelica aliquem modum successionis habet (...), secundum quod non est tota simul, aliquo modo mensuratur secundum quod omnis mensura successiva vocatur tempus. Non enim huiusmodi tempus est eiusdem rationis cum tempore primi motus, quia non dependet intelligere angelicum a motu celi. Mensuratur tamen tempore, id est mensura successiva ».

6. Cf. *ibid.* : « Cognitio autem angeli patitur successionem. Ergo non cognoscit futura tamquam presentia, nec habet naturaliter cognitionem futurorum ».

temporalité qui ne dépend pas du déterminisme astral auquel sont soumis les hommes, mais qui reste néanmoins une marque de potentialité et de finitude. Accorder à l'ange la connaissance certaine du futur aurait signifié effacer cette finitude et cette créaturalité et lui attribuer la capacité divine de rendre présent ce qui n'existe pas encore : *vocare ea que non sunt tamquam ea que sunt*[1]. La temporalité de l'agir angélique permet ainsi de fixer les limites de cette connaissance : par rapport au savoir divin elle est bornée à ce qui existe actuellement, mais au-delà de la connaissance humaine l'ange est capable de saisir en acte la totalité du passé et du présent. L'ange retrouve ici sa position intermédiaire dans l'ordre des choses : ni dieu ni homme, il peut tout saisir avec clarté, sauf ce à quoi Dieu lui-même n'a pas encore donné d'exister actuellement[2].

*La connaissance des pensées secrètes et des affections*

L'analyse d'un troisième objet – *Utrum angeli cognoscant occulta cordium* – va clore la vaste enquête de Gilles de Rome sur la connaissance naturelle des substances séparées. La réponse à cette interrogation ne nous réserve aucune surprise. Elle est formulée d'emblée par notre auteur sur la base de l'autorité biblique : *Certum est ergo ex quo sic scriptum est in sacro canone quod cogitationes nostre latent angelos et demones*[3]. La thèse soutenue tout au long de cette question est donc que les secrets des cœurs et les choix de la volonté ne sont connus que de Dieu. Cette démarche présente néanmoins un intérêt philosophique en raison des précisions qu'elle apporte sur la modalité cognitive des anges, sur le rapport entre l'intellect et la volonté et sur la valeur de la liberté humaine[4].

Pour clarifier davantage la modalité cognitive des anges et montrer leur incapacité à saisir les secrets des cœurs, Gilles reprend le thème de l'intellection de plusieurs contenus par une seule représentation[5]. Nous avons déjà appris qu'un

1. *Ibid.*, 105ra.

2. L'analyse de cette problématique s'achève par quelques considérations sur la connaissance du futur par voie surnaturelle (cf. *ibid*, 105rb-va). Est surnaturelle la connaissance des choses dans le verbe divin : connaître « in verbo » c'est connaître parfaitement la totalité du réel présent, passé et futur. Les substances séparées ont-elles accès à cette connaissance ? La réponse de Gilles est négative : les anges peuvent regarder le Verbe divin et ce qui est en lui, mais ils ne peuvent pas le comprendre : « vedendo verbum non comprehendit verbum ». Cet écart entre le regard et la saisie proprement dite empêche alors une connaissance certaine du futur. La raison de cet écart est la suivante : si l'ange comprenait le verbe divin, celui-ci deviendrait son objet et serait réduit à la mesure d'une faculté cognitive créée. Aucune créature n'a donc accès par elle-même à la connaissance surnaturelle, qui ne peut être qu'un don de Dieu. De ce fait le futur n'est connu actuellement de l'ange que si Dieu le lui révèle en le rendant présent à son intellect.

3. *Ibid.*, 106va ; l'autorité biblique en question est celle du livre de *Jérémie* 17, 9-10 : « Pravum est cor hominis et inscrutabile. Quis cognoscet illud ? Ego, dominus, scrutans corda ».

4. Gilles justifie sa thèse par un procédé articulé en trois points : il discute d'abord deux « dicta sanctorum », précise ensuite la modalité cognitive des anges et celle des hommes, et formule enfin quatre raisons en faveur de sa thèse. Nous n'allons pas retenir ici le premier point, car il n'apporte pas d'éléments véritablement nouveaux à l'examen du problème.

5. Cf. *ibid.*, 107rb : « Modus intelligendi angelicus est quod per unam speciem et per unum conceptum potest multa intelligere »

ange supérieur saisit intuitivement les espèces d'un ange inférieur, les concepts qu'il forme dans son intelligence ainsi que l'usage qu'il en fait. Cette saisie est toutefois générique, car l'ange supérieur connaît les espèces de l'inférieur dans leur généralité et universalité. Ainsi, par exemple, si l'ange supérieur voit dans l'inférieur la représentation des volatiles, celle des animaux aquatiques et celle des animaux qui vivent sur terre, il connaîtra toutes ces espèces et saura laquelle d'entre elles est considérée actuellement[1]; mais puisque même l'ange inférieur peut, par une seule représentation, envisager plusieurs contenus et de multiples façons – car en disposant de l'espèce des volatiles il peut ultérieurement choisir de considérer la représentation de l'aigle ou celle de l'épervier –, l'ange supérieur ne pourra pas connaître l'espèce ou le contenu particulier privilégié par l'ange inférieur[2]. Cette impossibilité apparaît encore plus clairement si on envisage la connaissance des réalités individuelles : en effet, lorsque l'ange supérieur voit que l'inférieur considère, par exemple, l'espèce « homme », il ne peut pas savoir pour autant si l'inférieur pense à Socrate ou à Platon, ni quels accidents il intellige à propos de l'un ou de l'autre, car ce dernier choix relève du bon vouloir du sujet connaissant. Il apparaît ainsi qu'une position supérieure dans l'ordre hiérarchique donne directement accès à une saisie générique des contenus de conscience des inférieurs, mais ne permet pas une vision totale et parfaite de leurs pensées[3].

Cette conclusion vaut également à l'égard des hommes. Eux aussi peuvent connaître plusieurs contenus par une même représentation – c'est par une même espèce que le droit et l'oblique sont intelligés – et peuvent associer ces contenus de différentes manières : la représentation d'un être humain et celle du blanc peuvent être réunies dans une affirmation ou dissociées dans une négation. Un ange pourra alors connaître les espèces génériques dont un individu se sert, mais il ne pourra pas les saisir dans leur particularité. Il y a donc une sorte de recoin ultime de l'esprit, auquel aucune créature n'a accès. Les secrets de chaque être humain lui appartiennent, et lui seul peut les révéler ou les cacher à jamais. Les substances séparées ne peuvent donc pas pénétrer cette intimité de l'homme, qui reste souverain à l'égard de ses pensées vis-à-vis de l'ensemble du créé. Reste cependant la possibilité d'une connaissance indirecte, aussi bien de la part des anges que des autres hommes, une connaissance basée sur des signes sensibles tels

1. Cf. *ibid.* : « Ut puta, si angelus inferior habeat in se speciem per quam intelligit volatilia et per quam intelligit aquatica et per quam intelligit gradientia et sic de aliis speciebus, videbit angelus superior omnes istas species et videbit qualis sit conceptus formatus in intelligentia inferioris angeli (...), et ex hoc sciet in quadam generalitate de quibus considerat ille inferior angelus ».

2. Cf. *ibid.* : « Sed quia per unam speciem et per unum conceptum potest de multis multipliciter considerare, ideo nescit angelus quantumcumque superior de quo specialiter considerat nec qualiter considerat de illo, ut dato quod sciat quod consideret de volatilibus, nesciet utrum consideret de vulture vel de aquila ».

3. Cf. *ibid.* : « Quia per unum et eundem conceptum intelliget omnia particularia et intelliget specialiter quodcumque particulare, sicut sibi placet, et per unum et eundem conceptum intelligitur affirmatio et negatio, et quia scire in generali est valde modicum et quasi nihil scire, ideo angelus superior dicitur nescire cogitationes angeli inferioris ».

un sourire, la peur qui transparaît sur le visage, sa coloration, etc. : *nesciet (angelus) directe et secundum se ; poterit tamen hoc scire indirecte et per aliquod signum sensibile quod apparet in corpore*[1].

L'incapacité angélique à connaître les pensées secrètes et les affections du cœur est explorée encore davantage par notre auteur, à travers une analyse qui met en lumière le noyau irréductible de chaque être humain. Cette démarche fait appel à l'analogie entre les actes d'intellection et les actes de volonté. De même qu'au niveau de l'intellect une représentation est susceptible de renvoyer à plusieurs contenus ou référents, ainsi au niveau de la volonté une même affection – qui est l'élément analogue au concept de l'intellect – peut être orientée vers différents objets, parmi lesquels l'un ou l'autre sera ultérieurement choisi. En d'autres termes, une même affection peut avoir des destinations différentes, voire opposées car, à l'instar de la connaissance rationnelle, l'affection de la volonté porte la marque de l'unité : *creatura rationalis sicut unitive cognoscit, sic unitive afficitur*[2]. La distinction qui se fait jour à l'intérieur d'une affection pour permettre le choix ultime n'est donc pas une distinction parmi des affections réellement différentes, mais est de l'ordre de l'intentionnalité : *secundum relationem et ordinem voluntatis*[3]. Ainsi, par exemple, l'amour ou la peur représentent chacun une affection qui peut s'adresser à plusieurs objets différents ; ce choix relève exclusivement de l'intentionnalité humaine, c'est-à-dire d'une relation établie par la seule volonté[4]. Dès lors, de même que l'ange ne peut connaître directement les multiples pensées dérivées d'une seule espèce intelligible, ainsi il ne peut pas saisir les objets particuliers d'une même affection de la volonté, car ce choix tient exclusivement à la liberté du sujet[5].

Telle est donc la réponse de Gilles au problème discuté ici : l'impossibilité de connaître les pensées secrètes et les affections tient à l'intervention de la volonté, à qui revient le choix de la détermination ultime de ces actes. La liberté humaine exercée par la volonté représente donc le noyau irréductible de chaque sujet, elle est une intimité inaccessible aux autres, y compris aux anges. Par sa liberté, l'homme oriente ses connaissances et ses affections vers les objets qu'il a élu. Ainsi, au cœur même de la connaissance, qui au niveau humain est synonyme de réceptivité, la liberté est à l'œuvre et manifeste la souveraineté du sujet, qui accepte ou refuse les objets que l'intellect lui soumet. La liberté est si intime à l'homme qu'elle est à l'abri du regard des anges. C'est par elle que l'être humain

1. *Ibid.*
2. *Ibid.*, 107vb.
3. Cf. *ibid.* : « Ideo, ut diximus, sicut per unam et eandem speciem intelligit hoc et oppositum, ita realiter non est alia et alia affectio per quam affectio afficitur ad hoc et ad oppositum, sed est solum alia et alia secundum relationem et ordinem voluntatis ».
4. Cf. *ibid.* : « Oportet quod in voluntate aggeneretur aliqua affectio si debeat aliquid velle. Tamen voluntas illam affectionem in se aggeneratam potest referre in hoc vel in oppositum ».
5. Cf. *ibid.* : « Sic etiam ex parte voluntatis videt angelus ipsam voluntatem et videt ipsam affectionem ibi assignatam, nescit tamen in speciali ad quid afficimur. Illud ergo quod sic determinatur per voluntatem, quod ex tali determinatione nulla diversitas apparet in re, oportet angelum esse ignotum ».

affirme sa subjectivité et sa place dans la création et c'est en elle qu'il découvre son unicité. *Ordo voluntatis est angelo ignotus* : de manière insoupçonnée, la problématique de cette question nous ouvre à la dimension de la liberté et au rôle de la volonté, peu présents dans les analyses précédentes. Nous y voyons l'apport philosophique à l'analyse d'un problème dont la solution était pourtant déjà donnée.

### *Dieu seul connaît les secrets des cœurs*

Gilles conclut son examen du problème par quatre arguments en faveur de la thèse que Dieu seul connaît nos pensées secrètes et nos affections : *volumus adducere rationes ostendentes quod deo sunt note nostre cogitationes et affectiones*[1]. Ces quatre raisons reposent sur autant de différences entre l'ange et Dieu. La première est que Dieu connaît ce qui est déterminé comme ce qui ne l'est pas, alors que les substances séparées ne saisissent que les contenus de connaissance déterminés; la deuxième différence consiste en ce que Dieu peut mouvoir notre volonté, alors que les anges ne peuvent pas le faire directement; en troisième lieu, Dieu est présent dans l'intimité de l'âme humaine, alors que les anges ne peuvent pas s'introduire dans l'essence d'une autre créature; la quatrième différence concerne la perfection de la connaissance : celle de Dieu est absolument parfaite alors que celle des anges ne saurait l'être dans une même mesure. Chacune de ces différences va servir de base à un argument.

Le premier est le suivant. Ce qui n'est pas encore déterminé dans la réalité est déterminé dans la connaissance divine, car Dieu, par sa capacité d'embrasser d'un seul regard la totalité du réel présent, passé et futur, sait toujours et déjà ce que nous allons penser et de quelle manière. L'ange en revanche ne peut pas saisir clairement ce qui est indéterminé, car l'objet de sa connaissance est ce qui existe actuellement de manière déterminée. Or, étant donné que lorsque nous considérons une espèce, plusieurs relations à différents objets sont possibles – auxquelles ne correspond pas une distinction réelle de nos représentations –, ces relations restent indéterminées pour l'ange et ne sont donc pas connues de lui.

Cet argument donne à notre auteur l'occasion de préciser ultérieurement le motif de l'indétermination. Il le fait en prenant en considération l'objection suivante : lorsque nous pensons quelque chose, le choix de la volonté en faveur de tel ou tel objet a déjà été fait; le rapport espèce-objet est alors déterminé, si bien que l'ange pourra le connaître. Gilles répond à cette objection que les contenus déterminés, dont la détermination par la volonté reste inconnue, se rapportent à l'intellect comme s'ils étaient indéterminés[2]; en effet, même si nos pensées sont déterminées par la volonté qui les a ordonnées à tel objet, l'ordre et la relation établis par la volonté sont inconnus, car de cet ordre ne résulte aucune distinction réelle; dès lors, puisque les pensées qui ne sont pas déterminées par

1. *Ibid.*

2. Cf. *ibid.*, 108rb : « Qui non cognoscit indeterminata non cognoscit determinata, si sit ei determinatio ignota. Nam determinata, quorum determinatio est ignota intellectui, sic se habent ad intellectum ac si essent indeterminata ».

une détermination connue se rapportent à l'intellect de l'ange comme si elles étaient indéterminées, il faut en conclure que l'ange ne peut pas les connaître [1]. Cet résultat est confirmé par les considérations précédentes sur la connaissance du futur : même si le futur contingent est déjà déterminé dans la connaissance divine, il reste inaccessible à l'ange, car dans son esprit à ce contenu ne correspond pas encore une réalité actuelle. La conclusion de cette démarche est donc la suivante : les contenus de connaissance dont la détermination entraîne une distinction réelle sont saisis par l'ange, alors que ceux qui résultent d'une relation intentionnelle lui restent inaccessibles [2].

Le deuxième argument repose sur le rapport à la volonté. Dieu meut la volonté humaine par son intellect et en connaît par conséquent tous les mouvements et tous les actes, de même que tous les défauts et les écarts par rapport aux mouvements qu'il lui imprime; bref: *Omnia nuda et aperta sunt oculis suis* [3]. De même, l'âme humaine connaît son propre agir, car elle le détermine par son intellect et sa volonté [4]. L'ange, quant à lui, ne peut intervenir dans la volonté humaine, ni connaître ses mouvements, si ceux-ci ne sont pas réellement distincts. Et puisque l'homme peut établir une relation intentionnelle qui n'implique aucune distinction réelle, l'ange ne pourra pas connaître de manière déterminée l'objet de nos pensées [5].

Le troisième procédé prend appui sur l'idée augustinienne de la présence de Dieu dans l'intériorité de l'homme. Cette présence est justifiée par la dépendance de l'âme à l'égard du créateur, à qui elle doit d'être conservée dans l'être; de ce fait Dieu est plus intime à l'âme qu'elle ne l'est à elle-même [6] et rien ne peut lui rester caché. L'ange, en revanche, ne saurait voir l'intimité d'une essence où il n'est pas présent. Cette affirmation ne signifie cependant pas que l'ange ne connaît que ce à quoi il est présent intérieurement, car la présence dans l'essence d'une réalité est une raison suffisante, mais non exclusive de sa connaissance.

1. Cf. *ibid.* : « Quantumcumque ergo cogitationes nostre sint determinate secundum voluntatem referentem et ordinantem, tamen quia iste ordo et ista relatio voluntatis est angelo ignota, eo quod ex tali ordine et relatione non sequitur aliqua diversitas in re, ideo cogitationes nostre, quia non sunt determinate per determinationem notam intellectui angelico, ideo comparantur ad huiusmodi intellectum ac si essent indeterminata. Et quia angelus indeterminata non cognoscit, oportet cogitationes et affectiones nostras latere angelum ».

2. Cf. *ibid.* : « Ea ergo que sic sunt determinata, quod per eorum determinationem apparet diversitas in ipsa re, sunt nota angelo. Que autem sunt aliter determinata non sunt ei nota, sed ignota ».

3. *Ibid.*, 108va.

4. Cf. *ibid.* : La volonté est toutefois la cause principale de l'agir : « Ipsa tamen voluntas est causa principalior, quia ipsa exequitur et ad eam spectat ut secundum suum imperium determinate fiat hoc vel illud ».

5. Cf. *ibid.* : « Igitur, quia angelus ipsam voluntatem nostram non movet, non poterit cognoscere motus eius, nisi ex huiusmodi motibus appareat in re ipsa diversitas ; nos autem, quia non diversificata re secundum imperium voluntatis possumus ferri in hoc vel in illud, nesciet determinate angelus in quo feramur ».

6. Cf. *ibid.*, 108rb : « Deus enim est in essentia anime et in essentia cuiuslibet rei conservando omnem huiusmodi essentiam in esse (...). Deus ergo magis est intimus ipsi essentie anime quam anima sibi, quia magis facit ad conservationem ipsius essentie quam ipsa essentia faciat ad conservationem ipsius ».

Aussi Gilles précise-t-il que la relation cognitive exige que l'objet soit déterminé en lui-même ou dans le sujet connaissant[1]. Il y aura donc connaissance déterminée de quelque chose dès lors que sa détermination apparaît dans la chose elle-même, ou dans le cas où le sujet connaissant serait lui-même la cause de la détermination de l'objet. C'est ainsi que Dieu connaît tout de manière déterminée, car la totalité du réel est prédéterminée et préordonnée en lui. À partir de là, étant donné que les pensées humaines ne sont pas déterminées *in re* de manière à ce que leur détermination apparaisse en elles, elles ne seront connues que de celui qui en est la cause, à savoir le sujet pensant lui-même d'une part, et Dieu d'autre part, en tant qu'il meut la volonté et qu'il est présent en l'homme comme cause de sa conservation[2]. C'est donc la causalité qui assure à Dieu la connaissance de ce que les anges ne peuvent saisir tant que cela appartient à l'ordre de l'indéterminé.

Une dernière raison est censée prouver que Dieu seul connaît les pensées et les affections humaines. Elle fait appel à la perfection de la connaissance divine, qui saisit simultanément toute chose passée, présente et à venir grâce à la totalité de son extension et à l'instantanéité de sa saisie[3]. La connaissance des anges ne saurait égaler cette perfection, car le futur et l'indéterminé lui échappent. Il n'en reste pas moins qu'elle lui ressemble plus qu'elle ne s'apparente à l'intellection humaine.

1. Cf. *ibid.* : « Nullus cognoscit nisi determinata vel in re vel in se ».

2. Cf. *ibid.* : « Ergo quia deus movet voluntatem nostram et efficit in nobis omnes motus voluntatis nostre, oportet quod sciat omnes huiusmodi motus et quod cognoscat omnes affectiones et cogitationes nostras, et huic veritati innitebat ratio secunda. Quia vero est intimus anime nostre, oportet quod sicut conservat ipsam essentiam anime, quia est essentie intimus, sic conservet omnes affectiones et cogitationes et omnes motus animi, quia est omnibus talibus motibus intimus ».

3. Cf. *ibid.*, 108vb : « Deus ergo quia cognoscit ea que secundum rem sunt indeterminata, ut dicebat ratio prima, et quia causat omnes motus voluntatis nostre, quia voluntatem nostram movet ad omnes suos motus, ut dicebat ratio secunda, et etiam quia est intimus omnibus motibus nostris, et quia omnes tales motus conservat in esse, ut dicebat ratio tertia, et quia perfecte cognoscit voluntatem nostram, quia videt quidquid ex ea potest progredi etiam antequam progrediant in esse, ut dicebat ratio quarta, ideo deus cognoscit omnes affectiones nostras et omnes cogitationes sive omnes motus anime nostre. Angelus vero, quia in omnibus quatuor hiis deficit, affectiones et cogitationes nostras in speciali et secundum se et in propria forma, naturali cognitione scire non potest ».

Conclusion

## CONNAISSANCE ET ORDRE OU « LES ANGES-MIROIRS »

Même le lecteur averti des textes que nous avons étudiés sera sans doute frappé par l'étendue du questionnement et de l'analyse menés dans ces noétiques angélologiques. S'il est vrai que la quantité ne fait pas la qualité, il est tout aussi évident qu'il faut reconnaître dans l'ampleur des ces traités un signe de l'importance accordée par nos auteurs aux nombreuses problématiques angélologiques, soulevées et développées au fur et à mesure de leur enquête. Le deuxième aspect frappant est celui de la complexité et de la complétude de ces traités. Conformément à la conduite quasi dialogale d'une pensée soucieuse de tenir compte des différentes opinions d'interlocuteurs supposés ou réels, présents ou passés, ces analyses ont exploré toutes les solutions possibles, tous les aspects et les implications des problèmes abordés. Par ce procédé, la *determinatio* qui en résulte est présentée comme étant la seule vraiment valable : là encore apparaît clairement le souci d'une justification rigoureuse des thèses défendues, qui jouissent d'une validité incontestable aux yeux de ces penseurs. Nier ou amoindrir le caractère philosophique de ces démarches serait en quelque sorte les priver de leur âme, car ces écrits confèrent aux êtres intermédiaires un souffle qui va bien au-delà de leur réalité religieuse.

Accoutumés par notre imaginaire, et non sans raisons, à placer les anges dans un univers exclusivement religieux et théologique, voire esthétique, ces grands représentants de la théologie et de la philosophie médiévales que sont Thomas d'Aquin et Gilles de Rome nous invitent – quelque peu paradoxalement – à porter sur eux un regard plus vaste : un regard qui en fait les médiations nécessaires d'un univers qui sans eux serait imparfait; un regard qui les propose comme modèles d'une anthropologie qui sans eux serait privée de son élan, coupée de son horizon, et qui manquerait de solidarité avec le destin de l'homme; un regard qui fait de ces entités intermédiaires les interlocuteurs privilégiés de tout être humain qui est à la recherche de son identité véritable. Bref, les textes que nous avons parcourus nous invitent à considérer les anges comme des éléments indispensables à la compréhension philosophique de l'univers et de son sens [1].

Cette valeur et cette fonction philosophiques sont particulièrement évidentes en ce qui concerne le thème de la connaissance. Nous disions que la complétude est un des aspects frappants de ces noétiques angélologiques. Preuve en soit qu'elles embrassent à la fois l'ensemble des objets – actuels ou possibles – de la connaissance, ses moyens possibles ou nécessaires et les modalités de son déroulement.

Quant aux objets, il convient de retenir que l'ange peut connaître la totalité du réel existant, à l'exclusion de ce qui n'est pas encore – sur lequel il dispose néanmoins d'une représentation potentielle – et des pensées secrètes des autres sujets connaissants. Grâce à sa situation intermédiaire, il a donc accès à la totalité du réel: image du principe premier, l'ange est aussi le miroir intelligible de l'ensemble de l'univers créé, présent en lui à travers ses similitudes représentatives. Parmi tous les objets auxquels les substances séparées ont accès, deux nous semblent qualifier plus que les autres cette noétique angélologique: la connaissance de soi et celle du singulier.

L'autoconnaissance angélique jouit en effet d'une immédiateté unique au niveau du créé. Grâce à elle, l'ange opère une *reditio completa* sur soi et se présente désormais comme une subjectivité qui peut à juste titre être qualifiée de transcendentale. Par le retour sur soi, l'ange se constitue comme un moi originaire et irréductible, comme le lieu d'une identité et d'une conscience autonomes même à l'égard de Dieu, dont il ne cesse pourtant de dépendre dans l'être. De surcroît, cette identité est fondatrice à l'égard de tous les actes de connaissance qui portent sur d'autres objets : il n'y a pas d'intellection de quelque chose d'autre sans passer par la conversion vers soi, car l'intellect de l'ange est dépositaire des raisons

1. Dans cette optique, les conceptions de Thomas d'Aquin et de Gilles de Rome sont parfaitement à l'unisson; c'est d'ailleurs pour cette raison que nous les avons choisies, car notre but est de montrer l'existence, dans la deuxième moitié du XIIIe siècle, d'une réflexion angélologique comme terrain privilégié de l'enquête philosophique. Les auteurs choisis sont étudiés dans cette perspective et leurs différences, voire leurs divergences sur tel ou tel aspect, nous intéressent moins que leur contribution commune à une angélologie proprement philosophique. Cela dit, un regard d'ensemble sur ces deux approches nous invite à formuler trois brèves remarques: 1) L'analyse de Gilles de Rome est quantitativement beaucoup plus importante: 11 questions du *De cognitione angelorum* contre les 5 questions de la *Somme théologique* de Thomas d'Aquin. On peut en déduire l'importance majeure du sujet pour Gilles, mais aussi son intérêt et son enjeu dans le contexte des années 80 du XIIIe siècle. 2) L'étude de Thomas d'Aquin paraît plus équilibrée en ce qui concerne la répartition des thèmes: chacune des 5 questions aborde un sujet spécifique de la connaissance angélique, alors que chez Gilles 6 des 11 questions s'occupent du moyen de cette connaissance, 3 sont consacrés à son objet et 2 à sa modalité : la préoccupation dominante du philosophe augustin est donc bien celle de la médiation cognitive et notamment du statut de l'espèce intelligible. Mais à partir de l'analyse menée jusqu'ici, il apparaît de nouveau que la primauté de ce thème, au-delà des raisons internes au système de Gilles, résulte du contexte culturel de son œuvre, postérieure à la condamnation de 1277 et obligée de tenir compte de ses conséquences en matière d'angélologie. 3) Au-delà de ces différences, les noétiques angélologiques de ces deux penseurs témoignent en égale mesure non seulement d'un commun intérêt pour l'angélologie, mais surtout de sa valeur et de sa place indispensable dans leur compréhension du monde.

formelles de tous les étants. Chaque substance séparée est ainsi un univers intelligible, un miroir de toutes choses, présentes en lui selon un mode d'être plus noble que celui de la subsistance dans leur propre nature. L'intérêt philosophique de l'autoconnaissance des anges est donc de cerner une subjectivité idéale et normative, dont on retrouvera certains éléments dans la philosophie moderne.

L'intellection du singulier revêt également une importante signification philosophique. Contrairement à la connaissance intellectuelle humaine, qui ne saisit que la nature des choses – par une notion universelle qui est synonyme de généralité –, l'ange connaît intellectuellement l'intégralité de ses objets, et notamment les réalités individuelles, composées de matière et de forme et sujets de déterminations accidentelles. Les représentations dont se servent les substances séparées ne sont pas sélectives à l'égard de leurs objets, mais rendent compte de l'ensemble de leur contenu. Il importe de souligner qu'il s'agit là d'un privilège propre aux substances séparées : dans la perspective de nos auteurs les êtres humains saisissent les caractéristiques individuelles et accidentelles des choses par la connaissance sensible, mais l'individualité n'est pas connue directement par l'intellect. La connaissance humaine procède en effet par voie d'abstraction, si bien que lorsque le processus cognitif atteint le niveau intellectuel, la réalité est désormais dépouillée de sa singularité et n'est saisie que dans sa nature spécifique et universelle. C'est donc une prérogative de l'ange que de connaître intellectuellement et immédiatement les choses dans leur nature et leur singularité à la fois. Paradoxalement l'ange, qui est une substance séparée du monde matériel, saisit mieux que les êtres humains les réalités singulières, qui font pourtant partie intégrante du monde humain. Ce résultat est philosophiquement important, car il relativise la conception aristotélicienne – largement partagée au XIIIe siècle – de la science comme connaissance de l'universel : les substances séparées nous apprennent qu'il y a une forme de connaissance plus parfaite et qui consiste dans la saisie immédiate de l'objet dans son intégralité. De la sorte, les aspects individuels et accidentels ne sont plus considérés comme secondaires par rapport à la connaissance scientifique, mais gagnent en valeur et en dignité, si bien qu'ils doivent être pris en compte dans toute saisie véritable de l'objet. Le thème de la connaissance angélique du singulier apporte ainsi une contribution significative en matière de gnoséologie et représente sans doute un progrès important par rapport aux théories qui se bornent à codifier l'expérience cognitive humaine. Le domaine angélologique fournit un terrain de réflexion qui permet de penser les choses autrement et, le cas échéant, d'élaborer un modèle de connaissance libre des conditionnements qui marquent son exercice au niveau humain. Le même considération vaut pour la connaissance des futurs contingents : même si ce qui relève d'une pure possibilité n'est pas connaissable par un sujet créé, les représentations angéliques incluent déjà toutes les déterminations possibles de leurs référents, qui seront effectivement connues au moment de leur actualisation. Les anges jouissent ainsi d'une certaine maîtrise du temps et leurs relations cognitives fournissent le modèle d'une connaissance qui a déjà partiellement dépassé le conditionnement spatio-temporel.

Quant au moyen de la connaissance angélique, nos auteurs conviennent qu'il ne peut s'agir que d'espèces intelligibles servant de médiations objectives à l'intellection de leur référent. Trois aspects majeurs marquent le statut de ces similitudes représentatives des objets. Il y a d'abord leur origine divine. Les espèces dont l'ange dispose dérivent immédiatement de Dieu par voie d'émanation intellectuelle, ce qui signifie qu'elles s'enracinent dans les idées-exemplaires qui président à la création des choses. Deuxièmement, reçues de Dieu dès leur création, ces espèces sont connaturelles à l'ange ; elles font partie intégrante de sa nature intellectuelle, si bien que sans elles les créatures spirituelles ne seraient plus ce qu'elles sont. L'ange naît pourvu des représentations de toutes choses, qu'il possède comme un « trésor » rendant possible l'intellection de la totalité du réel. Chaque substance séparée est *plena formis* : là encore, les anges offrent la possibilité de penser une subjectivité différente de celle de l'homme, celle-ci étant conçue, à la suite d'Aristote, comme une *tabula rasa* entièrement redevable de ses objets. D'où la troisième caractéristique des espèces angéliques : elles sont *a priori* par rapport aux objets et antérieures au rapport cognitif. Cette antériorité constitue d'ailleurs la condition de possibilité de la connaissance des anges : l'intellectualité des substances séparées n'étant pas réceptive à l'égard des objets, le rapport de connaissance présuppose nécessairement la présence des espèces représentatives dans le sujet connaissant. Non-réceptivité signifie indépendance et constitutivité – non pas de l'être du connu, mais du rapport cognitif : l'ange n'intellige pas quelque chose parce qu'il en est affecté, mais parce qu'il décide de connaître tel objet déterminé et le choisit comme terme de son intellection. Là encore, grâce aux créatures spirituelles, nos philosophes ont pu concevoir un rapport cognitif fondé dans l'autonomie du sujet et capable de saisir l'objet sans subir les conditionnements de l'appréhension sensible ou la partialité de la saisie intellectuelle humaine. Cette capacité résulte précisément du caractère *a priori* des espèces angéliques, qui acquièrent ainsi la valeur de modèle à l'égard des similitudes représentatives dont se servent les êtres humains.

Ainsi conçues, les formes intelligibles des substances séparées ne sauraient cacher leur parenté avec les idées platoniciennes. Comme elles, mais sans subsister séparément, les espèces angéliques représentent une manière d'être autre et plus parfaite que celle des choses en elles-mêmes. Cette existence intelligible dans l'esprit de l'ange fournit par ailleurs la forme exemplaire à partir de laquelle les choses sont connues à la fois dans leur nature et dans leur singularité. Les anges intériorisent ainsi les idées-dieux des platoniciens, ils les intègrent et les apprivoisent sous forme de représentations intelligibles. Les créatures spirituelles prennent alors la place de ces intermédiaires philosophiques et deviennent des médiations indispensables à l'intelligibilité de l'univers.

En ce qui concerne la modalité cognitive, l'analyse menée jusqu'ici a montré que les substances séparées connaissent de manière intuitive, par une vision instantanée et simultanée, la totalité du contenu de l'espèce qu'elles considèrent. C'est là le privilège de l'intellectualité pure, dont on affirme ainsi l'excellence face au procédé de la raison. Le caractère volontaire de leur intellection ajoute par ailleurs à cette connaissance des qualifications telles que la clarté et la distinction. La permanence caractérise enfin l'activité cognitive des anges, qui, en tant que natures intellectuelles, ne peuvent pas ne pas connaître. La modalité particulière du connaître angélique permet ici de concevoir le rapport cognitif comme une saisie synthétique de son objet, comme une vision claire, globale et exhaustive de la réalité. D'une manière générale, la connaissance apparaît alors comme une activité qualifiante dont les sujets doués de raison et d'intellect ne peuvent se passer, car elle en représente la perfection.

La triple enquête sur les objets, le moyen et la modalité de la connaissance angélique aboutit à un même résultat : l'activité intellectuelle des substances séparées n'est pas seulement différente, mais plus parfaite que celle des êtres humains. Tout au long de leurs analyses, nos auteurs portent des jugements de valeur qui mettent en évidence l'excellence de cette connaissance. Elle est si parfaite (*perfectissima*) que les hommes sont invités à la reconnaître et à l'adopter comme un horizon ultime, bien qu'inatteignable. Dans cet horizon, la réceptivité de la connaissance humaine apparaît comme une condition qui demande à être dépassée dans une saisie intuitive et *a priori* de la réalité. Au-delà du progrès que chaque aspect de ce type de connaissance peut représenter à l'intérieur de la noétique médiévale, le résultat d'ensemble du parcours suivi jusqu'ici est celui d'avoir fixé un idéal de connaissance, un paradigme de perfection, une subjectivité-modèle face à la condition humaine rattachée au monde matériel.

Aussi, pouvons-nous préciser à présent que cette fonction paradigmatique intervient à trois niveaux. Il y a d'abord le niveau ontologique, qui est celui de l'enchaînement ordonné des êtres : de ce point de vue, la fonction paradigmatique des substances séparées est exigée par la structure hiérarchique de l'univers, qui place les anges au-dessus des êtres humains et leur confère ainsi une valeur et une dignité ontologiques supérieures ; dans cette perspective (descendante) les anges tiennent lieu de modèles et d'exemplaires à l'égard des humains, qui peuvent reconnaître en eux la modalité d'existence dérivée directement de celle dont ils sont issus. Il y a ensuite le niveau éthique, qui est celui du devoir-être, et qui apparaît lorsqu'on envisage l'ordre hiérarchique dans la perspective ascendante : de ce point de vue, la fonction paradigmatique de l'ange réside en ce qu'il représente à la fois un idéal vers lequel l'être humain aspire et tend comme à une fin, et un moyen terme dans la dynamique générale d'assimilation du créé – et de l'homme en particulier – à Dieu. La fonction paradigmatique des substances séparées se déploie enfin à un troisième niveau, extérieur au système et étroitement lié au rôle proprement philosophique que nous essayons d'expliciter et de retracer à travers cette étude : il s'agit de la fonction de modèle que la réflexion sur les substances intellectuelles revêt à l'intérieur de la conception philosophique de nos auteurs. Il apparaît en effet que la spéculation dans le domaine angélologique permet d'explorer de manière plus complète et de penser de manière plus adéquate les thèmes abordés, qu'il s'agisse de la subjectivité, de la connaissance ou des autres thèmes étudiés. L'angélologie fournit notamment à nos auteurs le moyen et le cadre théorique pour penser autrement et plus adéquatement la réalité humaine : de ce point de vue son intérêt philosophique nous semble des plus remarquables. Ce dernier aspect ressort clairement de l'étude de la problématique cognitive : à cette occasion nos auteurs ont sans doute cerné et élaboré le modèle de la connaissance parfaite au niveau du créé.

Cette triple fonction paradigmatique va de pair avec la place intermédiaire et le rôle de médiation qui revient aux substances séparées. Aussi, l'intellectualité angélique assure-t-elle la *connexio universi* sur le plan de la connaissance : moyen terme entre la réceptivité humaine et la constitutivité divine, la connaissance des anges représente la *via media* de la (pré-)présence des choses dans l'esprit. Celui-ci les reçoit et les garde auprès de lui comme un trésor d'idées et de représentations intelligibles. Miroir de Dieu et réceptacle de sa lumière, l'ange est aussi le miroir du monde, dont il possède intellectuellement, depuis toujours et à jamais, les images et les similitudes.

Appendice

# LA CONNAISSANCE ANGÉLIQUE ET LA CENSURE DE 1277

Le thème la connaissance des substances séparées est tombé, comme bien d'autres, dans les mailles de la censure de 1277 et a été visé par l'article 76 : *Quod angelus nihil intelligit de novo*[1]. Cet énoncé n'étant suivi d'aucune précision, il convient d'expliciter les raisons probables de la condamnation de cette thèse.

Avant de nous engager dans cette clarification, deux remarques s'imposent. La première a trait à l'étendue de la censure. À première vue, il peut paraître surprenant que l'épistémologie angélique soit touchée directement par un seul article du syllabus, alors que la thèse de l'individualité spécifique des anges, qui représente un aspect quantitativement bien moindre dans les angélologies de nos auteurs, a été frappée par trois articles[2]. Cette constatation ne doit cependant pas induire en erreur et ne permet aucunement de relativiser ou de diminuer la signification de la censure de cette thèse : en effet, comme on va le vérifier, l'énoncé de l'article 76 est en quelque sorte un condensé des épistémologies angéliques que nous avons analysées, si bien que la portée de sa censure couvre dans leur ensemble les noétiques dont cette thèse est issue. La deuxième remarque est d'ordre chronologique : il est évident que des deux conceptions étudiées dans cette partie, celle de Gilles de Rome n'a pu être visée par le syllabus, puisque le *De cognitione angelorum* lui est postérieur. Cela dit, Gilles partage l'épistémologie angélique thomasienne, et dix ans après le décret de 1277 il défend encore la thèse condamnée, tout en tenant compte des objections venant du camp des censeurs. Le traité de Gilles nous offre ainsi un document précieux pour saisir l'enjeu de la condamnation en ce qui concerne la problématique cognitive ; nous sommes dès lors autorisés à nous servir de ce texte pour cerner les raisons de la censure de l'article 76.

« L'ange ne connaît rien de nouveau ». Que signifie cet énoncé, quelles sont ses implications et ses conséquences ? La thèse en question déclare, en termes positifs, que l'ange connaît déjà la totalité de ses objets. Nous savons en effet

1. *Chartularium* I, p. 547 ; R. Hissette, *Enquête*, cit., n. 48, p. 97-98.
2. Cf. notre étude : *Les anges et la philosophie*, cit., en particulier l'Appendice qui suit la I<sup>re</sup> partie.

qu'en tant que natures intellectuelles, les substances séparées ne sont pas en puissance à l'égard de nouveaux contenus de connaissance, bien qu'ils le soient à l'égard d'intellections nouvelles. Chaque ange intellige toujours en acte : pour une telle substance, cesser d'intelliger signifierait cesser d'être ce qu'elle est, c'est-à-dire précisément une nature purement intellectuelle. Il n'y a donc pas de potentialité à l'égard du connaître comme tel, bien qu'il y ait potentialité à l'égard de la succession des actes d'intellection. Il en va de même du côté des objets : l'ange n'est pas en puissance à l'égard de ses objets de connaissance, en ce qu'il devrait en être affecté pour les connaître ; au contraire, sa nature intellectuelle est parfaite et accomplie par les représentations de toutes choses reçues de Dieu dès sa création. Libre de la réceptivité requise au niveau humain, l'ange dispose toujours et déjà des espèces de toutes choses, si bien qu'il n'est pas en puissance à l'égard de représentations nouvelles d'objets nouveaux : c'est la raison pour laquelle, à proprement parler, il ne connaît rien de nouveau. Tel est le sens premier de l'énoncé de l'article 76 et son implication est que la nature intellectuelle angélique est parfaite et accomplie par les représentations de toutes choses. Chaque substance séparée est un microcosme intellectuel, un miroir de la totalité des êtres : un miroir de Dieu dont il reçoit les espèces par émanation intelligible, et un miroir de l'univers dont il possède les similitudes représentatives. La thèse que l'ange ne connaît rien de nouveau résulte précisément de cette idée d'accomplissement et de plénitude qui caractérise l'intellectualité des créatures spirituelles.

Grâce aux enquêtes menées dans les pages qui précèdent, nous savons que l'idée de la plénitude des substances séparées est directement dérivée du *Liber de causis*, et notamment de la dixième proposition : *Omnis intelligentia plena est formis*. Thomas d'Aquin, et Gilles de Rome après lui, a emprunté ce motif pour clarifier le statut des anges conçus comme natures intellectuelles ou intellects séparés : pourvus des espèces intelligibles de la totalité des objets auxquels s'étend leur faculté naturelle[1], les anges ne sont pas en puissance à l'égard de nouveaux objets d'intellection, mais seulement à l'égard de la considération actuelle des connaissances qu'ils possèdent déjà[2]. Or, étant donné que l'intellectualité définit la nature propre des créatures spirituelles, le motif de la « plénitude des formes » représente non seulement un des motifs majeurs de cette noétique, mais aussi une thèse maîtresse de l'ensemble de l'angélologie thomasienne.

1. Cf. Thomas d'Aquin, *Super L. de causis exp.*, prop. 10, p. 69 : « Sed intellectus separati statim a principio sunt repleti speciebus intelligibilibus ad cognoscendum omnia ad quae se extendit naturalis facultas eorum. (...) Et hoc est quod dicitur quod "intelligentia est plena formis" vel, sicut Proclus expressius dicit, est plenitudo formarum quia ipsa intellectualitas ad propriam naturam intelligentiae vel intellectus separati pertinet ».

2. Cf. Thomas d'Aquin, *S. theol.* I, 58, 1 : « Intellectus angeli numquam est in potentia respectu eorum ad quae eius cognitio naturali se extendere potest (...). Angeli non habent aliquam intelligibilem potentiam, quae non sit totaliter completa per species intelligibiles connaturales eis. (...) Secundo vero modo intellectus angeli potest esse in potentia ad ea quae cognoscit naturali cognitione : non enim omnia quae naturali cognitione cognoscit, semper actu considerat » ; *ibid.*, a. 5 : « Nescentia autem est in angelis, non respectu naturalium cognoscibilium, sed supernaturalium ».

À partir de ces considérations, il nous est permis de conclure que même si l'énoncé de l'article 76 n'a pas été tiré des écrits de Thomas d'Aquin, sa doctrine est néanmoins touchée par la censure de cet article. Elle l'est sans doute tout autant que celle de Siger de Brabant, qui interprète la dixième proposition du *Liber de causis* tout à fait dans le même sens. À la suite de A. Marlasca, R. Hissette plaçait précisément la source de l'article 76 dans le commentaire sigérien du *Livre des causes* et notait que « en tous ces développements Siger expose la doctrine du *Livre des causes*, mais il ne la condamne pas et son insistance à revenir sur le sujet porte à croire que la thèse avait sa faveur » [1]. Nous pensons que cette remarque est tout aussi valable en ce qui concerne Thomas d'Aquin : l'Aquinate non seulement ne condamne pas la thèse du *Liber de causis*, mais lui témoigne toute sa faveur en l'adoptant comme pièce maîtresse de sa noétique angélologique. Si la doctrine sigérienne est la première visée par la condamnation, celle du docteur angélique est atteinte indirectement, mais dans une égale mesure[2]. Nous en trouvons une confirmation ultérieure en suivant l'indication de R. Imbach, qui a démontré la dépendance du commentaire du *Liber de causis* de Siger de Brabant à l'égard de celui de Thomas d'Aquin[3]; la confrontation des deux textes révèle en effet une parenté indiscutable : même analogie entre la matière et l'intellect quant à la réception de la forme, même différence entre l'intellect humain et l'intellect séparé, même adhésion à la thèse de la *plenitudo formarum*[4]. Qu'il s'agisse ou non

1. *Enquête*, cit., p. 98.

2. Dans son dernier article sur cette question, R. Hissette a d'ailleurs affirmé que « Thomas est réellement impliqué dans la censure », bien « qu'il n'a probablement pas été visé directement » : cf. *Saint Thomas et l'intervention épiscopale du 7 mars 1277*, dans *Studi* 1995, Istituto San Tommaso, Roma 1995, p. 204.

3. Cf. *Notule sur le commentaire du « Liber de causis »*, cit.

4. Voici les textes : Thomas d'Aquin, *Super L. de causis exp.*, prop. 10a, p. 68-69 : « Sed sciendum est quod eadem diversitas participationis invenitur in intellectibus et in materia corporali. Materia enim inferiorum corporum participat quidem formam aliquam ad esse specificum, sed tamen illa forma non repletur materiae potentia, quae adhuc ad alias formas se extendit; materia vero caelestium corporum repletur forma quam participat, quia non remanet in ea potentia ad aliam formam. Similiter etiam intellectus inferiores humani non replentur intelligibilibus speciebus; sed a principio quidem intellectus possibilis humanus est sicut tabula rasa in qua nihil est scriptum, ut dicitur in III De anima ; postmodum autem ordine quodam species recipit, nec tamen in hac vita repletur. Sed intellectus separati statim a principio sunt repleti speciebus intelligibilibus ad cognoscendum omnia ad quae se extendit naturalis facultas ipsorum ».

Siger de Brabant, *Quaestiones in Librum de causis*, qu. 36, p. 142 : « Vult Auctor quod, sicut materia corporalis ex primo principio recipit formas sensualiter et corporaliter, sic intelligentia per modum intelligibilem a sui principio a causa prima repletur formis et perfectionibus rerum per modum intelligibilem ; ita quod in hoc est differentia inter intellectum humanum et intellectum intelligentiarum, quod intellectus humanus a sui principio est sicut tabula nuda et forma sensibiles quodam ordine, ministerio virtutum sensibilium acquirit, ita tamen quod eis numquam repletur ; intellectus autem intelligentiae a principio formis intelligibilibus, ad quas suas facultas se extendit, repletur. Et ista diversitas participationis formarum invenitur in materia corporali : materia enim generabilium et corruptibilium corporalis numquam formis repletur, sed semper in ea aliqua potentia ad formam remanet ; caelestium autem corporum materia a principio formis repleta, ut sic in ea potentia nulla ad formam remaneat ».

La parenté du commentaire sigérien à l'égard de celui de Thomas d'Aquin trouve une confirmation ultérieure dans l'exégèse de la proposition 18 du *Liber* : cf. C. D'Ancona Costa,

de plagiat de la part de Siger, la proximité des deux commentaires et de leurs doctrines sur ce point précis justifie leur association face à la censure de 1277 : si l'article 76 frappe directement Siger, la conception thomasienne en est tout autant touchée.

Ayant identifié le contexte doctrinal de l'énoncé de l'article 76, il convient d'expliciter les raisons de sa condamnation. Quel est l'enjeu de la thèse que l'ange ne connaît rien de nouveau ? Qu'est-ce qui dans cet énoncé pose problème pour les censeurs d'Etienne Tempier ? Comme l'a remarqué R. Hissette, « la proposition ne contredit aucun dogme défini. Elle pourrait cependant soulever des difficultés dans l'ordre providentiel surnaturel, où trouvent place des évènements nouveaux dont les anges auraient à prendre connaissance »[1]. Bien que cela soit vrai, nous pensons que l'enjeu de cette proposition est un autre et que l'article 76 se réfère premièrement à la connaissance naturelle de quelque chose de nouveau, ce qui n'exclut pas par ailleurs la possibilité de recevoir des connaissances nouvelles par voie d'illumination divine. Dans l'optique des censeurs, il y a donc problème à considérer la faculté intellectuelle angélique pourvue des représentations de toutes choses[2]. Pour quelle raison ?

Ici aussi nous allons faire appel à un auteur qui, comme Henri de Gand, peut être considéré comme un fidèle témoin et continuateur de l'esprit de la condamnation de 1277 : il s'agit de Guillaume de la Mare, qui reprend en quelque sorte le flambeau d'Etienne Tempier et prolonge son action à l'intérieur de l'ordre franciscain[3]. Parmi les 213 articles de son *Correctoire de frère Thomas*, rédigé en 1278, deux intéressent notre propos ; il s'agit de l'article XVIII : *Quod species per quas angeli cognoscunt sunt eis connnaturales*, et de l'article XX : *Quod angelus superior intelligit per species pauciores*[4]. Ces deux thèses thomasiennes – dont la première reformule le motif de la « plénitude des formes » – sont réprouvées par le Franciscain pour plusieurs raisons. Selon lui en effet, si l'ange connaissait ses objets au moyen de représentations qu'il possède toujours et déjà, il s'ensuivrait la série d'inconvénients que voici : il disposerait d'une infinité d'espèces ; il connaîtrait les choses indépendamment de leur existence et de leur présence, et par

*La doctrine de la création « mediante intelligentia » dans le Liber de causis et dans ses sources*, Rev. des sc. phil. et théol. 76 (1992), p. 211.

1. *Enquête*, cit., p. 97.

2. Cette problématicité se répercute sur les corollaires de la thèse de la « plenitudo formarum », notamment sur celui qui veut que l'ange, en se connaissant lui-même, connaît de ce fait la totalité de ses objets. Cette thèse a été également censurée à travers l'article 115, qui se réfère à l'âme intellective en tant que séparée, c'est-à-dire à l'âme qui possède un statut analogue à celui de l'ange : « quod anima intellectiva cognoscendo se cognoscit omnia alia. Species enim rerum sunt sibi concreatae. Sed haec cognitio non debetur intellectui nostro secundum quod noster est, sed secundum quod est intellectus agens » (*Chartularium* I, p. 550 ; R. Hissette, n. 45, p. 90-91). R. Wielockx a rapproché cette proposition d'un commentaire anonyme du *De anima* d'Aristote (cf. *Le manuscrit Paris Nat. lat. 16096 et la condamnation du 7 mars 1277*, Revue de théol. anc. et méd. 48 (1981), p. 227-237), sans pourtant le considérer comme la source directe de l'article condamné.

3. Cf. P. Glorieux, *Pro et contra Thomam. Un survol de 50 années*, dans *Mélanges offerts à Dom J.P. Müller*, Rome, Ed. anselmiana, 1974, p. 262 ; F.-X. Putallaz, *Figure francescane*, cit., p. 33-36.

4. *Correctorium fratris Thomae*, éd. P. Glorieux, Kain, Le Saulchoir, 1927, p. 79-81 et 87-89.

conséquent il connaîtrait aussi le futur ; il ne saisirait pas le singulier de manière exhaustive ; rien ne pourrait lui être caché ; et enfin il ne se tromperait jamais. Par ailleurs, si les créatures spirituelles supérieures connaissaient par des espèces plus universelles et en plus petit nombre, leur connaissance serait à la fois inadéquate aux choses et plus parfaite que la connaissance divine, car Dieu produit et connaît les choses par leurs raisons propres et non pas par des raisons communes et générales[1].

On peut observer d'emblée que cette critique repose sur deux motifs. Le premier est celui de l'inadéquation d'une connaissance par espèces connaturelles à l'égard des objets singuliers et changeants – un motif qui repose sur l'idée de la connaissance comme réceptivité totale et directe à l'égard d'un objet actuellement présent. Le second motif est celui de l'inadéquation d'une telle modalité cognitive par rapport au statut du sujet angélique : la connaissance par espèces connaturelles entraînerait en effet des prérogatives – indépendance à l'égard de la présence, voire de l'existence de l'objet, capacité de tout connaître, impossibilité d'erreur – qui en feraient une connaissance autant, sinon plus parfaite que la connaissance divine. Or, il apparaît que cette double inadéquation résulte d'une même cause, à savoir la non-réceptivité d'une connaissance qui s'exercerait au moyen de représentations connaturelles ou innées. Il se trouve en effet que selon Guillaume de la Mare chaque créature ne peut connaître que par mode de réceptivité ; par conséquent, si ce rapport de dépendance à l'égard de l'objet ne se vérifie pas, cela signifie soit que l'objet ne sera pas connu adéquatement, soit que le sujet connaissant n'est pas une créature, mais Dieu lui-même. Dès lors, puisqu'il est hors de doute que l'ange est une créature, nier sa réceptivité signifierait non seulement compromettre sa capacité de connaître le singulier comme tel, mais aussi lui attribuer une modalité cognitive qui dépasse sa condition. Il faut donc admettre que l'ange connaît par mode de réceptivité[2] et que Dieu seul n'est pas dépendant à l'égard de ses objets. Dans cet ordre d'idées, l'ange n'est donc pas pourvu des espèces des choses, mais connaît ses objets à la manière de l'être humain, en étant affecté par eux : réceptif à l'égard d'objets nouveaux, l'ange pourra connaître des choses nouvelles.

1. Cf. *Correctorium,* a. XX, p. 88 : « Deus non una ratione generali cognoscit et producit hominem et equum, nec eadem per consequens ratione cognoscuntur homo et equus, sed omnia propriis rationibus. (…) Ergo si modus cognitionis angelicae non est nobilior modo cognitionis divinae, oportet quod angeli non cognoscant multa per formas paucas et universales, sed singula per formas proprias. (…) Necesse est quod aliae et aliae in intellectu angelico sint plures quia non est maior unitas essentiae in effectu quam in causa ». La deuxième rédaction de cet article est encore plus explicite : « Ex quibus nota : si angelus potest per unam formam speciei et ipsam speciem et omnia eius individua cognoscere, intellectus autem divinus non intelligit speciem nisi per formam speciei et singularia individua per rationes proprias, sequitur necessario quod quoad aliquam conditionem nobilior esset intellectus angelicus quam divinus » ; cf. R. Hissette, *Trois articles de la seconde rédaction du « Correctorium » de Guillaume de la Mare*, Recherches de théol. anc. et méd. 51 (1984), p. 235-241

2. Cf. *Correctorium*, cit., a. XLI, p. 181 : « Ergo ipse cognoscit per acceptionem a rebus ».

L'enjeu de l'article 76 du syllabus est donc celui de la réceptivité et de la dépendance du sujet connaissant à l'égard des objets de connaissance [1]. Un sujet qui ne serait pas réceptif ne pourrait pas connaître quelque chose de nouveau. Considérer l'ange comme une nature intellectuelle accomplie, *plena formis*, impliquait précisément la négation de sa réceptivité et de sa dépendance à l'égard d'objets et de connaissances nouvelles. C'était donc affirmer une plénitude et une perfection que Guillaume de la Mare et les censeurs d'Etienne Tempier refusaient d'attribuer à une créature. C'est pourquoi, à travers l'article 76, c'était encore le statut privilégié de l'ange qui était visé – un statut que les censeurs concevaient proche de la condition humaine [2] et, le cas échéant, soumis aux même exigences dans le rapport cognitif. Comme dans les articles relatifs à l'individualité spécifique des substances séparées, ici aussi ce sont la perfection et l'excellence de l'ange qui sont objet de censure, parce que perçus comme concurrentielles par rapport à la perfection divine. Dans les angélologies que nous avons étudiées, cette perfection et cette excellence résultaient de la place intermédiaire de l'ange, situé entre l'homme et Dieu, mais – notamment dans le cas de la connaissance – plus proche de Dieu que de l'homme : *intellectus angelorum dicitur deiformis in eo quod divino intellectui conformis est : (...) in hoc quod a rebus cognitionem non accipit, sine investigatione rationis et sine admininculo sensus cognoscit* [3]. Cette proximité ne pouvait être tolérée par ceux qui craignaient le danger de divinisation des substances séparées. C'est la raison pour laquelle le décret de 1277 favorisait et promouvait un processus d'« humanisation » de l'ange axé sur l'idée d'imperfection, de finitude et de créaturalité. En lui ôtant ses privilèges, les censeurs faisaient de l'ange une créature au même titre que les autres et niaient par là-même sa valeur paradigmatique – ne serait-ce que dans le domaine considéré ici. De la sorte, la possibilité-même qu'une réalité créée puisse exercer par sa nature une fonction de modèle à l'égard des autres créatures était compromise.

Cette interprétation est accréditée et corroborée par la prise de position de Gilles de Rome à l'égard de la censure de l'article 76 et, plus généralement, à l'égard de la théorie des « espèces acquises ». Gilles répond en effet aux partisans de la thèse de la réceptivité de la connaissance angélique par une « déshumanisation » de l'ange, effectuée par la mise en évidence des différences fondamentales qui distinguent l'intellect humain de celui des substances séparées. De la sorte, il combat précisément le rapprochement de l'ange à l'homme sous-jacent à l'opinion de ses adversaires. Dans l'optique de Gilles – comme dans celle de l'Aquinate – une telle humanisation de l'ange est parfaitement insensée : homme et ange sont des créatures distinctes et inégales. Cette inégalité réside en ce que les substances séparées ont été créées supérieures aux autres créatures, plus proches de Dieu et plus parfaites, et par conséquent capables de servir de modèle à l'égard

1. Cet enjeu concerne également, et de manière étonnante, les articles 204 et 219 du syllabus relatifs à la localisation des anges.

2. Cf. Guillaume de la Mare, *Correctorium*, a. XLIII, p. 188 : « Firmiter tenemus, scilicet quod homines possunt esse aequales angelis ; alioquin non posset ruina angelorum per homines reparari ».

3. Thomas d'Aquin, *In II Sent.*, d. 3, qu. 3, a. 4.

des réalités inférieures. Sur le plan cognitif, cette supériorité réside notamment dans la non-réceptivité de l'ange, dans sa capacité de saisir ses objets *a priori*, intuitivement et intégralement. Cette capacité résulte à son tour d'un rapport particulier et privilégié, instauré par Dieu lui-même, entre les créatures intellectuelles et le reste du créé : contrairement à ce que pensent les adversaires, les choses ne se rapportent pas à l'intellect angélique comme elles se rapportent à l'intellect humain, c'est-à-dire accidentellement, mais subsistent en lui de manière plus noble et plus parfaite qu'en elles-mêmes, car elles procèdent de Dieu dans l'esprit des substances séparées avant de subsister dans leur propre support. L'esprit angélique représente ainsi une modalité d'être des choses, ce qui rend impensable de lui attribuer un rapport aux objets de connaissance analogue à celui qui se vérifie dans la connaissance humaine et qui s'exerce par mode de réceptivité. Bien au contraire, n'étant pas réceptif, l'ange n'est pas affecté par ses objets et ne subit aucune modification de leur part. Selon une modalité qui est intermédiaire entre la constitutivité divine et la réceptivité humaine, l'ange connaît parfaitement ses objets actuels, ainsi que les objets nouveaux ou les changements accidentels d'objets déjà connus, sans aucune modification de sa faculté intellectuelle. La position de Gilles est donc claire : l'intellection d'objets nouveaux n'est pas compromise par la non-réceptivité de la connaissance angélique. La perfection de l'intellectualité des substances séparées garantit à elle seule une saisie adéquate de tous les objets auxquels s'étend sa faculté, et ce serait d'ailleurs un accomplissement pour l'être humain que de connaître de la même manière : *multo maioris perfectionis esset (homo) si non reciperet*[1]. Mais Gilles est conscient que dans l'optique des censeurs le problème réside précisément dans cette forme de perfection angélique ; aussi relève-t-il explicitement que le motif sous-jacent à la condamnation de l'article 76 est la crainte d'une divinisation de l'ange : « si non esset quid mutabile, esset actus purus »[2]. La mutabilité étant le propre de toute créature, nier la connaissance de quelque chose de nouveau équivalait pour les censeurs à nier la potentialité et finalement la créaturalité des substances séparées[3].

La réaction de Gilles de Rome confirme qu'à travers l'article 76 c'était bel et bien la condition de l'ange qui était visée, une condition trop apparentée au caractère divin des substances séparées des philosophes[4]. De la sorte, c'était l'angélologie philosophique comme telle qui tombait sous les coups de la censure, une angélologie qui tirait parti des doctrines philosophiques des intelligences pour clarifier le statut des anges et le rapport du créateur à l'univers créé. Nous savons que la conception de Thomas d'Aquin, comme celle de Gilles de Rome,

1. Gilles de Rome, *De cogn. ang.*, 92va.

2. *Ibid.*, 90va.

3. L'article 71 du syllabus condamnait l'idée de l'immutabilité des substances séparées.

4. Il est intéressant de relever à ce propos que la formule de « plenitudo formarum » impliquée dans l'article 76 transposait dans le vocabulaire latin le terme grec de « pléroma », qui appartenait au vocabulaire de la gnose, où il désignait l'ensemble des trente Éons ; cf. C. D'Ancona Costa, *Tommaso d'Aquino, Il commento al « Liber de causis »*, prop. X, p. 275, note n. 16.

était à l'enseigne du *Livre des causes* et d'un Pseudo-Denys qui célébrait les anges-intellects célestes, leur déiformité et leur nécessité dans la dynamique universelle de conversion vers le principe premier. La spéculation sur les créatures spirituelles était ainsi le puissant véhicule d'un néoplatonisme de forte coloration dionysienne, un « néoplatonisme chrétien »[1], qui devenait objet de censure autant que l'aristotélisme averroïsant[2]. À l'égard de cette spéculation, le message du syllabus était donc clair : il ne fallait pas penser les anges en philosophe[3]. C'est ce que Thomas d'Aquin avait pourtant entrepris, suivi par Gilles de Rome, dans la conviction que l'univers avait un sens intelligible, à la portée de la raison humaine, et que l'ange était une articulation fondamentale de cette intelligibilité ; dans la conviction aussi que la noblesse humaine était apparentée à celle de l'ange et que son angélicité pouvait rapprocher l'être humain de Dieu. Une telle perspective était incompatible avec celle des censeurs, dont le « regard renversé » a pourtant involontairement confirmé l'importance et la valeur philosophique des angélologies étudiées dans ces pages.

1. C'est la formule d'A. De Libera (*Albert le Grand et Thomas d'Aquin interprètes du Liber de causis*, Rev. des sc. phil. et théol. 74 (1990), p. 347-378), qui caractérise ainsi le résultat du rapprochement thomasien du *Liber de causis* et de la « sententia Dionysii » (p. 350).

2. A. de Libera a d'ailleurs montré qu'en ce qui concerne la proposition 64 du syllabus (« Quod effectus immediatus a primo debet esse unus tantum et simillimus primo ») il s'agit bien d'une thèse « péripatéticienne » – c'est-à-dire d'une thèse qui en réalité n'est « ni aristotélicienne ni averroïste » –, qui résulte de l'interprétation théologique, « c'est-à-dire pour nous néoplatonicienne », de la philosophie d'Aristote ; là encore c'est donc une élaboration néoplatonicienne qui est mise en cause par la censure : cf. « *Ex uno non fit nisi unum* ». *La lettre sur le principe de l'univers*, cit., p. 557-558.

3. Roger Marston, un autre héritier spirituel de la censure de 1277, a exprimé cette même idée dans une formule éloquente : cf. *Quodl.* II, qu. 16, p. 208-209 : « Mirum est enim valde quod doctores theologiae mundi sapientiam ita sectari praesumunt ut divinas operationes secundum verba physicorum et regulas eorum determinare velint ».

DEUXIÈME PARTIE

# LE LANGAGE ET LA COMMUNICATION DES ANGES

« Personne ne peut connaître le nom de l'ange – jamais encore ni maître ni entendement n'est parvenu à le savoir, peut-être n'a-t-il pas de nom. L'âme non plus n'a pas de nom, pas plus que l'on ne peut trouver de nom approprié à Dieu, pas plus que l'on ne peut trouver de nom approprié à l'âme ».

Maître Eckhart, *Sermon* 38

« Le maître dont l'oracle est à Delphes ne dit ni ne cache rien, mais seulement signifie » [1]. Le célèbre fragment d'Héraclite a placé le langage et sa capacité de signifier au nombre des réalités que la philosophie occidentale essayera de déchiffrer. Le *Cratyle* de Platon, le *Peri Hermeneias* d'Aristote ou la conception stoïcienne du *logos* représentent autant d'étapes d'une réflexion sur le langage qui va aboutir à la conception du « premier sémioticien » [2], saint Augustin, dont l'importance et l'impact sur la pensée médiévale n'ont plus à être rappelés ici. L'intérêt que cette tradition philosophique porte au langage ne pouvait être que renforcé, au début de notre ère, par l'avènement d'une religion axée sur la réalité du « Verbe », parole originaire et manifestation de Dieu. Alors que le *Livre de la Genèse* avait déjà raconté la création comme l'œuvre de la parole divine [3], le mystère chrétien de l'incarnation se présentait comme le mystère de l'expression de Dieu dans une parole devenue chair. L'œuvre divine s'enracinait ainsi dans le Verbe et trouvait en lui son accomplissement. Mais entre la parole originaire et celle de l'aboutissement, la création se déployait elle aussi comme une manifestation du Verbe; une manifestation non pas audible, mais lisible : le monde était la parole écrite, le livre de Dieu, et les créatures rationnelles étaient appelées à devenir ses interprètes. À partir d'un tel cadre de référence, le Moyen Âge latin, héritier de cette double tradition philosophique et religieuse, ne pouvait pas négliger le questionnement sur la parole et le langage : celui-ci deviendra en effet – et plus spécialement au XIII<sup>e</sup> siècle, considéré comme « le grand siècle de la parole » [4] – un important sujet de réflexion, de débat et de controverses. Sont une preuve de cet intérêt pour le

1. Héraclite, *Fragment* 93, éd. Diels-Kranz, *Fragmente der Vorsokratiker*, t. I, Berlin, 1903, p. 172; trad. de J. Brun, *Héraclite*, Paris, Seghers, 1969, p. 116.

2. Cf. T. Todorov, *Théories du symbole*, Paris, Seuil, 1977, p. 34-38, où on trouve une analyse intéressante de la théorie augustinienne des signes.

3. « Dieu *dit* alors : "Que la lumière paraisse" et la lumière parut. (...) Dieu *dit* encore... Et cela se réalisa » (*Genèse* 1, 3 *sq.*).

4. Cf. J.-C. Schmitt – J. Le Goff, *Au XIIIe siècle. Une parole nouvelle*, dans *Histoire vécue du peuple chrétien* (sous la direction de J. Delumeau), Toulouse, Privat, 1979, p. 257-279. Dans le bel ouvrage de C. Casagrande et S. Vecchio on trouvera largement documenté l'intérêt du XIIIe siècle « moraliste » pour la question de la langue : cf. *Les péchés de la langue*, trad. de Ph. Baillet, Paris, Éditions du Cerf, 1991.

thème du langage dans la culture philosophique médiévale les analyses linguistiques produites notamment au sein des deux courants majeurs que représentaient les « modistes » et les « terministes » – des analyses dont la pertinence et la valeur ont trouvé un écho dans la philosophie analytique contemporaine[1], au point de faire apparaître cette partie de la philosophie du Moyen Âge comme sa contribution majeure à l'histoire de la philosophie. La valorisation de ce secteur de la spéculation médiévale a suscité de nombreuses études, qui nous ont familiarisés avec la grammaire spéculative et les *proprietates terminorum*[2]. Du coup, l'attention s'est dirigée sur des problèmes de signification et de désignation, c'est-à-dire, d'une manière générale, sur la question du référent des signes linguistiques et sur celle du rapport entre langage et réalité (*voces-res*). Mais, une fois encore, notre connaissance de la pensée médiévale et de la philosophie du langage en particulier a été modifiée et enrichie par la mise en lumière d'un autre courant de pensée, appartenant au milieu du XIIIe siècle, qui se signale par une « approche intentionaliste » du langage, axée sur le rôle de l'interlocution, de l'intention du locuteur et du sens visé comme sur autant d'éléments essentiels de l'acte linguistique[3].

Pour des raisons qui apparaîtront au cours de l'analyse, c'est à cette deuxième approche des questions linguistiques que pourrait se rattacher le thème du langage des anges que nous nous apprêtons à étudier. En effet, le statut des substances séparées est tel qu'elles n'ont pas à se soucier de la légitimité du rapport que leur langage instaure avec la réalité qu'il désigne. Aussi, les thèmes que nous allons rencontrer – ceux de savoir si les anges parlent, pourquoi, comment, à qui –

1. À ce propos, voir l'important article de P. Vignaux, *La problématique du nominalisme médiéval peut-elle éclairer des problèmes philosophiques actuels ?*, Rev. phil. de Louvain, 75 (1977), p. 293-331. C. Panaccio a relevé l'importance de certaines discussions angélologiques pour la « Philosophy of Mind » : *Angels Talk, Mental Language and the Transparency of the Mind*, dans C. Marmo (éd.), *Semiotic and cognitive Studies. IV : Vestigia, Imagines, Verba*, Tournhout, Brepols, 1997, p. 323-335.

2. Parmi les nombreux travaux, rappelons quelques titres : J. Pinborg, *Die Entwicklung der Sprachtheorie im Mittelalter*, Münster-Kopenhagen, Aschendorff, 1967 (Beiträge XLII, 2); C. Marmo, *Semiotica e linguaggio nella scolastica : Parigi, Bologna, Erfurt 1270-1330*, Roma, Istituto storico italiano per il Medioevo, 1994; C. Panaccio, *Les mots, les concepts et les choses. La sémantique de Guillaume d'Ockham*, Montréal, Bellarmin-Vrin, 1991, et *Le discours intérieur. De Platon à Guillaume d'Ockham*, Paris, Seuil, 1999; A. Maierù, *La filosofia del linguaggio*, *in* G. Lepschy (éd.), *Storia della linguistica*, t. II, Roma, Il Mulino, 1990, p. 101-168; I. Rosier, *La parole comme acte*, Paris 1994 et son article bibliographique : *Grammaire : 1971-1987*, *in* G. Floistad (éd.), *Contemporary Philosophy, A new Survey*, vol. 6/2 : *Philosophy and Science in the Middle ages*, Oslo, N. Nijoff, 1990, p. 783-803; S. Ebbesen (éd.), *Sprachtheorien in Spätantike und Mittelalter*, Tübingen, Narr, 1995; on consultera enfin le volume 13 des *Miscellanea mediaevalia* (1981), qui est entièrement consacré aux théories linguistiques médiévales.

3. Nous pensons aux travaux d'I. Rosier, notamment à *La parole comme acte*, cit., qui a attiré l'attention sur cette autre orientation de la linguistique médiévale. Pour le thème de la communication nous renvoyons au récent ouvrage de A. Di Maio, *Il concetto di comunicazione. Saggio di lessicografia filosofica e teologica sul tema del « communicare » in Tommaso d'Aquino*, Roma, Ed. Pontifica Università gregoriana, 1998 : dans cet ouvrage il est essentiellement question d'une analyse lexicographique. Signalons par ailleurs que dans la dernière étude sur la philosophie thomasienne du langage la question de la communication des anges ne trouve aucune place : cf. Seung-Chan Park, *Die Rezeption der mittelalterlichen Sprachphilosophie in der Theologie des Thomas von Aquin*, Leiden-Boston-Köln, Brill, 1999.

concernent tous la sphère du locuteur et représentent les points d'ancrage d'une réflexion linguistique qui privilégie la fonction de communication sur celle de désignation. L'étude présentée dans cette deuxième partie se veut ainsi une contribution à celle des conceptions médiévales du thème de la communication.

Cela dit, il convient de souligner un aspect qui caractérise l'objet qui nous occupe : il s'agit de son originalité[1]. En effet, si les autres problématiques linguistiques étudiées au Moyen Âge se rattachent, d'une manière ou d'une autre et plus ou moins directement, à une tradition philosophique, grammaticale et rhétorique qui les précède et les nourrit, la question du langage des substances séparées est une nouveauté de la culture médiévale latine, et notamment du XIII$^{e}$ siècle, et n'a pas de pendant dans la tradition philosophique grecque et arabe – une tradition dans laquelle les médiévaux latins ont pourtant beaucoup puisé en matière de connaissance angélique[2]. Cet aspect renforce la valeur et l'importance de ce thème, dans la culture médiévale d'abord, mais aussi dans le contexte plus ample de la tradition philosophique occidentale. Aussi, espérons-nous pouvoir montrer que le questionnement sur le langage des anges n'est pas une extravagance sans intérêt, mais qu'il est capable de contribuer à une meilleure compréhension du phénomène de la communication et de son sens.

Comme pour le thème de la connaissance, les auteurs qui nous semblent les plus aptes à illustrer notre propos sont Thomas d'Aquin et Gilles de Rome. Ces penseurs ont une fois encore le mérite d'interroger philosophiquement un donné religieux qu'ils ne se contentent pas d'assumer comme tel, mais dont ils cherchent la raison d'être et dont ils étudient avec rigueur le mode de fonctionnement. Le portrait philosophique de l'ange n'en est que perfectionné et enrichi d'une prérogative supplémentaire.

1. L'originalité du thème du langage angélique a déjà été relevée par B. Faes de Mottoni, *Bonaventura e la scala di Giacobbe*, cit., p. 239.

2. Le thème d'un langage des substances séparées ne figure pas dans le *Liber de causis*, qui joue un rôle très important dans l'analyse de la connaissance angélique.

## CHAPITRE PREMIER

# LE LANGAGE DES ANGES SELON THOMAS D'AQUIN

L'être humain est un animal social et politique. La sociabilité humaine est une donnée de nature, inscrite dans le statut ontologique de l'homme. Cette donnée de nature fonde à son tour la nécessité de la communication comme moyen indispensable à la vie communautaire. La communication humaine ne se réalise qu'à travers des instruments, des médiations, et entre toutes le langage – formé de *voces significativae*[1] – est le moyen privilégié. Etant le seul expérimenté et connu, le langage humain va fournir le point de départ et le terme de référence dans le questionnement sur le langage des substances séparées. Aussi, nos auteurs se demandent-ils si les anges « parlent », et si oui, pourquoi, en quoi consiste leur langage, quel en est le fondement et quels en sont les destinataires. À travers ces interrogations nous serons amenés à vérifier si l'ange est un être solitaire ou social et si son langage est marqué par le besoin qui caractérise la communication humaine. Considérons à présent la manière dont l'Aquinate aborde et discute ces questions.

## LANGAGE ET COMMUNICATION

Le docteur angélique a analysé le thème du langage des substances séparées à plusieurs reprises : dans le *Commentaire des Sentences* (II, d. XI, qu. II, a. 3), dans le *De veritate* (qu. 9, a. 4-7) et dans la *Somme théologique* (I, qu. 107, a. 1-5). Nous allons reconstituer la conception thomasienne à travers ces textes, en prêtant une attention particulière au deuxième et au troisième. Le *Commentaire des Sentences* nous intéresse, quant à lui, du fait qu'il met en chantier une série de notions et de distinctions qui s'avèreront nécessaires à la compréhension du phénomène linguistique.

1. Cf. Thomas d'Aquin, *In Peri Hermeneias*, l. 1, lect. II, n. 12.

*Langage et illumination*

Thomas d'Aquin distingue d'abord le langage (*locutio*) de l'illumination (*illuminatio*). Le premier est défini comme « la manifestation de ce qui est conçu par l'esprit »[1], et la seconde comme « la manifestation d'une vérité connue »[2]. À première vue, la parenté de ces deux notions paraît plus évidente que leur distinction : dans les deux cas, il s'agit en effet de manifester, d'exprimer, d'extérioriser un contenu de conscience pour le faire connaître à un autre sujet. Cela dit, il convient de préciser que le langage est l'expression de n'importe quel contenu, alors que l'illumination est la manifestation d'une vérité. La distinction entre langage et illumination doit donc être examinée du côté du message transmis. Ici, le partage entre ces deux types de manifestation devient clair : l'illumination concerne une vérité connue dans la lumière divine par un ange supérieur, et inaccessible à un ange de degré inférieur[3], alors que le langage manifeste toute sorte de conception de l'esprit et de mouvement du libre arbitre[4]. Il y a donc illumination lorsque le contenu exprimé est non seulement une vérité au même titre qu'une proposition vraie dans le langage humain, mais lorsqu'il y a manifestation d'une vérité enracinée dans la vérité première qu'est Dieu. Etant d'origine divine, la connaissance suscitée par l'illumination est donc de l'ordre de la révélation et trouve son unique source en Dieu lui-même.

La visée de l'illumination est ainsi une connaissance d'ordre surnaturel[5]. Son contenu est parfaitement ciblé et ne peut être qu'une vérité de ce type. Sa portée est alors nécessairement restreinte de même que son exercice. Ce n'est pas n'importe quel ange qui peut illuminer un de ses semblables, mais seulement celui qui a accès à de telles vérités et qui par conséquent peut les transmettre. C'est pourquoi l'illumination est un acte hiérarchique, qui ne peut être dissocié de l'ordre des hiérarchies angéliques. Celui-ci définit la perfection de chaque créature spirituelle, si bien que celles qui occupent les niveaux supérieurs sont plus proches de Dieu et ont accès aux vérités divines dans une plus grande mesure et de manière plus parfaite que les anges inférieurs. Pour cette raison, seuls les anges supérieurs peuvent illuminer les autres, et il n'y a pas d'illumination en dehors de la voie

1. Cf. *In II Sent.*, d. XI, qu. 2, a. 3 : « Locutio (est) per hoc quod aliqua prius occulta proponuntur ut cognoscenda » ; *De ver.*, qu. 9, a. 4 : « Locutio dicitur ipsa manifestatio interioris verbi quod mente concipimus » ; *S. theol.* I, 107, 1 : « Nihil est enim aliud loqui ad alterum, quam conceptum mentis alteri manifestare ».

2. *S. theol.* I, 106, 1 : « Unde illuminare nihil aliud est quam manifestationem cognitae veritatis alteri tradere ».

3. *In II Sent.*, d. XI, qu. 2, a. 3 : « Illuminatio proprie est de his quae superior angelus in lumine divinae essentiae apprehendit, quae inferior ibi non videt » ; *S. theol.* I, 107, 3 : « manifestatio eius quos mente concipitur, secundum quod dependet a prima veritate, et locutio est et illuminatio » ; « illuminatio dependet a principio quod est Deus ».

4. *In II Sent.*, d. XI, qu. 2, a. 3 : « Sed locutio est de motibus liberi arbitrii, quos in uno alius non videt ».

5. *De ver.*, qu. 9, a. 4 : « Illuminatio qua unus angelus alium illuminat non est de his quae ad naturalem cognitionem angelorum pertinent. (...) Sed cognitio ista est de his quae revelantur angelis, eorum cognitionem naturalem excedentibus » ; *S. theol.* I, 106, 1, ad 2 : « unus angelus illuminat alium (...) manifestando ei veritatem de his quae pertinent ad statum naturae, gratiae et gloriae ».

hiérarchique. Thomas d'Aquin est catégorique sur ce point : les anges inférieurs – dit-il – n'illuminent jamais les supérieurs, mais sont toujours illuminés par eux [1].

L'exercice de l'illumination illustre de manière très puissante les règles de fonctionnement et les impératifs de l'ordre des hiérarchies angéliques. Dans le *De veritate* nous lisons que les anges inférieurs ne sont pas aptes à saisir les vérités divines directement et dans leur unité, et que pour cette raison ils nécessitent la lumière des anges supérieurs, qui intelligent ces mêmes vérités de manière plus parfaite et plus unie [2]. La loi inviolable de l'ordre, qui veut que les derniers soient perfectionnés par les premiers à travers la médiation des êtres intermédiaires [3], exige ainsi que les uns illuminent et que les autres soient illuminés, et exclut toute possibilité d'intervertir le rôle dont chacun est investi. L'illumination est donc un acte uni-directionnel, qui ne peut comporter aucune réciprocité, aucun « dialogue ». Cet aspect permet de distinguer clairement illumination et langage : la première est ciblée quant à son contenu et déterminée quant au destinataire ; le langage en revanche est une manifestation qui n'est soumise à aucune restriction, ni du côté du message, ni du côté du destinataire. Si les anges ne peuvent pas s'illuminer les uns les autres, ils peuvent par contre se parler à leur gré, car le langage invite au dialogue et à la réciprocité.

Un second aspect nous aidera à fixer la distinction entre langage et illumination : il s'agit des différentes modalités de leur exercice. L'illumination, conformément à son caractère hiérarchique, agit sur l'ange inférieur en fortifiant son intellect et l'enrichit en lui présentant des connaissances de manière à les lui rendre accessibles [4]. De la sorte, l'ange illuminé reçoit, subit et pâtit quelque chose de la part de l'ange supérieur. Le langage est par contre une simple manifestation ; il est pluri-directionnel et dévoile un contenu sans affecter son destinataire. L'illumination et le langage se distinguent donc en ceci, que la première présuppose et renforce des rapports hiérarchiques donnés, alors que le langage instaure une relation « ouverte », qui n'obéit pas à des rapports prédéterminés, mais permet précisément à un sujet de s'ouvrir à n'importe quel autre [5]. Il s'ensuit, d'une part,

1. *S. theol.* I, 106, 4 : « Inferiores angeli numquam illuminant superiores, sed semper ab eis illuminantur ».

2. *De ver.*, qu. 9, a. 1 : « Inferiores angeli non sunt proportionati ad hoc, quod per hic lumen solum (scilicet lux divini intellectus) cognitionem accipiant, nisi adiungatur lumen superiorum angelorum, in quibus formae intelligibiles contrahuntur ».

3. *In II Sent.*, d. X, qu. 1, a. 2 : « Haec est lex divinitatis inviolabiliter stabilita, quod a primis ultima per media perficiantur » ; à ce propos cf. F. Sbaffoni, *Tommaso d'Aquino e l'influsso degli angeli*, cit., p. 85 *sq.*, où on trouve d'autres exemples d'application de cette loi.

4. *In II Sent.*, d. X, qu. 1, a. 2 : « Secundo (distinguuntur) quantum ad modum quo utrumque perficitur (...). Illuminatio ergo fit per hoc, quod lumen intellectus unius angeli per fortius lumen superioris confortatur ad aliquorum cognitionem » ; *De ver.*, qu. 9, a. 1 : « Nihil ergo est aliud angelum ab angelo illuminari, quam confortari intellectum inferioris angeli per aliquid inspectum in superiori, ad alia cognoscenda. (...) Ideo etiam inferiores angeli confortantur ex eorum continuationem ad superiores, quae quidem continuatio est per intuitum intellectus » ; *S. theol.*, I, 106, 1 : « Superior ergo angelus veritatem quam universaliter concipit, quodammodo distinguit, ut ab inferiori capi possit ».

5. *In II Sent.*, d. X, qu. 1, a. 2 : « Locutio (fit) per hoc quod aliqua prius occulta proponuntur ut cognoscenda sine hoc quod virtus cognoscentis fortificetur ; ut patet in recitationibus historiarum, in quibus aliquis cognoscit quod prius nesciebat, sine hoc, quod suus intellectus clarificetur ».

que l'illumination est supérieure au langage – puisqu'elle vient d'en haut, qu'elle donne quelque chose et enrichit son destinataire –, mais d'autre part que le langage a la capacité de dévoiler ce qui était caché et par là-même de « faire exister, en l'énonçant, ce qui autrement serait absent »[1].

Si Thomas d'Aquin s'est soucié de bien distinguer les deux notions en question, c'est que leur proximité prêtait à confusion. En effet, au-delà des traits qui les caractérisent en propre, l'illumination et le langage représentent les deux modalités courantes de communication entre les créatures spirituelles. Chacune d'elles exprime et manifeste un contenu, soit inaccessible dans sa totalité et sa perfection, soit entièrement caché. L'illumination et la *locutio* représentent par conséquent une forme de langage pour l'ange qui l'exerce et une forme de connaissance pour son destinataire. Langage et illumination se différencient ainsi comme deux instruments obéissant à une même finalité : celle de la communication des connaissances angéliques. À partir de là nous sommes amenés à distinguer ce qui est de l'ordre de la fin de ce qui est de l'ordre des moyens, et à concevoir la communication comme une finalité qui peut être réalisée en recourant à différents instruments.

### *Les raisons en faveur du parler angélique*

C'est le langage proprement dit qui va retenir à présent notre attention. Aussi, y a-t-il lieu de se demander pourquoi les anges parlent-ils, pour quelle raison communiquent-ils autrement que par voie hiérarchique. Relevons tout d'abord que les textes qui discutent ce thème sont unanimes quant au fait que les anges parlent. Dans les trois œuvres citées, Thomas énonce tout simplement ce fait, qu'il s'emploie par la suite à clarifier[2]. Les raisons du parler angélique sont de deux sortes : scripturaires et philosophiques. La motivation scripturaire résulte des différents passages bibliques où les anges sont dits s'exprimer pour transmettre un message divin. Les auteurs médiévaux invoquent principalement la première *Lettre aux Corinthiens – « si linguis hominum loquar et angelorum… »* (13,1) –, qu'ils adoptent comme témoignage incontestable d'un langage des anges. À cette première motivation s'ajoutent toutefois des arguments philosophiques, qui seuls justifient à proprement parler l'affirmation d'un tel langage.

La première argumentation invoque une raison d'ordre : étant donné que les substances séparées sont des créatures plus parfaites que les hommes, il faut leur attribuer les prérogatives humaines selon une modalité supérieure; dès lors, puisque les êtres humains peuvent communiquer par le langage, les anges le pourront d'autant plus[3]. Remarquons d'ores et déjà que cette argumentation aboutit

1. J'emprunte cette formule à l'étude de B. Faes de Mottoni, « *Enuntiatores divini silentii* ». *Tommaso d'Aquino e il linguaggio degli angeli,* Medioevo XII (1986), p. 203.

2. Cf. *In II Sent.*, d. X, qu. 1, a. 2 : « Respondeo dicendum, quod in angelis est quaedam locutio » ; *De ver.*, qu. 9, a. 4 : « Dicendum quod in angelis aliquem modum locutionis ponere oportet »; *S. theol.* I, 107, 1 : « Respondeo dicendum quod in angelis est aliqua locutio ».

3. *In II Sent.*, d. X, qu. 1, a. 2 : « Angelus est maioris virtutis naturaliter quam homo. Sed homo potest alteri loquendo suam cogitationem exprimere. Ergo multo fortius angelus ».

non seulement à l'idée de la nécessité d'un langage propre aux anges, mais aussi à celle de sa valeur : la communication est un bien et une perfection dont les anges ne sauraient être privés. Cet aspect mérite d'être retenu, car il permet de contrebalancer l'idée du langage comme simple besoin : si le langage comme instrument obéit effectivement à un besoin d'ordre social, sa finalité – à savoir la communication – possède une valeur positive propre. Cette positivité intrinsèque fournit la raison de son attribution aux anges et invite à considérer d'ores et déjà leur langage comme l'expression d'un pure volonté de communication[1].

Le deuxième argument repose sur la définition suivante : *Nihil est enim aliud loqui ad alterum, quam conceptum mentis alteri manifestare*. La fonction de manifestation intervient lorsque quelque chose n'est pas de soi accessible aux autres, lorsqu'un contenu est secret, voilé, et ne peut se manifester de lui-même. Ce qui se cache ainsi dans les substances séparées sont les *occulta cordium*, les pensées secrètes de chaque sujet, que les autres anges ne peuvent pas connaître[2]. Cette limite objective de la connaissance angélique exige précisément le langage comme médiation dans le rapport de connaissance avec d'autres sujets. Le recours au langage se justifie ainsi comme moyen permettant de combler un manque inhérent à la connaissance.

Deux éléments de cet argument méritent notre attention. Le premier concerne l'existence de pensées secrètes, à savoir de conceptions de l'esprit très personnelles, qui appartiennent en propre à chaque sujet pensant. À première vue ce caractère secret, évident chez l'être humain en raison de sa corporéité, paraît surprenant chez des sujets parfaitement immatériels comme les anges[3]. Mais sa présence dans les créatures spirituelles s'avère tout à fait vraisemblable si on rappelle que chacune d'elles représente une espèce, c'est-à-dire une identité autonome et accomplie en elle-même[4]. Chaque ange est une substance indépendante à l'égard des autres créatures, chacun possède une richesse intérieure qui ne vient pas du dehors, mais lui appartient en propre. Cette richesse intérieure abrite précisément le secret de chaque sujet angélique. Ce caractère secret est structurel et intrinsèque à la nature de l'ange pour le regard que toute autre créature peut porter sur lui[5]. Dieu seul, en effet, voit et lit les pensées des cœurs, pour lui seul le créé est transparence. Au niveau des créatures, en revanche, l'identité de chaque sujet comporte nécessairement un caractère secret, une sorte d'opacité qui permet

1. C'est d'ailleurs un des mérites de l'analyse médiévale du langage angélique que d'exiger et d'accentuer la distinction entre ce qui, dans le phénomène linguistique, est de l'ordre des moyens et ce qui appartient à l'ordre de la finalité.

2. Cf. *De ver.*, qu. 9, a. 4 : « Cum enim angelus secreta cordis non cognoscat specialiter et directe, (...) oportet quod unus alteri manifestet suum conceptum ; et haec est locutio angelorum ».

3. Dante Alighieri refuse le langage aux anges précisément parce qu'ils sont des êtres immatériels, des « miroirs transparents » qui communiquent par simple intuition : cf. *De vulgari eloquentia*, I, c. 2, éd. P.V. Mengaldo, p. 34. Le motif dionysien de l'ange-miroir comme fondement du refus d'un langage angélique a été pris en considération, puis rejeté, par Bonaventure : cf. B. Faes de Mottoni, *Bonaventura e la scala di Giacobbe*, cit., p. 252.

4. Cet aspect est par ailleurs renforcé par la « reditio completa » qui s'opère dans la connaissance de soi.

5. Cf. B. Faes de Mottoni, *Bonaventura e la scala*, cit., p. 253-254.

la reconnaissance de soi comme sujet unique et distinct des autres. La présence d'un secret caractérise donc chaque individualité – angélique ou humaine –, et s'avère être la condition de l'affirmation de soi comme noyau originaire et irréductible. Cette identité unique, ce noyau caché et irréductible, représente l'ultime point d'ancrage du parler angélique, car si chaque substance séparée était pure lumière et transparence pour les autres, leur communication serait naturelle et immédiate, et le langage n'aurait plus sa raison d'être. C'est donc le secret de l'ange qui justifie le recour au langage pour faire de la communication – comme on va le voir – un acte de libre choix [1].

Le deuxième élément qui ressort de cet argument est celui du rapport entre la pensée *(cogitatio)* et le langage (*locutio*) qui l'exprime et la manifeste aux autres. Ce thème, qui est un leitmotiv des analyses médiévales du langage angélique [2], est issu de la conception augustinienne du *verbum mentis* conjuguée à l'idée de la pure spiritualité de l'ange. Dans le *De trinitate* en effet, Augustin livrait une analyse de la dynamique de la *mens* qui, en présentant la pensée comme un langage intérieur, aboutissait à l'identification de la *cogitatio* avec la *locutio interior* [3]. Associée à l'idée de la pure spiritualité de l'ange, qui impliquait celle d'un langage purement mental – donc intérieur –, l'adoption de l'analyse augustinienne semblait devoir aboutir à l'absorption du langage intérieur dans la pensée angélique et par là-même à nier un langage propre aux substances séparées.

Cette objection est envisagée par Thomas dans le *De veritate*, où il ne réfute pas l'analyse augustinienne, mais en nuance la signification afin de maintenir l'idée d'un langage proprement angélique et d'affirmer sa distinction d'avec la pensée. En effet – explique Thomas –, bien que l'un et l'autre s'enracinent dans la même faculté et soient exercés par la même puissance de l'âme, la pensée est une conception immanente à l'esprit, alors que le langage est la manifestation de cette pensée [4]. L'Aquinate insiste sur ce que, même à l'intérieur de l'esprit, pensée et

1. Il est donc vrai que « c'est à mesure qu'on souligne et qu'on accroît la dimension du secret angélique que le problème de leur langage se pose plus nettement », mais ce secret n'est cependant pas, selon nous, « l'acte d'une occultation », comme le soutient J.-L. Chrétien dans un article fort intéressant : *Le langage des anges selon la scolastique*, Critique 35 (1979), p. 674-689.

2. Cf. Albert le Grand, *Summa de creaturis*, tr. IV, qu. 60, a. 2; *In I Sent.*, d. IX, a. 13-16; Bonaventure, *In II Sent.*, d. X, qu. 3, a. 1 (pour l'analyse de la position bonaventurienne, cf. B. Faes de Mottoni, *op. cit.*, p. 241-253); Vincent de Beauvais, *Speculum naturale*, l. I, c. 39; Guillaume d'Ockham, *In II Sent.*, qu. XVI.

3. Il convient de lire les belles pages de *De Trinitate* XV, X, 17-19; retenons quelques passages : « nam etsi verba non sonant, in corde suo dicit utique qui cogitat »; « Quaedam ergo cogitationes locutiones sunt cordis »; « locutiones tamen interiores, hoc est, cogitationes ». Ce thème sera repris par Anselme dans le *Monologion*, c. 10.

4. Cf. *De ver.*, qu. 9, a. 4 : « Ad nonum dicendum quod, quamvis in angelis non sit locutio exterior, sicut in nobis, scilicet per signa sensibilia; est tamen alio modo, ut ipsa ordinatio cogitationis ad alterum exterior locutio in angelis dicatur »; dicitur locutio in angelo ad similitudinem eius qui in nobis fit : nos enim per auditum scientiam ab aliis accipimus. (...) Possibilitas haec faciendi dicitur lingua »; *ibid.* : « locutio est motus cognoscitivae, non qui sit ipsa cognitio, sed qui est cognitionis manifestatio; et ideo oportet quod sit ad alium ». Albert le Grand avait déjà refusé l'identification de la pensée et du langage angélique : cf. *Summa de creaturis*, tr. IV, qu. 60, a. 2, de même que Bonaventure, *In II Sent.*, d. X, qu. 3, a. 1.

manifestation de la pensée sont des actes distincts, car la manifestation de ce qui a été conçu exige son orientation vers un destinataire. Il y a donc des pensées qui ne sont que pour soi, mais il n'y a pas de langage véritable qui ne soit pas pour un autre : *ad alium*. Thomas porte ainsi son attention sur l'autrui qui doit intervenir dans le langage, car le langage proprement dit implique l'intersubjectivité. Il apparaît alors que la *locutio interior* ne pourrait être assimilée à la *cogitatio* que dans la mesure où le langage serait compris uniquement comme un système de signes : dans ce cas, en effet, le *verbum interius* serait à la fois ce qui est conçu et le signe de ce contenu mental. Mais dans la conception thomasienne cette identification se situe en deça du langage proprement dit, car celui-ci est essentiellement une manifestation pour autrui.

De cette première approche du langage angélique émerge ainsi clairement la primauté de la communication, c'est-à-dire la primauté de la finalité sur le moyen de sa réalisation. L'affirmation d'un langage des anges est la reconnaissance de la possibilité et de la capacité angélique de se manifester aux autres : *possibilitas haec faciendi dicitur lingua.* Attribuer un langage aux substances spirituelles revient donc à affirmer la possibilité d'une intersubjectivité angélique. L'identification de la *locutio* et de la *cogitatio* supprimerait cette possibilité, comme elle supprimerait le secret de l'ange[1]. Il apparaît ainsi que le questionnement sur le langage des substances séparées présente un double enjeu philosophique : il concerne d'abord l'idée de la communication, dont la signification est élargie pour concevoir un langage autre que celui des hommes ; puis, par le biais de sa confrontation avec le statut *sui generis* de la subjectivité angélique, il met en lumière le caractère secret de toute individualité, en tant que condition nécessaire à l'affirmation de soi et à l'échange avec autrui.

## LANGAGE ET SIGNES, OU LA MODALITÉ DE LA COMMUNICATION ANGÉLIQUE

Les anges communiquent, certes, mais leur langage ne saurait être celui des hommes. Quel est le moyen et la modalité de leur parler ? C'est ce que nous allons clarifier par l'analyse du rapport entre le langage et les signes au niveau des substances séparées. Ce rapport prête à confusion sur le plan humain, où le langage désigne de manière ambigüe à la fois la communication et le système de signes dont elle se sert. La réflexion sur ce thème dans le domaine des substances séparées n'admet par contre aucune ambiguïté : on ne peut ici confondre ce qui est de l'ordre de la fin avec ce qui est de l'ordre des moyens. Aussi, si les anges partagent avec les hommes la même finalité – celle de communiquer, de manifester, de s'exprimer et de partager –, ils n'empruntent pas les mêmes moyens de réalisation.

1. Cf. Albert le Grand, *Summa de creaturis*, tr. IV, qu. 60, a. 2 : « Nihil esset secretum, si idem esset loqui quod cogitare : quia statim quando unus cogitaret, alter perciperet cogitatum eius sicut percipit loquelam ». Les mêmes considérations se trouvent chez Bonaventure, *loc. cit.* à la note précédente.

Afin de comprendre par voie d'analogie ce qui se passe dans le parler angélique, il convient de considérer brièvement le mécanisme de la communication humaine

Dans le *Commentaire des Sentences* Thomas décrit très clairement les étapes de la communication humaine. Dans l'être humain – dit-il –, il y a quelque chose que les autres individus peuvent percevoir tout naturellement, à savoir tout ce qui est effectué par les sens externes. Il y a par contre quelque chose qui ne peut pas être perçu par les autres : ce sont les conceptions de l'esprit, qui s'y trouvent sous forme d'espèces et de représentations. Celles-ci peuvent être utilisées de deux manières : si l'espèce est conservée dans l'esprit, elle y est présente à titre d'un intelligible qui pourra être connu chaque fois que le sujet le considère en acte ; si l'espèce est conçue pour être ordonnée à autrui, c'est-à-dire pour être manifestée, elle devient alors une parole intérieure (*verbum cordis*)[1]. Lorsque celle-ci est adaptée pour être exprimée par des signes extérieurs, elle devient geste s'il s'agit d'un signe visuel (*nutus*), et devient son s'il s'agit d'un signe sonore (*locutio vocalis ad auditum*)[2]. La communication linguistique humaine comporte donc trois moments : l'espèce intelligible, le verbe intérieur et la parole proférée ou verbe extérieur. Au niveau humain, il y a ainsi une communication naturelle, liée aux organes sensoriels, et une communication volontaire effectuée au moyen des facultés spirituelles. Cette dernière est nécessaire pour manifester les secrets de l'esprit (*cogitationes cordis*) : idées, opinions, sentiments, désirs. La communication humaine emprunte ainsi plusieurs instruments : les sens pour la communication naturelle, la parole intérieure et la parole proférée ou le geste pour la communication volontaire.

Au niveau des substances séparées – continue Thomas – il se passe quelque chose d'analogue, à l'exclusion, bien entendu, de la communication sensible. En effet, comme c'est le cas dans la communication entre les humains, les conceptions de l'esprit ne sont pas immédiatement connues des autres anges, si bien que chaque ange possède ses propres secrets. Ainsi, lorsque l'espèce intelligible présente dans l'esprit est conçue pour être manifestée à un autre sujet, elle devient verbe intérieur (*verbum cordis*), et lorsque celui-ci à son tour est ordonné à un destinataire précis, il devient le signe expressif de la pensée que l'ange veut manifester. Ce signe expressif constitue le langage angélique, qui est un langage

1. Thomas explique sa conception du « verbum cordis » dans le petit traité *De differentia verbi divini et humani* et dans *De veritate*, qu. IV. Avant lui, Albert le Grand avait présenté une synthèse des spéculations précédentes sur le verbe : cf. *Summa theol.*, I, tr. VIII, qu. 35, a. 1-5. Sur la conception du « verbum cordis », cf. H. Arens, « *Verbum cordis* ». *Zur Sprachphilosophie des Mittelalters*, Historiographia linguistica, VII, 1/2 (1980), p. 13-27.

2. Cf. *In II Sent.*, d. IX, qu. 2, a. 3 : « Est enim aliquid in homine quod alius homo de ipso naturaliter percipere potest, ut ea quae exterioribus sensibus subiacent ; aliquid vero quod videri non potest, sicut interiores conceptus mentis. Species ergo conceptae interius, secundum quod manent in simplici conceptione intellectus, habent rationem intelligibilis tantum : secundum autem quod ordinantur ab intelligente ut manifestandae alteri, habent rationem verbi, quod dicitur verbum cordis ; secundum autem quod aptantur et quodammodo ordinantur signis exterius apparentibus, si quidem sunt signa ad visum, dicuntur nutus ; si vero ad auditum, dicitur proprie locutio vocalis : hii enim duo sensus disciplinabiles sunt ».

purement intellectuel[1]. En résumé, la communication des substances séparées comprend, elle aussi, trois étapes: l'espèce intelligible, le verbe intérieur et le signe expressif de ce verbe. À la différence du langage humain, celui des anges consiste en un mécanisme purement intellectuel, mais avec lui il partage deux étapes: l'espèce intelligible et le verbe intérieur. Quant à son expression, chez l'homme ce verbe s'extériorise en un signe sensible, alors que chez l'ange il reste intérieur et devient signe intellectuel et intelligible. La communication des anges fait ainsi appel à deux médiations: le verbe intérieur et son signe expressif tout autant intérieur.

Le langage des anges est donc une *locutio interior* au sens augustinien: c'est une parole qui surgit des profondeurs de l'esprit et raisonne en lui, c'est un langage qui n'appartient à aucune langue, mais dont chaque langue dépend comme de sa source[2]. Mais si la conception d'Augustin – conformément à la dynamique générale de sa philosophie – tend à ramener toute expression linguistique au langage intérieur et à absorber ultérieurement celui-ci dans la pensée[3] – le *verbum mentis* étant à la fois le conçu et son expression mentale[4] –, dans la réflexion de nos auteurs l'analyse du langage des anges assume certes l'enseignement augustinien, mais le prolonge et le dépasse par une attention accrue à l'égard de l'interlocuteur, qui est considéré comme un élément essentiel de toute communication. Le soliloque reste une forme de langage, et la première d'entre toutes, mais la communication véritable implique l'autre, à savoir le destinataire des gestes et des mots: *locutio oportet quod sit ad alium*. Le langage est un plus par rapport à la pensée, précisément parce qu'il implique autrui.

Cela dit, il y a lieu de se demander comment le parler angélique, qui est et reste un langage intérieur, atteint son destinataire. En d'autres termes, comment peut-il combler l'espace intersubjectif pour rejoindre l'autre? Ne doit-il pas quitter l'intériorité, ne doit-il pas s'extérioriser d'une manière ou d'une autre pour impliquer autrui? Ce problème nous paraît important, car il représente le banc d'épreuve du langage des substances séparées. On ne pourrait en effet leur attribuer une capacité véritable de communication si elles n'étaient pas en mesure de manifester quelque chose à quelqu'un, c'est-à dire si elles n'étaient pas en mesure de « faire le pas » vers l'autre. Or, puisque dans le langage humain ce pas

1. Cf. *ibid.*: « Similiter in angelis interior conceptus mentis libero arbitrio subjacens ab alio videri non potest. Quando ergo speciem conceptam ordinat ut manifestandam alteri dicitur verbum cordis; quando vero coordinat eam alicui eorum quae unus angelus in alio naturaliter videre potest, illud naturaliter cognoscibile fit signum expressivum interioris conceptus; et talis expressio vocatur locutio, non quidem vocalis, sed intellectualibus signis expressa; et virtus exprimendi dicitur lingua eorum ».

2. Pour la conception augustinienne du langage, cf. O. Todisco, *Parola e verità. Agostino e la filosofia del linguaggio*, Roma, Anicia, 1993.

3. Cf. *De Trinitate* XV, X, 19; XV, XI, 20.

4. Cette identité devient totale et parfaite dans l'intellection de soi, où le verbe est à la fois la raison de l'intellection, la similitude de l'intellect et son expression: c'est pourquoi – comme le remarque Thomas d'Aquin – c'est précisément par l'autoconnaissance que saint Augustin fait de l'esprit l'image de la Trinité divine: cf. *De differentia verbi divini et humani*, n. 289 (cet ouvrage est en réalité un extrait de la *Lectura in Ioannem*, c. 1, l. 1, qui a circulé comme œuvre indépendante: cf. J.-P. Torrel, *Initiation à saint Thomas d'Aquin*, cit., p. 524).

est effectué par des signes sensibles – geste ou parole – dont les anges ne dépendent pas, en vertu de l'analogie entre les deux formes de communication c'est du côté des signes angéliques qu'il faut maintenant se tourner pour répondre à notre question.

Il convient de rappeler qu'il y a signe expressif lorsque l'ange ordonne le verbe intérieur à son interlocuteur pour le lui manifester. Ce signe n'est donc pas une donnée préalable dont l'ange se servirait pour revêtir ses pensées. Le signe en question n'est pas un instrument à sa disposition, en un mot: le signe n'est pas ici réellement distinct de la pensée qu'il manifeste, car c'est la pensée elle-même qui devient signe lorsque l'ange la dirige vers autrui. Le signe expressif représente ainsi un état particulier de la pensée, à savoir la pensée en tant qu'ordonnée à autrui. Le signe, c'est l'espèce intelligible investie de l'intentionnalité du locuteur. Chaque espèce intelligible est donc virtuellement un signe, et devient signe en acte lorsque l'ange décide de la manifester. Le langage angélique tient tout entier dans cette volonté de manifestation. Lorsque la volonté considère une conception de l'esprit en vue de son expression, elle la rend immédiatement signe pour un autre. Mais ce signe n'est pas autre chose que la pensée elle-même en tant que dirigée vers autrui. Dès lors, s'il est évident que l'ange ne recourt pas à des signes sensibles, à présent il apparaît tout aussi clairement qu'il ne nécessite pas non plus des signes intelligibles distincts des espèces qu'il possède déjà, car il suffit que celles-ci soient investies d'une volonté de manifestation pour devenir langage.

De ces considérations, il résulte que dans le cas des créatures spirituelles le terme « langage » ne renvoie pas à un système de signes, mais désigne uniquement la capacité de communiquer – une capacité actualisée par la seule volonté. L'ange n'a pas besoin d'instruments de communication, il ne fait appel à aucune médiation – qu'elle soit sensible ou intelligible –, mais communique par le simple fait de le vouloir. Son langage s'inscrit donc uniquement dans l'ordre de la finalité[1].

Nous touchons ici au noyau de la conception thomasienne du langage des anges: la volonté en est l'élément essentiel[2]. Si, conformément à leur statut de substances purement spirituelles, les anges n'ont pas recours à un système de signes, ils ne pourront communiquer que s'ils décident de le faire. La communication est un acte éminemment conscient, car il implique à chaque fois l'intervention d'une décision libre. Alors que l'ange possède des connaissances habituelles qui ne sont pas toujours et nécessairement objet d'une considération actuelle, il ne dispose d'aucun langage habituel qui attendrait d'être utilisé, mais communique uniquement par un acte de volonté. Autrement dit, la communication étant libre

1. *In II Sent.*, d. IX, qu. 2, a. 3 : « Unde non exigitur aliquod medium per quod deferatur locutio unius ad alterum; sed sufficit ad hoc solus ordo intentionis unius ad manifestandum alteri »; ainsi que *De ver.*, qu. 9, a. 6.

2. Chez Albert le Grand cet aspect trouve une des formulations les plus claires : cf. *In I Sent.*, d. IX, qu. 1, a. 13, p. 293 : « Ad hoc quod (angeli) loquantur invicem non exigitur nisi voluntas communicandi alteri suam intelligentiam, et conversio ad ipsum in ordine, et conceptio suae intelligentiae per modum expressionis ad alterum : aliter enim intelligimus, et aliter cogitamus in ordine expressionis ad alterum ». La source de cette conception se trouve chez Augustin, qui avait déjà souligné que l'ange peut manifester ou cacher ses pensées à son gré : cf. *De Gen. ad litt.* XII, XXII, 48.

de toute médiation instrumentale et relevant uniquement de l'ordre de la fin, seule la volonté y est requise, mais son concours est indispensable. La connaissance est donc naturelle pour l'ange-intelligence, alors que sa communication est volontaire. Elle n'est pas une donnée de nature, mais le résultat d'un agir libre. Au cœur de la communication s'affirme ainsi la liberté totale de l'ange de garder ou de manifester ses secrets. Cette liberté ne va pas à l'encontre de la nature des substances séparées ni de l'ordre dans lequel elles s'inscrivent, mais représente une forme de créativité, car elle engendre la capacité de faire apparaître du nouveau, et offre notamment la possibilité de créer des liens indépendants des rapports hiérarchiques. La communication angélique est un acte de liberté et par conséquent purement gratuit[1]. Cette gratuité ne libère pas les créatures spirituelles des chaînes de l'ordre des choses, mais les distingue des intelligences séparées de la tradition gréco-arabe en leur donnant une marge de liberté, c'est-à-dire la possibilité d'un agir affranchi de toute nécessité[2].

Thomas souligne le rôle de la volonté aussi bien dans le *De veritate* que dans la *Somme théologique*. Il y explique la modalité du langage des anges à partir des trois manières dont intelligible est présent dans l'intellect – une présence qu'il conçoit par analogie avec celle des formes naturelles dans la matière. Il y a d'abord une présence habituelle, lorsqu'une forme intelligible est présente dans l'intellect sans être considérée par lui; elle revêt alors une modalité d'existence à mi-chemin entre la puissance et l'acte. Il y a ensuite une présence actuelle de l'espèce à l'intellect, lorsque celui-ci la considère en acte. Il y a enfin une troisième modalité de présence à l'intellect, lorsque l'espèce est considérée en relation à autrui: ce lien, ce rapport à autrui, est précisément l'œuvre de la volonté[3]. Celle-ci intervient d'ailleurs déjà dans la deuxième modalité de présence, car la considération actuelle d'une espèce présuppose un choix délibéré[4]. Aussi, lorsque la conversion sur l'espèce est investie ultérieurement de la volonté de l'ordonner à un autre sujet, cette forme intelligible est connue par l'interlo-

1. Cet aspect a été bien souligné par B. Faes de Mottoni, «*Enuntiatores divini silentii*», cit., p. 228.

2. Dans cet ordre d'idées, il est vraisemblable que le refus, de la part de certains auteurs, d'identifier les intelligences avec les anges tienne aussi à l'impossibilité d'attribuer aux intelligences un langage proprement dit.

3. Cf. *De ver.*, qu. 9, a. 4: «Similiter et intelligibilis forma in intellectu existit tripliciter: primo quasi medio modo inter potentiam et actum: quando scilicet est in habitu; secundo ut in actu perfecto quantum ad ipsum intelligentem, et hoc est quando intelligens actu cogitat secundum formam quam penes se habet; tertio vero, in ordine ad alterum: et transitus quidem de uno in alterum est, quasi de potentia in actum, per voluntatem»; *S. theol.* I, 107, 1: «Ad intelligendum igitur qualiter unus angelus alii loquatur, considerandum est quod (...) voluntas movet intellectum ad suam operationem. Intelligibile autem est in intellectu tripliciter: primo quidem, habitualiter, vel secundum memoriam, ut Augustinus dicit; secundo autem, ut in actu consideratum vel conceptum; tertio, ut ad aliud relatum. Manifestum est autem quod de primo gradu in secundum transfertur intelligibile per imperium voluntatis (...). Similiter autem et de secundo gradu transfertur in tertium per voluntatem: nam per voluntatem conceptus mentis ordinatur ad alterum, puta vel ad agendum aliquid, vel ad manifestandum alteri».

4. *De ver.*, qu. 9, a. 4: «Ipsa enim voluntas angeli facit ut actualiter se convertat ad formas quas in habitu habebat».

cuteur : la communication des substances spirituelles tient uniquement à cette orientation et à ce transfert[1].

Dans la communication angélique, la représentation intelligible est donc chargée d'une double actualité. Par cet aspect le message transmis se présente comme un contenu de conscience plus parfait que celui de l'espèce considérée en acte par l'intellect. Etre conçu pour autrui signifie une présence plus actuelle et plus parfaite à l'intellect que celle de ce qui est conçu uniquement pour soi. Au niveau des substances séparées le soliloque ne semble valoir comme modèle ni quant à la transparence du message ni quant à l'immédiateté de sa transmission, mais représente plutôt une étape et une condition préalable au dialogue et à l'échange. Au niveau humain, en revanche, en raison du recours forcé à la médiation d'un système de signes, le dialogue n'est jamais immédiat ni transparent, et la volonté de communiquer n'a pas toujours la force d'aboutir à l'échange[2].

Il apparaît ainsi, et paradoxalement, que la communication, qui est un besoin pour l'homme, est mieux exercée par l'ange, car il jouit d'une immédiateté inaccessible aux êtres humains. La spiritualité libère la volonté angélique des entraves qui font obstacle à l'agir des hommes. Pour cette raison, chez les substances spirituelles la volonté de communiquer devient *ipso facto* communication, l'intention devient réalité. Cette prérogative résulte de l'indépendance de l'ange à l'égard d'une médiation linguistique[3] : ce qui au niveau humain sert à relier, à créer des relations, au niveau angélique constituerait un obstacle à l'immédiateté dont les substances séparées sont capables. L'ange atteint donc immédiatement son interlocuteur par la seule volonté de se manifester à lui. Cette communication

1. Cf. *ibid.* : « Et similiter voluntas facit ut intellectus angeli adhuc perfectius fiat in actu formae penes ipsum existentis : ut scilicet non solum secundum se, sed in ordine ad alium talis forma perficiatur. Et quando sic est, tunc alius angelus eius cognitionem percipit; et secundum hoc dicitur alteri angelo loqui » ; *S. theol.* I, 107, 1 : « Ex hoc vero quod conceptus mentis angelicae ordinatur ad manifestandum alteri, per voluntatem ipsius angeli, conceptus mentis unius angeli innotescit alteri : et sic loquitur unus angelus alteri ». Dans le *Discours intérieur*, cit., p. 222, C. Panaccio insiste sur la distinction, chez Thomas d'Aquin, entre verbe mental et signe, tout en déclarant qu'« elle n'y est pas aussi tranchée, car, après tout, c'est la même représentation, chez l'ange, qui existe sous divers modes ».

2. *De ver.*, qu. 9, a. 4 : « Et similiter esset apud nos, si intellectus noster posset ferri in intelligibilia immediate. Sed quia intellectus noster a sensibilibus naturaliter accipit, oportet quod ad interiores conceptus exprimendos quaedam sensibilia signa aptentur, quibus cognitiones cordium nobis manifestantur » ; de même *S. theol.* I, 107, 1.

3. Cf. *De ver.*, qu. 9, a. 4, ad 4 : « Ad quartum dicendum quod signum, proprie loquendo, non potest dici nisi aliquid ex quo deveniatur in cognitionem alterius quasi discurrendo; et secundum hoc, signum in angelis non est, cum eorum scientia non sit discursiva (...). Et propter hoc etiam in nobis signa sunt sensibilia, quia nostra cognitio, quae discursiva est, a sensibilibus oritur ». D'une manière générale, les médiévaux ont adopté la doctrine augustinienne des signes formulée dans le *De doctrina christiana* (II, I, 1), le *De dialectica* et le *De magistro*. La littérature sur la sémantique augustinienne est abondante; voici quelques titres : B. Darrel-Jackson, *The Theory of Signs in St. Agustin's « De doctrina christiana »*, Revue des études aug., 15 (1969), p. 9-49 ; T. Todorov, *Théories du symbole*, cit. ; U. Wienbruch, *« Signum », « significatio » und « illuminatio » bei Augustin*, Miscellanea med. 8 (1971), p. 76-93 ; O. Todisco, *Parola e verità*, cit. ; L. Alici, *Il linguaggio come segno e come testimonianza. Una rilettura di Agostino*, Roma, Studium, 1976 ; K. Kuypers, *Der Zeichen- und Wortbegriff im Denken Augustins*, Amsterdam, 1934 ; pour le Moyen Âge : A. Maierù, *« Signum » dans la culture médiévale*, Miscell. med. 13/1 (1981), p. 51-72.

n'a pas à franchir l'espace et le temps. La distance que chaque acte de communication comble ponctuellement n'est pas ici celle d'une extériorité spatiale, mais celle de l'altérité de sujets qui forment chacun une espèce. Ce sont l'autosuffisance et le secret qui séparent chaque créature spirituelle des autres, et seule une décision de la volonté peut ouvrir le cercle de l'identité en en dévoilant quelque chose à autrui. Mais cette décision suffit : elle peut à elle seule opérer le passage de l'intériorité vers l'extériorité, elle est capable de relier l'identité du soi à l'altérité du destinataire. L'orientation vers l'autre est donc déjà communication, et le langage intérieur qu'elle suscite est d'ores et déjà en mesure d'atteindre l'extériorité(-altérité) de l'interlocuteur.

Nous tenons là un des aspects les plus surprenants de cette conception du langage : au niveau des substances séparées, ce qui est de l'ordre de l'intériorité peut toucher ce qui est de l'ordre de l'extériorité. La force de leur esprit est telle qu'il peut affecter ce qu'il n'est pas tout en restant « chez lui ». En effet – explique Thomas –, le langage des anges est et reste un langage intérieur, mais il est perçu par l'esprit auquel il s'adresse : *locutio angeli est locutio interior, quae tamen ab alio percipitur*[1]. La dialectique du dedans et du dehors qui marque la dynamique du langage humain n'a donc pas d'emprise sur la communication angélique : elle y est dépassée par la capacité de manifester sans recourir à des signes et en restant dans l'intériorité du sujet.

On ne saurait trop insister sur le fait que cette rencontre de l'*intra* et de l'*extra* est l'œuvre de la volonté. Celle-ci apparaît comme un pouvoir d'unification analogue à celui qui est exercé par l'intellect à l'égard de l'objet de connaissance[2]. La volonté relie à l'objet du désir et opère l'unité avec lui. Et puisque chez l'ange le désir de manifester devient immédiatement parole pour autrui, sa communication dévoile l'unité et l'immédiateté auxquelles aspire toute rencontre. Comme la connaissance, de même le langage des anges opère l'unité avec ce qui est distinct et autre que soi. Mais à la différence du rapport cognitif, cette unité ne résulte pas d'une *reductio* à soi, mais d'un « aller vers », car l'interlocuteur ne saurait être assimilé par le locuteur. C'est donc l'élan de la volonté – et non une quelconque nécessité naturelle – qui est la source unique et suffisante de l'intersubjectivité des substances séparées.

## LES DESTINATAIRES DU PARLER ANGÉLIQUE

Après en avoir clarifié la modalité, il convient de préciser quels sont les destinataires du langage angélique, afin de mieux saisir son étendue. Cette enquête nous fournira en quelque sorte la mesure de la liberté qui est au cœur de la pratique langagière des substances séparées. Thomas d'Aquin consacre à ce thème deux articles du *De veritate* (qu. 9, a. 5 et 7) et trois de la *Somme théologique* (I, qu. 107, a. 2, 3 et 5).

1. Cf. *ibid.*
2. Sur la fonction unificatrice de la volonté cf. Augustin, *De trinitate* XI, III, 6-IV, 7.

*La communication des anges entre eux*

Une première question concerne la communication entre les différents niveaux hiérarchiques : *Utrum inferior angelus superiori loquatur*. Un ange peut-il parler à n'importe quel autre, ou doit-il se limiter à ceux qui appartiennent au même niveau hiérarchique ? La question est tout à fait légitime, compte tenu de ce que la disposition des créatures spirituelles résulte d'un ordre de valeurs qui détermine la plus grande perfection des supérieurs par rapport aux inférieurs. Cet ordre, qui ne peut être transgressé, engendre des rapports d'inégalité entre les différents niveaux, si bien que les actes exercés par les uns ne pourront pas l'être par les autres. La présente question revient donc à savoir si la pratique linguistique doit être comptée au nombre des actes hiérarchiques pouvant être exercés dans une seule direction, ou bien si elle échappe à cette loi.

Pour répondre à cette interrogation, il faut revenir aux considérations précédentes sur la distinction entre langage et illumination. Nous avons appris que dans les deux cas il s'agit de manifester, d'exprimer, d'extérioriser une connaissance. Ces deux actes se distinguent néanmoins quant au contenu et quant à l'impact sur le destinataire. Du point de vue du contenu, il faut distinguer le savoir en relation à son origine : il y a en effet des connaisssances dérivées de la lumière et de la vérité divines, et d'autres produites par l'intellect et la volonté des créatures. Cette distinction détermine la forme de transmission du message et l'impact sur le destinataire : la manifestation d'un contenu de conscience enraciné dans la vérité première est une illumination pour l'esprit qui le reçoit et qui de ce fait s'en trouve perfectionné, alors que l'expression de connaissances dépendantes uniquement de la volonté créée relève du langage[1]. L'illumination est donc toujours aussi un langage – car elle manifeste quelque chose –, alors que le langage *stricto sensu* n'est pas une illumination – car, d'une part il transmet des contenus qui ne dérivent pas nécessairement de la vérité divine, et d'autre part il ne perfectionne pas son destinataire[2]. Il y a donc une convertibilité unilatérale entre illumination et langage, qui résulte de ce que l'illumination est un acte hiérarchique qui ne peut être exercé que conformément à la loi de l'ordre. Il n'y a d'illumination que sur la voie descendante : seul le supérieur illumine l'inférieur, qui est ainsi réceptif à son égard. Il apparaît alors que l'illumination est une forme de manifestation supérieure au langage, mais aussi qu'elle soumise à la loi de l'ordre hiérarchique.

1. *S. theol.*, I, 107, 2 : « Ea vero quae mente concipiuntur, ad duplex principium referri possunt : scilicet ad ipsum Deum, qui est prima veritas ; et ad voluntatem intelligentis, per quam aliquid actu consideramus. Quia vero veritas est lumen intellectus, et regula omnis veritatis est ipse Deus ; manifestatio eius, quod mente concipitur, secundum quod dependet a prima veritate, et locutio est et illuminatio ; puta si unus homo dicat alii, « Caelum est a deo creatum », vel « Homo est animal ». Sed manifestatio eorum quae dependent ex voluntate intelligentis, non potest dici illuminatio, sed locutio tantum ; puta si aliquis alteri dicat « Volo hoc addiscere, volo hoc vel illud facere ».

2. Cf. *ibid.* : « Omnis illuminatio est locutio in angelis, sed non omnis locutio est illuminatio (...). Cuius ratio est, quia voluntas creata non est lux, nec regula veritatis, sed participans lucem : unde communicare ea quae sunt a voluntate creata, inquantum huiusmodi, non est illuminare. Non enim pertinet ad perfectionem intellectus mei, quid tu velis, vel quis tu intelligas, cognoscere : sed solum quid rei veritas habeat ».

Le langage, quant à lui, est une simple manifestation. Il n'est donc pas un acte hiérarchique et il est affranchi des lois de l'ordre. Dès lors, si le langage est une forme d'expression moins noble que l'illumination, il jouit en revanche d'une plus grande liberté. Chaque ange pourra ainsi parler à n'importe quel autre, y compris à son supérieur : *angeli inferiores superioribus loqui possunt*[1]. La manifestation d'un contenu subjectif peut s'exercer dans toutes les directions. Elle n'est soumise à aucune contrainte, mais dépend exclusivement de la volonté du locuteur. La communication des substances séparées est donc parfaitement libre quant au destinataire. Les anges peuvent converser entre eux à leur gré[2].

La distinction entre langage et illumination permet de relever un autre aspect caractéristique du parler angélique. Il s'agit du fait que le langage, contrairement à l'illumination, ne perfectionne pas son destinataire. Celui-ci, en effet, n'est pas censé trouver dans le message qu'il reçoit une source de perfectionnement ou d'accomplissement de sa faculté cognitive. Le *De veritate* fournit à ce propos des précisions concises mais significatives. En répondant à l'objection qui veut que le locuteur exerce une emprise sur le destinataire et l'enrichit d'une connaissance nouvelle, Thomas explique qu'en réalité le destinataire non seulement n'est pas perfectionné, mais n'est aucunement affecté par la parole qui lui est adressée : *angelus loquens nihil facit in angelo cui loquitur*[3]. Cette considération – qui à première vue paraît surprenante, puisqu'elle nie tout impact de la communication sur son destinataire – jette en réalité une lumière nouvelle sur la pratique linguistique : celle-ci est en quelque sorte déchargée de la responsabilité que comporte l'idée d'une influence exercée par la parole. Le langage des anges est une simple manifestation, un « faire voir », un « montrer » qui laisse le destinataire tel qu'il est. Le parler angélique est ainsi marqué d'une sorte de légerté qui va de pair avec sa gratuité. De même que son origine est un pur acte de volonté, ainsi son aboutissement est un pur montrer, un pur dévoiler.

L'intersubjectivité engendrée par un tel parler doit-elle être considérée pour autant comme vaine et inutile, étant donné que le locuteur n'a aucune emprise sur son destinataire ? Y a-t-il encore rencontre lorsque la manifestation de quelque chose laisse l'interlocuteur en quelque sorte indifférent ? Bref, est-ce que le langage angélique est capable d'engendrer une véritable intersubjectivité ? Ou encore, est-ce que l'ange-espèce peut sortir du solipsisme auquel il semble voué par son statut d'intelligence séparée ? Deux raisons nous portent à croire que la réponse à cette interrogation ne peut être que positive. La première est la suivante : si dans l'optique thomasienne tel n'était pas le cas, le langage serait vain et perdrait toute sa fonction et son sens ; or, bien au contraire, nous avons vu le docteur angélique

1. *Ibid.*

2. Cf. *De ver.*, qu. 9, a. 5 : « Et ideo manifestatio eorum quae ad voluntatem pertinent, per ipsum volentem deducitur ad alios quoscumque. Et quantum ad hoc, et superiores inferioribus et inferiores superioribus loquuntur » ; *ibid.* : « illa locutio quae illuminationi adiungitur, superiores solum inferioribus loquuntur ; sed secundum aliam locutionem indifferenter loquuntur et superiores inferioribus, et e converso ».

3. *De ver.*, qu. 9, a. 5, ad 2.

défendre l'idée d'un « plus » du langage par rapport à la pensée et situer ce « plus » dans l'*ad alium* de toute *locutio*. La deuxième raison – plus importante pour notre propos – réside dans un renversement du regard sur la pratique linguistique : en effet, si selon l'Aquinate il est vrai qu'elle n'affecte pas le destinataire, il est tout autant certain qu'elle modifie le locuteur : *fit aliquid in angelo ipso loquente*[1]. En tant que fruit de la volonté, le langage des anges comporte une double modification du sujet qui s'exprime : il y a d'abord une décision – ce qui implique un mouvement de la volonté –, et cette décision porte sur la manifestation de quelque chose que le sujet gardait en lui. Cette manifestation est la seconde et la plus importante modification qui intervient dans et par le langage : celui qui parle montre quelque chose de soi, il se dévoile, il offre quelque chose de soi au regard de l'autre[2]. Le langage des anges est ainsi une auto-modification qui ouvre la brèche à l'autre et rend possible la rencontre.

Cet aspect renforce le caractère gratuit du langage : les créatures spirituelles n'ont pas besoin de communiquer, et chacune de leurs paroles apparaît comme un don qui enrichit le locuteur plutôt que le destinataire. La communication gratuite des anges s'apparente peut être ainsi à l'idée d'une générosité originaire, à l'idée de la pureté d'un don qui n'attend rien en retour. L'ange qui parle fait don de quelque chose de soi sans rien perdre, mais en gagnant la relation à autrui. La parole véritable est *ad alium*, elle est un élan qui suscite la rencontre, sans rien imposer et sans rien en attendre[3].

### *Le langage adressé à Dieu*

Dans la *Somme théologique*, Thomas aborde une deuxième question qui a trait aux destinataires du langage angélique. Il se demande en effet si l'ange parle à Dieu : *Utrum angelus Deo loquatur*[4]. Cette interrogation prolonge celle que nous venons d'examiner. En effet, au sommet de la voie ascendante l'ange rencontre Dieu, qui non seulement lui est hiérarchiquement supérieur, mais qui le dépasse infiniment. Peut-il lui parler ? Est-il légitime qu'une créature s'adresse au créateur ? Peut-elle lui manifester quelque chose qu'il ne connaisse pas encore ? Posée en ces termes et dans cette perspective hiérarchique, la réponse est sans doute négative. Dieu est infiniment supérieur à toute créature, il est la source de toute vérité et le principe ultime de l'agir volontaire, si bien que tout lui est déjà

1. *Ibid.*

2. Cf. *ibid.*, ad 5 : « Angelus cui aliquis loquitur, fit actu cognoscens de potentia cognoscente ; non per hoc quod ipse reducatur de potentia in actum, sed per hoc quod ipse angelus loquens reducit seipsum de potentia in actum, dum facit se in actu perfecto alicuius formae secundum ordinem ad alterum (...). Et ex hoc ab alio cognoscitur modo prius dicto ».

3. Ces considérations apparentent le langage des anges à la conception augustinienne du « langage du cœur » : c'est ce langage intérieur qui modifie le locuteur – et non pas ce qu'il peut recevoir de l'extérieur –, conformément au propos de l'*Evangile* que « Ce n'est pas ce qui entre dans la bouche qui souille l'homme, mais ce qui en sort, voilà ce qui souille l'homme » (*Mathieu* 15, 10-20). Si ce rapprochement est légitime, on peut alors interpréter le langage des anges comme un langage du cœur qui est essentiellement manifestation et dévoilement de soi.

4. *S. theol.* I, 107, a. 3.

connu[1]. Si réponse positive il y a, il faudra alors la chercher dans une autre manière d'envisager le rapport *ad alterum* instauré par le langage, c'est-à-dire dans une autre acception de la pratique linguistique.

C'est ce que Thomas entreprend en distinguant deux modalités de l'orientation vers autrui. La première est celle que nous connaissons déjà et qui consiste à faire connaître quelque chose à quelqu'un. Mais il y a une autre façon de s'adresser à autrui, non pour montrer, mais pour recevoir quelque chose de lui[2]. Ce type de relation ne se vérifie que lorsque les interlocuteurs ne se situent pas sur un plan d'égalité, mais que l'un est supérieur à l'autre. C'est ainsi que l'ange peut s'adresser à Dieu, soit pour connaître la volonté divine et y conformer son agir, soit pour admirer et louer le Seigneur[3]. Cette forme de langage s'apparente à une requête d'illumination: le locuteur s'exprime pour déclencher une réponse, pour impliquer son destinataire et susciter quelque chose en retour. De ce point de vue, ce type de communication est à l'opposé du langage-manifestation qui n'agit pas sur le destinataire, mais son résultat est tout à fait analogue, car c'est encore et à plus forte raison le locuteur qui, en recevant quelque chose, est modifié par son acte linguistique. Cette modification est d'ailleurs plus marquante que celle qui a lieu dans le langage-manifestation, précisément parce que celui qui parle reçoit véritablement quelque chose de la part du destinataire. Cette problématique permet ainsi de conclure que chez les anges il y a un langage-don et un langage-réception, et que dans les deux cas la pratique langagière modifie le locuteur. Dans le langage angélique le locuteur est agent et patient à la fois. C'est ainsi qu'il peut rencontrer Dieu et lui parler, sans rien lui apprendre.

*Le langage des anges : privé ou public ?*

Une dernière interrogation, discutée aussi bien dans le *De veritate* que dans la *Somme*, clôt l'enquête thomasienne sur les destinataires du parler angélique. Elle a trait au caractère privé ou public de ce langage, et sa solution permet d'en préciser l'extension et les limites: *Utrum locutionem unius angeli ad alterum omnes cognoscant*[4]. Il convient de relever que cette question est d'ordre purement philosophique: son enjeu est celui de la liberté des substances séparées de se dévoiler ou de se cacher à leurs semblables – un aspect qui a peu d'intérêt dans l'optique théologique de l'ange-annonciateur et messager de Dieu. La question qui se pose est donc de savoir si le message transmis par un ange est perçu par tous les autres, ou s'il n'est accessible qu'à un seul destinataire. Cette problématique

1. Cf. *ibid.*: « Et quantum ad hoc, nullo modo angelus loquitur Deo, neque de his quae ad rerum veritatem pertinent, neque de his quae dependent a voluntate creata: quia Deus est omnis veritatis et omnis voluntatis principium et conditor ».

2. Cf. *ibid.*: « Sed aliquid ordinatur ad alterum dupliciter. Uno modo, ad hoc quod communicet alteri (...). Alio modo ordinatur aliquid ad alterum, ut ab eo aliquid accipiat; sicut in rebus naturalibus passivum ad agens, et in locutione humana discipulus ad magistrum ».

3. Cf. *ibid.*: « Et hoc modo angelus loquitur Deo, vel consultando divinam voluntatem de agendis; vel eius excellentiam quam numquam comprehendit, admirando ».

4. *S. theol.* I, 107, a. 5; *De ver.*, qu. 9, a. 7.

trouve sa source immédiate dans l'idée que la distance n'affecte en rien le langage des anges, du moment où celui-ci est un langage intérieur, entièrement axé sur l'intentionnalité, et parfaitement indépendant des conditions spatio-temporelles qui déterminent l'échange humain. Cette indépendance semble faire de la communication des anges une sorte d'espace public, dans lequel résonneraient des mots accessibles à toutes les «oreilles» des créatures spirituelles. La pure spiritualité des anges renforce par ailleurs l'idée d'une communication transparente, sans secret et accessible à tous. Ces considérations posent problème pour notre auteur – un problème éminemment philosophique, comme en témoigne le fait que dans ce seul article aucune autorité scripturaire ou patristique ne soit invoquée. Quel est ce problème et quel en est l'enjeu?

Dans les deux textes qui en traitent, le seul argument contraire à l'hypothèse d'un langage public fait appel à l'expérience de la communication humaine. Puisque les hommes peuvent s'adresser à un seul de leurs semblables, les anges pourront à plus forte raison maîtriser et limiter le nombre des destinataires de leur parler[1]. Dans cet argument d'ordre, le caractère privé de la communication est présenté comme une perfection, qui en tant que telle doit revenir aux substances séparées. Aussi, alors que dans l'analyse des problématiques précédentes on a assisté à un déblayage visant à libérer la communication angélique des entraves qui caractérisent celle des hommes, on revient ici au langage humain, dont on isole un aspect de perfection pour l'attribuer aux anges. Cela dit, si le langage humain intervient ici comme modèle pour penser la communication angélique, son aspect paradigmatique n'est pas celui du secret[2], mais celui de la liberté de choisir son destinataire (*unus homo potest alteri soli loqui*), une liberté que l'ange revendique à plus forte raison. L'être humain en effet, au-delà des obstacles qui entravent sa communication – la corporéité, l'espace, le temps –, est parfaitement libre de choisir son interlocuteur et de décider s'il s'adresse à un seul individu ou à plusieurs. Il en va de même chez l'ange, qui ne subit aucune entrave[3] et dont la volonté s'étend à un triple objet: elle porte d'abord sur la décision de manifester, d'exprimer, d'extérioriser; elle choisit ensuite le contenu qui veut être communiqué, et détermine enfin son destinataire[4]. Tous les éléments de la communication sont donc soumis à la volonté de l'ange, si bien que son langage apparaît comme une œuvre de pure liberté. Si du simple fait de s'exprimer l'ange s'adressait *ipso*

1. Cf. *S. theol.* I, 107, 5: «Sed contra est quod unus homo potest alteri soli loqui. Multo igitur magis hoc in angelis esse potest», ainsi que *De ver.*, qu. 9, a. 7.

2. C'est ce qu'a soutenu J.-L. Chrétien, *Le langage des anges*, cit., p. 685: «Le langage humain apparaît ici comme le modèle de son modèle: et cela quant au secret».

3. Cf. *S. theol.* I, 107, 1: «In nobis interior mentis conceptus duplici obstaculo clauditur. Primo quidem, ipsa voluntate (...). Secundo autem (...) per grossitiem corporis. Hoc autem obstaculum non habet angelus. Et ideo quam cito vult manifestare suum conceptum, statim alius cognoscit».

4. Cf. *S. theol.* I, 107, 5: «Respondeo dicendum quod conceptus mentis unius angeli percipi potest ab altero, per hoc quod ille cuius est conceptus, sua voluntate ordinat ipsum ad alterum»; *De ver.*, qu. 9, a. 7: «Et hoc (sc. locutio) fit per propriam voluntatem angeli loquentis. Ea autem quae sunt voluntatis, non oportet quod eodem modo se habeant ad omnes, sed secundum modum a voluntate prefixum; et ideo locutio praedicta non aequaliter se habebit ad omnes angelos, sed secundum quod voluntas angeli determinabit».

*facto* à tous les autres, sa communication ne serait plus totalement libre, mais impliquerait un élément de nécessité, en ceci précisément, que sa parole serait publique indépendamment de sa volonté. Une telle conséquence est inacceptable pour Thomas d'Aquin, qui maintient fermement l'idée de la liberté de la communication angélique : liberté du locuteur de se manifester, liberté quant au message, liberté dans le choix du destinataire.

Il apparaît ainsi qu'un des enjeux philosophiques de cette forme de langage est celui de la liberté à l'égard de tous les éléments de la communication. Par le détour de l'expérience humaine, devenue momentanément paradigmatique, la communication angélique reprend le dessus et retrouve pleinement sa valeur exemplaire de communication affranchie de toute nécessité. Le secret de l'ange reste la condition de départ – s'il n'y avait rien à montrer, le langage serait superflu –, mais à partir du moment où il y a quelque chose à dire, ce dire est totalement libre : libre de l'espace et du temps, libre de toute médiation instrumentale.

L'étude de la réalité des substances séparées permet ainsi d'élargir la compréhension du phénomène linguistique et de penser une communication totalement affranchie des obstacles qui marquent la pratique humaine du langage. Par ailleurs, la liberté de choix du destinataire ne compromet en rien l'idée de la transparence qui caractérise cette conception du langage. L'utopie de la transparence est sauvegardée dans toute sa force par rapport au contenu de la communication, mais elle est doublée de l'utopie de la liberté et non pas de « l'utopie du secret »[1]. L'intentionnalité nécessaire à la pratique langagière est libre et ciblée : elle peut se diriger vers un ou plusieurs, voire vers tous les destinataires possibles. Mais ce qui compte, c'est que le langage ne parle qu'à celui qui a fait l'objet d'une élection. Le langage est un élan gratuit : il ne porte vers autrui et n'aboutit à une véritable rencontre que si l'autre a fait l'objet d'un choix. C'est une prérogative angélique que les êtres humains partagent de manière imparfaite : trop de besoins, trop de circonstances, trop de fortuités les éloignent de cet idéal d'une communication totalement libre et transparente.

*La communication avec les êtres humains*

Pour conclure cette enquête sur les destinataires du parler angélique, il convient de signaler une problématique que Thomas d'Aquin n'aborde pas dans ce contexte, bien qu'il ne puisse l'évacuer totalement. Il s'agit de la communication des anges avec les hommes : les créatures spirituelles parlent-elles aux humains et comment ? L'attitude de l'Aquinate sur ce point est marquée par la

1. Cf. J.-L. Chrétien, *Le langage des anges*, cit., p. 685-686 : « Celui-ci (le secret) apparaît presque gratuit. Mais il confirme que l'utopie de la transparence se double d'une utopie du secret. Au point qu'on en vient à se demander, en face de certains textes, si c'est la nostalgie d'une transparence plus parfaite, ou celle d'un secret plus opaque, qui s'y affirme ». Cette hypothèse est très suggestive, mais ne se vérifie pas dans les textes de l'Aquinate, que l'A. cite d'ailleurs, car l'enjeu y est véritablement celui d'un choix volontaire, de l'élection du destinataire, et non pas celui de l'occultation pour d'autres destinataires possibles.

discrétion et l'embarras[1] : preuve en soit qu'il n'envisage le problème ni dans la question 107 de la *Somme*, ni dans la question 9 du *De veritate*. Discrétion et embarras, car d'une part Thomas ne peut ignorer le témoignage biblique sur les anges-messagers envoyés aux hommes, et d'autre part il ne veut pas associer la pure spiritualité des substances séparées à l'usage d'un système de signes sensibles, dont le langage adressé aux hommes ne pourrait se passer.

Notre auteur résout la question de manière à respecter le donné scripturaire – en admettant que les anges assument un corps dans des circonstances données et à des fins particulières –, tout en sauvegardant la pure spiritualité des anges par l'idée que la relation au corps assumé n'est pas celle de l'inhérence formelle, mais celle qui lie le moteur à son mobile[2]; une idée agrémentée d'une précaution ultérieure, à savoir que les sons émis pour communiquer avec les hommes ne sont pas des *voces* à proprement parler, car ils ne sont pas produits par un organe corporel[3]. Cette solution reste problématique et se ressent de la tension entre l'approche théologique et l'approche philosophique de la question. Dans l'analyse présentée dans la *Somme théologique* (qu. 107), c'est l'optique philosophique qui l'emporte et qui pousse à négliger un problème susceptible de nuancer, voire de compromettre le statut de pure spiritualité des anges. Par ailleurs, même là où l'assomption d'un corps est admise, Thomas souligne qu'elle est purement fonctionnelle – *propter nos* – et qu'elle présente un caractère symbolique : la corporéité favorise en effet le rapprochement et la communauté avec les hommes, et sert ainsi de symbole et d'indice de la communauté d'esprit qui sera réalisée dans la vie future[4]. Le corps aérien assumé ponctuellement par les anges possède ainsi la consistance du symbole plus que celle de la matière. Il invite l'homme à regarder à la communauté pleine et parfaite des esprits, réalisée d'ores et déjà dans la communication angélique.

## VOIR ET ENTENDRE OU LA PAROLE SILENCIEUSE

L'ambiguïté et la difficulté de l'attribution d'un langage aux substances séparées résulte en grande partie de ce qu'on se le représente comme un système de signes et notamment comme un ensemble de signes sonores. Bien que les hommes connaissent et pratiquent différentes formes de langage, la communication est

1. C'est ce qu'a relevé justement B. Faes de Mottoni, « *Enuntiatores* », cit., p. 222.

2. Ce rapport est tout à fait analogue à celui des anges-moteurs (extrinsèques) à l'égard des sphères célestes auxquelles ils impriment le mouvement : cf. notre étude *Les anges et la philosophie*, cit., IIe partie.

3. Cf. *S. theol.* I, 51, a. 1-3; *In II Sent.*, d. VIII, qu. 1, a. 4; *De potentia*, qu. 6, a. 7. Pour l'ensemble de cette problématique nous renvoyons à l'étude de B. Faes de Mottoni, « *Enuntiatores* », cit.

4. Cf. *S. theol.* I, 51, 2, ad 1 : « Angeli non indigent corpore assumpto propter seipsos, sed propter nos; ut familiariter cum hominibus conversando, demonstrent intelligibilem societatem quam homines expectant cum eis habendam in futura vita. – Hoc etiam quod angeli corpora assumpserunt in Veteri Testamento fuit quoddam figurale indicium quod Verbum Dei assumpturum esset corpus humanum ».

pour nous synonyme de paroles proférées et d'écoute. De ce fait, elle présuppose une bouche et des oreilles comme organes indispensables, et se réalise généralement sous forme de dialogue – une modalité d'échange à laquelle la pensée antique a d'ailleurs donné consistance et valeur philosophiques. Nous avons vu que cette représentation – qui était aussi celle des médiévaux : *locutio autem fit ad auditum*[1] – exige d'être corrigée dans l'étude du langage angélique. Elle doit d'abord subir un élargissement qui consiste à dire que le langage des anges est avant tout synonyme de la capacité de manifester et de communiquer, et cela indépendamment de tout système de signes mis en œuvre à cet effet. Le langage ainsi conçu fait ensuite l'objet d'une intériorisation, car l'intériorité de l'ange est son seul espace d'expression. Enfin, ce langage intérieur est ramené à l'exercice d'une opération purement intellectuelle : *locutio angeli in intellectuali operatione consistit*[2].

Dans la conception de l'Aquinate – qui se rattache ici à la doctrine augustinienne et néoplatonicienne –, ce qui est de l'ordre de l'intériorité participe plus et mieux de l'unité, alors que la multiplicité et la division sont des marques d'extériorité (par rapport à l'esprit) et de matérialité. Ainsi, la dynamique qui va vers l'intériorité n'est pas à proprement parler une démarche réductrice et exclusive de ce qui relève de l'extériorité, mais elle est une forme de recueillement qui l'assume et l'intègre dans l'unité. Appliqué à notre propos, cela signifie que même si l'ange fait l'économie de l'instrument sonore, son langage intérieur n'en est pas pour autant un langage à capacité d'expression réduite. Bien au contraire, dans l'optique qui est celle de notre auteur, il faut considérer le langage intérieur des anges tout aussi, sinon plus expressif que celui des êtres humains. Les sons et leur écoute sont en effet des médiations instrumentales nécessaires au rapprochement des hommes, mais ils n'ont pas de raison d'être au niveau des substances séparées, qui sont capables d'immédiateté. Aussi, ce qui est nécessairement extérieur et séparé pour l'homme est intériorisé et uni dans l'ange[3]. Celui-ci saura donc exprimer son message de manière plus claire et efficace, car il n'est redevable d'aucun instrument extérieur. Les sons et l'écoute sont en quelque sorte absorbés dans des actes linguistiques qui, en tant qu'opérations purement intellectuelles, sont exercés selon la modalité propre de l'intellectualité angélique, à savoir l'intuition. Si du point de vue cognitif l'intuition est la saisie immédiate de l'objet, au niveau linguistique elle concerne le destinataire et se traduit dans la vision immédiate du message par l'interlocuteur auquel il est adressé. Le destinataire n'écoute pas une parole, mais voit une représentation mentale. L'écoute est absorbée dans la vision, qui est une saisie plus parfaite, puisqu'immédiate et unitive.

1. Thomas d'Aquin, *De ver.*, qu. 9, a. 4.

2. *Ibid.*

3. Cette intériorisation est possible grâce à l'affranchissement des anges par rapport à la catégorie de l'espace – « nullum impedimentum facit distantia loci » –, qui est constitutive de l'extériorité. En revanche, les penseurs qui conçoivent le langage des anges selon le registre de l'écoute, maintiennent-ils également l'idée d'un conditionnement spatial au niveau des substances séparées. Cf. W. Schlössinger, *Die Erkenntnis der Engel*, cit., p. 216-220. Pour ce thème chez Bonaventure, cf. B. Faes de Mottoni, *Bonaventura e la scala*, cit., p. 255 *sq.*

Pour les anges, la communication se réalise ainsi comme volonté de manifester de la part du locuteur et comme vision de la part du destinataire. L'ange qui « parle » montre quelque chose de soi, et l'ange qui « écoute » voit ce que l'autre veut lui montrer. Le dire est intégré au montrer et l'écoute transformé en vision : *Unde apud angelum, qui sola mente utitur, non differt audire et videre*[1]. Sans doute il s'agit là encore d'une métaphore quelque peu matérielle – car les anges n'ont pas plus de yeux que d'oreilles –, mais pour les médiévaux le champ sémantique de la vision fournit des images capables de susciter l'approche la plus spirituelle et la mieux apte à représenter ce qui se passe au niveau de l'intellectualité. Celui des anges peut donc être considéré comme un langage visuel. De même, leur communication est à l'enseigne de la transparence – une transparence qui représente l'horizon idéal et le modèle de toute communication. Si la connaissance fait des créatures spirituelles des miroirs de leurs objets et des microcosmes intellectuels et intelligibles, par le langage chacune d'elles devient miroir pour l'autre[2]. L'ange qui s'exprime se rend transparent pour son interlocuteur, il s'expose à son regard. Chaque parole est alors un don de soi, que l'autre ne s'approprie que par le regard.

L'intersubjectivité angélique emprunte le montrer et le regarder : les liens qui en résultent sont d'autant plus solides qu'ils sont affranchis de toute médiation instrumentale, de toute extériorité spatiale et de toute caducité temporelle. La communication des esprits crée une « société intelligible » à l'enseigne de la liberté et de la transparence. Thomas d'Aquin y voit l'horizon et le destin des hommes, une fois libérés des conditionnements et des nécessités qui trahissent souvent la vocation de gratuité et de transparence de la communication humaine. La familiarité de l'ange avec l'homme est précisément une préfiguration de cette société intelligible que les hommes réaliseront pleinement dans l'au-delà[3]. Comme chez saint Augustin, la communication des esprits – celle des anges, mais aussi celle de l'homme avant le péché, alors que « Dieu parlait directement à l'esprit »[4] – apparaît désormais comme le modèle d'une communication idéale, qui semble capable de réaliser le mieux la nature sociale de l'être humain. Mais pour le docteur angélique, la reconnaissance de cet horizon idéal ne résonne pas comme une condamnation de l'« aliénation » produite par les langues humaines[5]. La communication reste pour lui un bien, et c'est pourquoi l'ange ne saurait en

1. *De ver.*, qu. 9, a. 4, ad 12.

2. Dante Alighieri dénie un langage proprement dit aux anges, précisément parce qu'il comprend leur communication à travers le registre du miroir (cf. *De vulgari eloquentia* I, 2). À ce propos, cf. B. Faes de Mottoni, *Il linguagggio e la memoria dell'angelo in Dante*, dans *Dante e la cultura del suo tempo. Dante e le culture dei confini*, Gorizia, Società Dante Alighieri, 1997, p. 33-52.

3. Cf. *S. theol.* I, 51, 2, ad 1 : « Angeli familiariter cum hominibus conversando, demonstrant intelligibilem societatem quam homines expectant cum eis habendam in futura vita ». Il s'agit là d'une reprise du thème augustinien des hommes et des anges concitoyens dans la cité de Dieu (cf. *De Civ. Dei* XXII, 1).

4. Cf. Augustin, *De Gen. contra Manicheos*, II, 4, 5.

5. Cf. *De civ. Dei* XIX : « Est inter miserias huius vitae linguarum diversitas, quae hominem alienat ab homine ».

être privé. Aussi, la « société des esprits » survient-elle comme un appel et une invitation à faire de chaque acte linguistique un lieu de rencontre et de compréhension entre les hommes.

En conclusion, la réflexion thomasienne sur le langage des créatures spirituelles a cerné et mis en lumière une forme de communication qui, du fait de son indépendance à l'égard des conditions matérielles, déploie sa valeur de modèle à l'égard de la pratique linguistique humaine. Comme pour le thème de la connaissance, ici aussi le statut particulier des substances séparées fournit le cadre théorique qui permet de penser le langage autrement que ne l'indique l'expérience humaine. Ce « Gedankenexperiment » n'est pas un simple jeu de l'imagination, mais représente la recherche philosophique d'un idéal de communication, qui, pour n'être atteignable que dans l'au-delà, n'est pas moins censé inspirer la vie sociale des hommes, car la « société du discours et de l'écoute » trouve son accomplissement dans la « société de l'intuition et de la vision ». Celui des anges est « un langage du silence dans le silence » [1], mais ce silence ne signifie pas seulement la suppression des mots et l'absence de sons. Ce silence est dense et plein d'un échange spirituel[2] dont les hommes peuvent avoir un avant-goût dans des moments privilégiés. Le langage des anges qui fait l'économie des signes ne supprime pas la communication : celle-ci, bien au contraire, se trouve renforcée par la transparence du message et l'immédiateté de la vision. Aussi, ce n'est pas le silence(-privation) ni le secret(-obscurité) qui font de la communication angélique un modèle pour l'homme, mais sa gratuité et sa transparence, sa capacité de susciter une entente parfaite. Grâce au détour par les anges, cette utopie devient pensable.

1. J'emprunte cette formule à B. Faes de Mottoni, « *Enuntiatores divini silentii* », cit., p. 218.

2. Cf. *De ver.*, qu. 9, 4, ad 3 : « Silentium ibi privat locutionem vocalem qualis est in nobis, non spiritualem qualis est in angelis ».

CHAPITRE II

# LE LANGAGE DES ANGES SELON GILLES DE ROME

L'enquête de Gilles de Rome sur le langage des anges – de même que son analyse de leur connaissance – est fort complexe, mais d'un intérêt tout à fait remarquable. À travers son étude nous allons pouvoir apprécier l'ampleur et la portée que la réfléxion médiévale a données à un thème qui reste surprenant pour notre sensibilité culturelle. Son examen va nous montrer également les variations possibles d'approche et d'accent, car Gilles se démarque nettement, sur certains points, de la position thomasienne – ce qui n'intéresse pas seulement le rapport entre ces deux penseurs, mais qui retentit sur la signification philosophique de l'étude du langage angélique.

L'analyse de Gilles occupe les questions XII et XIII du *De cognitione angelorum*. L'étude du langage angélique fait immédiatement suite à celle de la connaissance, à laquelle elle est étroitement liée. Elle est suivie d'une question consacrée à l'illumination qui clôt l'ensemble du traité. On aura remarqué que cette disposition dans le texte est différente de celle que lui avait réservée l'Aquinate : celui-ci traitait du langage des anges à la suite de la question sur l'illumination et après avoir exploré l'agir volontaire, auquel la pratique linguistique des substances séparées est étroitement rattachée. Cela dit, il y a chez Gilles, de même que chez Thomas, une disproportion quantitative importante entre l'étude de la connaissance et celle du langage : c'est un aspect qui toutefois ne compromet d'aucune manière la valeur philosophique de sa tractation ni la fonction explicative de sa théorie à l'égard de la communication et du langage humains.

## LES DESTINATAIRES DU PARLER ANGÉLIQUE ET LES LANGAGES QUI S'Y RAPPORTENT

Gilles de Rome aborde le thème du langage des substances séparées par le biais d'une enquête sur ses destinataires. En effet, le fait que les anges s'expriment et communiquent n'est pas un problème, mais une donnée que notre auteur ne se soucie guère de justifier. Aussi, pour contrer les arguments de ceux qui nient l'existence d'un langage angélique, il invoque tout simplement et sans insister un passage biblique ainsi que la raison d'ordre classique, selon laquelle le supérieur possède et accomplit de manière plus parfaite les capacités des inférieurs [1]. L'attention est alors dirigée d'emblée sur les interlocuteurs, qui jouent un rôle capital dans la conception de Gilles. Avec Thomas, notre auteur partage l'idée que le langage proprement dit est une réalité intersubjective. Il n'y a d'actes linguistiques qu'à l'égard d'autrui : *ad alterum* [2]. Aussi, la définition du langage est-elle la même que celle de l'Aquinate – *loqui, hoc est manifestare conceptus suos intelligibiles* [3] –, avec toutefois une insistance majeure sur l'interaction qui lie le locuteur et son destinataire : *Constituit enim intellectum qui dicit et qui audit quiescit. Hoc est ergo dicere et hoc est loqui, constituere intellectum et manifestare suos conceptus intelligibiles et ex hoc facere quiescere audientem sive eum cui loquitur* [4].

Alors que chez l'Aquinate l'implication du destinataire est d'ordre purement intentionnel, nous pouvons d'ores et déjà constater que chez Gilles la prise en compte de l'interlocuteur implique sa présence comme auditeur. Celui qui parle sollicite son destinataire et le transforme en auditeur : *dicere..., hoc est facere quiescere audientem*. Le langage angélique instaure ainsi, comme celui des hommes, un rapport d'agent à patient, de donneur à récepteur. Cette interaction réelle confère à la pratique linguistique une consistance propre et la place dans un espace intersubjectif qui en fait une entité à part, une entité certes *sui generis*, mais néanmoins objective. Autrement dit, la communication déborde aussi bien le locuteur que le destinataire : ceux-ci sont impliqués et réunis dans des actes qui ne sauraient être chosifiés, mais qui représentent néanmoins quelque chose d'autre et de plus riche que les sujets qui y sont impliqués.

L'intersubjectivité renvoie à un espace intermédiaire qui relie et qui sert de médiation entre les interlocuteurs. Cet espace intermédiaire et sa fonction médiatrice représentent une articulation essentielle de la conception de l'ordre des choses dont Gilles est un des partisans les plus fervents. Pour cette raison l'intersubjectivité retient toute l'attention de notre auteur, qui la présente comme une forme d'objectivation de la communication. En effet, bien qu'elle soit suscitée par un sujet pour en atteindre un autre, la communication se situe en quelque sorte « en dehors » de l'un et de l'autre. Etudier le langage revient alors à saisir l'entre-deux qui est « extérieur » au locuteur et à son destinataire, qui représente leur lieu de rencontre, et qui objective leur communication. Nous sommes désormais loin de l'intériorité augustinienne et thomasienne, qui retenait, concentrait et épuisait la

1. Cf. *De cogn. ang.*, qu. XII, 109vb : « In contrarium est quod dicitur Isaie 6, quod duo seraphin clamant alter ad alterum ; sed clamare est quiddam loqui ; ergo et cetera. Praeterea, quod potest virtus inferior, multomagis et superior ; sed homo qui est inferior secundum virtutem quam angelus potest alteri homini loqui ; ergo multomagis et angelus angelo ».

2. Comme nous le verrons, le soliloque est maintenu comme un cas de figure, mais ne représente pas une forme véritable de communication.

3. *De cogn. ang.*, 110ra.

4. *Ibid.*

communication angélique. Et nous pouvons pressentir d'ores et déjà que chez Gilles l'intentionnalité ne suffira pas à susciter l'interaction de la communication. C'est pourquoi notre auteur ne craint pas de poser et d'explorer une extériorité qui, forcément matérielle, avait été écartée de la conception thomasienne comme étant susceptible d'introduire une forme de contamination dans le langage des anges. Gilles de Rome, bien au contraire, y voit une médiation nécessaire dans des circonstances données et en fonction du destinataire impliqué dans l'acte linguistique.

L'ange peut donc s'exprimer et adresser son message à plusieurs destinataires : il parle aux hommes, aux autres anges, à soi-même et à Dieu. Conformément à l'importance accordée à l'interlocuteur dans cette conception, la communication des anges s'adapte à ses destinataires, si bien que l'échange avec chacun d'eux peut s'effectuer à l'aide d'un ou de plusieurs langages. L'attention de Gilles se dirige alors sur la médiation linguistique, c'est-à-dire sur l'instrument de communication. Celle-ci reste certes la finalité recherchée, mais elle n'est plus thématisée comme telle. L'analyse se concentre maintenant sur ce qui est d'ordre instrumental et aboutit à une différenciation surprenante des formes linguistiques, que nous allons découvrir à présent. L'entrée en matière est suffisamment éloquente pour qu'on la cite en entier : *Dicendum quod angelus potest loqui et aliquando loquitur homini et loquitur alteri angelo et loquitur sibi et loquitur Deo. Et ista se habent quodammodo ordinate. Nam omnibus modis quibus angelus loquitur homini potest loqui alteri angelo. Sed aliquo modo vel etiam aliquibus modis loquitur unus angelus alteri quibus modis non potest loqui homini. Rursus aliquo modo angelus loquitur sibi quod non potest loqui alteri angelo et ulterius ipsi deo loquitur omnibus modis quibus loquitur vel sibi vel alteri angelo vel homini. Tamen aliquo modo loquitur deo quo nec sibi nec alteri angelo nec homini loquitur*[1]. Cette description nous met en présence d'anges très bavards, qui pratiquent différents langages en fonction des circonstances et des interlocuteurs donnés. Cette diversification des instruments de communication a sa raison d'être dans l'ordre des choses, car à chaque niveau doit correspondre une médiation linguistique spécifique, dont l'ange ne peut se passer. Aussi, c'est le destinataire qui impose l'instrument de communication, non pas par une décision volontaire, mais par son statut ontologique, qui n'admet que des langages qui lui soient appropriés.

*Les langages qui s'adressent aux hommes*

En partant des interlocuteurs qui se situent au niveau inférieur, Gilles étudie d'abord le langage par lequel les anges peuvent s'adresser aux humains. Ce parler

1. *Ibid.*, 109vb-110ra.

peut être exercé de deux manières : la première consiste à opérer quelque chose dans la réalité matérielle, la seconde à agir sur l'imagination des hommes[1].

La première modalité donne lieu à un langage sonore analogue au langage humain. Il résulte en effet de ce que l'ange applique sa vertu (faculté, force ou puissance) à l'air et opère en lui des phénomènes de scission et de réflexion; cette action sur l'air provoque des sons tout à fait semblables aux voix humaines. L'ange est donc capable de maîtriser la matière afin qu'elle produise les sons qu'il souhaite y former[2]. Le problème – redouté par Thomas d'Aquin – d'une sorte de contamination des substances séparées par la réalité corporelle n'inquiète pas Gilles, qui attribue à l'ange la faculté d'intervenir sur la matière, mais sans y toucher, par une simple application de son pouvoir spirituel. La matière obéit en effet à ce pouvoir en ce qui concerne le mouvement local. Aussi, puisque la scission et la réflexion de l'air s'inscrivent dans ce type de mouvement, l'ange peut agir sur ce corps et y provoquer des sons comprehensibles pour l'homme[3].

Il importe de préciser que ce pouvoir à l'égard de la matière est limité au mouvement local : comme d'autres penseurs avant lui, Gilles souligne ce point pour se démarquer de la doctrine néoplatonicienne de la soumission et de l'obéissance totale de la matière à l'égard des substances séparées – doctrine par ailleurs condamnée en 1277[4]. Selon cette modalité, la matière obéit donc à l'ange et se prête comme médiation instrumentale pour la constitution d'un langage vocal. Cette première modalité de communication avec les hommes s'effectue donc *in exteriori materia* et s'avère tout à fait semblable au langage humain qui doit faire recours à une médiation sonore. Pour être compris par les humains, les anges peuvent donc s'adresser à eux par le biais du même instrument, mais ne s'abaissent pas pour autant à un niveau inférieur, car ils agissent sur la réalité matérielle en vertu d'une capacité qui leur est propre.

La communication avec les hommes peut se réaliser d'une autre manière encore, à savoir par un langage imagé. Dans ce cas, l'ange fait apparaître dans l'imagination humaine des représentations de formes sensibles, et notamment de voix. Comme pour le langage précédent, il n'est pas question ici de créer quelque chose de nouveau, mais d'intervenir sur des données existantes et de s'en servir

1. Cf. *ibid.* : « Secundum hoc ergo possumus dicere quod angelus loquitur homini dupliciter. Primo faciendo aliquid in exteriori substantia, sive in exteriori corpore; secundo faciendo aliquid in ipsa imaginatione nostra ».

2. Cf. *ibid.* : « Novit enim angelus qualiter debeat scindi aer et qualiter debeat reflecti ad hoc, quod generetur talis vox et talis. Ex fractione enim aeris et ex reflectione fiunt voces humanae per quas loquimur et per quas unus manifestat suos conceptus alteri ».

3. Cf. *ibid.* : « Angelus tamen ad formandum quascumque voces et quoscumque sonos non indiget vocali arteria (...), quia natura corporalis oboedit substantie spirituali secundum motum localem quantum ad nutum. Secundum nutum et beneplacitum ipsius angeli scindetur aer et reflectetur aer et formabit in eo quoscumque sonos et quascumque voces ».

4. Cf. *Chartularium*, cit., prop. 210, p. 555 : « Quod materia exterior oboedit substantiae spirituali – Error si intelligatur simpliciter et secundum omnem modum transmutationis »; cf. Hissette, *Enquête*, cit., p. 115. On trouvera d'importantes précisions sur ce point dans l'article de B. Faes de Mottoni, *Voci, « alfabeto », e altri segni degli angeli nella quaestio 12 del De cognitione angelorum di Egidio Romano*, Medioevo XIII (1987), p. 79.

comme instrument de communication. Aussi, l'ange ne forme-t-il pas de représentations nouvelles dans l'imagination humaine, mais il y évoque des espèces déjà présentes au moyen des humeurs et des esprits qui les conservent[1]. De la sorte, il rend présentes à l'imagination des formes vocales, dont il se sert pour transmettre son message. C'est donc l'imagination humaine qui joue ici le rôle de support exercé par l'air dans le premier type de langage. Dans les deux cas, l'ange intervient sur une donnée préexistante et la «fait parler» selon sa volonté. Toutefois, ce langage imagé – qui est un langage de type onirique – ne se situe plus dans l'extériorité matérielle, mais emprunte une médiation intérieure, bien qu'encore rattachée à la sensibilité. La communication angélique avec les hommes ne peut donc en aucun cas faire l'économie des facultés sensitives qui, étant propres à l'être humain, sont requises pour entrer en contact avec lui. L'ange qui s'adresse à l'homme se plie à cette exigence, sans toutefois en être affecté, mais en exerçant un pouvoir grâce auquel son agir se conforme au destinataire[2].

Ces deux types de langages sensibles – vocal et par images – sont des instruments dont l'ange peut se servir même dans la communication avec ses semblables[3]. Cette affirmation est à première vue plutôt étonnante, car ces langages doivent leur statut à la nécessité de se conformer au destinataire humain. Il convient donc de préciser que lorsqu'il est utilisé pour communiquer avec d'autres anges, le langage imagé ne consiste pas à faire apparaître des représentations dans l'imagination de l'interlocuteur – puisque les anges sont dépourvus de cette faculté –, mais à les évoquer dans l'imagination d'un tiers, à savoir dans un homme ou un animal[4]. Selon Gilles, l'air et la faculté imaginative d'un être animé peuvent servir d'instruments et par là-même d'intermédiaires dans la communication des anges entre eux. Ces moyens semblent fonctionner en quelque sorte comme une messagerie – analogue à une boîte aux lettres ordinaire ou éléctronique –, à laquelle le locuteur peut confier le message pour son

1. Cf. *De cog. ang.*, 110ra: «Alio modo potest angelus loqui nobis faciendo aliquid in ista imaginatione nostra. Non quod possit ibi imprimere speciem vel formam, quia natura corporalis non oboedit angelo secundum motum ad formam. Sed poterit angelus hoc facere reducendo species ad imaginationem vel ad principium sensitivum. Nam in humoribus et spiritibus reservantur species et similitudines sensibilium formarum et etiam sensibilium sonorum sive vocum. Nam homo potest imaginare voces vel sonos, et secundum quod imaginatur ipsos potest proferre eos».

2. Il convient de relever que Thomas d'Aquin admet également ce genre d'intervention angélique sur la matière relativement au mouvement local (cf. *S. theol.* I, 110, 3) et sur l'imagination (cf. *ibid.*, qu. 111, 3-4), mais il n'en fait pas – du moins explicitement – des instruments de communication. S'agit-il d'une simple question de vocabulaire ou d'une divergence de fond? Il paraît difficile de trancher en la matière, mais il est certain qu'il y a une divergence de fond entre ces deux auteurs en ce qui concerne la médiation linguistique: Thomas n'est pas prêt à admettre que la communication angélique ait besoin de signes médiateurs, alors que pour Gilles cela représente une nécessité.

3. Cf. *De cogn. ang.*, 110rb: «Hiis etiam duobus modis posset unus angelus loqui alii angelo».

4. Cf. *ibid.*: «Posset unus angelus loqui alii angelo formando voces et sonos in exteriori aere vel faciendo apparere fantasmata in imaginatione. Non in imaginatione ipsius angeli, quia angelus imaginationem et organum fantasticum non habet, sed in imaginatione hominis vel etiam animalis bruti si vellet. Nam fantasmata que unus angelus facit apparere in imaginatione alicuius animalis alius angelus potest illa fantasmata intueri et videre».

destinataire. Mais pourquoi une telle messagerie au niveau des substances séparées ? Gilles ne le dit pas et se limite à la poser comme une possibilité, comme un instrument à la disposition des créatures spirituelles. Ce qui est certain, c'est que de tels moyens ne sont pas nécessaires aux anges, car ils impliquent un détour par la réalité matérielle. Les langages sonore et imagé sont des possibilités dont l'ange dispose et qui élargissent l'éventail de ses instruments de communication. La raison d'être de cette possibilité semble devoir être cherchée dans la conception générale de l'ordre des choses : si les substances séparées peuvent se servir de ces moyens linguistiques à l'égard des destinataires de niveau inférieur, il faut que cette possibilité ne soit pas supprimée, mais assumée dans la communication de niveau supérieur avec les autres créatures spirituelles. Pouvant agir sur la réalité sensible, toutes les substances séparées savent y lire les messages qui leur sont adressés à travers son support.

*Les langages des anges entre eux*

Cette dernière considération nous oriente vers l'idée d'un enchaînement ordonné des différents moyens linguistiques. Chacun d'eux a d'abord sa place dans la hiérarchie des langages, mais se trouve en même temps relié de manière fonctionnelle au degré inférieur ainsi qu'au supérieur, conformément à la loi de continuité de l'ordre des choses : *Et ista se habent quodammodo ordinate*[1]. Aussi, allons-nous maintenant franchir un niveau ultérieur, en découvrant par quels langages les anges se parlent entre eux, de manière toutefois à ne pas pouvoir être compris par les hommes. Ici encore deux moyens sont possibles.

Le premier est un langage figuré, qui résulte de ce que l'ange applique sa vertu au ciel empyrée – qui est son lieu propre – de manière à y former des figures déterminées et des signes graphiques par lesquels il manifeste sa pensée à son interlocuteur[2]. Autrement dit, l'ange dessine des graphismes dans l'Empyrée, qui lui sert ainsi de support d'écriture, de manière à ce que son destinataire puisse y lire ces signes et saisir son message. Gilles remarque que ce langage est analogue à l'écriture humaine ; de même que celle-ci emprunte un support matériel et y décrit des signes – les lettres de l'alphabet –, dont la combinaison permet de composer les mots écrits, ainsi les anges peuvent se servir du ciel empyrée comme d'un support pour y inscrire des graphismes lisibles par leurs semblables[3]. L'Empyrée sert ainsi aux anges de parchemin, les graphismes qui y sont inscrits étant les

1. *Ibid.*, 109vb.

2. Cf. *ibid.*, 110rb-va : « Intelligentie sive angeli sunt in loco applicando virtutem suam ad locum (...). Aliquando sic applicant quod non transmutant, secundum quem modum sunt angeli in celo empyreo applicando virtutem suam ad huiusmodi caelum (...). Ideo (...) pro sue voluntatis arbitrio potest applicare virtutem suam ad partem sic formatam vel sic et sic formatam vel sic et sic figuratam. Poterit enim applicare virtutem suam ad partem habentem figuram triangularem vel quadrangularem vel pentagonalem vel alterius figure prout sibi placuerit ».

3. Cf. *ibid.* : « Si ergo homines adinvicem exprimunt conceptus suos et loquuntur per litteras prout littere inter se variantur, quia sunt alterius et alterius figure sive forme, poterunt et angeli loqui ad invicem et exprimere voluntatem suam et conceptum prout secundum diversas figuras applicant virtutem suam ad partem celi empyrei ».

lettres de leur alphabet et la faculté d'inscrire ces signes étant comme l'encre de l'écriture humaine[1].

Ce parallèle très suggestif – qui humanise quelque peu les substances séparées et les met à la portée de notre imagination – se rattache à la métaphore du ciel comme livre de l'univers, une métaphore qui remonte à son tour à un verset biblique racontant que Dieu avait déployé le ciel comme une peau ou une tente[2]. En prolongeant cette analogie, nous pourrions ajouter que, de même que l'écriture humaine objective la communication en la fixant au-delà des limites spatiales et temporelles, ainsi le langage figuré des anges est une objectivation de leur communication, qui est comme fixée sur un support et dans un espace objectif lisible par n'importe quelle substance séparée. Cette considération nous permet par ailleurs de mesurer l'écart qui separe cette conception de celle de Thomas d'Aquin, pour qui la communication angélique tient exclusivement à l'intentionnalité et est complètement affranchie de toute extériorité et de toute détermination spatiale.

Les hommes ne peuvent pas comprendre le langage figuré des anges. Le ciel est un livre lisible uniquement par les substances séparées, car les signes y sont inscrits par une faculté (*virtus*) angélique que l'homme ne peut pas connaître. L'écriture des anges dans le ciel est comme celle d'une encre magique, invisible aux uns, visible aux autres. Cette écriture résulte d'un mouvement de la volonté, par lequel l'ange agit dans l'Empyrée sans d'ailleurs l'affecter. Aussi, comprendre cette écriture signifierait saisir l'acte de volonté, c'est-à-dire l'intentionnalité par laquelle l'ange s'oriente vers l'autre et lui transmet son message. Cette intentionnalité reste un secret pour l'homme, qui ne peut donc pas aspirer à lire les messages angéliques inscrits dans le ciel empyrée[3]. Ce langage ne peut être utilisé que par des anges pour des anges : il est donc exclusif de l'intersubjectivité angélique. Il partage néanmoins avec les langages de forme inférieure le fait de se

1. Cf. *ibid.*, 110vb : « Sic enim dicemus de celo empyreo respectu virtutis angelice describentis ibi diversas figuras, sicut dicimus de pergameno respectu attramenti per quod formantur in eo diverse littere ».

2. Cf. *Psaume* 103, 2. Nous tenons cette référence de l'article de B. Faes de Mottoni, *Voci, alfabeto*, cit., p. 82-83, qui observe par ailleurs que l'attribution d'un langage écrit aux anges est une nouveauté de Gilles de Rome, qui fera l'objet d'une vive critique de la part d'Hervé de Nédellec – qui le qualifie d'inutile (cf. *In II Sent.*, d. XI, qu. 1, a. 1) – et de la part de Durand de saint Pourçain – qui le qualifie de frivole (cf. *In II Sent.*, d. XI, qu. 2). Sur ces prises de positions à l'égard de la théorie de Gilles et sur l'évolution de ces questions on trouvera d'importantes considérations dans l'article de A. Tabarroni, *Il linguaggio degli angeli*, Prometeo, 12 (1985), p. 88-93. Sur les implications cosmologiques de la conception du ciel comme tente déployée par Dieu, cf. Th. S. Kuhn, *The Copernican Revolution. Planetary Astromony in the Developement of Western Thought*, Cambridge, Harvard University Press, 1957.

3. Cf. *De cogn. ang.*, 110vb : « Qui enim non posset videre attramentum non posset videre diversitatem litterarum formatarum in pergameno per attramentum. Sic, qui non videret virtutem angelicam non posset videre diversitatem figurarum in celo empyreo descriptarum ex applicatione virtutis angelicae. Et quia homines non possunt videre ipsam virtutem angelicam, quia tunc viderent angelum per essentiam, quod est impossibile homini in hac vita, cum totum intelligere nostrum vel sit fantasia vel non sine fantasia; cum ergo nec essentia nec virtus angelica habeat fantasmata nec sit proportionata habentibus fantasmata, impossibile est nos cognoscere ipsos angelos per essentiam vel nos posse videre ipsas virtutes angelicas ».

situer dans l'extériorité (par rapport aux interlocuteurs), d'être objectivé et de nécessiter un support matériel; il s'en démarque néanmoins en ceci, qu'il ne résulte pas d'une modification du support matériel. Cela signifie que le langage figuré est un instrument plus abstrait et plus spirituel et qu'il se situe par conséquent à un échelon supérieur dans la hiérarchie des moyens de communication des substances séparées.

Nous pouvons ainsi observer qu'il y a un rapport de proportionnalité entre le degré de spiritualité du destinataire et le degré d'abstraction du langage qui lui est adéquat. Il s'ensuit que les signes linguistiques comportent dès leur conception une orientation vers le destinataire. C'est un des mérites de l'étude du langage des substances séparées que d'expliciter cette orientation et de signifier par là-même que les mots ne parlent de quelque chose que s'ils parlent à quelqu'un. Sur ce point, le commun souci de nos auteurs est de dégager les conditions dans lesquelles un locuteur sujet peut atteindre un interlocuteur en lui parlant un langage qui lui soit accessible.

Dessiner dans le ciel empyrée est une prérogative, mais n'est pas une nécessité de la communication intersubjective angélique. Elle l'est d'autant moins qu'elle implique le détour par l'extériorité chez des créatures purement spirituelles. L'ordre des moyens linguistiques ne serait donc pas parfait s'il ne mettait à la disposition des anges une forme d'échange plus adéquate à leur statut[1]. Aussi, Gilles postule l'existence d'une autre forme de langage, un langage intérieur et intellectuel, par lequel les substances séparées peuvent se dévoiler les unes aux autres leurs pensées, leurs affections et leurs désirs, sans détour par la réalité matérielle. Comme pour les hommes, cette capacité d'échange et de rencontre est considérée comme une perfection. Ainsi, il apparaît que l'ange est un être social qui trouve joie et accomplissement dans la vie communautaire: *Nam hoc est magne perfectionis in creatura rationali sive in creatura intellectuali, quod possit suum conceptum et suam voluntatem manifestare alteri (...). Si igitur non possent angeli sibi invicem manifestare voluntatis iudicia, quilibet angelus sic se haberet ad alium ac si non haberet societatem eius*[2]. Celle des anges est une société d'esprits, intellectuelle et intelligible, qui résulte de l'échange suscité par ce nouveau langage, dont l'attribut majeur est pour le moment celui de l'intériorité. La détermination de ce nouvel instrument linguistique s'avère laborieuse et Gilles s'y emploie par la confrontation avec une autre conception, qu'il expose et critique[3].

1. Cf. *ibid.* : « Cum inconveniens sit quod angelus non possit loqui angelo sine exteriori corpore, volumus investigare quomodo angeli possunt sibi loqui ad invicem absque omni exteriori corpore. (Quia), si non posset aliter loqui angelus angelo, videretur quod perfectio angeli dependeret ex corpore ».

2. *Ibid.*

3. Cf. *ibid.* : « Quidam volentes ostendere quomodo angeli possint absque omni exteriori corpore (loqui), distinxerunt de esse specierum in mentibus angelorum secundum modum quem habent forme in materia existentes ». Comme B. Faes l'a justement relevé, il s'agit de l'opinion de Thomas d'Aquin (cf. *De veritate*, qu. 9, a. 4), que Gilles adopte ici comme point de référence de sa propre analyse.

Ce terme de référence est fourni par la conception thomasienne telle qu'elle est exposée dans le *De veritate*. Gilles la résume ainsi : certains – dit-il – expliquent la modalité de présence des espèces intelligibles dans l'intellect par analogie avec la présence des formes sensibles dans la matière ; ces dernières sont présentes dans la matière d'abord *in fieri*, ensuite *in esse perfecto* et enfin *in ordine ad aliud*[1] ; de même, les espèces intelligibles seraient présentes dans l'intellect angélique sous forme d'habitus lorsque l'ange ne les pense pas en acte, elles y seraient de manière actuelle lorsque l'ange opère une conversion sur elles, et seraient enfin conçues en acte et *in ordine ad alterum* lorsque l'ange les ordonne à un autre sujet pour les lui manifester. La première de ces modalités est un savoir (*scire*), la deuxième un comprendre (*intelligere*) et la troisième c'est le parler (*loqui*). Il faut préciser que selon l'interprétation de Gilles ces trois modalités représenteraient en réalité la même chose dans la conception de l'Aquinate[2]. Cette identité présumée – nous savons en effet que telle n'était pas la doctrine de Thomas, qui s'est attaché à prouver la distinction entre *cogitare* et *loqui* – représente le point de confrontation dont la critique va permettre à Gilles de clarifier sa propre position.

Notre auteur s'attaque tout d'abord à l'analogie entre les formes sensibles et les formes intelligibles. Selon cette analogie, les espèces intelligibles deviennent langage lorsqu'elles agissent sur le destinataire, tout comme la chaleur est présente dans la matière *in ordine ad aliud* lorsqu'elle chauffe un autre corps. Pour Gilles cette analogie est insoutenable, car l'ange qui parle n'agit pas sur son interlocuteur, pas plus d'ailleurs qu'il n'agit sur la matière, si ce n'est en provoquant un mouvement local[3]. Par ailleurs – précise notre auteur –, puisque l'ange se trouve là où il opère, s'il agissait sur son destinataire il serait présent en lui, ce qui est inadmissible[4]. Ici encore, Gilles ajoute à la conception de l'Aquinate un corollaire qui ne figure pas dans le *De veritate*, où Thomas affirme que le langage, contrairement à l'illumination, n'agit pas sur le destinataire.

1. Gilles exemplifie cette triple modalité par la forme de la chaleur : cf. *De cogn. ang.*, 110vb-111ra : « forme in materia existentes habent quasi triplex esse, videlicet in fieri et quasi in potentia, in esse perfecto et in ordine ad aliud. Ut aliquid corpus prius calefit et dum calefit habet formam caloris quasi in fieri et in actu diminuto et quodammodo in potentia. Postea est perfecte calefactum et habet formam caloris in esse perfecto. Ultimo per formam caloris quam habet perfectam potest generare alium calidum (...). Et cum hoc facit (...), habet formam caloris in ordine ad aliud ».

2. Cf. *ibid.* : « Secundum istos idem est in angelis scire, intelligere et loqui, ut quamdiu angelus habet apud se species rerum in esse habituali et in actu incompleto dicitur res scire ; quando vero per voluntatem se convertit super aliquam illarum specierum (...) dicitur intelligere ; quando autem ulterius per suam voluntatem ordinat illam speciem ad alium angelum et ex hoc patefacit ei suam voluntatem et suum conceptum dicitur loqui ».

3. Cf. *ibid.* : « Sed hoc dictum duobus modis videtur deficere. Primo ut comparat formas intelligibiles ad formas materiales. (...) Secundum ergo hanc similitudinem species intelligibiles in uno angelo deservient locutioni in ordine ad alium angelum prout aliquid efficiunt in illo alio angelo. Sed hoc non ponimus quod angelus per species suas intelligibiles possit aliquid efficere in alio angelo (...), immo et in ipsa materia corporali, que est magis passioni subiecta, nihil potest efficere angelus secundum motum ad formam, sed solum secundum motum ad ubi ».

4. Cf. *ibid.* : « Substantia spiritualis est ubi operatur ; si ergo unus angelus directe quid efficeret in alio angelo, unus angelus illaberet alteri angelo et esset in altero angelo ».

Le second point de la critique à l'encontre du docteur angélique concerne l'intentionnalité, qui chez Thomas constitue et épuise à la fois le langage des substances séparées [1]. Selon le philosophe augustin, l'orientation de la volonté ne suffit certainement pas à susciter la communication, car c'est précisément l'ordre de la volonté qui est caché aux autres et qui représente le secret de chaque ange. La simple orientation de la volonté *ad alterum* ne saurait donc aboutir à un langage proprement dit [2]. C'est ici que Gilles explicite et clarifie véritablement sa pensée. Il apparaît en effet que l'orientation de la volonté est bien nécessaire, mais néanmoins insuffisante à l'actualisation de la dynamique de la communication. Celle-ci requiert une étape supplémentaire, c'est-à-dire une médiation par laquelle la volonté de communication puisse effectivement atteindre l'interlocuteur. Ce qui relève de la volonté subjective reste obscur tant qu'il se maintient dans une intériorité irrémédiablement cachée aux autres. C'est pourquoi le choix de la volonté doit emprunter un moyen pour se manifester. Ce moyen est l'expression de la représentation intelligible, déjà actuellement conçue et dirigée vers un destinataire. Autrement dit, l'ange qui veut s'exprimer doit opérer une conversion ultérieure sur l'espèce déjà pensée en acte, afin d'en produire une expression intelligible compréhensible par le destinataire [3]. Selon Gilles l'intentionnalité angélique n'a pas le pouvoir, à elle seule, de susciter la communication, si elle ne passe pas par la médiation de l'expression de la représentation intelligible.

On comprend par là que Gilles a quelque peu forcé la conception thomasienne en lui attribuant l'identité de l'intellection et du langage, car sa visée consiste précisément à rompre cette solidarité et à y insérer un élément supplémentaire, qui est l'expression du message que l'ange veut manifester. Notre auteur casse l'unité d'un processus que Thomas d'Aquin absorbe dans l'intériorité de l'ange. Gilles le rend plus complexe par l'insertion d'un élément qu'il juge indispensable, et l'objective grâce à cet élément, qui à ses yeux constitue le langage proprement dit. Ce langage est purement intellectuel – et n'exige donc pas une expression sonore, bien que celle-ci soit possible –, mais représente néanmoins une médiation nécessaire même au niveau des substances séparées. Cette médiation instrumentale reçoit l'appellation de *signa intelligibilia*, dont l'ensemble compose le langage angélique [4]. Comme chez Thomas, ce langage n'est cependant pas un système de signes préalablement constitué, dont l'ange disposerait à la manière

1. Cf. *ibid.* : « Secundo videtur hoc dictum deficere de eo quod ait de ordine voluntatis ».

2. Cf. *ibid.* : « Sed constat quod ordo voluntatis in uno angelo est ignotus alteri angelo ; unde et hoc modo dicimus cogitationes unius angeli esse ignotas alteri angelo, quia subiacent solum ordini voluntatis. Angelus itaque, si ex solo ordine voluntatis ordinaret speciem suam intelligibilem ad alium angelum, cum ordo voluntatis sit alii angelo ignotus, ex hoc non esset illi angelo aliquid patefactum, nec ex hoc loqueretur ei ».

3. Cf. *ibid.* : « Angelus per voluntatem convertendo se super aliquam speciem facit se in actu intelligendi et format in seipso intellectionem sive actum intelligendi ; sic etiam dicemus quod angelus per voluntatem convertendo se super huiusmodi intellectionem formatam format in se intellectionis expressionem ».

4. Cf. *ibid.*, 111rb : « Dicemus ergo quod angelus potest formare in seipso signa intelligibilia et ex illis signis manifestare suum conceptum, sicut nos formamus verba sensitiva et per huiusmodi verba manifestamus conceptum nostrum ».

dont nous disposons des langues humaines, mais ces signes expressifs sont formés *ex novo* à l'occasion de chaque acte langagier. Cela dit, dans la conception de Gilles, leur présence est absolument indispensable, alors que chez Thomas le signe intérieur n'est pas réellement distinct de la pensée qu'il manifeste.

Il apparaît ainsi que le nœud de la controverse réside dans l'unité à laquelle l'Aquinate ramène la pratique linguistique des créatures spirituelles, condensée et épuisée dans la représentation intelligible chargée de l'intentionnalité à l'égard du destinataire. Gilles s'emploie à rompre cette unité en posant une distinction réelle entre le verbe intelligible et son expression. Bien que celle-ci s'enracine dans le premier, ils représentent des réalités différentes, de même que penser et exprimer sa pensée sont des actes différents. Plus précisément, leur distinction doit être comprise de manière analogue à celle de l'universel et du particulier. L'espèce intelligible angélique possède en effet une universalité d'autant plus grande que l'ange sera supérieur dans l'ordre hiérarchique, ce qui la rend capable de rendre raison d'une multiplicité de réalités particulières; de la sorte, l'ange pourra connaître plusieurs objets par une seule représentation. À partir de là, c'est à sa volonté de choisir sur quel objet déterminé portera son intellection. Aussi, puisque ce choix reste inconnu des autres, l'ange, pour manifester sa pensée, doit dévoiler l'objet précis sur lequel il a porté son choix et l'exprimer sous forme d'un signe intelligible. Ce signe extériorise un contenu particulier, qui dans l'intellection est compris sous une espèce universelle. Le langage explicite ainsi le passage qui va de l'intellection de l'universel à la saisie du particulier. Le signe intelligible présente au destinataire un contenu particulier que l'intellection garde, de manière implicite, sous une représentation générale[1]. Chez Gilles le signe expressif n'est donc pas l'espèce investie d'intentionnalité à l'égard d'un destinataire, mais c'est avant tout l'espèce qui traduit l'intentionnalité dirigée vers une des réalités singulières comprises sous leur notion universelle[2].

On vérifie ici le rapport étroit qui lie cette conception du langage angélique à celle de la connaissance analysée précédemment. Ce lien permet de comprendre à la fois la nécessité du signe intelligible et le mécanisme de la pratique linguistique des substances séparées. Le signe expressif s'avère en effet nécessaire en raison de l'universalité des représentations angéliques, qui ne peuvent être communiquées à d'autres sans expliciter l'objet précis choisi dans l'intellection. Quant au lien de la pratique linguistique avec la connaissance, il réside en ceci, que la première explicite le choix volontaire qui dans l'intellection porte sur un objet

1. Cf. *ibid.*, 111ra-rb : « Ita quod ipsa expressio intellectionis vel ipsa expressio verbi intelligibilis erit particularior quam ipsum verbum intelligibile vel quam ipsa intellectio. Propter quod, licet unus angelus non possit in alio intelligere suam intellectionem sive suum verbum intelligibilem propter talium universalitatem, intelliget talem expressionem horum propter huiusmodi particularitatem ».

2. Cf. *ibid.*, 111rb : « Sic et in proposito, licet verba et intellectiones angelice habeant quendam modum universalitatis, quia potest angelus per unicam speciem intelligibilem et per unicam intellectionem sive per unicum verbum intelligibile intelligere multa, ut intelligere hoc vel illud. Signa tamen intelligibilia que possunt formare angeli in seipsis sunt particulariora et determinate representant hoc aut determinate illud ». B. Faes de Mottoni (*Voci, alfabeto*, cit., p. 87, note 55) souligne la différence de compréhension de l'« ordo voluntatis » chez nos deux auteurs.

déterminé ; le langage prolonge ainsi la connaissance en mettant en lumière et à la portée du destinataire ce qui reste caché dans l'intellection immanente au sujet. Alors que chez Thomas d'Aquin la communication requiert essentiellement l'intentionnalité qui porte sur le destinataire, chez Gilles la pratique linguistique implique un double choix : celui du destinataire et celui, préalable, de la détermination du message à transmettre. La première orientation de la volonté sans la seconde serait vide, car l'intention qui porte sur un interlocuteur présuppose le choix du message précis que le locuteur souhaite lui transmettre. Le signe intelligible exprime ce choix et le fait connaître au destinataire.

L'angélologie de Gilles de Rome manifeste ici sa cohérence et sa rigueur : de même que dans la polémique à l'égard de l'habitus connaturel de connaissance l'enjeu résidait dans la médiation cognitive de l'espèce intelligible, ainsi dans l'opposition à la conception thomasienne du langage des anges l'enjeu est celui de la médiation linguistique du signe expressif. Ici comme là, Gilles introduit un anneau supplémentaire dans la chaîne ordonnée des instruments de communication, répondant de la sorte à l'exigence de médiation que la thèse de l'ordre des choses fait valoir dans son explication du monde. Il n'y a pas de communication sans médiation expressive, c'est-à-dire sans signes (intelligibles). Les substances séparées en ont besoin comme les humains, car sans eux l'objet précis de leur pensée resterait caché même à celui qui verrait leur intellection [1]. Pour se dévoiler, le secret de l'ange ne requiert pas seulement la communication, mais exige des signes intelligibles, c'est-à-dire des médiations instrumentales. Ce secret est en effet retranché derrière une double barrière : celle de la volonté de communiquer et celle de l'indétermination du contenu de l'intellection. Pour cette raison, la seule volonté de manifester ne pourrait suffire, si elle n'était accompagnée du signe qui exprime le message choisi pour être manifesté.

Trois conséquences majeures découlent de ces considérations. Il y a d'abord le fait que ces signes intelligibles – et par conséquent le langage comme médiation instrumentale – sont nécessaires à la communication angélique. Celle-ci n'est donc pas immédiate, mais implique le recours à un instrument, aussi immatériel soit-il. Dans l'analyse de Gilles la présence nécessaire de cette médiation prime sur la considération de la communication comme finalité; cela dit, celle-ci ne cesse pas pour autant d'être envisagée comme un bien, de même que la communauté d'esprit qu'elle suscite.

En deuxième lieu il s'avère que l'ange de Gilles est moins transparent que celui dont nous a parlé l'Aquinate. Bien qu'immatériel, il se dérobe et se cache

1. Cf. *De cogn. ang.*, 111rb-va : « Unus ergo angelus in alio et specialiter superior in inferiori videt speciem intelligibilem qua actu utitur angelus inferior, et videt intellectionem formatam per talem speciem, et videt verbum intelligibilem formatum per huiusmodi intellectionem. Non tamen propter hoc videt in speciali cogitationem inferioris angeli, quia quodlibet istorum potest in multa referri. Sed si angelus vult revelare suam voluntatem alteri angelo convertit se super verbum intelligibile prout per ipsum intelligit, et iuxta suum intelligere format in seipso signum expressivum sue intellectionis. Ut si per suum verbum intelligibile sive per suam intellectionem intelligit determinate hoc, formabit in se signum intelligibile representans determinate hoc. Si vero intelligat oppositum vel aliquid aliud, reformabit in se signum intelligibile representans oppositum vel illud aliud ».

aux autres, retranché derrière les deux barrières que nous venons d'évoquer. Moins transparent, il est aussi moins libre, puisque dépendant à l'égard d'une médiation linguistique qui rend la pratique de la communication plus complexe et laborieuse. L'ange de Gilles montre ici une certaine proximité à la condition humaine, dont il partage une part d'obscurité.

Une troisième conséquence découle enfin de cette conception. Le langage étant « expression en soi » au moyen d'un signe intelligible[1], la communication s'y trouve objectivée, si bien que le message est en quelque sorte affiché dans l'esprit du locuteur, et par là-même mis à la portée de tous les anges. Ce langage est donc public, car une fois formulé le signe expressif est visible et lisible par toutes les substances intellectuelles[2]. Cet aspect est un signe de perfection pour le philosophe augustin, qui s'oppose ici encore à la conception thomasienne[3]. Selon Gilles, en effet, ce qui au niveau humain est un indice de perfection – c'est-à-dire le caractère privé de la communication – ne l'est pas au niveau des substances séparées, pour lesquelles c'est au contraire l'aspect public qui en manifeste l'excellence[4]. En réalité, notre auteur ne justifie pas cette affirmation. Nous pouvons néanmoins formuler l'hypothèse que cette valorisation du caractère public de la communication angélique compense en quelque sorte l'obscurité des substances séparées, due au fait qu'elles doivent nécessairement avoir recours à un moyen terme pour se manifester. Si tel est le cas, la publicité de leurs échanges serait une sorte de remède qui rend leur communication plus transparente.

Si chez Thomas d'Aquin la transparence est étroitement liée au statut des créatures spirituelles, chez Gilles elle en investit le message et se voit déplacée vers leur intersubjectivité. Cet aspect rapproche ce langage mental, fait de signes intelligibles, du langage figuré, fait de graphismes inscrits dans le ciel empyrée; dans les deux cas, le message est objectivé sous une forme qui le rend accessible à toutes les créatures spirituelles. Même le langage mental, du fait de son recours à des signes, est ainsi apparenté à l'écriture, qui nous en fournit l'image la plus adéquate. À partir de ces considérations, nous pouvons encore observer que Gilles de Rome ne rapporte pas l'importance du destinataire au fait qu'il serait choisi par un autre ange, mais bien au fait que sa présence est décisive dans le choix de l'instrument linguistique. En effet, à partir du moment où le message est public,

1. Cf. *ibid.*, 111vb : « Loquitur ergo unus angelus alteri non imprimendo aliquid in alterum angelum, sed exprimendo aliquid in seipso ».

2. Cf. *ibid.*, 112ra : « Dicendum quod per se loquendo unus angelus non potest loqui alii angelo quin alius angelus sciat locutionem illam ».

3. Cf. *ibid.* : « Et quod aliqui dicunt de hominibus, quod potest unus homo loqui uni homini absque eo quod loquantur alii homini, quod ex hoc possit unus angelus loqui alicui angelo absque eo quod loquatur alii angelo, est argumentum ad oppositum, non ad propositum ». Pour Thomas d'Aquin, cf. *De veritate*, qu. 9, a. 7.

4. Cf. *De cogn. ang.*, 112ra : « Nam ex perfectione hominum est quod non possit scire quilibet homo locutiones cuiuslibet hominis; ex perfectione angelorum est quod quilibet angelus cognoscit locutiones cuiuslibet alterius angeli. Per quedam ergo signa spiritualia possunt angeli loqui et patefacere affectiones suas, et illa signa per se loquendo sunt omnibus nota, et per se loquendo qui loquitur uni angelo loquitur omnibus angelis ».

le choix personnel du destinataire perd de son importance et l'intersubjectivité qui en résulte est celle d'un réseau auquel chaque substance séparée peut se connecter. Dès lors, à la volonté de montrer et à l'expression intelligible qui fait suite, peut correspondre une multiplicité de « volontés de voir » que le locuteur ne peut pas maîtriser. Ainsi, une fois formulé – à l'instar des messages confiés à Internet – le signe intelligible se prête à devenir un secret de Polichinelle.

*Le langage pour soi et le langage pour Dieu*

En poursuivant l'enquête sur les différentes formes de langage en fonction de leurs destinataires, nous devons franchir une étape ultérieure sur le chemin vers l'intériorité. Nous parvenons ainsi au monologue, c'est-à-dire au langage par lequel l'ange se parle à lui-même. Gilles ne s'y attarde pas et l'explique en termes de vision : lorsque l'ange opère une conversion sur l'une de ses espèces et forme à partir d'elle un verbe intelligible, alors il parle à lui-même, car il voit ce qu'il pense[1]. Le monologue n'est pas une transmission de soi à soi, mais une ré-flexion qui engendre une vision. Il ne s'agit donc pas de communication à proprement parler, mais d'une prise de conscience de son acte d'intellection et de son contenu. Ainsi, dans le monologue on ne recourt pas à un signe proprement dit, car locuteur et destinataire ne sont pas des entités distinctes et n'ont dès lors pas besoin d'une médiation qui les relie. Ici le verbe intelligible, en tant qu'il renvoie à soi-même, est déjà un langage. L'ange est transparent à lui-même, car il voit ses propres actes. La dynamique orientée vers l'intériorité permet de supprimer la médiation du signe et annonce l'absorption du langage dans la pensée. Dans l'ange qui se parle, son intellection est sa parole : *loquendo de locutione prout loquitur sibi ipsi, sic sua intellectio est sua locutio*[2]. Gilles retrouve ici, dans l'esprit qui réfléchit sur soi, l'identité augustinienne du langage et de la pensée, une identité rendue possible par l'absence de toute forme d'extériorité – qu'elle soit matérielle ou qu'elle signifie l'altérité des interlocuteurs. Cette identité est toutefois celle d'une réduction, c'est-à-dire de l'absorption du langage dans une sphère où il n'y a plus de communication proprement dite.

Il y a enfin un dernier destinataire du langage angélique : Dieu. Ici encore la métaphore de la vision est celle qui se prête le mieux pour signifier le langage en question. Dieu voit en effet toutes les pensées secrètes et les mouvements de la volonté[3]. Il ne s'agit donc plus de langage proprement dit, car ses deux conditions – la volonté de communiquer et l'élaboration du signe – n'ont plus de raison d'être. Dieu voit tout immédiatement et indépendamment de toute volonté de

1. Cf. *ibid.*, 111va : « Nam quando angelus convertit se super aliquam speciem et format inde intellectionem vel verbum intelligibile, loquitur sibi ipsi, quia ipsemet videt quod cogitat ».

2. *Ibid.*

3. *Ibid.* : « Deus in corde angeli sive in intellectu eius videt omnes cogitationes futuras. Vel, ut magis proprie loquamur, deus in seipso videt cor angeli sive intellectum angelicum et videt omnes species eius intelligibiles, et videt omnia quecumque debet cogitare per huiusmodi species et antequam illa cogitet ».

manifestation[1]. Le sujet qui parle devient ici l'objet d'une vision qui ne connaît aucune résistance. Aucune forme d'obscurité ne s'interpose entre Dieu et le créé, aucune opacité ne peut s'opposer à son regard. Ainsi les créatures parlent à Dieu de bon gré ou malgré elles, et lui montrent plus qu'elles ne sauraient se dévoiler à elles-mêmes : *cor angeli loquitur Deo et est patens Deo plus quam sit patens angelo*[2]. Ce langage du cœur n'est plus un acte volontaire, mais une condition ontologique, que l'ange partage d'ailleurs avec les êtres humains. Il apparaît ainsi que la dynamique vers l'intériorité aboutit à la suppression du langage-instrument et à celle de la communication-volonté (de manifester), et s'accomplit dans l'unité divine omni-compréhensive. Là où il y a identité simple, parfaite et transparente, le langage-instrument devient superflu. Le langage comme système de signes est un indice de la distinction et de la séparation qui affecte les entités créées en tant que déterminées et finies. En vertu de la valeur paradigmatique de la réalité divine, l'utopie de la communication devient ici celle d'une identité transparente qui a supprimé toute obscurité et tout obstacle, et par laquelle le locuteur et son destinataire ne font plus qu'un.

## Langage et signes

Etant donné l'importance des médiations linguistiques dans la conception de Gilles de Rome, il convient de clarifier à présent la nature du signe chargé de manifester la pensée. Cette enquête prend forme à travers l'interrogation sur la naturalité et l'artificialité des signes linguistiques : *Utrum signa per que loquuntur angeli sint naturalia vel voluntaria*[3].

Gilles s'emploie à cerner la notion de naturalité et d'artificialité à partir de la définition aristotélicienne de l'homme comme animal social et politique. La sociabilité humaine – dit-il – est une donnée de nature qui s'enracine dans la capacité de communication. Sans cette faculté aucune relation sociale ne serait possible. La communication relève par conséquent de la nature humaine et se situe à un niveau de naturalité plus fondamental encore que celui de la sociabilité. Aussi, conformément à l'idée que les substances séparées réalisent mieux les prérogatives humaines, si le langage est naturel pour l'homme, il le sera d'autant plus pour l'ange[4]. Cela dit, notre auteur procède à une double distinction concernant la notion de naturalité. Celle-ci peut en effet caractériser une entité de

1. Cf. B. Faes de Mottoni, *Voci, alfabeto*, cit., p. 97*sq.*

2. *De cogn. ang.*, 111va.

3. Cf. *ibid.*, qu. XIII, 112ra. Sur l'intérêt et la dimension sémiotique de l'analyse de Gilles de Rome, cf. A. Tabarroni, *Il linguaggio degli angeli*, cit.

4. Cf. *ibid.*, 112va-vb : « Nam quod consequitur totam speciem oportet quod sit quid naturale. Locutio autem consequitur totam humanam speciem. Ergo locutio in hominibus est quid naturale, et multo magis in angelis. Immo ex quo homo est naturaliter animal communicativum, ut in arguendo dicebatur, et ex quo est animal naturaliter politicum, ut probatur in politicis, quia ex hoc homo maxime est animal communicativum et politicum, quia potest per sermonem exprimere suos conceptus, oportet quod sermo sit homini naturalis, et multomagis locutio erit naturalis angelis ».

manière générale ou dans sa réalité spécifique; elle peut aussi déterminer une entité selon l'aptitude ou selon la réalisation de cette aptitude[1].

L'application de ces distinctions au phénomène linguistique va permettre de découvrir différents niveaux de naturalité et de non-naturalité des éléments qui entrent en jeu. En effet, à partir de la première distinction on est amené à préciser que le langage est naturel pour l'homme d'une manière générale – c'est d'ailleurs pourquoi l'être humain est un «animal communicatif». En revanche, si on envisage le langage du point de vue de sa constitution interne (*in speciali*), il faudra constater qu'il n'est pas une réalité naturelle, mais artificielle: *ad placitum*. Preuve en est la différenciation des langues, qui n'affecte pas la capacité de communication, mais uniquement la modalité de son actualisation[2]. Par ces considérations, Gilles reprend la doctrine aristotélicienne qui fait du langage une donnée de nature et de ses signes une réalité conventionnelle. Mais en vertu de l'analogie déjà établie avec la réalité des substances séparées, il n'hésite pas à l'adopter dans son analyse du langage des anges, pour en conclure que la faculté de communiquer leur est naturelle, alors que les signes dont ils se servent relèvent d'un choix de la volonté et sont par conséquent artificiels[3]. Ainsi, comme nous l'avions relevé auparavant, le fait d'attribuer aux anges l'usage de signes linguistiques rend leur langage semblable à celui des êtres humains.

La deuxième distinction va le confirmer. De même que les hommes ont une aptitude naturelle à la communication, mais accomplissent et perfectionnent cette disposition par des moyens artificiels, ainsi les anges possèdent l'aptitude naturelle de s'exprimer, mais la réalisent par l'emploi de signes artificiels[4]. Dans les deux cas, sur une donnée de nature se greffe la liberté des créatures d'accomplir leurs dispositions par les moyens de leur choix. Cette liberté ouvre l'espace d'une créativité que les hommes ont déployé dans leurs créations littéraires et artistiques, et que les anges ont peut-être inscrit dans le ciel empyrée ou dans l'imagination humaine. Pour les anges, cette créativité s'exerce en effet dans l'éventail des langages que nous avons découverts auparavant et qui représentent autant de potentialités linguistiques à leur portée. La différenciation des

1. Cf. *ibid.*, 112vb: «Distinguemus ergo de naturali, quia potest esse aliquid naturale in generali et in speciali (...). Vel possumus aliter distingui de naturali, quia est naturale secundum aptitudinem, et est naturale secundum actum et perfectionem».

2. Cf. *ibid.*: «In generali quidem naturale est homini quod loquatur: unde et omnes homines loquuntur. Sed in speciali quod loquatur sic vel sic, hoc est ab arte et ad placitum. Et ideo non omnes homines eodem modo loquuntur». Dante Alighieri traduira cette conception en poésie dans les célèbres versets de *Paradis*, XXVI, 130-132: «Opera naturale è ch'uom favella; ma così o così, natura lascia poi fare a voi secondo che v'abbella».

3. Cf. *De cogn. ang.*, 112vb: «Erit ergo sermo a natura et ad placitum. Sed a natura est in generali, ad placitum in speciali. Sic est in angelis, quod exprimant per aliqua signa et per aliquos nutus suas cogitationes et suas affectiones est in eis naturale. Sed quod exprimant per hec signa vel per hos nutus potest esse ad placitum».

4. Cf. *ibid.*: «Ita et in proposito, aptitudinem habemus naturalem ad loquendum; sed hanc aptitudinem perficimus per artem et per intellectum instituendo voces ad significandum et invenendo signa que sunt representativa conceptionum nostrarum. Sic et in angelis: aptitudinem habent naturalem ut exprimant suas conceptiones per aliqua signa, sed hanc aptitudinem naturalem possunt perficere per artem et voluntatem, id est per signa artificialia et voluntaria».

instruments de communication corrige par ailleurs quelque peu la nécessité d'y recourir, grâce à la liberté dont ils jouissent dans leur choix et leur usage.

Ces clarifications ne répondent cependant pas encore de manière exhaustive à l'interrogation initiale, car elles se bornent à appliquer l'analogie entre le langage humain et le langage angélique. Aussi, Gilles entreprend-t-il un examen détaillé qui va pouvoir établir avec précision le caractère naturel ou artificiel de chacun des langages dont les anges peuvent se servir.

*Une nouvelle typologie des signes linguistiques*

La première étape de cette enquête consiste dans la reconsidération des différents langages angéliques, mais selon un schéma inversé. Ici le point de départ n'est plus le langage adressé aux hommes, mais celui qui parle à Dieu.

Voici résumée la classification des langages angéliques et de leurs composantes :

| **Langage :** | **Destinataires :** | **Signes :** | **Référents :** |
|---|---|---|---|
| I : langage du cœur | Dieu | | l'ange qui « parle » |
| II : langage intérieur | soi-même et Dieu | intellections ou verbes intelligibles | choses |
| III : langage mental | les autres anges | expressions des intellections | verbes intelligibles ou intellections |
| IV : langage figuré | les autres anges | graphismes | verbes intelligibles |
| V : langage sensible | hommes et anges | signes sensibles | verbes intelligibles |

Ce tableau appelle quelques remarques, qui vont d'ailleurs confirmer les considérations précédentes sur les deux premières formes de langage. La dynamique descendante de la classification de Gilles montre clairement que les différents types de langage sont enchaînés selon un ordre de complexification croissante. En allant du langage qui se passe de tout signe au langage qui en emprunte plusieurs, on assiste à une progression dans le sens d'une pluralité de destinataires et surtout des signes requis par la pratique linguistique. La complexification et la plurification des moyens de communication est le pendant linguistique la dynamique de l'*exitus* caractéristique de la métaphysique néoplatonicienne. Le schéma qui en résulte reproduit l'enchaînement qui va de l'unité vers la distinction et la multiplicité ou, en termes augustiniens, la voie qui mène de l'intériorité vers l'extériorité et la dispersion. Le résultat majeur de cette application du modèle néoplatonicien réside dans la multiplication non seulement des langages, mais surtout des médiations linguistiques : des verbes intelligibles qui sont signes d'eux-mêmes, en passant par l'expression des verbes intelligibles et des graphismes invisibles aux yeux humains, on arrive aux représentations imaginaires et aux sons. Chaque passage rend le signe plus complexe en lui ajoutant une médiation ultérieure, intellectuelle d'abord, sensible ensuite. Chaque passage marque ainsi un pas en direction d'une extériorité et d'une matérialité croissantes. Cette dynamique investit aussi le rapport aux référents des signes, qui à partir du troisième type de langage ne sont plus les choses elles-mêmes, mais – conformément à la doctrine du *Perì Hermeneias* d'Aristote – les conceptions de l'esprit, qui renvoient à leur tour aux réalités extramentales.

Ce mouvement qui va de l'unité vers la multiplicité et de l'intériorité vers l'extériorité équivaut, sur le plan de la communication, au processus de manifestation qui définit la nature même du langage. Cette manifestation implique nécessairement le recours à une médiation, qu'elle soit d'ordre purement intentionnel – comme ce fut le cas chez Thomas d'Aquin –, ou qu'elle fasse appel à une entité distincte du contenu à manifester – comme il arrive chez Gilles de Rome. Or, toute médiation linguistique objective, en raison de sa fonction expressive, est déjà de l'ordre de la distinction et de la multiplicité. Si on considère le premier stade d'expression véritable, celui du langage mental – dans le deuxième type de langage, en effet, le verbe intelligible est signe de lui-même pour le sujet qui le conçoit –, il faut constater que l'expression du verbe intelligible résulte de la détermination ou particularisation d'une représentation universelle. Cette traduction de l'universel dans une représentation particulière est d'ailleurs la condition *sine qua non* de sa transmission à un autre sujet. Le langage met ainsi à la portée du destinataire un contenu caché, d'une part parce qu'enfoui dans la conscience d'un autre, et d'autre part parce qu'indéterminé. La communication met donc en œuvre un processus de détermination qui s'avère être un processus de distinction. Les signes linguistiques expriment de manière distincte et particulière ce qui dans sa source est uni et universel : manifestation devient ici synonyme de distinction. Par conséquent, selon le modèle néoplatonicien adopté par Gilles, tout langage – y compris celui des anges – s'inscrit dès son origine dans un ordre d'altérité.

Cet aspect est clairement exemplifié dans l'articulation entre le verbe intelligible et son expression : la naissance de cette médiation réside en effet en ceci, qu'à chaque conversion sur un verbe intelligible, doublée de la volonté de le manifester, correspond une expression intelligible distincte de ce même verbe. Ces signes (expressions) intelligibles résultent de ce que chaque conversion engendre une expression. Il y a donc une correspondance numérique non pas entre les intellections et leurs expressions, mais entre les conversions sur un verbe intelligible et l'expression de ces conversions. Ces conversions expriment, quant à elles, l'intentionnalité qui investit une représentation de l'esprit[1]. En d'autres termes, le signe linguistique n'est pas relié immédiatement au contenu de l'esprit, mais à l'acte par lequel le sujet le considère en vue d'en faire un message pour autrui. Le langage se rattache donc au contenu qu'il manifeste par la médiation de la conversion intentionnelle du sujet. Aussi, dans notre tableau se cache une médiation

1. Cf. *ibid.*, 113ra : « Sed de expressionibus intellectionum sive de signis intelligibilibus per que loquitur angelus non sic est. Nam, quot modis se convertit angelus super suam speciem intelligibilem, et quot modis refert suam intellectionem, tot format illius intellectionis expressiones. Non enim eandem expressionem nec idem signum intelligibile formabit angelus prout convertit se super speciem volatilis ut representat omnia volatilia generaliter et ut representat hanc speciem volatilis specialiter et ut representat hoc particulare volatile singulariter. Immo, quot erunt ibi huiusmodi conversiones, tot erunt ibi signa intelligibilia et intellectionum expressiones ».

ultérieure : celle de l'acte par lequel le sujet décide du message à transmettre et le détermine en en formant l'expression intelligible. C'est par cette médiation que la conception de l'esprit passe de l'état occulte à l'état d'un contenu manifeste pour le destinataire : *inde est quod huiusmodi expressiones intellectionum sive huiusmodi signa intelligibilia sunt angelis patentia. Sed ipse intellectiones et ipsa verba intelligibilia sunt eos latentia*[1].

Dès lors, si l'intentionnalité ne suffit pas à manifester, elle représente cependant une articulation fondamentale du processus linguistique, dans le double sens du choix du destinataire, et surtout dans le sens de la conversion intentionnelle sur un contenu déterminé de la conscience. Le processus linguistique s'inscrit donc d'emblée dans un ordre de distinction et d'altérité, car la manifestation implique nécessairement la séparation des composantes qui étaient à l'état d'unité dans le message encore secret : *quod verbum sive intellectio continet unitive, expressiones verborum et intellectionum continent sparsim et distincte et particulariter*[2]. Voilà donc à quoi conduit la dynamique néoplatonicienne dans l'interprétation du parler angélique : la monstration impliquée dans la communication exige une multiplication des étapes et des médiations qui dé-veloppent le message en-veloppé dans l'esprit, qui explicitent et manifestent les secrets de l'ange. L'immédiateté de la communication angélique telle qu'elle était apparue dans la conception thomasienne est ici remplacée par une médiation accentuée, que Gilles juge indispensable pour rendre raison du processus linguistique.

La distinction et la particularité qui caractérisent les signes des langages angéliques répondent ainsi à leur fonction de manifestation. Celle-ci permet à son tour de présenter une nouvelle classification de ces signes qui va clarifier davantage leur statut. Les signes de chaque langage remplissent en effet leur fonction propre d'une manière particulière et distincte des autres. Plus précisément, l'ange peut se servir de quatre sortes de signes :

- les signes intellectuels intrinsèques et latents (langage II du tableau précédent)
- les signes intellectuels intrinsèques et manifestes (langage III)
- les signes intellectuels extrinsèques et manifestes (langage IV)
- les signes sensibles extrinsèques et manifestes (langage V)[3]

On aura remarqué que l'enchaînement de cette nouvelle classification reproduit la dynamique qui va de l'intériorité-unité vers l'extériorité-multiplicité-matérialité. À cette dynamique correspond un processus de manifestation qui emprunte plusieurs médiations et qui en détermine les caractéristiques.

1. *Ibid.*
2. *Ibid.*
3. Cf. *De cogn. ang.*, 113rb-va : « Sed aliter et aliter sunt omnia ista signa. Dicemus enim quod angelus potest loqui per signa quadrupliciter, quia aliquando loquitur per signa intellectualia intrinseca et latentia, aliquando per signa intellectualia intrinseca et non latentia, aliquando quidem per signa intellectualia que nec sunt intrinseca nec latentia. Sed potest et quarto modo loqui per signa que nec sunt intellectualia nec intrinseca nec latentia, sed sunt sensibilia extrinseca et patentia ».

Le premier type de signes se maintient à l'intérieur du sujet (signe intrinsèque), et plus précisément dans son intellect (signe intellectuel); il n'est pas manifeste aux autres (signe latent), et son référent immédiat sont les choses elles-mêmes (signe représentatif des choses)[1]; ce langage se résume à deux composantes : le locuteur(-destinataire) et le verbe intelligible.

Quant au deuxième type de signe, il reste encore à l'intérieur du sujet (signe intrinsèque), c'est-à-dire de son intellect (signe intellectuel), mais il est manifeste aux autres (signe patent) et renvoie aux choses par la médiation de leurs expressions intelligibles (signe expressif du verbe intelligible)[2]; ce langage implique quatre éléments: le locuteur, le verbe intelligible, son expression intelligible et le destinataire.

Le troisième type de signe reste intellectuel – car il n'est compréhensible qu'intellectuellement –, mais il est extrinsèque – puisqu'inscrit dans le ciel empyrée –, manifeste aux autres anges, et son référent immédiat sont les conceptions de l'esprit[3]; cette forme de communication comprend également quatre éléments : le locuteur, le verbe intelligible, son expression intelligible et le destinataire. Cependant, et contrairement aux précédents, ces signes sont extrinsèques et représentent par conséquent une étape ultérieure dans la dynamique qui va vers l'extériorité.

En ce qui concerne le quatrième type de signe, nous assistons à un changement de nature : il ne s'agit plus d'un signe intellectuel, mais sensible; comme tel, il est extrinsèque et matériel (dans le cas des sons), ainsi que manifeste aux interlocuteurs[4]. Ici encore quatre éléments interviennent dans la composition de ce langage : le locuteur, le verbe intelligible, son expression et le destinataire. Cela dit, la progression vers l'extériorité est maintenant accomplie, car elle aboutit à

1. Cf. *ibid.*, 113va : « Nam, cum angelus loquitur formando verba intelligibilia sive intellectiones, secundum quem modum loquitur sibi et deo, loquitur per signa intellectualia intrinseca et latentia. Huiusmodi enim verba signa sunt, quia sunt representativa naturarum rerum. Intellectualia sunt, quia sunt in ipso intellectu. Intrinseca sunt, quia sunt in ipso angelo. Latentia sunt, quia huiusmodi verba intelligibilia que sunt in uno angelo latent alium angelum ».

2. Cf. *ibid.* : « Sed cum angeli loquuntur secundo modo, videlicet per expressiones intellectionum, huiusmodi expressiones signa sunt, quia sunt signa expressiva et manifestativa verborum intelligibilium. Sunt etiam talia signa intellectualia et intrinseca, quia sunt in ipso angelo et in intellectu eius. Tamen non sunt latentia, sed patentia, quia non latent alium angelum, sed patent ei ».

3. Cf. *ibid.* : « Sed cum loquuntur angeli tertio modo per solam applicationem virtutis absque transmutatione materie, loquuntur per signa intellectualia sed non intrinseca nec latentia. Figure enim descripte per huiusmodi applicationem virtutis signa sunt, quia sunt signa verborum intelligibilium; et intellectualia sunt, ut appellemus intellectuale quidquid non potest comprehendi sensu sed intellectu; sed huiusmodi signa non sunt intrinseca, quia non sunt in ipso angelo, sed magis sunt per applicationem virtutis ad corpus exterius; sunt etiam talia signa patentia, cum per talia signa loquatur vel loqui possit vel patefacere possit conceptus suos alteri angelo ».

4. Cf. *ibid.* : « Sed quarto modo locutionis ut loquitur angelus transmutando materiam corporalem faciendo ibi apparere aliqua signa sensibilia, in tali locutione loquitur angelus per signa. Sed illa signa nec sunt intrinseca, quia sunt in materia exteriori; nec sunt intellectualia, quia sunt sensibilia; nec sunt latentia, sed sunt patentia cum per ea possit patefacere conceptus suos ».

une médiation linguistique désormais sensible, inscrite dans les coordonnées spatio-temporelles[1].

Pour conclure, nous pouvons observer que les statuts de ces signes reflètent fidèlement la nature des langages auxquels ils appartiennent. Ils forment avec eux une combinatoire qui représente l'éventail des potentialités linguistiques des substances séparées. L'aspect paradigmatique et la fonction exemplaire du parler angélique réside ici précisément dans cette palette de langages, dans la possibilité de choisir – certes en fonction du destinataire – entre différentes formes linguistiques et de déployer ainsi une certaine créativité : les anges de Gilles sont aussi des peintres, des poètes et peut-être des musiciens.

*Les modalités du langage humain, naturalité et conventionnalité*

Dans la deuxième étape de son enquête, Gilles précise les modalités du langage humain ainsi que leur caractère naturel ou volontaire, afin de fonder, par voie d'analogie, l'analyse de ces mêmes déterminations au niveau des substances séparées. La perspective adoptée ici n'est plus celle du langage comme acte de manifestation orienté vers un destinataire, mais celle de la constitution interne du langage comme formation de signes expressifs. L'analyse porte sur l'origine du signe et sur sa fonction de signification. Gilles inaugure précisément sa démarche par la définition du parler comme formation de signes : *cum loqui idem sit quod formare verbum*[2]. De cette définition il résulte qu'à chaque modalité de formation de signes correspondent des modalités linguistiques déterminées[3]. À partir de là, et selon son procédé habituel, Gilles présente une typologie des modalités linguistiques humaines. La bipartition augustinienne entre langage intérieur et langage extérieur est essentielle dans ce contexte, car elle permet de qualifier de langage la formation de signes qui restent dans le locuteur et ne sont adressés à aucun destinataire ou qui, au contraire, sont perceptibles à l'extérieur, mais de manière involontaire[4]. Tel est le cas de trois des quatre modalités linguistiques que nous allons découvrir à présent.

Bien que les hommes ne communiquent entre eux que par le langage sensible qui traduit en sons le message conçu par l'esprit, ils pratiquent cependant autant de langages intérieurs qu'ils forment différents types de verbes mentaux. Ces paroles intérieures sont de quatre sortes : il y a le verbe intelligible, le verbe sensible, le verbe imaginaire et le verbe passionnel. Or, puisque à chaque type de verbe correspond une modalité linguistique particulière, il s'ensuit que l'homme peut se manifester dans son for intérieur par quatre formes de langage : le langage

1. B. Faes de Mottoni a cerné avec clarté la nature de ces différents signes angéliques : cf. *Voci, alfabeto,* cit., p. 101-103.
2. *De cogn. ang.*, 113va.
3. Cf. *ibid.* : « Quot modis verba formamus, tot modis loquimur ».
4. Cf. *ibid.* : « Augustinus vult quod non solum loquamur exterius ore per verba sensibilia, sed loquamur interius in corde sive in intellectu per verba intelligibilia ».

intellectuel, le langage sensible, le langage imaginaire et le langage des passions [1]. On peut constater d'emblée que chacun de ces langages est produit par une faculté déterminée. Aussi, son statut et sa valeur seront entièrement redevables de son origine. Au niveau inférieur on trouve le langage des passions, produit par la faculté appétitive; il est suivi du langage sensible produit par les sens et du langage imaginaire issu de l'imagination; le langage supérieur sera enfin le langage intellectuel, qui est produit par la faculté la plus noble de l'être humain.

Il importe de préciser que ces langages ne représentent pas des potentialités langagières dont l'homme pourrait se servir à l'égard de ses semblables. Contrairement à l'ange, le choix de l'être humain entre différents langages n'est pas total, car l'homme ne peut se manifester à l'extérieur que par des signes sensibles. Aussi, le langage intellectuel, le langage imaginaire et celui des passions représentent-ils différentes modalités d'expression intérieure, qui ne peuvent être manifestées aux autres que par la médiation du langage sensible[2]. Cela dit, l'admission de ces modalités linguistiques indique que l'être humain peut s'exprimer à différents niveaux de sa conscience et de manière conforme à chaque niveau – la manifestation extérieure de ces modalités expressives étant soumise à un choix volontaire et à une médiation ultérieure. L'affirmation de ces modalités linguistiques apparaît comme une légitimation de l'idée toujours actuelle d'un langage du corps et de l'imagination, qui dans l'optique de Gilles représentent des niveaux d'expression certes inférieurs, mais néanmoins reconnus comme modalités expressives de l'être humain[3].

Précisons toutefois que ce qui vaut sur le plan de l'intersubjectivité humaine ne vaut pas nécessairement pour les substances séparées. Ainsi, le langage des passions est immédiatement accessible aux anges, qui à travers lui « comprennent beaucoup de ce que les hommes conçoivent dans leur esprit » [4]. Cette considéra-

1. Cf. *ibid.* : « Et sicut formatio verbi intelligibilis dicitur locutio, et formatio verbi sensibilis locutio vocatur, sic et formatio verbi imaginabilis locutio dici potest. Loquimur ergo intellectualiter, imaginabiliter et sensibiliter. Sed accipiendo locutionem large pro quacumque manifestatione conceptuum nostrorum, possumus addere et quartum locutionis modum ut dicamus quod loquimur passionaliter, ut per passiones aggeneratas in nobis ».

2. Sur les différentes formes de langage et leur valeur, cf. Augustin, *De magistro*, Ire partie.

3. On pourrait d'ailleurs imaginer que ces langages correspondent à différents stades du développement : le langage du corps (des passions) étant celui du nouveau-né, le langage de l'imagination étant propre à l'enfant, celui de la sensibilité étant le langage des jeunes gens et le langage intellectuel étant le propre de l'être humain dans sa maturité – chaque niveau d'expression étant d'ailleurs présent aux stades successifs.

4. Cf. *De cogn. ang.*, 113va-vb : « Nam per passiones in nobis factas angeli et demones multa possunt videre de conceptibus nostris. Ut si videat angelus vel demon quod cogitamus de inimico, et in ponendo quod videat quod cogitemus de fuga inimici, nescit tamen, ut supra diximus, si cogitemus de huiusmodi fuga affirmative vel negative, quia in intellectu affirmatio et negatio non habent distinctum conceptum secundum se, sed solum secundum rationem et ordinem voluntatis. Sed hoc quod angelus non cognoscit secundum se potest ei patefieri per passiones aggeneratas in nobis, ut si videat nos cogitare de fuga inimici et videat nos passionari passione calidi, statim cognoscet quod cogitamus de fuga negative : cognoscit enim ex hoc nos esse audaces ; ideo cognoscet quod non proponimus fugere. Sed si videat nos passionari passione frigidi, cognoscet nos esse timidos et cognoscet quod nos cogitamus de fuga affirmative ».

tion confirme ce que nous avons relevé à propos de la connaissance des secrets des cœurs : tout en étant inpénétrables aux autres créatures, ces secrets peuvent être partiellement saisis lorsqu'ils sont accompagnés de modifications corporelles qui extériorisent le langage des passions. Aux créatures spirituelles revient donc aussi la prérogative qui consiste à comprendre cette forme de langage humain.

Chaque modalité linguistique représente une modalité de manifestation et d'expression du sujet, ainsi qu'une forme de conscience de soi. Par ailleurs, comme nous l'avons vu, chacune d'elles est considérée comme un langage, en raison de la formation d'un verbe mental qui peut être intellectuel, sensible, imaginaire ou passionnel. Chacun de ces verbes va permettre à présent de déterminer le caractère naturel ou volontaire (et conventionnel) du langage correspondant. Aussi, partant du niveau inférieur, Gilles explique-t-il que le langage des passions est naturel, aussi bien en ce qui concerne la genèse des passions qu'en ce qui intéresse leur représentation. Les passions surgissent indépendamment de la volonté et leurs caractéristiques résultent principalement du tempérament du sujet : il y a en effet des personnes de nature timide et d'autres de nature téméraire ; étroitement liée aux caractéristiques psychologiques de chacun, la naissance des passions échappe donc à la maîtrise du sujet[1]. De même, la représentation ou le message qui résultent du langage des passions sont naturels, car, pour reprendre l'exemple du timide et du courageux, il est naturel que la froideur donne à comprendre un caractère timide, alors que l'échauffement est l'indice d'un caractère audacieux. Il y a donc un rapport naturel et nécessaire entre une passion et son référent. Le langage des passions est ainsi une expression naturelle, aussi bien du point de vue du sujet que de celui de sa signification objective[2].

Le langage de l'imagination, en revanche, est un langage entièrement volontaire, autant du point de vue de sa formation que de celui du référent[3]. Pour comprendre cette affirmation, il convient de préciser que par *verbum imaginabile vel imaginarium*, Gilles n'entend pas la représentation imaginaire de l'objet. En termes médiévaux, le verbe imaginaire n'est pas – du moins chez Gilles – le phantasme qui intervient dans le processus cognitif comme représentation intermédiaire de l'objet, avant que l'intellect en abstraie la notion universelle. La représentation imagée qu'est le phantasme a en effet un rapport naturel avec l'objet, puisqu'il résulte de ce que l'objet lui-même imprime dans la faculté

1. Cf. *ibid.* : « Nam si loquamur per passiones, locutio est naturalis et quantum ad passionum formationem et quantum ad passionum representationem. Cum enim cogitamus de fuga inimici, non est in potestate nostra nec subiacet omnino voluntati que passio formetur vel aggeneretur in nobis, quia aliqui naturaliter sunt timidi et aliqui naturaliter audaces. Et timidi naturaliter passionantur passione frigidi, eo quod in timore refugit sanguis ad cor propter quod remanent membra frigida. Unde et consueverunt membra timentis tremere, quia propter recessum sanguinis remanent nervi lassati et debilitati et infrigidati ut non possint bene coniungere ad invicem membra ».

2. Cf. *ibid.* : « Rursus (...) etiam ipsa representatio facta per tales passiones naturalis est. Nam, naturale est quod infrigidatio dat intelligere timidum et cogitantem de fuga affirmative; calefactio dat intelligere audacem et cogitantem de fuga negative. Talis ergo locutio est quodammodo omnino naturalis ».

3. Cf. *ibid.* : « Sic etiam representatio verbi intelligibilis per verbum imaginabiliter voluntaria est et quantum ad verborum formationem et quantum ad verborum formatorum significationem ».

sensitive : aussi, s'il y avait un « langage des phantasmes », ce serait un langage naturel[1]. Le verbe imaginaire désigne par contre ici le verbe ou la parole imaginée : *verbum imaginarium possumus appellare hanc vocem imaginatam.* Gilles exemplifie sa pensée par rapport à la formation du terme « lion » : le verbe imaginaire de « lion » n'est pas le phantasme du lion, ou, si l'on préfère, il n'est pas l'image du lion formée dans la faculté imaginative; le verbe imaginaire de « lion » est l'imagination du mot « lion »[2]. Former un verbe imaginaire, c'est donc imaginer le mot, si bien que le langage imaginaire est un langage de mots imaginés.

Nous ne sommes probablement pas loin de la réalité si nous imaginons à notre tour qu'il s'agit là d'un langage quelque peu fantaisiste, qui n'a pas de rapport naturel et nécessaire avec la réalité, et qui de ce fait, comme le dit notre auteur, est un langage purement « à sa guise » (*ad placitum*)[3]. Ce caractère volontaire investit aussi bien la formation du verbe que sa signification : en effet, de même que l'acte par lequel on imagine un mot a un fondement purement subjectif, ainsi la signification ou le référent d'un tel verbe relève exclusivement de la volonté du sujet, car celui-ci peut nommer les choses dans son imagination comme il lui plaît[4]. L'affirmation d'un tel langage imaginaire paraît assez surprenante et on peut se demander quelle est sa raison d'être. Bien que Gilles ne dise rien à ce propos, une hypothèse nous paraît la plus vraisemblable : elle consiste à justifier ce langage imaginaire comme un chaînon intermédiaire nécessaire à la typologie des modalités linguistiques établie par notre auteur; dans ce cas, ce langage imaginaire servirait de contrepoint au langage purement naturel des passions et ferait une place à l'imagination comme faculté de formation de verbes mentaux[5].

La détermination du caractère du langage sensible s'avère plus complexe. Constatons d'abord que nous avons affaire ici au seul langage extérieur, c'est-à-dire au langage sonore indispensable à la communication humaine : le *verbum sensibile* est en effet le *verbum exterius prolatum.* Selon Gilles, la formation de ce verbe sensible est totalement volontaire (*ad placitum*), car elle relève uniquement

1. Cf. *ibid.* : « Verbum enim imaginabile ipsius leonis non appellamus ipsum phantasma leonis; vel non appellamus ipsum phantasma leonis vel ipsum idolum formatum in phantasia, quia hoc non est ad placitum ».

2. Cf. *ibid.* : « Sed verbum imaginarium ipsius lionis possumus appellare hanc vocem imaginatam que est leo ».

3. L'expression « ad placitum » signifie « à sa guise », « à son gré »; elle correspond à la signification originaire d'« arbitraire » comme indiquant un choix qui procède du libre arbitre, et recouvre la signification du terme « artificiel » en ce que celle-ci implique de non-naturel.

4. Cf. *De cogn. ang.*, 113vb : « Imaginatio ergo talis vocis est ad placitum. Rursus significatio per talem vocem imaginatam ad placitum est. Possemus enim cuilibet rei nomen quodlibet imponere ».

5. À celle-ci, on peut ajouter deux autres hypothèses qui nous paraissent également plausibles. D'une part, le recours à ce langage se justifie lorsque le sujet entend un mot dont il ignore le référent ou qui n'a tout simplement pas de référent – ce peut être le cas de mots d'une langue étrangère ou de mots qui n'ont pas de référent objectif (adverbes, interjections, conjonctions, prépositions, etc.) : faute d'un objet auquel le rattacher, c'est le mot lui-même qui devient l'objet de l'imagination. Ce langage imaginaire pourrait par ailleurs représenter tout simplement la possibilité d'un langage subjectif, par lequel le sujet se plairait à nommer les choses comme il le voudrait et constituerait par là-même une sorte de dictionnaire personnel, indépendant du vocabulaire conventionnel – c'est le cas, par exemple, de certains langages enfantins.

d'une décision su sujet : celui-ci est libre d'exprimer ou de ne pas exprimer ses conceptions [1]. Quant à la signification de ce verbe, elle est volontaire ou naturelle en fonction de ce qu'il désigne. Son référent étant toujours un contenu de l'esprit, ce contenu peut être un verbe intelligible ou un verbe imaginaire. Dans le premier cas, la signification du verbe sensible est volontaire en ce qu'elle relève entièrement d'une décision humaine; elle est par conséquent *ad placitum*, car la signification des mots est un fait purement conventionnel; la diversité des langues en témoigne par le fait qu'un même contenu intelligible peut être exprimé par des mots totalement différents [2]. Dans le second cas, lorsque le référent est un verbe imaginaire, la signification du verbe sensible est naturelle, car le son proféré signifie immédiatement et nécessairement le mot imaginé. En effet, on ne pourrait pas prononcer un mot s'il n'avait pas été préalablement formé dans l'imagination. Dès lors, chaque mot prononcé renvoie nécessairement et immédiatement à soi en tant que conçu dans l'imagination : c'est ce rapport du mot proféré au mot imaginé qui est naturel. La naturalité du signe sensible est donc fondée dans la fonction métalinguistique des mots, qui sont les seuls signes capables de se signifier eux-mêmes. Ce type de naturalité ne concerne pas la valeur cognitive des mots : conformément à la doctrine aristotélicienne que Gilles adopte dans cette analyse, le rapport des mots aux choses est purement conventionnel (*ad placitum*). Aussi, la signification du langage sensible est-elle naturelle seulement lorsque le référent est le mot imaginé [3]. En résumé, le langage sensible est volontaire en ce qui concerne la formation du verbe et conventionnel par rapport au contenu intelligible, alors qu'il est naturel par rapport à l'imagination du mot proféré.

La dernière modalité linguistique à examiner est celle du langage intellectuel formé de verbes intelligibles. C'est le langage qui exprime intérieurement la connaissance proprement humaine des choses, qui est une saisie intellectuelle.

1. Cf. *De cogn. ang.*, 113vb : « Sed cum per verbum sensibile exprimimur verbum intelligibilem, talis locutio est omnino ad placitum et voluntaria, et quantum ad verborum formationem et quantum ad verborum formatorum significationem, quia in potestate nostra est, postquam cogitavimus interius verbum intelligibile, formare vel non formare exterius verbum sensibile, ita quod ipsa verborum sensibilium formatio est voluntaria ».

2. Cf. *ibid.*, 114ra : « Sic etiam verborum formatorum significatio voluntaria est; nam ad placitum est quod tale verbum formatum exterius significet hoc vel illud »; *ibid.* : « locutio ergo sensibilis per verba exterius prolata uno modo est penitus ad placitum, videlicet prout per talia verba sensitiva exprimuntur verba intelligibilia. Et talia verba sensibilia non sunt eadem apud omnes, quia idem verbum intelligibile apud diversas figuras, sive apud diversas gentes exprimitur per aliud et aliud verbum sensibile ».

3. Cf. *ibid.* : « Alio modo huiusmodi locutio sensibilis, videlicet prout per eam exprimitur vox imaginata sive verbum imaginabile est partim ad placitum et partim a natura. Naturalium verborum formatio est ad placitum : postquam enim imaginati sumus aliquam vocem, in potestate nostra est exprimere illam vocem per vocem extra sensibiliter prolatam (...); talium vocum formatarum vel talium verborum formatorum representatio et significatio non est ad placitum. Nam leo ut est vox prolata nullam aliam vocem imaginatam representat, sed solum representat seipsam in imaginatione conceptam »; *ibid.*, 114rb : « locutio ergo extra prolata (...) per comparationem tamen ad vocem imaginatam (...) quantum ad significationem et expressionem (...) non est ad placitum. Immo quelibet vox exterius prolata determinate significat seipsam et non aliam vocem in imaginatione conceptam ».

Ce langage est en partie volontaire et en partie naturel : *partim ad placitum et partim a natura*[1]. Comme dans les deux cas précédents, ici aussi la formation du verbe intelligible relève d'un choix du sujet : c'est à lui de décider s'il connaît par telle ou telle espèce et s'il exprime sa connaissance par un verbe intelligible correspondant[2]; la formation consciente d'un verbe mental est donc toujours soumise à la volonté humaine. En revanche, la signification des verbes intelligibles est naturelle, car les conceptions de l'esprit se doivent de représenter la nature des choses. Les verbes intelligibles expriment précisément les contenus de l'esprit, qui sont des représentations intelligibles des réalités connues. Or, une réalité n'est pas connue par n'importe quelle représentation, mais seulement par celle qui est conforme à sa nature. Le rapport de connaissance est donc essentiel ici et son exigence de conformité à l'objet retentit sur le verbe intelligible qui l'exprime, dont la signification doit revêtir le même caractère naturel. La naturalité du rapport cognitif donne raison de ce que les conceptions de l'esprit et les verbes intelligibles soient les mêmes chez tous les sujets, indépendamment des signes sensibles qui permettent de les extérioriser[3]. Gilles reprend ici encore la doctrine aristotélicienne du rapport naturel entre ce qui est conçu et son référent extramental, et du rapport conventionnel entre le mot proféré et la conception de l'esprit. Le verbe intelligible se situant dans la sphère de l'esprit, sa signification est alors solidaire du rapport naturel entre la pensée et la réalité.

En résumé, les modalités linguistiques humaines analysées par Gilles de Rome peuvent être illustrées comme suit :

| | | |
|---|---|---|
| Langage intellectuel (intérieur) | Verbe intelligible | – volontaire quant à sa formation ;<br>– naturel quant à sa signification. |
| Langage sensible (extérieur) | Mot proféré | – volontaire quant à sa formation ;<br>– conventionnel quant à la signification intelligible[4] ;<br>– naturel lorsque son référent est le mot imaginé. |

1. *Ibid.*, 114ra.

2. Cf. *ibid.* : « Nam verborum formatio est ad placitum (...). Nam in potestate nostra est intelligere per hanc speciem intelligibilem vel per illam et formare hoc verbum intelligibile vel illud, ita quod quantum ad hoc ipsa verborum formatio subiacet beneplacito ».

3. Cf. *ibid.* : « Sed verborum formatorum representatio non est ad placitum, sed a natura. Naturale est enim quod per tale verbum intelligibile et per talem conceptum representetur hec natura rei et non alia, et ideo talia sunt eadem apud omnes. Id enim idem quod concipit aliquis homo latinus de leone concipit homo grecus vel arabs : idem enim verbum intelligibile de natura leonis formant arabes, greci et latini » ; *ibid.*, 114rb : « eorum (sc. verborum intelligibilium) significatio vel representatio non est ad placitum, sed est ut exigunt nature rerum, quia sicut res se habet ad esse, ita ad cognosci et ad representari; non enim quelibet representatio loquendo de representatione facta per verbum intelligibile est vel esse potest cuiuslibet nature, sed determinata natura requirit determinatum intelligibile verbum ».

4. Il convient de préciser que « volontaire » et « conventionnel » représentent deux dimensions d'une même opposition au caractère « naturel » : « volontaire » indique la dimension subjective, qui consiste dans le libre choix de s'exprimer ou de ne pas s'exprimer; « conventionnel » renvoie à la dimension objective du langage et caractérise le rapport entre le signe et son référent.

| | | |
|---|---|---|
| Langage imaginaire (intérieur) | Verbe imaginaire | – volontaire quant à sa formation ;<br>– volontaire quant à sa signification. |
| Langage des passions (intérieur) | Passion | – naturel quant à sa formation ;<br>– naturel quant à sa signification [1]. |

*Naturalité et conventionnalité des langages angéliques*

À partir de ce qui précède, Gilles va établir par voie d'analogie le caractère naturel ou volontaire des langages des substances séparées. En suivant le mouvement descendant à partir du destinataire le plus élevé, notre auteur établit la naturalité du langage du cœur, par lequel l'ange parle à son créateur. De manière analogue au langage humain des passions, mais sous le signe de la pure spiritualité, le langage du cœur échappe à la maîtrise de l'ange. Dans cette forme de communication, l'ange n'est plus le locuteur proprement dit : il devient plutôt le message, il est comme un livre toujours ouvert au regard divin. Le cœur de l'ange « parle » malgré lui. Il s'agit donc d'un langage naturel, car il s'inscrit dans la nature du créé et surgit naturellement de son être [2].

Le deuxième type de langage – celui par lequel l'ange se parle à lui-même – est analogue au langage intellectuel humain et comme lui il est formé de verbes intelligibles. Ce langage est en partie volontaire et en partie naturel. Il est volontaire quant à la formation du verbe intelligible, car l'ange est libre d'opérer ou de ne pas opérer la conversion sur une espèce et d'en former le verbe intelligible correspondant [3]. Mais ce langage est naturel quant à la fonction représentative des verbes intelligibles, car il y a une correspondance objective entre le verbe et la nature qu'il représente et exprime. Comme nous l'avons constaté au niveau humain, ici aussi la valeur objective de la connaissance est déterminante quant au caractère naturel du verbe intelligible, si bien qu'une essence ne peut pas être exprimée par n'importe quel verbe. Cela dit, la correspondance entre ce verbe et l'objet n'est pas nécessairement numérique, car l'ange peut connaître une multitude d'objets par une seule espèce générique : dans ce cas, plusieurs réalités objectives sont comprises sous le même verbe, sans que sa valeur représentative soit amoindrie et sans perte de son caractère naturel [4].

1. Cf. *ibid.*, 114rb : « Prima locutio per passiones in nobis aggeneratas est quodammodo omnino naturalis. Secunda autem locutio per verba intelligibilia in mente concepta est partim naturalis et partim ad placitum (...). Tertia autem locutio que fit per voces imaginatas sive per verba imaginaria est simpliciter ad placitum. Sed quarta locutio fit per voces sensibiles extra prolatas; cum possit referri ad duo, ad imaginationem et ad intellectum, prout refertur ad intellectum est simpliciter ad placitum, sed prout refertur ad imaginationem est ad placitum et non ad placitum ».

2. Cf. *ibid.* : « Prima autem locutio est omnino naturalis. Nam non est in potestate angeli claudere vel non claudere cor suum deo. Immo, dato quod nollet, semper cor eius esset patefactum deo ».

3. Cf. *ibid.* : « Secunda autem locutio, prout loquitur formando intellectionem et verbum intelligibile, est partim ad placitum et partim non ad placitum. Nam quantum ad verbum formationem est ad placitum : nam in potestate angeli est convertere se super aliqua specie et formare inde verbum intelligibile vel non convertere se et non formare huiusmodi verbum ».

4. Cf. *ibid.*, 114rb-va : « Sed quantum ad verborum formatorum representationem non est simpliciter ad placitum. Nam non (*non* om. ed.) quodlibet verbum formatum potest esse representativum cuiuslibet nature rei. Sed est ibi determinatus modus representandi, ita quod hoc verbum representat

Le troisième type de langage par lequel les anges se parlent, et qui consiste dans l'expression intellectuelle de l'intellection ou du verbe intelligible, présente les mêmes caractères que le précédent. Il est volontaire quant à la formation de l'expression du verbe intelligible, car l'ange décide librement de communiquer le contenu de ses actes cognitifs[1]. Il est en revanche naturel quant à la représentativité à l'égard de ce qu'il exprime, en raison de la double correspondance qui lie d'une part l'intellection et son objet, et d'autre part l'intellection et son expression intellectuelle[2].

Le quatrième type de langage, à savoir le langage imagé, présente – de même que le langage imaginaire humain – un caractère totalement volontaire. D'abord parce que le fait de communiquer sous cette forme est l'objet d'un libre choix : ce langage s'adresse en effet au même destinataire que le précédent, si bien que l'ange choisit sans aucune contrainte l'instrument de communication auquel il fera recours. En deuxième lieu, le rapport au référent instauré par ces signes linguistiques – que nous avons vu être des graphismes inscrits dans l'Empyrée – est de même totalement volontaire, car c'est l'ange qui décide d'exprimer tel contenu par tel signe. Ici le locuteur peut, pour ainsi dire, donner libre cours à son imagination, c'est-à-dire exercer selon son gré sa faculté de former des images et leur faire exprimer ce qu'il veut. Par son caractère totalement *ad placitum*, cette forme de communication présente une ressemblance remarquable avec le langage artistique de la peinture : comme le peintre, l'ange trace librement dans le ciel des signes qui expriment un contenu subjectif, sans être tenu de respecter la conformité avec l'objet requise dans la connaissance[3]. Mais l'ange-peintre jouit de surcroît de la prérogative d'être compris par son destinataire : celui-ci n'interprète pas, mais saisit immédiatement le message qui lui est adressé.

hanc naturam (...). Attamen, quia angeli possunt intelligere per species generum, in uno et eodem verbo possunt diversa intelligere secundum quod diversimode se convertunt super sua specie sive super suo verbo intelligibili ».

1. Cf. *ibid.*, 114va : « Tertia autem locutio que est per intellectionis sive per verbi intelligibilis expressionem est etiam ad placitum et non ad placitum. Nam, quantum ad talium expressionum formationem est talis locutio ad placitum. Nam, postquam angeli in seipsis formaverunt intellectiones et verba intelligibilia, in potestate eorum est formare talium intellectionum et talium verborum intelligibilium expressiones ».

2. Cf. *ibid.* : « Sed quantum ad talium expressionum representationem, huiusmodi locutio non est ad placitum, quia non quelibet expressio est representativa cuiuslibet verbi intelligibilis vel cuiuslibet intellectionis, sed oportet quod aliarum et aliarum intellectionum sive aliorum et aliorum verborum intelligibilium sint alie et alie expressiones ».

3. Cf. *ibid.* : « Quarta autem locutio, que fit per virtutis applicationem est simpliciter ad placitum. Nam, quod angelus applicando virtutem suam faciat diversas scriptiones in aliquo corpore est secundum suum beneplacitum. Rursus quod ille descriptiones representent hoc vel illud est etiam secundum angelorum beneplacitum. Sicut ergo nos possumus manus nostras diversimode applicare ad aerem et secundum alium et alium motum manuum possumus aliud et aliud significare, ita quod omnis huiusmodi significatio est secundum placitum, ita quod nullus motus manuum secundum se magis representat hoc quam illud ; immo si vellemus quemlibet motum manus possemus instituere ad quodlibet representandum, sic etiam angeli secundum quod diversimode applicant virtutes suas ad aliquod corpus possunt per huiusmodi applicationes suos conceptus representare. Quelibet tamen talis representatio erit ad placitum ».

Il nous semble plausible de supposer que cette forme d'échange introduit une dimension ludique dans la communication angélique : son caractère totalement libre l'affranchit de la fonctionnalité qui régit d'autres aspects de la réalité angélique et permet de retrouver sa gratuité comme marque essentielle. S'il est vrai que selon Gilles la communication des créatures spirituelles doit emprunter nécessairement une médiation instrumentale, il n'en demeure pas moins qu'elle est totalement gratuite et qu'elle s'apparente par conséquent à une forme de générosité, à un don qui n'impose et ne demande rien. Cette liberté à l'égard de toute fonctionnalité est confirmée par le caractère volontaire de la signification exprimée : l'ange associe à telle ou telle figure dessinée le contenu qu'il veut. On retrouve ainsi l'idée d'un langage subjectif, mais néanmoins capable de susciter l'intersubjectivité, car ce langage qui n'obéit à aucun code préétabli n'enferme pas le locuteur entre les parois d'une cellule sans porte ni fenêtres ; il n'en fait pas une monade de type leibnizien, mais est capable de briser le solipsisme et de susciter la rencontre avec autrui. Nous sommes ici à l'opposé du langage irrémédiablement subjectif qui a condamné Nemrod à une solitude tragique et inhumaine[1]. Le langage subjectif dont l'ange est capable est au contraire une forme de communication sur-humaine, non seulement parce que les hommes ne peuvent pas le comprendre, mais surtout parce qu'il suscite la rencontre tout en restant « chez soi ». On constate une fois de plus à quel point la réalité angélique peut fournir un paradigme pour penser la réalité humaine et pour en découvrir l'idéalité : le cas échéant, elle permet de penser un langage qui, tout en étant subjectif au sens positif de la plus grande performance et fidélité expressive au locuteur, est affranchi du recours à un code préétabli et néanmoins capable de susciter une communication sans équivoques et une compréhension mutuelle. Faut-il relever la valeur idéale qu'une telle capacité revêt au niveau humain, où la communication est un besoin fondamental ?

Mais puisque les anges n'exercent cette communication idéale qu'entre eux, pour s'adresser aux hommes ils doivent recourir à un autre moyen : c'est le cinquième type de langage, qui résulte d'une intervention dans la matière afin d'y produire des sons semblables aux mots humains. Compte tenu du destinataire, ce langage est analogue à celui dont les hommes se servent entre eux. Comme ce dernier, il présente un caractère volontaire quant à la formation des signes sonores et conventionnel quant à leur rapport au référent[2]. Ce caractère volontaire et conventionnel vaut aussi lorsque l'ange provoque la ressemblance de sons dans l'imagination humaine : les sons imaginés ont le même statut que les sons produits

1. Dante Alighieri a exprimé magistralement sa situation : « Questi è Nembrotto per lo cui mal coto / pur un linguaggio nel mondo non s'usa. / Lasciamolo stare, e non parliamo a voto ; chè così è a lui ciascun linguaggio, come il suo ad altrui, ch'a nullo è noto », *Enfer* XXXI, 77-81 et *De vulgari eloquentia* I, VI, 4. Cf. R. Imbach, *Dante, la philosophie et les laïques*, Fribourg-Paris, Éditions universitaires-Éditions du Cerf, 1996, p. 210-212.

2. Cf. *De cogn. ang.*, 114va : « Quinta etiam locutio que fit per transmutationem materie est etiam ad placitum. Nam quod voces formate in aere representent hoc vel illud ad placitum est ».

dans l'atmosphère, et leur rapport au référent est tout aussi conventionnel[1]. En revanche, lorsque l'ange s'adresse à l'homme en provoquant l'apparition d'images dans sa faculté imaginative, le rapport du signe au représenté est naturel, car chaque image renvoie à une réalité déterminée et non pas à une autre[2]. Les signes figurés ont donc ceci de particulier, qu'ils sont soumis à l'exigence d'une conformité avec le représenté – une conformité qui caractérise le statut de toute image en tant que ressemblance de ce qu'elle représente. Le mot proféré, par contre, est un signe qui résulte d'un accord volontaire, précisément parce qu'il n'y a pas de correspondance naturelle entre le nom et la chose. Lorsqu'il emprunte le langage sonore, l'ange adopte donc la convention humaine qui a conféré à chaque mot sa signification, et s'en sert pour transmettre son message : de là le caractère conventionnel de ce langage.

En résumé, les langages angéliques sont caractérisés comme suit :

| | | |
|---|---|---|
| Langage du cœur : | | – naturel |
| Langage-vision : | intellections | – conventionnel quant à la formation du verbe ;<br>– naturel quant à la fonction représentative ; |
| Langage mental : | expressions des verbes intelligibles | – conventionnel quant à la formation de ces expressions ;<br>– naturel quant à la fonction de représentation ; |
| Langage figuré : | graphismes | – conventionnel |
| Langage sensible : | – sons dans l'air ou dans l'imagination ;<br>– images dans l'imagination ; | – conventionnel ;<br>– naturel ; |

La communication et les langages qui lui servent d'instrument sont donc des faits qui relèvent de la volonté du sujet, hormis la *locutio cordis* pour les anges et la *locutio passionum* pour les hommes – autant de manifestations dépourvues d'intentionnalité et qui perdent ainsi la physionomie du langage proprement dit. La communication est une capacité et une disposition naturelle des créatures intellectuelles, mais son actualisation et les moyens de sa réalisation font appel à la liberté. Si pour l'être humain cette liberté est relative – la société des hommes étant nécessaire à sa survie –, elle est totale pour l'ange-espèce qui peut réellement choisir le silence. De même que chez Thomas d'Aquin, la communication angélique apparaît ici comme un fait purement gratuit. Cet aspect lui confère une

1. Cf. *ibid.* : « Rursus et in organo fantastico possunt facere apparere non solum imagines, sed etiam similitudines vocum (...). Si loquantur faciendo in organo fantastico apparere similitudines vocum, (...) talis locutio erit simpliciter ad placitum (...), quia sicut ad placitum est quod voces extra formate significent hoc vel illud, ita ad placitum est quod voces imaginative vel quod similitudines vocum in imaginatione existentes hoc vel illud significent ».

2. Cf. *ibid.* : « Si ergo (angeli) loquantur per apparitionem imaginum, non erit talis locutio simpliciter ad placitum : imago enim hominis non representat leonem, nec quelibet imago quodlibet representat ».

valeur particulière, car si les anges choisissent de se manifester à autrui alors qu'ils n'en ont aucun besoin, c'est que la communication et la communauté spirituelle qui en découle sont un bien. Le bien étant de l'ordre de la fin[1], la communication apparaît désormais comme un bien à rechercher au-delà de toute nécessité, car le partage est source de joie: *nullius sine socio iocunda est possessio*[2]. Ainsi, l'analyse du langage angélique n'aboutit pas à la promotion d'un idéal d'ange solitaire enfermé dans son esprit, mais dévoile la dimension de perfection et de plaisir qui caractérise toute rencontre, et dont la société des esprits nous offre le modèle : *Hoc ergo est magne iocunditatis et magne perfectionis in rebus intellectualibus quod possunt sibiinvicem manifestare conceptus et declarare affectiones*[3]. Cette vision des choses trouve une confirmation ultérieure chez Gilles dans l'idée que l'aspect public de la communication angélique représente une perfection: cette conception nous semble à présent devoir être comprise comme une conséquence de ce que l'intersubjectivité représente un bien inconditionnel, qui sera d'autant plus grand qu'il touchera le plus grand nombre de sujets.

### *Infinité et mensonge*

L'enquête de notre auteur sur les signes des langages angéliques s'achève sur deux interrogations. La première concerne leur infinité et la deuxième discute la possibilité du mensonge.

#### *Infinité des signes linguistiques*

La première problématique est formulée en ces termes : *volumus declarare si sit possibilis in huiusmodi signis processus in infinitum*[4]. Il n'est pas aisé de retrouver le pourquoi de cette question, mais, compte tenu de l'ensemble de la démarche, elle paraît être avant tout un prolongement de la discussion sur ce même thème déjà avancée dans l'étude de la connaissance. La parenté étroite entre la connaissance et le langage justifie en effet un certain nombre de problématiques communes. La question du signe transpose au niveau linguistique celle de la médiation cognitive, et l'interrogation sur la naturalité des signes prolonge celle de l'objectivité de la connaissance. De même, le thème de l'infinité représente vraisemblablement le pendant linguistique de celui de l'infinité des espèces intelligibles angéliques[5]. Ce lien apparaît clairement dans la manière dont Gilles discute le problème. Il commence par énoncer le présupposé fondamental, à savoir qu'il ne peut y avoir de processus à l'infini au niveau des intellections et des

1. Cf. Thomas d'Aquin, *S. theol.* I, 5, 2 ad 2 : « Bonum habet rationem finis ».

2. Gilles de Rome, *De cogn. ang.*, qu. XII, 110vb.

3. *Ibid.* À cette déclaration nous pouvons ajouter celle, déjà citée, de Thomas d'Aquin : « Angeli non indigent corpore assumpto propter seipsos, sed propter nos; ut familiariter cum hominibus conversando, demonstrent intelligibilem societatem quam homines expectant cum eis habendam in futura vita », *S. theol.* I, 51, 2, ad 1.

4. *De cogn. ang.*, 114vb.

5. L'infinité des espèces est une des objections prises en considération par Gilles dans sa réfutation de la position d'Henri de Gand. Gilles nie la présence d'une infinité actuelle d'espèces dans l'intellect angélique : cf. *De cogn. ang.*, 82vb et 85rb.

verbes intelligibles, si ce n'est par réplication[1]. La réplication consiste en ceci, que l'ange qui pense quelque chose peut arrêter de penser son objet, puis revenir sur le même objet, le quitter à nouveau et y retourner autant de fois qu'il le voudra. Cette réplication peut procéder à l'infini, non pas dans le sens de la formation actuelle d'une infinité de verbes intelligibles, mais dans celui de la possibilité d'opérer une infinité de conversions sur le même verbe[2]. Dans ce cas, il n'y a donc pas de multiplication des espèces, mais seulement duplication répétée des actes de conversion sur une même représentation. L'écueil de l'infinité actuelle est ainsi évité.

À partir de là, il faut se demander ce qu'il en est de l'expression des intellections, c'est-à-dire des signes du langage mental. Or, il s'avère qu'il n'y a pas d'inconvénient à ce que ces expressions soient infinies en puissance, précisément parce qu'elles n'expriment pas les intellections ou les verbes mentaux, mais les actes de conversion sur tel ou tel verbe intelligible : ces actes pouvant être infinis, leurs expressions le seront également[3]. On aura remarqué que cette infinité n'est pas actuelle, mais qu'elle reproduit simplement l'infinité « par réplication ». Aussi, ne s'ensuit-il pas que l'ange disposerait d'une infinité de signes linguistiques, mais seulement qu'à chaque acte d'intellection il peut former l'expression correspondante. Cette infinité est donc potentielle et s'étale dans le temps discontinu qui mesure l'agir angélique : il s'agit d'une infinité successive ou « en devenir »[4]. Gilles clarifie son propos par analogie avec le langage humain : en effet, de même que nous pouvons nommer les choses comme nous voulons et leur imposer indéfiniment des noms nouveaux, ainsi l'ange peut former des expressions toujours nouvelles, et ce à l'infini[5].

Cette analogie ne vaut cependant pas en ce qui concerne la signification des signes, car celle des mots humains est purement conventionnelle, alors que les

1. Cf. *De cogn. ang.*, 114vb : « Propter quod sciendum quod in verbis intelligibilibus vel in ipsis intellectionibus non est possibilis processus in infinitum. Nam, sicut species intelligibiles in angelo non sunt infinite, ita nec intellectiones nec verba intelligibilia possunt esse infinita nisi forte per replicationem ».

2. Cf. *ibid.* : « Et quia semper potest desinere cogitare et semper potest iterum cogitare de eodem, semper replicabitur ibi idem verbum et eadem intellectio non numero ut diximus, sed specie. Per huiusmodi ergo replicationem verba et intellectiones possunt ibi ire in infinitum : non quod verba que sunt ibi actu formata sint infinita (...), sed quia semper potest desinere cogitare de aliquo et semper potest redire ut cogitet de eodem (...). Propter quod semper poterit replicare idem verbum et hoc in infinitum ».

3. Cf. *ibid.* : « Sed de expressionibus verborum sive de ipsis signis intelligibilibus per que angelus manifestat suas cogitationes et suos conceptus non videtur nec rationem nec causam quin talia possint ire in infinitum. Nam, ut diximus, signa diversificantur secundum diversas conversiones angelorum (...). Secundum igitur unam et eandem speciem sunt multe, immo possunt esse infinite conversiones ; et quia cuilibet conversioni respondet proprium signum et propria expressio, nullum videtur inconveniens si tales expressiones vadant in infinitum ».

4. Cf. *ibid.*, 115ra : « Potest angelus exprimere per aliam et aliam expressionem et hoc in infinitum. Quod non intelligendum est quod expressiones actu formate possint aliquando esse infinite (...). Nam infinitum non dicit aliquid in facto esse, sed in fieri ».

5. Cf. *ibid.* : « Se habent enim huiusmodi expressiones et huiusmodi signa apud angelos sicut nomina se habent apud nos. Sicut enim cuilibet particulari possumus imponere aliud et aliud nomen et hoc in infinitum (...), potest angelus exprimere per aliam et aliam expressionem, et hoc in infinitum ».

expressions angéliques ont un rapport naturel au référent. Cette différence entraîne une conséquence importante, à savoir qu'il ne peut y avoir d'équivocité au niveau du langage mental des substances séparées, alors qu'elle est présente dans le langage humain[1]. Dans le langage des anges il ne peut donc y avoir d'erreur, car il y a d'abord une correspondance numérique entre la conversion sur une espèce et son expression – *quot sunt ibi conversiones, tot sunt ibi expressiones*[2] –, et qu'il y a ensuite un rapport naturel avec le signifié – *talis expressio representat talem rem*[3]. Contrairement au nôtre, le langage angélique est donc toujours correct, clair et immédiatement compréhensible par le destinataire. Dans la conception de Gilles ce langage n'atteint pas le degré de transparence que lui attribuait Thomas d'Aquin, mais il garde sa valeur paradigmatique en tant qu'il exprime fidèlement l'acte du locuteur et en tant qu'il adhère à la nature des choses.

Cette perfection majeure par rapport au langage humain n'occulte cependant pas la distinction et la composition qui marquent le langage angélique dans la conception examinée ici. Comme nous l'avons déjà observé, la nécessité des signes linguistiques introduit une médiation ultérieure dans le processus de manifestation; par ailleurs, nous venons de constater qu'à chaque acte de conversion correspond une expression propre et qu'en raison de cette correspondance les signes sont virtuellement infinis. Aussi, l'infinité dont il est question ici apparaît en réalité comme une marque de finitude, car elle signifie le besoin d'une médiation linguistique pour chaque acte, et par conséquent l'incapacité à exprimer de manière unie ce que l'intellect angélique saisit dans l'unité, c'est-à-dire par simple intuition. La manifestation est ainsi un pas vers la distinction et la multiplicité. Le langage qui emprunte des signes est déjà de l'ordre du divers et du multiple.

Cet aspect montre un décalage entre la connaissance et le langage qui l'exprime : alors que la première est intuitive et unitive, le second est composé et multiple[4]. Le langage ajoute ainsi quelque chose de réellement distinct à la pensée : il la revêt d'une médiation expressive qui la place en dehors de l'unité originaire de l'acte cognitif pour la montrer au destinataire. L'infinité des signes représente ainsi une prérogative du point de vue de la volonté du locuteur – qui a la capacité réelle d'exprimer chaque acte de conversion intellectuelle –, mais elle est une marque d'imperfection à l'égard de l'unité de l'intellect et de sa connaissance. Le langage se présente alors comme une réalité ambigüe : en tant que capacité de communication il possède une valeur éminemment positive et représente une perfection, mais en tant qu'instrument il est porteur d'une dimension de distinction et de multiplicité qui est synonyme d'imperfection. Par le recours à

1. Cf. *ibid.* : « Et inde est quod in nostris nominibus coincidunt multe equivocationes, sed in illis expressionibus nulle equivocationes sunt ».

2. *Ibid.*

3. *Ibid.*

4. Cf. *ibid.*, 115rb : « Angeli non sunt tante virtutis in representando quante sunt in intelligendo, quia in intelligendo intelligunt absque compositione et divisione, sed in representando suos conceptus aliis secundum hunc modum est ibi aliquis compositus modus ».

une médiation instrumentale, Gilles rapproche le langage angélique de celui des hommes, dont il reste le modèle, mais dont il partage aussi, dans une certaine mesure et à sa manière, les caractères de distinction et d'extériorité.

La question de l'infinité des signes est posée aussi relativement aux autres moyens de communication des substances séparées, notamment par rapport au langage figuré, au langage imaginaire et au langage sonore. Plus extérieurs et matériels que le langage mental, ces moyens linguistiques présentent le même caractère conventionnel que le langage humain. Nous disions que ce caractère donne à comprendre que les hommes puissent nommer les choses comme ils le décident, et cela par une infinité potentielle de signes – *cuilibet particulari possumus imponere aliud et aliud nomen et hoc in infinitum*[1]. Ce même aspect volontaire et conventionnel permet de postuler l'infinité potentielle des signes du langage figuré des anges : le locuteur peut en effet dessiner des figures toujours nouvelles pour exprimer sa pensée, et ce à l'infini. Par ailleurs, ces signes n'ayant pas de rapport naturel au signifié, l'ange qui s'exprime par ce langage peut sans limites en former de nouveaux par rapport à un même objet. Les signes du langage figuré peuvent ainsi être en nombre infini[2].

Comme on l'a suggéré auparavant, l'ange qui s'exprime par ce langage ressemble à un peintre qui donne libre cours à son art. Les traits dessinés dans le ciel sont des mots qui parlent à ses interlocuteurs de manière claire et sans équivoques. Contrairement à l'homme qui regarde un tableau, l'ange qui voit ces figures comprend immédiatement leur message en vertu de la communauté d'esprit qui lie les créatures intellectuelles. L'ange peut se manifester et se dire par le dessin : comme nous l'avions observé à propos de la conception thomasienne, ce type de langage peut aussi être compris à travers la métaphore de la vision, qui reste la plus apte à illustrer la communication des substances séparées. Chez Gilles, cette métaphore est poussée jusqu'à la médiation linguistique – des figures dessinées – et nous signifie que le langage des anges se déploie à la fois comme création artistique et comme regard[3].

Il en va de même – en ce qui concerne l'infinité – dans la question du langage adressé aux hommes au moyen de sons produits dans l'air ou suscités dans

1. *Ibid.*, 115ra.

2. Cf. *ibid.*, 115rb : « Sed prout angelus loquitur applicando virtutem suam absque transmutatione materie certum est quod illa signa vadunt in infinitum. Nam, cum figure vadant in infinitum quia ipse potest secundum quamlibet figuram applicare virtutem suam ad partem celi empyrei vel alterius corporis, ut quia potest applicare virtutem suam ad partem huius corporis triangularem vel quadrangularem vel secundum figuras alias que vadunt in infinitum, oportet talia signa in infinitum ire ».

3. Loin d'attribuer aux anges un langage figuré, Thomas d'Aquin pose néanmoins une analogie entre le locuteur humain et l'artisan-artiste : cf. *De ver.*, qu. 4, 1 : « Et ideo, sicut in artifice tria consideramus, scilicet finem artificii, et exemplar ipsius, et ipsum artificium iam productum, ita etiam in loquente triplex verbum invenitur : scilicet id quod per intellectum concipitur (…), et hoc est verbum cordis sine voce prolatum ; item exemplar exterioris verbi, et hoc dicitur verbum interius quod habet imaginem vocis ; et verbum exterius expressum, quod dicitur verbum vocis ». Thomas reprend ainsi le motif traditionnel du verbe créateur de Dieu, une tradition qu'Albert le Grand fait remonter à Bède le Vénérable et qui trouve sa formulation accomplie dans le *Monologion* (chap. X) de saint Anselme.

l'imagination du destinataire. Ici aussi les signes sont potentiellement en nombre infini, car le locuteur peut former à son gré une infinité de sons[1]. Cette infinité est tout à fait analogue à celle du langage humain et comme elle c'est une infinité *in fieri*. Elle paraît principalement redevable du besoin de se faire comprendre par les êtres humains, même si rien ne permet d'exclure qu'elle représente aussi la possibilité de déployer une certaine créativité, qui ferait alors des anges – comme on le suggérait – des poètes et des musiciens.

### *Langage et mensonge*

Comme celui de l'infinité, le thème du mensonge est étroitement lié au caractère volontaire du langage. Aussi, dans l'optique de Gilles, est-il tout à fait légitime de se demander si les anges peuvent mentir – une question qui serait insensée dans la perspective thomasienne de la transparence et de l'immédiateté de la communication angélique. Plus précisément, la question du mensonge ne se justifie qu'à partir du moment où l'on pose la nécessité d'un langage-instrument – la communication comme telle n'étant pas susceptible d'être qualifiée en termes de vérité ou de mensonge. Celui-ci ne peut donc concerner que le message transmis et résulte de l'inadéquation du rapport au référent. Aucun langage naturel ne peut donc être mensonger, car dans le langage naturel la réalité se manifeste d'elle-même et telle qu'elle est, sans recours à une médiation instrumentale; c'est ce qui arrive dans le « langage du cœur », qui parle directement à Dieu, sans aucune interposition[2]. En revanche, tout instrument linguistique qui présente un caractère volontaire peut devenir mensonger: *nam sufficit quod formatio signorum sit ad placitum ad hoc quod ibi mendacium accidat*[3]. Nous savons en effet que l'actualisation du langage présuppose deux rapports : celui des signes aux conceptions de l'esprit et celui des conceptions aux choses ; il suffit alors que l'un de ces rapports soit volontairement rompu pour qu'il y ait mensonge.

Selon Gilles, au niveau des anges il peut effectivement y avoir rupture du second rapport, car, bien que le signe mental exprime fidèlement la conception de l'esprit, celle-ci peut ne pas être conforme à la réalité. C'est cette non-conformité qui engendre le mensonge. C'est ainsi que l'ange, par exemple, peut manifester le désir de quelque chose qu'il ne veut pas ou affirmer l'existence de quelque chose qui n'existe pas[4]. Au niveau humain cette situation est exemplifiée par la figure de

1. Cf. *De cogn. ang.*, 115rb : « Sic etiam cum loquimur transmutando exteriorem materiam formando in aere exteriori vel faciendo apparere in organo fantastico sive in imaginatione similitudines vocum, oportet quod et talia signa in infinitum vadant, quia infinitis modis potest variare vox in aere formata et infinitis modis per consequens possunt variari similitudines vocum ».

2. Cf. *ibid.* : « Prout angelus loquitur pure naturaliter secundum quod cor eius est patens ipsi deo, non potest ibi accidere mendacium, quia deus non decipitur nec potest decipi videndo cor ipsius angeli ».

3. *Ibid.*, 115ra.

4. Cf. *ibid.* : « Licet conceptiones in mentibus angelorum determinate representent sua signata et expressiones talium conceptionum determinate representent ipsas conceptiones, cum unus angelus loquitur alteri non mentitur, quin talia concipiat qualia exprimit, nec in hoc attenditur mendacium; sed ibi potest esse mendacium, quia ille expressiones et conceptiones non sunt rebus consone, ut potest concipere se velle et exprimere se velle quod non vult (...) et potest pronunciare esse que non sunt ».

l'insensé, qui affirme que Dieu n'existe pas : son dire est bel et bien conforme à sa pensée, mais sa pensée n'est pas conforme à la réalité. Selon notre auteur, cette inadéquation du signifié au référent est d'ordre volontaire, si bien que le mensonge est un fruit du libre arbitre. Comme toute créature intellectuelle, les anges sont donc libres de mentir, c'est-à-dire de ne pas respecter le double rapport d'adéquation requis par la pratique linguistique.

Mais si la liberté du locuteur est le présupposé fondamental du mensonge, ses conditions de possibilité sont les médiations requises pour l'exercice de la communication. En effet, en tant qu'ils sont réellement distincts du message à transmettre, les signes extérieurs sont susceptibles d'inadéquation par rapport à la pensée, et celle-ci à son tour, en tant que formulée comme verbe mental, est susceptible de ne pas adhérer à la réalité. Ces différents moments dans le processus de manifestation – signe intérieur et signe extérieur – représentent des écarts par rapport à l'unité originaire de la relation cognitive. Or, chaque écart, chaque distance et chaque séparation crée un espace de distinction et de rupture qui permet au mensonge de s'y insinuer. Aussi, plus il y aura de moyens termes dans le processus de manifestation, plus il y aura de possibilités d'inadéquation et de mensonge. Son éventualité est donc le résultat du recours aux médiations linguistiques. En attribuant aux substances séparées la nécessité de ce recours, Gilles était contraint d'envisager le problème du mensonge et d'en admettre la possibilité dans la communication angélique.

Il s'agit là vraisemblablement d'une pure possibilité, car notre auteur n'affirme jamais que les anges mentent, mais simplement qu'ils peuvent le faire, et, même dans cette éventualité, il n'évoque aucun motif susceptible de la justifier. Il affirme par contre sans ambiguïté que les démons mentent. Ceci nous porte à croire que sa position répondait à un souci de validité pour l'ensemble des substances séparées, sans considération de leur état théologique. C'est ainsi qu'elle pouvait rendre raison des conditions de possibilité du mensonge des anges déchus, au-delà du présupposé que représentait leur volonté désormais mauvaise.

Ici s'achève l'analyse des signes linguistiques dont se servent les substances séparées. Leur typologie, leur différenciation et leur fonction ont suscité des problématiques qui rapprochent considérablement le langage angélique de celui des êtres humains. Par ailleurs, la multiplicité hiérarchiquement ordonnée des moyens de communication des substances séparées crée une sorte d'espace linguistique qui assure la continuité entre les anges et les hommes : les premiers peuvent s'adresser aux seconds par un langage tout à fait semblable au leur. Cette continuité est unidirectionnelle, car ce sont les anges qui s'humanisent pour communiquer avec les humains. Cette humanisation n'est toutefois qu'instrumentale, car la substance de l'ange reste en quelque sorte en retrait : c'est son agir (ou sa *virtus*) qui s'oriente vers l'extériorité et qui s'applique à la matière pour la faire parler aux hommes. Au-delà, la matérialité subtile de l'Empyrée peut servir de support à l'intersubjectivité angélique : là encore, les anges ne se matérialisent pas pour autant, mais confient à la matière leur message, à la manière de l'artiste qui parle à travers son œuvre. À l'égard de soi et de Dieu la communication angélique est enfin dépouillée de signes, c'est-à-dire du langage comme instrument.

Aussi, qu'elle soit envisagée à travers la dynamique ascendante qui va vers la suppression des moyens linguistiques ou à travers la dynamique descendante qui va vers leur extériorisation et leur multiplication, la réflexion de Gilles de Rome sur le langage des substances séparées fait de celles-ci des réalités mouvantes, des sujets qui par leur agir peuvent rentrer dans leur propre intériorité ou se « dilater », s'étendre[1] et avoir un impact sur l'extériorité. La liberté est le pôle subjectif de cette mobilité et le destinataire en est le pôle objectif. L'intersubjectivité dessine l'espace de la dynamique de la communication angélique – un espace que Gilles de Rome conçoit selon le principe de continuité et de plénitude.

*Illumination et communication*

À la hiérarchie des langages angéliques que nous venons d'étudier il convient d'ajouter une dernière forme de communication et de connaissance : l'illumination. Contrairement à Thomas d'Aquin, Gilles en traite à la suite de son examen du langage, dans la question XIV qui clot le *De cognitione angelorum*. Aussi bien par sa position dans le traité que par la manière dont notre auteur la conçoit, le thème de l'illumination achève à la fois l'analyse de la connaissance et celle du langage. Certes, l'illumination est avant tout une forme de connaissance, mais elle instaure aussi une relation intersubjective et poursuit une finalité précise. Dès lors, les clarifications de Gilles à ce propos sont susceptibles de jeter une certaine lumière sur sa conception de la communication.

Demandons-nous tout d'abord si l'illumination est un langage. Gilles ne le dit pas, mais il apparaît toutefois qu'elle est un agir analogue à celui de la pratique linguistique. Dans les deux cas, en effet, l'ange opère de manière à s'étendre « au dehors » et à atteindre l'autre[2]. De la sorte, l'illumination, comme le langage, suscite l'intersubjectivité. Cela dit, une différence importante les sépare : alors que les différents langages font appel à une multiplicité de signes, l'illumination ne s'exerce pas en recourant à des médiations, mais s'effectue comme une sollicitation et une proposition, comme une sorte d'invitation. L'ange supérieur voit en Dieu des réalités que l'inférieur ne peut pas connaître par lui-même ; il propose alors ses connaissances, non pas comme un contenu que l'inférieur recevrait, mais comme une sollicitation à voir les mêmes choses en Dieu[3]. L'illumination est ainsi une forme de communication qui ne transmet pas une connaissance toute

1. Cf. *ibid.*, 119ra : « Perfectio substantie sive ipsum accidens non se extendit extra subiectum quantum ad esse, sed bene se extendit quantum ad agere ».

2. Cf. *ibid.* : « Lumen intellectuale ipsius angeli est aliqua perfectio substantie eius. Perfectio autem substantie sive ipsum accidens non se extendit extra subiectum quantum ad esse, sed bene se extendit extra subiectum quantum ad agere ».

3. Cf. *ibid.*, 118rb : « Sic et in proposito angeli superiores illuminant inferiores, quia proponendo eis determinatos effectos in illo eodem principio, ut in ipso deo, ubi verissime relucent effectus, illi faciunt illos ibi videre huiusmodi effectus quos prius vedere non poterant » ; *ibid.*, 119ra : « angelus superior per suum lumen videt aliqua et proponit aliqua angelo inferiori per que excitatur angelus inferior ut unitive et determinate feratur in illa ».

faite, mais qui suscite et favorise la connaissance par soi-même. En tant que simple sollicitation, elle n'a pas besoin d'intermédiaire, mais instaure une relation directe entre l'ange qui illumine et celui qui est illuminé.

Privée de médiations, l'illumination s'apparente aux langages qui s'accomplissent dans l'intériorité du sujet, et notamment au langage-vision par lequel l'ange se parle. Nous avons vu que celui-ci est en somme une prise de conscience relative à son propre acte. De manière analogue, l'illumination est un acte intersubjectif qui éveille et sollicite la conscience d'un autre, afin qu'il entreprenne sa propre démarche cognitive. Il s'agit, bien entendu, d'un acte hiérarchique unidirectionnel, qui ne peut être exercé que par l'ange supérieur à l'égard de l'inférieur. Cela dit, le supérieur ne transmet pas un message ou une connaissance qui devrait être assimilée, mais communique au destinataire une force qui est lumière pour son intellect: c'est en ce sens que l'illumination augmente et fortifie la lumière intellectuelle de l'autre[1]. Illuminer, c'est donc donner à l'autre les moyens d'agir d'une manière plus efficace. Et puisque l'agir des substances intellectuelles est un agir de l'ordre de la connaissance, illuminer c'est transmettre une force intellectuelle qui permet à l'autre de connaître par lui-même plus et de manière plus parfaite[2].

Mais quels objets l'ange inférieur, qui possède déjà les espèces innées de toutes choses, peut-il mieux connaître en étant illuminé par un autre? La réponse de Gilles est claire: il pourra connaître des futurs contingents qui relèvent de l'ordre de la grâce[3]. L'illumination suscite donc une connaissance surnaturelle, car elle permet de voir des réalités ou des événements dans leur cause suprême, à savoir en Dieu, où les futurs contingents sont présents de manière déterminée. L'ange illuminé ne reçoit pas une connaissance, mais la force de voir en Dieu lui-même ce qu'il ne connaît pas par ses propres représentations. L'illumination donne ainsi accès à la science divine elle-même[4]. En permettant de voir en Dieu, l'ange supérieur qui illumine suscite une dynamique qui oriente l'inférieur vers le principe premier, il lui confère un élan capable de déclencher le mouvement vers Dieu: l'illumination est une *reductio in Deum*[5]. Ainsi conçu, cet acte s'apparente plus à la communication qu'à la connaissance, car si celle-ci en représente la finalité, l'illumination est essentiellement un acte relationnel: elle présuppose la relation de l'ange supérieur à Dieu, elle produit la relation avec l'ange inférieur et suscite la relation de l'inférieur avec Dieu. En provoquant ces rapports,

1. Cf. *ibid.*, 118va: « Illuminare est idem quod confortare lumen ».

2. Cf. *ibid.*, 119ra: « Illuminare non est proprie et directe augmentare lumen, sed magis est augmentare operationem luminis. Nam unire lumen est fortificare ipsum quod possit fortius agere »; « ex hoc lumen illud habet fortiorem actionem ad cognoscendum que sunt sibi proposita ».

3. Cf. *ibid.*, 118rb: « Illuminatio in angelis est de aliquibus futuris contingentibus pertinentibus ad ordinem gratie ».

4. Cf. *ibid.*, 118va: « Illuminatio ergo est acceptio divine scientie, quia est acceptio scientie in ipso deo ».

5. Cf. *ibid.*: « Illuminatio, ut communiter ponitur, est quidam motus et quedam reductio in Deum. Superiores ergo illuminant inferiores quia reducunt ipsos in deum, faciendo ibi aliquos effectus cognoscere quos ipsos prius non cognoscebant ».

l'illumination engendre une dynamique de communication qui est à son tour un facteur d'unité. Aussi, en opérant la *reductio in Deum*, l'illumination s'avère-t-elle être une forme de communication qui contribue à l'accomplissement de la finalité ultime, à savoir le retour vers Dieu. L'illumination se réalise également par voie d'unification, car la force qu'elle transmet provoque une sorte de rassemblement et d'unification de la faculté intellectuelle : *illuminare est idem quod confortare lumen et confortare lumen est idem quod huiusmodi lumen unire et determinare*[1]. L'illumination oriente, recueille et rassemble l'énergie intellectuelle de l'inférieur afin qu'elle ne soit pas dispersée, mais porte sur la science divine[2].

Toute entière ordonnée à l'unité, l'illumination possède alors une valeur emblématique à l'égard de la communication, qui opère la rencontre et l'union circonstantielle des interlocuteurs. Nous disions que la communication intersubjective angélique crée une société intelligible et que cette société des esprits est un bien, car il n'y a pas de joie sans partage. De même, l'illumination permet à l'ange inférieur de communiquer avec Dieu au-delà du langage naturel du cœur, en ayant part à la science divine et en en recevant quelque chose en partage. Si les actes de communication ne sont pas tous des illuminations, chacun d'eux est néanmoins un facteur d'unité. Toute unité est à son tour à l'image de l'unité divine, dont les anges illuminateurs sont comme des collaborateurs[3]. Par le biais de l'illumination, la communication linguistique apparaît ainsi comme une image éloignée de l'unité divine – une image que les créatures rationnelles ne cessent de façonner à la manière d'un artiste dont l'œuvre n'est jamais parfaitement aboutie.

1. *Ibid.* ; ainsi que *ibid.*, 118ra : « Ex hoc congregatur magis et unitur lumen suum ».

2. Cf. *ibid.* : « Superiores angeli, proponendo eis (sc. inferioribus) effectus illos quos ipsi vident in deo, talibus effectibus sic propositis fortificatur eorum lumen, eo quod non fertur in varia, sed fertur solum in illos effectus, ut ex hoc incipiant videre in deo tales effectus ».

3. Cf. *ibid.*, 118vb : « Et lex divinitatis est secundum Dionysium inferiora in suprema per media reducere. Quod ergo deus sic agit et hanc legem servat non est ex sui indigentia, quia posset preter hanc legem facere. Sed hoc est ex benignitate sua, qui vult dignitatem suam communicare creaturis, ut non sint ociose, sed ut habeant actionem aliquam in sua inferiora (...), quod faciendo sunt coadiutores dei, quod non provenit ex indigentia dei, sed ex benignitate eius ».

CONCLUSION

# DU SILENCE AU PLURILINGUISME : LE PRIMAT DE LA COMMUNICATION

L'étude de nos auteurs sur le langage des anges a suffisamment prouvé l'intérêt de ce questionnement non seulement par rapport à l'angélologie philosophique, mais aussi à l'égard de la linguistique médiévale en général, à laquelle il apporte une contribution remarquable et originale. Cette contribution est double. Elle concerne principalement le thème de la communication, que privilégie la réflexion sur les substances séparées – les études du langage humain étant presqu'entièrement absorbées par des problématiques relatives au rapport entre signes et réalité. Aussi, la primauté du thème de la communication apparaît-elle très clairement dans la prise en considération ample et approfondie du destinataire, ainsi que dans celle de l'intentionnalité, comprise comme l'élément principal et essentiel de la pratique langagière. La deuxième contribution de l'angélologie en matière de linguistique est fournie plus précisément par la théorie de la multiplicité des langages formulée par Gilles de Rome, qui « représente un des résultats les plus élaborés et originaux de la pensée médiévale jusqu'à la fin du XIIIe siècle »[1]. Ces deux aspects accréditent la valeur philosophique de la linguistique angélologique ainsi que son importance culturelle et historique.

Son enjeu – comme pour le thème précédent – est celui d'un idéal de communication servant de modèle et d'horizon à la pratique linguistique humaine, car fondateur d'une société d'esprits qui préfigure le destin ultime des hommes. Cela dit, ce modèle de communication – qui repropose en dernière analyse l'idée de reconstitution de l'unité (divine) originaire – a pris forme différemment chez nos deux auteurs. Le docteur angélique opère par déduction rigoureuse et s'appuie sur le statut ontologique de l'ange pour en inférer les capacités linguistiques. D'où l'idée d'une communication pure, libre à l'égard de tous les conditionnements auxquels est soumis le langage humain. Parmi ceux-ci, le signe linguistique représente pour l'homme la médiation indispensable pour relier son intériorité à

1. B. Faes de Mottoni, *Voci, alfabeto*, cit., p. 103.

l'extériorité du destinataire : dans l'optique thomasienne un tel signe est parfaitement superflu pour l'ange qui communique sur un plan purement spirituel. L'ange qui veut s'exprimer dévoile à l'autre le contenu de son esprit, que le destinataire voit immédiatement. L'intentionnalité suffit à susciter l'intersubjectivité, qui est le résultat d'un acte purement gratuit, capable de créer des liens indépendants des rapports hiérarchiques. Ainsi, chez Thomas d'Aquin le langage angélique – décliné sous forme de langage mental et de vision – se signale par la gratuité, la transparence et l'immédiateté. Sa force est celle d'une capacité originaire de communication qui n'a besoin d'aucune médiation. Telle est sa valeur paradigmatique[1].

Gilles de Rome, quant à lui, a axé son analyse sur la question des destinataires. La variété de ces derniers a exigé des instruments de communication qui leur soient adéquats, ce qui a engendré une multiplicité de langages ordonnés hiérarchiquement. Du coup, l'enquête a porté sur la médiation linguistique et a abouti à une typologie des signes qui représente l'éventail des possibilités linguistiques des substances séparées. Celles-ci s'adressent à qui elles désirent et de la manière dont elles le désirent. Plusieurs moyens sont à leur disposition : il ne s'agit pas de systèmes de signes déjà constitués, mais de capacités différenciées de communication, parmi lesquelles l'ange choisit librement et dont l'usage lui permet de déployer une certaine créativité. Aussi, l'ange de Gilles parle intérieurement, écrit et dessine dans le ciel, provoque des sons et fait apparaître des images dans l'imagination des hommes. L'idéal n'est plus ici celui de la transparence et de l'immédiateté – les signes étant des médiations nécessaires –, mais celui d'un plurilinguisme, qu'il faut comprendre comme une capacité linguistique variée, susceptible de s'adapter au destinataire et de produire la communication.

Cette capacité rappelle l'épisode de la Pentecôte et du don des langues : les anges de Gilles de Rome jouissent de ce don non pas à titre de réparation, mais dans le sens originaire d'une capacité universelle de communication. L'ange comprend tous ses destinataires et parle leurs langues[2]. Sa situation est donc antérieure et étrangère à la confusion des langues qui a suivi l'épisode de Babel et qui a abouti à l'incompréhension entre les hommes. La pratique angélique du langage est ici paradigmatique en ce que les anges représentent l'idéal d'une communication et d'une entente universelles. Cet idéal reposait sur celui d'une unité linguistique, que les médiévaux jugeaient indispensable à la vie sociale, politique et culturelle. Il a trouvé l'une de ses formulations majeures dans le projet de Dante Alighieri, qui dans son traité sur *L'éloquence en langue vulgaire* a

1. Les éléments de transparence et de perfection (logique) sont repris en considération dans un essai de R. de Monticelli (*Sulla lingua degli angeli*, dans R. De Monticelli – M. Di Francesco, *Lingua degli angeli e lingua dei bruti*, Teoria 1 (1989), p. 71-103), qui voit dans le langage angélique « il limite a cui tende – nella sua essenza – il linguaggio umano », à savoir « l'idea della tendenziale eliminabilità dell'elemento occasionale o situale dell'atto linguistico » (p. 85-86); selon cet essai l'idéographie de G. Frege serait une réalisation effective d'un langage de type angélique (p. 97-98).

2. Cette idée trouve une confirmation suggestive dans la légende selon laquelle un moine franciscain aurait appris le grec d'un ange : cf. M. Roncaglia, *I frati minori e lo studio delle lingue orientali nel secolo XIII*, Studi franc. 3 (1953), p. 167-184.

thématisé l'idée d'une langue italienne unifiée. Cet idéal était redevable de l'idée augustinienne d'une « langue antérieure à toutes les langues », d'un langage mental commun à l'humanité toute entière et source de toutes les langues particulières. Les anges, emblèmes d'un tel langage mental, réalisaient déjà cette idée d'une langue originaire, unique et universelle, condition et source de tout parler. Pour Thomas d'Aquin cette langue originaire prenait forme précisément dans le langage mental/vision – le seul qui convienne véritablement aux anges –, et pour Gilles de Rome elle coïncidait avec une capacité de communication d'extension universelle, dont l'actualisation faisait appel à plusieurs moyens linguistiques.

Il convient de souligner que cette exigence d'unité répondait essentiellement à la finalité de la communication, dont le bon fonctionnement devait assurer aux hommes la paix sur terre – « la cause du mal qui a rendu le monde coupable » étant à chercher dans les déchirures et les divisions de l'humanité. Aussi, cette perspective nous ramène-t-elle à l'idée du caractère emblématique de l'intersubjectivité angélique comme lieu d'une communauté d'esprit paisible et joyeuse, résultant exclusivement du bon vouloir de ses membres. Nous avons vu que la société angélique est une œuvre de pure liberté, qui répond au désir de se montrer à l'autre sans rien attendre en retour. Cette société idéale repose sur une capacité de communication et d'entente parfaites : là réside, en dernière analyse, l'enjeu et la valeur paradigmatique des conceptions que nous avons analysées. En effet, au-delà des éléments qui ont trait à la constitution interne des langages angéliques – sur lesquels nos auteurs diffèrent –, il apparaît que leurs réflexions linguistiques focalisent le noyau essentiel de toute pratique langagière, à savoir la capacité de communication[1].

Celle-ci, en constituant l'intersubjectivité, fait œuvre d'unité, et ce faisant elle met les interlocuteurs sur les traces de l'unité divine originaire. Comme la vraie connaissance supprime la dualité du sujet et de l'objet, ainsi la communication véritable réunit des altérités en une communauté spirituelle de partage et d'harmonie. Mais à la différence de la connaissance, qui se configure comme conformité au réel et comme re-connaissance dans l'unité originaire, la communication est invention d'une unité à chaque fois nouvelle et inédite, comme seule peut l'être une rencontre intersubjective. La communication construit quelque chose de nouveau et par des moyens diversifiés au gré du locuteur. Aussi, l'ange qui s'exprime est comme un artiste, et le langage dont il se sert est la matière de son œuvre. Au niveau des substances séparées, la communication représente ainsi un espace de liberté et de créativité. Elle l'est aussi, dans une moindre mesure, au niveau humain, où la maîtrise du langage permet de « transcender la nature et de la

1. La faculté de communiquer représente le noyau ultime et l'unité originaire de toute pratique linguistique humaine : à l'origine de l'humanité il n'y avait pas une langue originelle unique, mais « la faculté de langage propre aux hominiens ». C'est l'hypothèse soutenue de nos jours par C. Hagège, *L'homme de paroles. Contribution linguistique aux sciences humaines* (Paris, 1985, p. 13), une hypothèse qui trouve confirmation dans les analyses linguistiques rencontrées dans le domaine angélologique.

couler dans le moule de la culture»[1] et où la créativité appliquée aux moyens linguistiques fait œuvre de beauté. Le langage comme instrument est d'ailleurs l'œuvre humaine par excellence, celle du premier homme qui a été appelé à nommer les choses: par l'imposition des noms, Adam a instauré la maîtrise humaine sur le monde et a prolongé à sa mesure et à sa manière l'œuvre divine de la création. Aussi, si la nature crée est le livre de Dieu, la culture est le livre de l'homme et le langage en est la médiation indispensable.

Mais il s'avère à présent que dans la capacité linguistique ce n'est pas uniquement l'humanité de l'homme qui est en jeu, mais encore la perfection de l'ange. Pour cette raison, le langage-nécessité et le langage-gratuité (liberté) sont appelés à se rencontrer selon la dynamique de l'ordre hiérarchique qui fait du second le modèle du premier. L'ange signifie à l'homme que la communication et le partage sont un bien – un bien d'autant plus grand qu'il est gratuit. La communication est appelée à devenir un don, à l'image du don incessant de l'existence dont Dieu gratifie la création, sans rien en attendre en retour. Ainsi, en chaque acte de parole gratuit c'est l'angélicité de l'homme qui se manifeste. Cette angélicité résonne encore chez Kant[2], qui interprète la vocation humaine à réaliser une communication de type angélique comme « une exigence innée de la raison », qu'il faut opposer au penchant de la dissimulation et du mensonge[3]. Aussi, à partir de l'hypothèse d'une entente qui serait comme celle que réalise une société de « purs anges», peut-il envisager l'espèce humaine «comme une espèce d'êtres raisonnables qui s'efforce, au milieu des obstacles, à s'acheminer vers un progrès continu du mal vers le bien»[4]. L'ange-modèle ne cesse ainsi d'éveiller et d'orienter l'aspiration humaine vers le bien.

La réflexion angélologique médiévale en matière de langage, loin de déprécier la communication humaine du fait de sa nécessité, de son emprunt de moyens matériels et de son immersion dans l'espace et le temps, la valorise comme un bien. En se posant comme son horizon idéal, elle fait vivre la nostalgie d'une communication parfaite. L'excellence de l'ange s'humanise quelque peu pour rappeler à l'homme son angélicité. Le langage des créatures spirituelles – celui du

1. G. Dahan, *Nommer les êtres: exégèse et théories du langage dans les commentaires médiévaux de Genèse 2, 19-20*, dans S. Ebbesen (éd.), *Sprachtheorien*, cit., p. 65.

2. Cf. *Anthropologie du point de vue pragmatique*, trad. de M. Foucault, Paris 1979, p. 169 : « Il pourrait bien se faire qu'il y eut des êtres raisonnables sur d'autres planètes, qui ne pourraient penser qu'à haute voix; c'est-à-dire, dans la veille comme dans le rêve, en société ou tout seuls, ils ne pourraient avoir de pensée qu'ils ne la formulent aussitôt (...). S'ils n'étaient pas de *purs anges*, on ne voit pas comment ces créatures pourraient s'accorder, avoir seulement quelque considération l'une pour l'autre et s'entendre entre elles ».

3. *Ibid.*

4. *Ibid.*, p. 170. Sur l'aspect paradigmatique du langage angélique dans l'anthropologie kantienne cf. G. Böhme, *Anthropologie in pragmatischer Hinsicht*, Frankfurt 1985, ainsi que *Das Andere der Vernunft*, Frankfurt 1983, p. 261-270 : dans ces pages, consacrées au thème du langage des anges chez Swedenborg, l'A. montre que le recours au motif du langage angélique sert de contrepoint à la conception et à la pratique du langage humain de l'époque, centrées sur l'idée d'une médiation représentative et excluant par là-même la possibilité d'une communication immédiate et transparente. Cette considération confirme la valeur et la fonction philosophique de « l'hypothèse-ange », qui, au XVIIIe siècle encore, offre la possibilité de penser autrement la réalité humaine.

silence comme celui qui prend la forme du plurilinguisme – célèbre la parole comme source d'unité et de joie[1]. À partir de là, rien d'étonnant à ce qu'Adam et l'Ange aient alimenté les rêves utopiques et les projets sans cesse renouvelés au cours de l'histoire d'une langue originaire, parfaite et universelle, à la fois condition et symbole de l'entente entre les hommes[2].

1. Le pseudo-Denys le confirme : « Partant, le fait que la parole proférée passe d'un ange à un autre nous l'estimons comme un symbole de la perfection parfaite qui vient de loin » (*De coel. hier.*, VIII, 2, 240C).

2. Sur le thème très suggestif de la langue parfaite voici quelques titres : U. Eco, *La ricerca della lingua perfetta,* Roma-Bari, 1993; R. de Monticelli, *Sulla lingua degli angeli*, cit.; J.-L. Chrétien, *Le langage des anges*, cit., p. 688-689 ; M. de Certeau, *Le parler angélique. Figures pour une poétique de la langue*, Paris, 1984 (Actes sémiotiques-Documents, VI, 54); M. Cacciari, *L'angelo necessario*, Milano 1986, p. 176-177. Le modèle d'une langue originaire « adamique et angélique » n'a toutefois pas été le seul et a fait l'objet de polémiques virulentes au XVIIe siècle chez Lapeyrère, Hobbes et Spinoza : cf. P. Rossi, *I segni del tempo. Storia della terra e storia delle nazioni da Hooke a Vico*, Milano, 1979, p. 226 *sq*.

# CONCLUSION

« Si l'ange le plus bas pouvait reproduire son image ou prendre naissance dans l'âme, ce monde tout entier ne serait rien en comparaison »
Maître Eckhart, *Sermon* 38.

L'enquête menée dans les pages qui précèdent confirme l'hypothèse de la valeur et de la fonction philosophique de la spéculation angélologique chez les auteurs qui, à partir de l'identification des anges avec les substances séparées, ont pensé en philosophes des réalités nommées en théologiens, et à partir d'impulsions de source biblique ont élargi la spéculation philosophique sur les substances séparées. Cette fécondité mutuelle a produit des conceptions qui nous ont présenté l'ange comme figure de l'intellectualité pure et comme emblème d'une communication transparente, libre et gratuite.

La valeur de ces angélologies réside non seulement dans le fait évident qu'elles représentent une pièce importante et spécifique de la pensée médiévale en général, mais aussi en ce qu'elles ont fourni le cadre conceptuel permettant à nos auteurs d'aborder avec originalité des questions touchant à des domaines aussi importants que la psychologie, la noétique, la théorie du langage, la physique ou la cosmologie. Ainsi, l'interrogation d'ordre psychologique sur les facultés intellectuelles, la question noétique du rapport entre sujet connaissant et objet connu, la réflexion sur la conscience de soi, la problématique de la communication et de son fonctionnement, l'enquête – psychologique et noétique à la fois – sur le statut de la subjectivité, ou encore l'interrogation sur le principe moteur des sphères célestes : voilà autant de thèmes qui ont trouvé dans le cadre des doctrines sur les anges et les substances séparées un terrain d'enquête, d'analyses et de développements tout à fait remarquables. Cette constatation nous invite à décloisonner la spéculation angélologique médiévale et à lui reconnaître la valeur et l'importance philosophique qui lui revient. Grâce au détour par les anges, il a été en quelque sorte possible de concevoir l'inconcevable : une réflexivité pleine et parfaite, un rapport cognitif capable de saisir l'intégralité de son objet sans être affecté par lui, une communication intersubjective comme œuvre de liberté et un langage à l'enseigne de la clarté et de la transparence.

Nous savons que l'image idéale et exemplaire produite dans ce laboratoire de la pensée n'était pas appréciée par ceux qui portaient sur l'ange un regard théologique imperméable à l'apport de la tradition philosophique : aussi, le défi relevé par un auteur comme Gilles de Rome – dont les traités datent d'après 1277 – témoigne du fait que ces problématiques angélologiques cachaient un enjeu philosophique majeur. Cet enjeu consistait, en fin de compte, à rendre raison des choses et du monde en prenant appui sur ce que Dieu avait donné en propre à l'homme, à savoir la raison et l'intellect. Dans l'optique de nos auteurs, reconnaître ce don et le tenir pour le meilleur – *imago Dei* – déclenchait une dynamique de conversion et d'assimilation qui ne pouvait ignorer l'image pure de l'intellectualité angélique – *speculum fulgentissimum* – ainsi que sa valeur exemplaire, et qui devait emprunter la logique de l'*ordo rerum* dans le cheminement du retour vers Dieu. Les angélologies philosophiques de nos auteurs représentent le noyau de cette dynamique intellectuelle, dont elles cristallisent l'aspiration et le sens. Le danger potentiel qu'elles pouvaient représenter aux yeux des adversaires tenait au caractère indispensable de la médiation angélique dans l'ordre naturel – un aspect qui pour nos auteurs n'excluait d'aucune façon l'immédiateté d'un rapport avec le principe premier suscité par la grâce divine.

Or il se trouve que chez Thomas d'Aquin comme chez Gilles de Rome, le caractère indispensable de la médiation angélique reposait sur deux raisons qui la rendaient incontournable. La première – que nous avons rencontrée à maintes reprises – est celle de l'ordre des choses, dont la continuité et la cohésion exige la médiation des substances séparées. La deuxième raison est celle du rapport particulier qui lie l'homme et l'ange en tant que seules créatures faites à l'image du même principe. C'est sur la nature de ce rapport que nous voudrions revenir brièvement pour conclure cet itinéraire angélologique.

Nous avons appris que l'ange est un microcosme intellectuel ou, pour le dire en termes augustiniens, une mémoire vivante et toujours actuelle, un trésor d'espèces intelligibles. Disposant des formes de toutes choses – qu'il connaît intuitivement et *a priori* par une simple conversion sur elles –, l'ange n'est pas seulement le « lieu » de leur intelligibilité, mais s'avère être également et par là-même le dépositaire d'une manière d'être particulière des choses : celle de leur subsistance en tant que formes intelligibles – un mode d'être qui dérive directement des exemplaires divins dont sont issues les choses dans leur propre nature. Ce rapport particulier de l'ange à l'ensemble du créé vaut également pour l'être humain, et non seulement en tant qu'espèce, mais aussi dans sa réalité individuelle. Chaque individu subsiste donc à titre de forme intelligible dans l'esprit angélique. De ce fait, l'ange représente la possibilité pour chaque être humain de se reconnaître en lui en connaissant la raison de son être. C'est là un rapport unique et privilégié, car seul l'être humain est doué de conscience et susceptible d'opérer une telle conversion intellectuelle. L'être humain est ainsi relié à l'esprit angélique de manière plus intime que le reste du créé et ce rapport privilégié ne peut être occulté dans la démarche naturelle de l'homme qui cherche l'union avec Dieu. L'ange est donc ici une médiation indispensable en ce qu'il représente une étape, un stade particulier de la prise de conscience de soi. L'esprit de l'ange représente précisément pour l'être humain un niveau de conscience, un miroir de soi, un autre soi-même.

Le rapport particulier qui lie l'homme à l'ange ressort également lorsqu'on envisage une autre prérogative de l'intellectualité angélique : la connaissance immédiate de soi. Dans la conversion sur soi (*reditio completa*) – par laquelle il se pose comme un sujet transcendantal, comme une unité originaire et irréductible, fondatrice de son agir –, l'ange saisit son propre être comme image ou comme miroir qui renvoie à un au-delà de soi. Cet au-delà de soi est Dieu lui-même, que l'ange ne connaît pas par l'intermédiaire des effets créés, mais par son propre être qui est image-miroir. Par sa nature intellectuelle l'ange subsiste en effet comme image du principe premier, si bien que son être peut être envisagé comme extériorisation-représentation intelligible de la connaissance divine qui l'a produit. L'être humain, en revanche, a été fait *à* l'image du créateur, mais n'est pas image par tout son être : en l'homme c'est la *mens* ou l'intellect qui tient lieu d'image de Dieu[2]. Le décalage entre « image » et « à l'image » correspond donc à l'écart entre l'intellectualité – qui représente la spécificité de l'homme – et la nature humaine en tant que composée d'âme et de corps. Ainsi, qu'il s'agisse de la nature intellectuelle angélique ou de la faculté intellectuelle humaine, c'est bien l'intellectualité qui cristallise l'image de Dieu dans le créé. Par son intellectualité l'homme est donc apparenté à l'ange, où il trouve une image du principe divin plus conforme que celle qu'il représente lui-même. Dérivée du même principe et à son image, l'intellectualité humaine s'avère être un reflet de l'ange, à la manière dont ce qui est imparfait dans l'ordre des choses reflète la perfection du degré supérieur. Dans cette perspective, l'intellectualité peut sans doute être envisagée comme l'angélicité de l'être humain. À partir de là – comme nous l'avons suggéré ailleurs – le refus de la part de nos auteurs de l'extériorité de l'intellect agent caractéristique du péripatétisme arabe peut être interprété comme une intériorisation de l'ange et par conséquent comme une affirmation de l'angélicité de l'homme. Une parenté indissoluble lie ainsi l'être humain et l'ange : celui-ci cristallise l'humanité de l'homme, et par son intellectualité l'être humain manifeste son angélicité. L'humanité dans l'esprit angélique et l'angélicité dans l'intellectualité humaine : voilà une proximité qui fait de la figure de l'ange un interlocuteur privilégié des interrogations soulevées par nos auteurs. Par ailleurs, la communication des créatures spirituelles – qui répond à l'idéal d'une langue parfaite – ne fait que renforcer ce rapport en ce qu'elle préfigure la communauté des esprits (*societas intelligibilis*) que l'homme est destiné à partager dans l'au-delà.

La réciprocité de l'homme et de l'ange est ainsi toute entière orientée vers la finalité ultime qu'est le retour vers le principe premier : pour l'homme elle est comme une force et un élan dans la prise de conscience de sa perfection et de ses

2. Cf. Thomas d'Aquin, *S. theol.* I, 93, 1-3 et 6.

limites, dans la reconnaissance de son être « à l'image » (de Dieu) et dans la recherche de l'exemplaire dont celle-ci est issue. Le rapport avec l'ange est le rapport spéculaire privilégié qui s'instaure entre deux images du même principe. C'est pourquoi, cette histoire d'anges est aussi celle des hommes et de leur humanité.

# BIBLIOGRAPHIE

## SOURCES

ALBERT LE GRAND, *De causis et processu universitatis a prima causa*, éd. W. Fauser, Opera omnia, editio coloniensis, t. XVII, Münster, Aschendorff, 1993.

– *In II librum Sententiarum*, éd. A. Borgnet, Opera omnia, t. XXVII, Paris, Vivès, 1894.

ALEXANDRE DE HALES, *Summa theologica seu « Summa fratris Alexandri »*, éd. Collegii S. Bonaventurae, Quaracchi, Ad Claras Aquas, 1924.

ALGAZEL, *Metaphysica*; éd. J.T. Muckle, Algazel's Metaphysics, A Mediaeval Translation, Toronto, St. Michael's College, 1933.

ANSELME DE CANTORBERY, *Monologion*, éd. F.S. Schmitt, *in* S. Anselmi Cantuariensis Archiepiscopi Opera omnia, t. I, Edinburg, Apud Th. Nelson, 1946 sv.

ARISTOTE, *Opera*, éd. L. Minio Paluello – W.D. Ross, Oxford, Clarendon Press, 1949 sv.

Aristoteles Latinus, *Opera*, éd. L. Minio Paluello – G. Verbecke – G. Vuillemin-Diem, Bruges – Paris : Desclée de Brouwer et Leiden : Brill, 1953 sv.

– *Œuvres d'Aristote*, trad. de J. Tricot, Paris, Vrin, 1934 sv.

AUGUSTIN, *De magistro*, Corpus Christianorum, S.L. 29, Turnhout, Brepols, 1970.

– *De trinitate*, Corpus Christianorum, S.L. 50-50a, Turnhout, Brepols, 1968.

– *De doctrina christiana*, Corpus Christianorum, S.L. 32, Turhout, Brepols, 1962.

AVERROÈS, *Aristotelis Opera cum Averrois commentariis*, 12 vol., Venise 1562-1574 (repr. Frankfurt a. M., Minerva, 1962).

– *Averroes Cordubiensis Commentarium magnum in Aristotelis De anima libros*, Recensuit F. Stuart Crawford (Corpus commentariorum Averrois in Aristotelem, versionum latinarum, t. VI, 1), Cambridge (Mass.), The Medieval Academy of America, 1953.

– *Grand commentaire du De anima*, livre III, trad. de A. de Libera, *Averroès, L'intelligence et la pensée*, Paris, Flammarion, 1998.

AVICENNE : *Avicenna Latinus, Liber de anima seu sextus de naturalibus*, éd. S. Van Riet-G. Verbeke, Louvain-Leiden, E. Peeters- E.G. Brill, 1968.

– *Liber de philosophia prima sive de scientia divina*, éd. S. Van Riet, Louvain-Leiden, E. Peeters – E.G. Brill, 1980.

– *Métaphysique*, trad. à partir du texte arabe par G. Anawati, *La Métaphysique du Shifa'*, Paris, Vrin, 1978.

BOECE, *Opera logica. De divisione*, *in* Opera omnia, t. II, (Patrologia Latina, vol. LXIV, p. 875-891), Parisiis 1891.

– *De divisione liber*, éd. critique et trad. anglaise de J. Magee, Leiden, Brill, 1998.

BONAVENTURE, *Scriptum super Libros Sententiarum*, Opera omnia, t. I-IV, éd. Collegii S. Bonaventurae, Quaracchi, Ad Claras Aquas, 1882 sv.

– *Itinerarium mentis in Deum*, Opera omnia, t. V.

CHARTULARIUM UNIVERSITATIS PARISIENSIS, t. 1, éd. H. Denifle-A. Chatelain, Paris, Ex typis fratrum Delalain, 1889.

DANTE ALIGHIERI, *Commedia*, éd. A. Chiavacci Leonardi, Milano, Mondadori, 1997.

– *De vulgari eloquentia*, éd. P.V. Mengaldo, Padova, Antenore, 1968.

– *Convivio*, éd. C. Vasoli et D. De Robertis, Milano, Ricciardi, 1988.

DENYS l'AREOPAGITE (Pseudo-Denys), *De divinis nominibus*, Corpus Dionysiacum, I, éd. B. R. Suchla, Berlin-New York, De Gruyter, 1990.

– *De coelesti hierarchia*, Corpus Dionysiacum, II, éd. G. Heil et A. M. Ritter, Berlin-New York, De Gruyter, 1991.

– *Œuvres complètes du Pseudo-Denys l'Aréopagite*, trad. de M. de Gandillac, Paris, Éditions du Cerf, 1943.

DURAND DE SAINT POURÇAIN, *In Sententias theologicas Petri Lombardi Commentarium*, Venetiis 1571 (repr. Ridgewood, Gregg, 1964).

GILLES DE ROME, *De esse et essentia, de mensura angelorum et de cognitione angelorum*, Venise 1503 (repr. Frankfurt, Minerva, 1968).

– *Quodlibeta*, Louvain 1646 (repr. Frankfurt, Minerva, 1966).

– *Super Librum de causis*, Venise 1550 (repr. Frankfurt, Minerva, 1968).

– *Theoremata de esse et essentia*, éd. E. Hocedez, Louvain, Museum Lessianum (Sect. Philos. n° 12), 1930.

GODEFROID DE FONTAINES, *Quodlibet VII*, qu. 8, éd. M. De Wulf – J. Hoffmanns, (Les philosophes belges, n° 3), Louvain, Institut supérieur de philosophie de l'Université, 1914.

– *Quodlibet XII*, qu. 5, éd. J. Hoffmanns (Les Les philosophes belges, n° 5), Louvain, Institut Supérieur de Philosophie, 1932.

GUILLAUME DE LA MARE, *Correctorium fratris Thomae*, éd. P. Glorieux, *in* Les premières polémiques thomistes : I, Le Correctorium corruptorii « Quare » (Bibliothèque thomiste n° 9), Kain, Le Saulchoir, 1927.

GUILLAUME D'OCKHAM, *Quaestiones in II Sententiarum*, éd. G. Gal – R. Wood, *in* Opera theologica, t. V, New York, St. Bonaventure, 1981.

HENRI DE GAND, *Quodlibeta magistri Henrici Goethals a Gandavo doctoris solemnis*, Louvain 1518 (repr. Louvain 1961, 2 vol.).

– *Summae Quaestionum Ordinariarum*, Paris 1520 (repr. New York-Louvain-Paderborn, 1953, 2 vol.).

– *Quodlibet II*, éd. R. Wielockx, Opera omnia VI, Louvain, Leuven University Press, 1983.

HERVÉ DE NEDELLEC, *In quatuor libros Sententiarum commentaria*, Parisiis 1647 (repr. Farnborough 1966).

HUSSERL, E., *Méditations cartésiennes*; trad. de G. Pfeiffer et É. Levinas, Paris, Vrin, 1969.

ISAAC ISRAELI, *Liber de definitionibus*, éd. J.T. Muckle, in *Archives d'histoire doctrinale et littéraire du Moyen Âge*, 11 (1937/38), p. 299-340.

JEAN DE NAPLES, *Quaestio utrum licite possit doceri Parisiis doctrina fratris Thomae quantum ad omnes conclusiones eius*, éd. C. Jellouschek, in *Xenia Thomistica* III, Roma, Typis Vaticanis, 1925, p. 73-104.

JEAN PECKAM, *Quodlibet II*, qu. 7-8, éd. G. Etzkorn, P. Collegii S. Bonaventurae, Quaracchi, Ad Claras Aquas, 1989.

KANT, E., *Anthropologie du point de vue pragmatique*; trad. de M. Foucault, Paris, Vrin, 1979.

– *Histoire générale de la nature et Théorie du ciel*; trad. de P. Kerszberg, A. M. Roviello, J. Seidengart, Paris, Vrin, 1984.

LEIBNIZ, G.W.F., *Die Philosophische Schriften*, éd. C. I. Gerhard, 7 vol., Berlin 1875-1880 (repr. Hildesheim – New York, Olms, 1978).

– *Œuvres*, trad. de L. Prenant, Paris, Aubier-Montaigne, 1972.

LE LIVRE DES XXIV PHILOSOPHES, trad. de F. Hudry, Montbonnot, J. Million, 1989.

LIBER DE CAUSIS, éd. A. Pattin, in *Tijdschrift voor filosofie*, 28 (1966), p. 90-203.

– *La demeure de l'être*. Étude et traduction du *Liber de causis* par P. Magnard, O. Boulnois, B. Pinchard, J.L. Solère, Paris, Vrin, 1990.

OLIVI (Petrus Ioannis Olivi), *Quaestiones in II librum Sententiarum*, éd. B. Jansen, 3 vol. (Bibliotheca Franciscana Scholastica Medii Aevi P. Collegii S. Bonaventurae, t. IV-VI), Quaracchi-Firenze, Ad Claras Aquas, 1922-26.

– *De perlegendis philosophorum libris*, éd. F. Delorme, in *Antonianum*, 16 (1941), p. 31-44.

PIERRE D'ESPAGNE, *Tractatus* (called afterwards *Summule logicales*), éd. L.M. De Rijk, Assen, Van Gorcum, 1972.

PROCLUS, *Elementatio theologica*, translatio latina a Guillelmo de Morbecca, éd. H. Boese (Ancient and medieval Philosophy, 5), Louvain, University Press, 1987.

ROGER BACON, *Opus maius*, éd. J.H. Bridges, 3 vol., Oxford 1879-1900 (repr. Frankfurt, Minerva, 1964).

ROGER MARSTON, *Quaestiones de anima*, éd. Collegii S. Bonaventurae (Bibliotheca franciscana scholatica Medii Aevi, t. VII), Firenze, Ad Claras Aquas, 1932.

– *Quodlibeta quatuor*, éd. Getzkorn, I. Brady, Grottaferrata, Collegio S. Bonaventura (Bibliotheca franciscana medii aevi, t. XXVI), 1994.

SIGER DE BRABANT, *Quaestiones super Librum de causis*, éd. A. Marlasca, (Philosophes médiévaux, t. XII), Louvain-Paris, Publications universitaires-Béatrice-Nauwelaerts, 1972.

THOMAS D'AQUIN, *Opera omnia*, éd. Léonine : *Sancti Thomae Aquinatis doctoris angelici Opera omnia iussu Leonis XIII. P. M. edita*, cura et studio fratrum praedicatorum, Romae, 1882 sv. – Les œuvres ci-dessous seront citées dans les éditions suivantes :

– *Scriptum super libros Sententiarum*, éd. P. Mandonnet – M.F. Moos, Paris, Lethielleux, 1929-1947.

– *In librum De divinis nominibus expositio*, éd. C. Pera, Torino, Marietti, 1950.

– *Quaestiones disputatae de potentia*, éd. P. Bazzi, Torino, Marietti, 1953.

– *Quaestio disputata de spiritualibus creaturis*, éd. P. Bazzi, Torino, Marietti, 1950.

– *Sententia super Metaphysicam*, éd. R.M. Spiazzi, Torino, Marietti, 1950.

– *Super Librum de causis expositio*, éd. H.D. Saffrey, Paris, Vrin, 2002.

## ÉTUDES


ALICI, L., *Il linguaggio come segno e come testimonianza. Una rilettura di Agostino*, Roma, Studium, 1976.

ARENS, H., *Verbum cordis. Zur Sprachphilosophie des Mittelalters*, in *Historiographia Linguistica*, 7, 1/2 (1980), p. 13-22.

BAEUMKER, C., *Witelo, ein Philosoph und Naturforscher des XIII Jahrhundert,* (Beiträge zur Geschichte der Philosophie des Mittelalters III/1), Münster, Aschendorff, 1908.

BEIERWALTES, W., *Der Kommentar zum « Liber de causis » als neuplatonisches Element in der Philosophie des Thomas von Aquin*, in *Philosophische Rundschau*, 11 (1963), p. 192-215.

– *Die Entfaltung der Einheit. Zur Differenz plotinischen und proklischen Denkens,* in *Teta-pi*, II (1976), p. 126-161.

BETTONI, E., *Il processo astrattivo nella concezione di Enrico di Gand*, Milano, Vita e pensiero, 1954.

BOEHME, G., *Anthropologie in pragmatischer Hinsicht*, Frankfurt, Suhrkamp, 1985.

– *Das Andere der Vernunft*, Frankfurt, Suhrkamp, 1983.

BROWN, J. V., *Divine Illumination in Henry of Ghent*, in *Recherches de théologie ancienne et médiévale*, 40-41 (1973/74), p. 177-199.

BRUNI, G., *Egidio Romano e la sua polemica antitomista*, in *Rivista di filosofia neoscolastica*, 26 (1934), p. 239-251.

BUSSAGLI, M., *Storia degli angeli*, Milano, Rusconi, 1995.

CACCIARI, M., *L'angelo necessario*, Milano, Adelphi, 1986.

CANIZZO, G., *La dottrina del « verbum mentis » in Enrico di Gand*, in *Rivista di filosofia neoscolastica*, 54 (1962), p. 243-266.

CASAGRANDE, C. – VECCHIO, S., *Les péchés de la langue*, trad. de Ph. Baillet, Paris, Éditions du Cerf, 1991.

CERTEAU, M. de, *Le parler angélique. Figures pour une poétique de la langue*, Paris, Actes sémiotiques-Documents, VI (54), 1984.

CHRETIEN, J. L., *Le langage des anges selon la scolastique*, in *Critique*, 35 (1979), p. 674-689.

CONTI, A. D., *Intelletto ed astrazione nella teoria della conoscenza di Egidio Romano*, in *Bullettino dell' Istituto storico italiano per il Medioevo e Archivio Muratoriano*, 95 (1989), p. 123-164.

– *Conoscenza e verità in Egidio Romano*, in *Documenti e studi sulla tradizione filosofica medievale*, III/1 (1992), p. 305-361 (l'ensemble de ce volume est consacré à Gilles de Rome).

DAHAN, G., *Nommer les êtres : exégèse et théories du langage dans les commentaires médiévaux de Genèse 2, 19-20, in* S. Ebbesen (éd.), *Sprachtheorien im Spätantike und Mittelalter*, Tübingen, Narr, 1995, p. 55-74.

D'ANCONA COSTA, C., *Introduzione a : Tommaso d'Aquino, Commento al « Libro delle cause »,* Milano, Rusconi, 1986, p. 7-120.

– *Le fonti e la struttura del Liber de Causis*, in *Medioevo*, XV (1989), p. 3-38.

– *L'uso della « sententia Dionysii » nel commento di S. Tommaso e Egidio Romano alle proposizioni 3, 4, 6 del « Liber de causis »*, in *Medioevo*, 8 (1982), p. 1-42.

– *Recherches sur le « Liber de causis »*, Paris, Vrin, 1995.

DARREL-JACKSON, B., *The Theory of Signs in St. Augustin's « De doctrina christiana »*, in *Revue des études augustiniennes*, 15 (1969), p. 9-49.

DEL PUNTA F., DONATI S., LUNA C., art. *Egidio Romano*, in *Dizionario biografico degli Italiani*, vol. 42, Roma 1996, p. 319-341.

DI MAIO, A., *Il concetto di comunicazione. Saggio di lessicografia filosofica e teologica sul tema del « communicare » in Tommaso d'Aquino*, Roma, Ed. Pontificia Università Gregoriana, 1998.

DONATI, S., *Studi per una cronologia delle opere di Egidio Romano*, in *Documenti e studi sulla tradizione filosofica medievale*, 1 (1990), p. 1-112 ; 2 (1991), p. 1-74.

DONDAINE, H. F., *Le corpus dionysien de l'Université de Paris au XIII$^{e}$ siècle*, Roma, Storia e Letteratura, 1953.

– *Le premier instant de l'ange d'après Saint Thomas*, in *Revue des sciences philosophiques et théologiques*, 39 (1955), p. 213-227.

– *L'objet et le « medium » de la vision béatifique chez les théologiens du XIII$^{e}$ siècle*, in *Recherches de théologie ancienne et médiévale*, 19 (1952), p. 60-130.

DUCOIN, G., *L'homme comme conscience de soi selon saint Thomas d'Aquin*, in *Sapientia Aquinatis*. Actes du IV$^{e}$ Congrès thomiste international, Roma, Officium libri catholici, 1955, t. I, p. 242-254.

DURANTEL, J., *La notion de création chez Saint Thomas*, in *Annales de philosophie chrétienne*, XIV (1912/1), p. 5-177 et 225-266 ; XIV (1912/2), p. 450-495 et 561-595.

EBBESEN, S. (éd.), *Sprachtheorien in Spätantike und Mittelalter*, Tübingen, Narr, 1995.

ECO, U., *La ricerca della lingua perfetta*, Roma-Bari, Laterza, 1993.

EGENTER, R., *Die Erkenntnispsychologie des Aegidius Romanus* (thèse de doctorat), Regensburg 1926.

FAES DE MOTTONI, B., *Mensura im Werk "De mensura angelorum" des Aegidius Romanus*, in *Miscellanea mediaevalia*, 16/1 (1983), p. 86-102.

– *'Enuntiatores divini silentii'. Tommaso d'Aquino e il linguaggio degli angeli*, in *Medioevo*, XII (1986), p. 189-228.

– *Un aspetto dell' universo angelologico di Egidio Romano : "Utrum unum sit aevum omnium aeviternorum"*, *in* Ch. Wenin (éd.), *L'homme et son univers au Moyen Âge*, Louvain-la-Neuve, Éditions de l'Institut Supérieur de Philosophie, 1986, p. 911-920.

– *Voci, « alfabeto » e altri segni degli angeli nella Quaestio XII del De cognitione angelorum di Egidio Romano*, in *Medioevo*, XIII (1987), p. 71-104.

– *Thomas von Aquin und die Sprache der Engel*, in *Miscellanea mediaevalia*, 19 (1988), p. 140-155.

– *Tommaso d'Aquino e la conoscenza mattutina e vespertina degli angeli*, in *Medioevo*, XVIII (1992), p. 169-202.

– *Bonaventura e la scala di Giacobbe. Letture di angelologia*, Napoli, Bibliopolis, 1995.

– *La conoscenza di Dio di Adamo innocente nell' In II Sententiarum, d. 23, a. 2, qu. 3 di Bonaventura*, in *Archivum franciscanum historicum*, 91 (1998), p. 3-32.

– *Il linguaggio e la memoria dell'angelo in Dante*; in *Dante e la cultura del suo tempo. Dante e le culture dei confini*, Atti del convegno internazionale di studi danteschi, Gorizia, 1997, p. 33-52 (une version abrégée de cet article est parue dans : B. Pinchard (éd.), *Pour Dante. Dante et l'Apocalypse*, Paris, Éd. H. Champion, 2001, p. 324-353).

– (en collaboration avec T. Suarez-Nani), *I demoni e l'illusione dei sensi*, *in* Horn, H.J. (éd.), *Jakobstraum. Zur Bedeutung des Zwischenelt in der Tradition des Platonismus*, St. Katharinen, Scripta Mercaturae Verlag, 2002, p. 77-94.

FLOISTAD, G. (éd.), *Contemporary Philosophy, A new Surwey*, vol. 6/2 : *Philosophy and Science in the Middle Ages*, The Hague – Boston, M. Nijoff, 1990.
GILSON, E., *La philosophie au Moyen Âge* (2e édition revue et augmentée), Paris, Payot, 1962.
– *Pourquoi Saint Thomas a critiqué Saint Augustin*, in *Archives d'histoire doctrinale et littéraire du Moyen Âge*, 1 (1926/27), p. 5-127.
GLORIEUX, P., *Pro et contra Thomam. Un survol de 50 années*, in *Mélanges offerts à Dom J.P. Müller*, Roma, Ed. Anselmiana, 1974, p. 255-287.
GREGORY, T., *Dio ingannatore e genio Maligno. Nota in margine alle Meditazioni di Descartes*, in *Mundana Sapientia. Forme di conoscenza nella cultura medievale*, Roma, Storia e Letteratura, 1992, p. 401-440.
HAGÈGE, C., *L'homme de paroles. Contribution linguistique aux sciences humaines*, Paris, Fayard, 1985.
HAYOUN, M.R., *La philosophie et la théologie de Moïse de Narbonne*, Tübingen, J.C.B. Mohr, 1989.
HISSETTE, R., *Enquête sur les 219 articles condamnés à Paris le 7 mars 1277*, Louvain-Paris, Publications universitaires – Vander-Oyez, 1977.
– *Trois articles de la seconde rédaction du « Correctorium » de Guillaume de la Mare*, in *Recherches de théologie ancienne et médiévale*, 51 (1984), p. 230-241.
– *Saint Thomas et l'intervention épiscopale du 7 mars 1277*, in *Studi 1995*, Roma, Istituto San Tommaso, 1995, p. 204-258.
HOCEDEZ, E., *Richard de Middleton*, Louvain, Spicilegium Sacrum Lovaniense, 1925.
– *La condamnation de Gilles de Rome*, in *Recherches de théologie ancienne et médiévale*, 4 (1932), p. 34-58.
– *Gilles de Rome et Saint Thomas*, in *Mélanges Mandonnet*, Paris, Vrin, 1930, p. 385-410.
IMBACH, R., *Notule sur le commentaire du Liber de causis de Siger de Brabant et ses rapports avec Thomas d'Aquin*, in *Freiburger Zeitschrift für Philosophie und Theologie*, 43/3 (1996), p. 304-323.
*Dante, la philosophie et les laïques*, Fribourg-Paris, Éditions universitaires de Fribourg-Éditions du Cerf, 1996.
– (en collaboration avec F.X. Putallaz), *Profession : Philosophe. Siger de Brabant*, Paris, Éditions du Cerf, 1997.
JOLIVET, J., *Philosophie médiévale arabe et latine*, Paris, Vrin, 1995.
– *Averroès et le décentrement du sujet*, in *Le choc d'Averroès. Comment les philosophes arabes ont fait l'Europe*, in *Internationale de l'Imaginaire*, 17/18 (1991), p. 161-169.
KECK, D., *Angels and Angelology in the Middle Ages*, New York – Oxford, Oxford University Press, 1998.
KUKSEWICZ, Z., *De Siger de Brabant à Jacques de Plaisance. La théorie de l'intellect chez les averroïstes latins des XIIIe et XIVe siècles*, Varsovie-Cracovie, Ossolineum, 1968.
KUHN, Th. S., *The Copernican Revolution. Planetary Astronomy in the Developement of Western Thought*, Cambridge, Harvard University Press, 1957 (trad. fr., Paris, Fayard, 1992).
KUYPERS, K., *Der Zeichen- und Wortbegriff im Denken Augustins*, Amsterdam 1934.
LERNER, M. P., *Le monde des sphères*, 2 vol., Paris, Les Belles Lettres, 1996-97.
LIBERA, A. de, *Albert le Grand et Thomas d'Aquin interprètes du Liber de causis*, in *Revue des sciences philosophiques et théologiques*, 74 (1990), p. 347-378.
– *« Ex uno non fit nisi unum ». La Lettre sur le principe de l'univers et les condamnations parisiennes de 1277*, *in* Mojsisch, B. (éd.), *Historia Philosophiae Medii Aevi. Studien*

*zur Geschichte der Philosophie des Mittelalters*, Amsterdam-Philadelphia 1991, t. I, p. 543-560.

– *La querelle des universaux. De Platon à la fin du Moyen Âge*, Paris, Seuil, 1996.

LUNA, C., *Un nuovo documento del conflitto fra Bonifacio VIII e Filippo il Bello : il discorso « De potentia domini papae » di Egidio Romano*, in *Documenti e Studi sulla tradizione filosofica medievale*, 3 (1992), p. 167-243.

MAIERÚ, A., « *Signum* » *dans la culture médiévale*, in *Miscellanea mediaevalia*, 13/1 (1981), p. 51-72.

– *La filosofia del linguaggio*, *in* G. Lepschy (éd.), *Storia della linguistica*, t. II, Bologna, Il Mulino, 1990, p. 101-168.

MANDONNET, P., *La carrière scolaire de Gilles de Rome*, in *Revue des sciences philosophiques et théologiques*, 4 (1910), p. 484-491.

– *Premiers travaux de polémique thomiste*, in *Revue des sciences philosophiques et théologiques*, 7 (1913), p. 46-70 et 245-262.

MARITAIN, J., *Trois réformateurs. Descartes ou l'incarnation de l'ange*, in *Œuvres complètes*, t. III, Fribourg-Paris, Éditions universitaires de Fribourg-Éditions Saint Paul, 1984, p. 487-521.

MARMO, C., *Semiotica e linguaggio nella scolastica : Parigi, Bologna, Erfurt : 1270-1330*, Roma, Istituto storico italiano per il Medioevo, 1994.

« *MEDIOEVO* » : le volume n° 14 (1988) de cette revue est entièrement consacré à Gilles de Rome.

MOJSISCH, B.(éd.), *Historia philosophiae Medii Aevi*. Studien zur Geschichte der Philosophie des Mittelalters, Amsterdam-Philadelphia, B.R. Grüner, 1991.

MONTICELLI, R. de, *Sulla lingua degli angeli*, in *Lingua degli angeli e lingua dei bruti* (en collaboration avec M. Di Francesco), *Teoria*, 1 (1989), p. 69-137.

NARDI, B., *Egidio Romano e l'averroismo*, in *Rivista di storia della filosofia*, 3 (1948), p. 8-29.

NASH, P. W., *Giles of Rom Auditor and Critic of St. Thomas*, in *The Modern Schoolman*, 28 (1950/51), p. 1-20.

PAGNONI-STURLESE, M. R., *La « Quaestio utrum in Deo sit aliqua vis inferior intellectu » di Teodorico di Freiberg*, in *Xenia Medii Aevi oblata Thomae Kaeppeli*, Roma, Storia e Letteratura, 1978, p. 101-173.

PANACCIO, C., *Les mots, les concepts, les choses. La sémantique de Guillaume d'Occam*, Montréal-Paris, Bellarmin-Vrin, 1991.

– *Angels Talk, Mental Language and the transparency of the Mind*, *in* C. Marmo (éd.), *Semiotic and cognitive Studies*. IV : *Vestigia, Imagines, Verba. Semiotic and Logic in Mediaeval theological Text (XII-XIV Century)*, Turnhout, Brepols, 1997, p. 323-335.

– *Le discours intérieur. De Platon à Guillaume d'Ockham*, Paris, Seuil, 1999.

PATTIN, A., *Le « Liber de causis »*, in *Tijdschrift voor Filosofie*, 28 (1966), p. 90-203.

PAULUS, J., *Henri de Gand. Essai sur ses tendances métaphysiques*, Paris, Vrin, 1938.

– *Les disputes d'Henri de Gand et de Gilles de Rome sur la distinction de l'essence et de l'existence*, in *Archives d'histoire doctrinale et littéraire du Moyen Âge*, 13 (1940-42), p. 323-358.

PEGHAIRE, J., *Intellectus et ratio selon S. Thomas d'Aquin*, Paris, Vrin, 1936.

PINBORG, J., *Die Entwicklung der Sprachtheorie im Mittelalter* (Beiträge zur Geschichte der Philosophie des Mittelalters XLII, 2), Münster-Kopenhagen, Aschendorff-A. Frost Hansen, 1967.

PORRO, P., « *Ponere statum* ». *Idee divine, perfezioni creaturali e ordine del mondo in Enrico di Gand*, in *Mediaevalia*, 3 (1993), p. 109-159.

– *Forme e modelli di durata nel pensiero medievale. L'aevum, il tempo discreto, la categoria « quando »*, (Ancient and mediaeval Philosophy n° XVI), Leuwen, Leuven University Press, 1996.

PREZIOSO, F., *La « species » medievale e i prodromi del fenomenismo moderno*, Padova, Cedam, 1963.

– *L'attività del soggetto pensante nella gnoseologia di Matteo d'Acquasparta e di Ruggero Marston*, in *Antonianum*, 25 (1950), p. 259-96.

PUTALLAZ, F.-X., *Figure francescane alla fine del XIII secolo*, Milano, Jaka Book, 1996.

– (en collaboration avec R. Imbach), *Profession : Philosophe. Siger de Brabant*, Paris, Éditions du Cerf, 1997.

RENAUD, L., *Le langage de saint Bonaventure à Jean Duns Scot*, in *Etudes franciscaines*, XVIII (1968), p. 141-148.

RONCAGLIA, M., *I frati minori e lo studio delle lingue orientali nel secolo XIII*, in *Studi francescani*, 3 (1953), p. 167-184.

ROSIER, I., « *Grammaire : 1971-1987* », *in* G. Floistad (éd.), *Contemporary Philosophy. A new Surwey*, vol. 6/2 : *Philosophy and Science in the Middle Ages*, The Hague – Boston, M. Nijoff, 1990, p. 783-803.

– *La parole comme acte*, Paris, Vrin, 1994.

ROSSI, P., *I segni del tempo. Storia della terra e storia delle nazioni da Hooke a Vico*, Milano, Feltrinelli, 1979.

SALMAN, D., *Algazel et les Latins*, in *Archives d'histoire doctrinale et littéraire du Moyen Âge*, 10 (1936), p. 103-128.

SBAFFONI, F., *Tommaso d'Aquino e l'influsso degli angeli*, Bologna, Studio domenicano, 1993.

SCHLOSSINGER, W., *Die Erkenntnis der Engel*, in *Jahrbuch für Philosophie und Theologie*, 22 (1908), p. 325-349 et 492-519 ; 23 (1909), p. 45-84 ; 198-230, 273-315.

SCHMITT, J.-C. – LE GOFF, J., *Au XIII*[e] *siècle. Une parole nouvelle*, in *Histoire vécue du peuple chrétien* (sous la direction de J. Delumeau), Toulouse, Privat, 1979, p. 257-279.

SCHNEIDER, Th., *Die Einheit des Menschen*, (Beiträge zur Geschichte der Philosophie des Mittelalters, Neue Folge, Bd. 8), Münster, Aschendorff, 1973.

SEIDL, H., *Ueber die Erkenntnis erster, allgemeiner Prinzipien nach Thomas von Aquin*, *in* Zimmermann, A. (éd.), *Thomas von Aquin. Werk und Wirkung im Licht neueren Forchungen*, Berlin-New York, De Gruyter, 1988, p. 103-116.

SEUNG-CHAN Park, *Die Rezeption der mittelalterlichen Sprachphilosophie in der Theologie des Thomas von Aquin*, Leiden-Boston-Köln, Brill, 1999.

SIMONIN, H. D., *La connaissance de l'ange par lui-même*, in *Angelicum*, 9 (1932), p. 43-62.

SPECHT, R., *Schulphilosophische Meinungen über Engelleiber*, *in* Horn, H.J. (éd.), *Jakobstraum. Zur Bedeutung der Zwischenwelt in der Tradition des Platonismus*, St. Katharinen, Scripta Mercaturae Verlag, 2002, p. 139-152.

SPRUIT, L., « *Species intelligibilis* ». *From perception to knowledge*, 2 vol., Leiden-New York-Köln, Brill, 1994.

SUAREZ-NANI, T., *Tempo ed essere nell'autunno del Medioevo. Il De tempore di Nicola di Strasburgo e il dibattito sulla natura ed il senso del tempo agli inizi del XIV*[o] *secolo*, (Bochumer Studien zur Philosophie n° 13), Amsterdam-Philadelphia, B.R. Grüner, 1989.

– *Conoscenza e tempo: la simultaneità del conoscere angelico in Egidio Romano, in* L. Cova – G. Alliney (éd.), *Tempus, aevum, aeternitas: la concettualizzazione del tempo nel pensiero tardomedievale*, Firenze, L. Olschki, 2000, p. 67-87.

– (en collaboration avec B. Faes de Mottoni), *I demoni e l'illusione dei sensi nel secolo XIII: Bonaventura e Tommaso d'Aquino, in* Horn, H.J. (éd.), *Jakobstraum. Zur Bedeutung der Zwischenwelt in der Tradition des Platonismus*, St. Katharinen, Scripta Mercaturae Verlag, 2002, p. 77-94.

– *Les anges et la philosophie. Subjectivité et fonction cosmologique des anges au XIII*[e] *siècle*, « Études de Philosophie médiévale », vol. LXXXII, Paris, Vrin, 2002.

– *Une contribution aux théories médiévales du lieu: Thierry de Freiberg et le lieu des substances spirituelles, in* Mojsisch, B. (éd.), *Dietrich von Freiberg-Eckpunkte seines Denkens*, Bochum, 2003 (sous presse).

– *Pierre de Jean Olivi et la subjectivité angélique*, Archives d'histoire doctrinale et littéraire du Moyen Âge, t. 70 (2003).

TABARRONI, A., *Il linguaggio degli angeli*, in *Prometeo*, 12 (1985), p. 88-93.

TACHAU, K. H., *Vision and Certitude in the Age of Ockham*, Leiden-New York-Kopenhagen-Köln, Brill, 1988.

TAGLIAPIETRA, A., *La metafora dello specchio*, Milano, Feltrinelli, 1991.

TODISCO, O., *Parola e verità. Agostino e la filosofia del linguaggio*, Roma, Anicia, 1993.

TODOROV, T., *Théories du symbole*, Paris, Seuil, 1977.

TORREL, J.-P., *Initiation à saint Thomas d'Aquin*, Fribourg-Paris, Éditions universitaires de Fribourg-Éditions du Cerf, 1993.

– *La vision de Dieu* "per essentiam" *selon Saint Thomas d'Aquin*, in *Micrologus*, V (1997), p. 43-68.

TRAPÉ, D., *I problemi filosofici di Egidio Romano e lo sviluppo del pensiero tomista*, in *Tommaso d'Aquino nella storia del pensiero*, II, Napoli, Edizioni domenicane italiane, 1976, p. 109-115.

TROTTMAN Ch., *La vision béatifique. Des disputes scolastiques à sa définition par Benoît XII*, Roma, Ecole française de Rome, 1995.

VAJDA, G., *Isaac Albalag. Averroïste juif, traducteur et annotateur d'Al-Gazali*, Paris, Vrin, 1960.

VANSTEENKISTE, C., *Autori arabi e giudei nell'opera di San Tommaso*, in *Angelicum*, 37 (1960), p. 336-401.

VECCHIO, S. – CASAGRANDE, C., *Les péchés de la langue*, Paris, Éditions du Cerf, 1991.

WEBER, E. H., *Dialogue et dissensions entre Saint Bonaventure et Saint Thomas d'Aquin à Paris (1252-1273)*, (Bibliothèque thomiste, XLI), Paris, Vrin, 1974.

– *Les discussions de 1270 à l'Université de Paris et leur influence sur la pensée philosophique de S. Thomas d'Aquin*, in *Miscellanea mediaevalia*, 10 (1976), p. 285-316.

– *La personne humaine au XIII*[e] *siècle*, (Bibliothèque thomiste, XLVI), Paris, Vrin, 1991.

– *Les apports positifs de la noétique d'Ibn Ruhsd à celle de Thomas d'Aquin, in* Jolivet, J. (éd.), *Multiple Averroès*, Paris, Les Belles Lettres, 1978, p. 211-250.

WIELOCKX, R., *Aegidii Romani Apologia* (Opera omnia III. 1), Firenze, L. Olschki, 1985.

– *Autour du procès de Thomas d'Aquin*, in *Miscellanea mediaevalia*, 19 (1988), p. 413-438.

WIENBRUCH, U., «*Signum*», «*significatio*» *und* «*illuminatio*» *bei Augustin*, in *Miscellanea mediaevalia*, 8 (1971), p. 76-93.

# TABLE DES MATIÈRES

DEUXIÈME PARTIE

**LE LANGAGE ET LA COMMUNICATION DES ANGES**

Imprimerie de la Manutention à Mayenne – France – Décembre 2002 – N° 458-02
Dépôt légal : 4e trimestre 2002